제2판

기초 파생상품론

Basic Financial Derivatives

김희호 이현철

도서출판 청람

| 머리말 |

본 저서의 특징은 실제 국제금융시장에서 실무 투자자들이 사용하고 있는 금융파생상품을 사례 위주로 알기 쉽게 설명하고 있다. 또한 사례로 제시된 실무지식을 바탕으로 파생상품이론을 체계적으로 설명하고 있어서 금융상품에 대한 지식이 거의 없는 독자들도 알기 쉽게 접근할 수 있다.

본 저서는 도서출판 청람의 『금융선물옵션』을 출판한 이후 여러 차례 강의를 거치면서 발견된 오류와 문제점을 보완하여 완성도가 높은 저서로 수정된 것이다. 기존 저서와 다르게 모든 금융파생상품의 사례에서 현실적으로 사용되는 가격과 자료를 사용하였으며, 계산과정을 알기 쉽게 정리하였다. 또한 이자율 결정이론을 새롭게 정리해서 독자들이 보다 쉽고 체계적으로 학습할 수 있도록 하였다. 각 장별로 연습문제를 별도로 추가하여 독자들이 배운 내용을 확인할 수 있게 하였다. 특히 수업과정에서 많은 연구와 토론으로 저서의 작은 오류까지 지적해준 경북대학교 학생들에게 감사드린다.

국제금융시장은 2000년 이후 금융자유화 조치 이후로 빠른 속도로 변화되기 시작하였다. 최근 국제금융시장의 특성은 국제자본이동의 규모확대, 국제금융시장의 통합, 시장의 변동성 확대, 금융기관 간 경쟁격화와 다양한 상품 및 거래기법의 개발을 들 수 있다. 금융자유화 조치로 투자자들은 수익률을 극대화하고 위험을 국제적으로 분산투자할 수 있게 되었고 국제 포트폴리오의 범위와 대상이 확대되고 다양한 금융상품이 개발되어 왔다.

최근 인터넷과 자산거래기법의 발전으로 다양한 금융상품이 개발되고, 주식, 채권, 외환 등 금융기초자산의 가격변동성과 위험이 급증하고 있다. 금융파생상품의 핵심 기능은 금융기초자산의 가격변동 위험을 효과적으로 헤지(hedge)하는 것이다. 파생상품의 두 번째 기능은 기초자산의 가격변동성과 위험을 통해 파생상품의 가격이 결정되어 새로운 현금흐름과 투자를 가능하게 하는 자금운용 전략을 제공해

준다.

한편 각국의 금융시장이 국제적으로 통합화되고 있다. 이러한 국제금융시장의 통합화와 단일화는 각국의 금융자유화 조치에 기인하지만 국제결제와 청산제도의 발달과 표준화에 크게 영향을 받게 되었다. 우리나라 사람들이 해외에 가서 우리나라에서 발행된 신용카드를 가지고 물건을 사거나 현금인출기에서 돈을 빌리는 것이 가능하다. 또한 기업이나 금융기관 간에 국제결제시스템인 SWIFT(Society of Worldwide Interbank Financial Telecommunication)의 도입, 그리고 각국의 금융제도의 표준화작업들이 금융시장의 통합화를 앞당기고 있다. 통신과 정보기술의 발달은 금융시장 간의 거래비용을 대폭 절감시키게 되어 금융시장 통합화에 커다란 진전을 이루어 내고 있다. 이러한 금융시장의 국제적인 통합화 현상은 각국의 금융기관 간 경쟁을 심화시키고 은행의 역할을 축소시키게 된다. 각국의 금융시장이 통합되면서 비효율적인 금융기간들은 도태되고 효율적으로 특화된 작은 은행이나 아니면 금융거래에서 비교우위를 지킬 수 있는 대형 우량은행만이 살아남게 된다.

국제자본이동의 규모확대와 국제 포트폴리오의 범위확대는 각국의 금리와 환율의 위험에 항상 투자자산을 노출시키는 결과를 낳는다.

문제는 기업, 금융기관과 개인들이 급격히 변화되는 금융시장에서 어떻게 위험을 피하면서 이익을 극대화하느냐 하는 것이다. 환율, 금리, 그리고 주가의 급격한 변화는 개인투자자는 물론 유수의 금융기관과 기업들을 파산으로 내몰고 있다. 따라서 금융위험을 최소한 줄이고 자산이익을 극대화하기 위한 금융상품이 개발되고 지금 이 시간에도 만들어지고 있다. 최근 들어 가장 각광을 받고 있는 금융상품이 금융선물과 옵션이며 국제금융시장의 변화와 더불어 거래량이 급속히 증가하고 있는 추세이다. 파생금융상품이란 금융선물과 옵션을 기초로 파생되는 금융상품으로 위험과 이익을 보다 치밀하게 구별하여 위험을 극소화하고 이익을 극대화하는 금융수단이다. 따라서 파생금융상품은 자본주의가 만들어 낼 수 있는 가장 자본주의적인 상품이며 금융상품의 꽃이라고 할 수 있다.

이 책은 금융선물을 처음 이용하려고 하는 사람들에서부터 금융선물을 이용해서 투자전략으로 활용하려는 전문가에 이르기까지 이해하기 쉽도록 단계별로 정리해 놓았다. 또한 상품별로 사례와 전략을 소개해서 투자자들이 금융선물을 실무적으로 활용가능하도록 하였다. 금융선물을 처음 이용하는 사람들을 위해서 금융선물계약단계에서부터 주문, 매매계약, 청산, 그리고 금융선물거래전략에 이르기까지, 처음부터 끝까지 단계별로 금융선물상품에 대한 이해를 돕고 있다. 또한 금융상품과 선물옵션에 대한 기초이론을 소개하여 경제시스템적으로 가격예측을 어떻게 하고 시장에서 나오는 정보를 이용하여 매도와 매입의 시점을 판단하는 전략까지 가급적 상세하게 설명하고 있다. 특히 이 책은 저자가 금융선물시장의 현장에서 거래하던 실무경험을 바탕으로 집필되었기 때문에 결코 추상적이지 않고 실무적인 내용 위주로 진행되고 있다. 또한 사례가 되는 금융선물상품들도 씨티은행, 체이스맨해튼은행, RBC, Deutsche Bank 등 세계적으로 유명한 금융기관에서 실제 개발하여 판매하고 있는 파생상품을 위주로 설명하였다.

이 책은 총 12장으로 구분되어 있다.

제1장은 금융선물의 기본적인 상식과 선물시장의 특성에 대해 간략히 소개하고 있다. 또한 선물계약의 절차, 주문하는 방법, 계약단위 계산 등 선물계약에 관한 내용을 쉽게 설명하고 있다.

제2장에서는 선물거래의 목적에 따라 선물거래전략을 사례를 들어 설명하고 있다.

제3장에서는 선물과 옵션거래에 대한 기본내용을 소개하고, 신문이나 선물시장에서 나타나는 선물옵션상품에 대한 고시표를 읽고 해석하는 방법과 선물옵션의 가격을 기술적으로 예측하는 방법을 제시하고 있다.

제4장과 제5장에서는 옵션과 기타 파생금융상품의 거래전략을 사례별로 설명하고 있다.

제6장은 최근 파생상품으로서 많이 사용되고 있는 스왑(swap)과 ELS를 알기 쉽게 정리하여 소개하였다.

제7장에서는 우리나라 선물거래소에서 거래되고 있는 미국달러, 채권, 그리고 주가지수 등 금융상품에 대한 기본적인 이론과 사례를 소개하고 있다.

제8장에서는 미국 금융선물상품에 대해 계약단위에서부터 투자전략별로 활용하는 사례를 들고 있다.

제9장에서는 금융선물상품에 대한 이론적 배경과 금융선물가격결정에 대한 이론을 치밀하게 설명하고 있다. 제4장에서 금융선물가격에 대해 간단한 이론을 사용하여 설명을 하고 있지만 여기서는 보다 자세한 금융선물상품별 가격결정에 관한 이

론을 제시한다.

제10장과 제11장에서는 금융선물과 옵션의 가격이 이론적으로 어떻게 결정되고 있는가를 소개하고 기본적인 가격결정이론을 정리해 놓았다.

제12장에는 우리나라 증권선물거래소의 제도, 구조 및 국제금융시장의 발전에 대해 설명하였다.

금융선물에 대한 기본적인 상식을 갖추고 초보적인 거래를 하려는 분들은 제1장에서 제3장까지만 정독하고도 충분하리라 생각한다. 조금 더 다양하고 적극적인 선물거래를 원하시는 분들에게는 제1장에서 제5장까지를 권하고 싶고, 파생상품을 이용하여 직업적인 소득을 얻으려는 분들에게는 제6장에서 제8장까지의 내용을 권하고 싶다. 이론적인 선물과 옵션의 가격결정을 이해하고 이를 프로그램화시켜서 적극적인 매매를 하려는 전문가들께는 제9장에서 제11장까지를 포함하여 공부하는 것을 권하고 싶다.

이 책은 실제 저자가 외환딜러로서 실무에서 사용하던 파생상품을 알기 쉽게 정리한 것이다. 또한 최근 금융공학과목의 강의에서 학생들이 이해하기 쉽도록 사용한 수업노트의 내용을 바탕으로 쉬운 단어로 고쳐서 설명하였다. 이 책의 내용을 수정하고 발전시키는 데에는 많은 분들의 도움이 있었다. 특히 경북대학교 김석진 교수님, 국민대학교 차명준 교수님, 부산대학교 김태혁 교수님 등의 도움이 없었으면 이 책의 발간이 불가능했다.

끝으로 이 책이 집필되도록 도와주신 도서출판 청람의 이수영 사장님께 감사드리며 책의 내용에 관련된 모든 오류에 대한 책임은 저자에게 있다.

2023년 1월

저자 씀

| 차례 |

PART 1

금융선물거래

CHAPTER 01 | 금융선물거래

CHAPTER 02 | 금융선물거래전략

PART 2 금융옵션거래

CHAPTER 03 | 선물옵션가격 읽기와 예측

CHAPTER 06 | 스왑과 ELS

PART 3 금융선물옵션의 이해와 활용

CHAPTER 07 | 우리나라 금융선물옵션의 이해와 활용

CHAPTER 08 | 미국 금융선물의 이해

PART 01

FINANCIAL FUTURES AND OPTIONS

금융선물거래

CHAPTER

01 금융선물거래

제1절 금융선물거래

1. 현물과 선물거래

현물거래

현물(cash)거래는 시장에서 물건을 살펴보고 흥정하고, 그날 물건을 구입하는 시점에서 돈을 지급하는 거래를 말한다. 예컨대, 어떤 사람이 오늘 시장에서 사과 한 상자를 흥정해서 10,000원에 샀다면 이것은 현물거래이다. 금융선물상품은 기존의 금융현물상품에서 발전되었다. 대표적인 금융현물상품은 주식, 채권과 외환(미국달러, 엔, 유로) 등이며 오늘 시장에서 금융상품을 구입하고 대금을 2영업일 이내에 결제하는 경우 이를 금융현물(cash)거래라고 한다.

선물거래

선물(futures)거래는 오늘 미리 정해진 가격과 주어진 만기일에 상품을 매매하겠다는 약속(선물계약)을 한 후 만기일에 그 물건을 인도받고 돈을 지급하는 거래이다. 어떤 사람이 시장에서 오늘 사과 한 상자를 한 달 뒤에 10,000원에 사겠다는 약속(계약)을 하고, 한 달 뒤에 사과 한 상자를 받고 10,000원을 지급하는 거래가 선물거래이다.

선물거래가 현물거래와 다른 점은 물건을 인도받고 돈을 지급하는 거래시점(critical event)이 오늘이 아니라 정해진 미래 만기일이라는 점이다.

선물거래가 외상거래와 다른 점은 외상거래는 상품을 계약할 때 먼저 상품을 받고 돈을 나중에 지불하는 데 반해, 선물거래는 상품과 돈을 일정기간 후에 서로 주고받는 거래이다. 즉, 외상거래는 현물거래인 데 반해, 선물거래는 미래의 상품을 오늘 미리 매입 또는 매도하기로 약속하는 거래이다.

현물거래

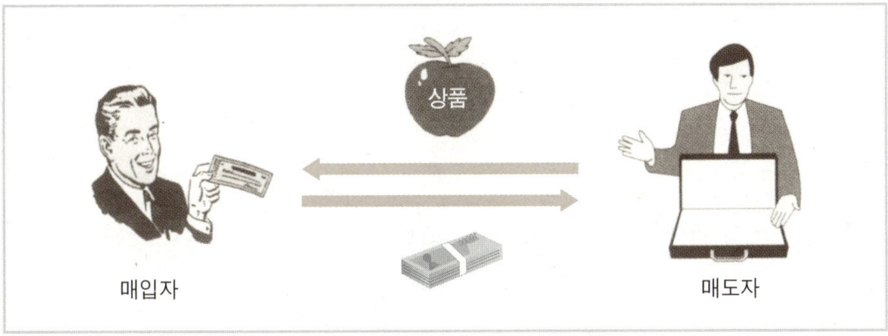

선도거래

우리나라에서도 오래전부터 선물거래와 비슷한 '밭떼기' 거래가 있었다. 농산물 중간상인이 농산물을 수확하기 전에 그 농산물을 특정 가격에 매입하기로 계약을 체결하였다가 농산물이 수확된 후에 대금을 치르고 농산물을 받아서 시장에 내다 팔았다. 이러한 거래를 선도거래(forward)라고 한다. 선도거래는 미래에 정해진 가격으로 매매하기로 계약을 체결한 후 미래 만기일에 물건을 인도받는다는 점에서는 선물거래와 비슷하나 거래소를 통하지 않고(장외거래) 개별적으로 거래를 한다는 점에서 선물거래와 다르다. 또한 선도거래는 계약을 할 때 상품의 품질이나 규격에 대해 흥정을 할 수 있다는 점이 현물거래와 유사하다.

선도거래는 사고파는 사람들이 선물시장을 통하지 않고 개별적으로 흥정을 해서 매매하기 때문에 물건을 팔고 싶을 때 사려는 사람을 쉽게 발견할 수 없는 단점이 있다. 하지만 거래가 이루어지는 상품의 규격과 품질이 미리 정해진 선물거래와 달리 상품을 개별적으로 흥정할 수 있는 장점이 있다.

선물거래

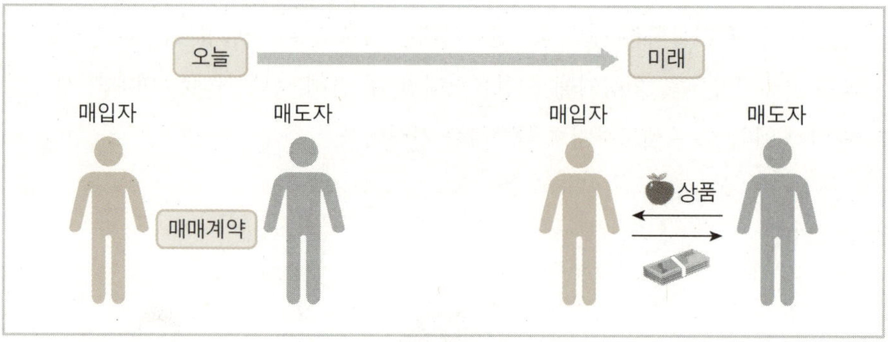

선물거래의 필요성

옛날에 선도거래가 있음에도 불구하고 선물거래가 필요한 이유는 무엇일까? 앞의 '밭떼기' 거래에서는 중간상인이 일일이 개별 농민을 찾아다니면서 계약을 체결하는 불편함이 있다. 선물거래는 거래소를 통해서 계약(장내거래)함으로써 이런 불편이 없다. 또한 농민은 자기가 제값을 받고 팔았는지 내심 불안할 것이다. 그러나 선물거래에서는 거래소가 계약을 보증하고 매매가격을 공시함으로써 이와 같은 불안을 덜어준다.

선물거래소거래

• 선물계약
어떤 특정 상품을 정해진 가격으로 일정한 기간 후에 매매하려는 표준화된 계약이다.

매스컴에 가끔 보도되는 사례로 수확기에 풍년이 들면 중간상인이 나타나지 않아 밭떼기로 농산품을 팔기로 약속한 농민들이 발을 동동 구르는 경우가 있다. 즉, 중간상인이 농산물가격이 폭락함에 따라 농산물을 구입하겠다는 약속을 지키지 않는 것이다. 선물거래는 선물거래소가 계약이행을 보증함으로써 이와 같은 불상사를 방지해 준다. 즉, 선물거래에서는 선물거래소가 모든 계약의 상대방이 되어 주는 형태로 계약이행을 보증해 주고 있다. 매도자는 선물거래소에 매도하고, 매입자는 선물거래소로부터 물건을 매입하는 것이다. 선물계약에서 매입자와 매도자는 간접적으로만 연결되어 있으며 매입자와 매도자는 자신의 상대방이 누구인지 알 필요가 전혀 없다. 또한 선물거래는 거래의 활성화를 위하여 상품을 개별적으로 흥정할 필요가 없이 모두 표준화(standardized agreement)되어 있다.

선물과 선도계약

선물계약은 미래에 특정한 상품을 정해진 가격으로 매매하는 표준화된 계약이다. 선도거래는 선물계약과 비슷하나 거래소를 통하지 않는 개별적 거래이며, 상품의 품질이나 규격에 대해 흥정을 할 수 있다.

선물상품의 표준화

선물상품은 거래되는 상품의 품질이나 수량 등이 표준화되어 있다. 예를 들어, 우리나라 선물거래소에서 거래되는 금선물의 경우 순도가 99.99%이며 금선물 1계약에 금 1kg이 거래된다. 지난 1997년 우리나라에서 IMF 경제위기가 닥쳤을 때 금 모으기 운동이 한창 활발했다. 이때 모아진 금은 '고려아연'이라는 제련회사에서 다시 가공되어 수출이 되었다. 이렇게 금이 다시 가공된 이유는 시중에 유통되던 금의 순도는 90%인 데 반해 금선물시장에서 거래되는 금의 표준화된 순도는 99.99%이기 때문이다.

선물상품은 계약조건이 표준화되어 있기 때문에 쉽게 그 계약을 다시 사고팔 수 있다. 만기가 2023년 12월인 달러선물을 매입한 사람은 2023년 12월 이전에 이것을 다른 사람에게 선물거래소를 통하여 되팔 수 있다. 이 경우 매입한 계약이 다시 매도되어 그는 선물계약에서 벗어날 수 있다. 이렇게 **반대매매**(offset)를 통하여 만기 이전에 선물계약을 다시 사고팔 수 있다는 점이 선물거래의 가장 큰 특징이다. 전체 선물계약의 약 3% 정도만 계약의 만기에 실제 약속한 상품을 인수하고 나머지는 선물계약의 반대매매를 통하여 청산된다.

선물상품의 계약이 표준화되어 있다는 것은 거래에서 흥정이 필요가 없으며, 선물시장에 선물상품을 쉽게 사고팔 수 있다는 것을 말한다. 쉽게 사고팔 수 있는 상품은 시장에서 거래하기 쉽다는 것을 의미하며, 유동성(liquidity)을 증가시킨다. 만약 유동성이 없다면 선물상품을 팔려고 할 때 쉽게 그 상품을 팔 수 없게 되고 결국 그는 가격을 크게 낮추어 파는 수밖에 없다.

선물상품의 표준화

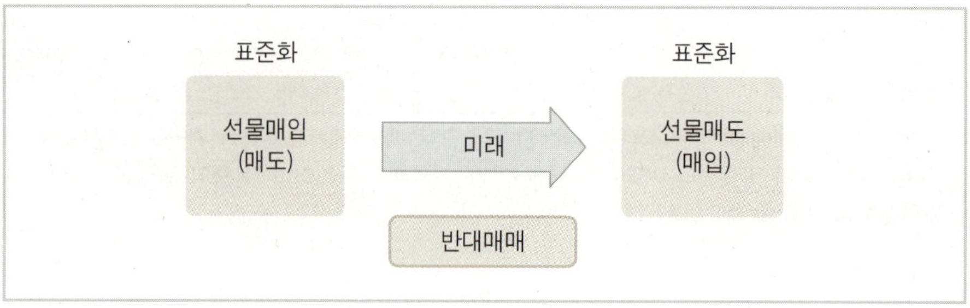

선물투기거래

미래에 그 물건이 필요한 사람들만 선물거래를 한다면 거래가 그렇게 많지 않을 것이다. 선물상품의 가격이 변동되고 이러한 가격차이를 이용하여 이익을 보기 위한 거래가 투기거래(speculating)이다. 예를 들어, 실제 주식을 보유하고 있지 않아도 앞으로 주식가격이 상승할 것 같으면 미리 주가지수선물을 구입해서 가격이 상승한 후 이익을 얻을 수 있는 것이다. 이러한 투기거래는 시장에서 거래를 활성화시키며 전체 선물거래 가운데 약 90% 이상을 차지하고 있다.

2000년대 들어 와서 우리나라에서 강력한 부동산투기 근절대책이 시행되어 부동산투기가 사라짐으로써 실수요자의 부동산거래가 상당히 어려워진 것은 좋은 예이다. 기존의 집을 팔고 다른 곳으로 이사를 하고 싶어도 집이 팔리지 않아 고생하는 경우를 많이 볼 수 있다. 우리는 투기에 대하여 나쁜 인상을 갖고 있다. 투기의 폐해로 부동산가격이 폭등하여 서민의 집 장만이 어려워지고, 공장용지의 가격상승으로 제품생산비용이 증가하여 인플레이션(inflation)을 부추기고 있다고 생각한다. 하지만 거래의 활성화를 위해서는 시장유동성이 충분해야 하며 이를 위해 반드시 투기거래가 필요하다. 따라서 투기는 시장경제에서 필요한 경제재(economic goods)인 것이다.

선물투기거래

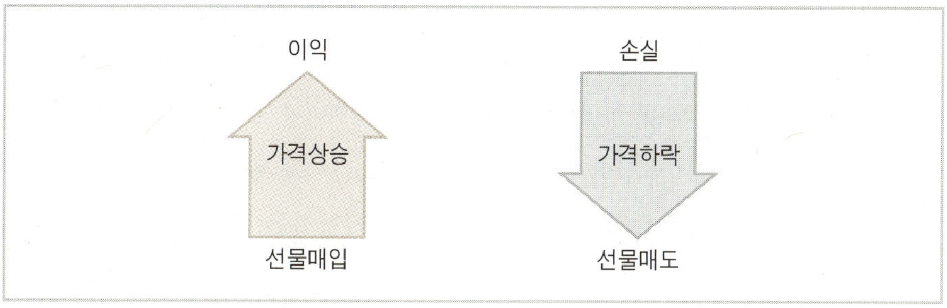

2. 옵션거래

선물상품의 거래에서 한 단계 더 발전한 것이 옵션(option)거래이다. 옵션은 어떤 상품을 미래에 미리 정한 가격과 만기일에 사거나 팔 수 있는 권리를 말한다. 옵션매입자는 옵션을 판 사람에게 권리를 사는 대가로 특정한 값을 지불하는데, 이를 옵션프리미엄(option premium)이라고 한다. 옵션을 산 사람은 권리를 매입한 것이므로 상품매매에 대한 권리가 있고 옵션매도자는 권리가 행사되면 이를 이행할 의무가 있다.

예를 들어, 삼성전자 주식을 앞으로 3개월 동안 1,000,000원에 매입할 수 있는 옵션을 샀다고 가정하자. 이 경우 3개월 동안 삼성전자 주식이 1,000,000원 이상으로 오르면 옵션의 권리를 행사하여 1,000,000원에 매입할 수 있다. 그러나 주식이 1,000,000원 이하로 하락하면 주식시장에서 현금을 주고 바로 주식을 사는 것이 오히려 유리하므로 옵션의 권리를 행사할 필요가 없다.

3. 선물옵션시장의 기원

옵션

옵션은 미래 일정기간 동안 정해진 가격으로 특정한 상품을 사거나 팔 수 있는 권리를 말한다.

선물시장의 기원

투기는 인류의 역사를 관통하고 있으며, 일확천금을 꿈꾸는 인간의 심리를 반영한다. 근대 상업과 자본의 개념이 처음 형성되는 17세기 역사적인 투기사례로서 1630년대 네덜란드에서 발생한 튤립버블(Tulip Bubble)의 사례가 있다.

1600년대 초 오스만투르크가 아시아 대륙에서 자생하는 튤립을 유럽에 소개하자, 네덜란드인들은 도도한 자태와 풍성한 아름다움을 갖춘 튤립의 매력에 곧 빠져들었다. 돈 많은 애호가들은 비싼 값으로 튤립을 매입하였으며, 튤립 정원과 거실의 풍경은 그 집의 자산과 부를 과시하는 수단이 되었다. 독특한 색깔과 무늬를 가진 돌연변이 튤립 한 뿌리의 가격은 장식이 잘된 마차의 가격과 같았다. 1634년 일확천금을 꿈꾸는 투기꾼들이 튤립 거래에 대규모로 몰리기 시작했다. 튤립 뿌리는 씨앗으로 재배하면 꽃을 피우는데 3~7년이 걸려서 대량생산이 어렵기 때문에 개수가 한정되었고, 투기꾼들의 수요가 몰리면서 튤립가격이 급등했다. 튤립 뿌리를 사면 큰돈을 벌수 있다는 소문이 돌면서 영주는 물론 장인, 농민들도 투기에 참여했다. 가장 인기가 높았던 품종은 보라색과 흰색 줄무늬를 가진 돌연변이 '센페이 아우구스투스' (Semper Augustus)였다. '영원한 황제' 라는 뜻이다. 황제 튤립은 좋은 집 한 채의 가격만큼 올랐으며, 거래는 술집에서 이루어졌다. 튤립 뿌리가 부족해지면서 선물계약으로 튤립 뿌리를 미리 매입하는 신개념의 선물거래가 도입되었다. 거래 용지 한 장으로 즉석에서 선물로 거래되었다. 그러나 튤립 투기 광풍은 오래가지 못하였으며, 1637년 2월 3일 갑작스럽게 튤립가격이 폭락했다. 투기 거품이 꺼지면서 거래에 사용된 어음과 선물계약은 모두 부도가 나고 많은 투기꾼들이 지급불능 상태가 되었다.

금융선물상품 중 가장 먼저 거래되기 시작한 것은 가격변동성이 큰 곡식, 옥수수, 구리 등 농산물과 상품선물이다. 이들 농산물선물은 통화 등 금융선물보다 먼저 선물시장에 도입되었다. 농민들은 풍년이 든다고 하여 반드시 돈을 버는 것이 아니다. 왜냐하면 풍년이 들면 가격이 폭락하기 때문이다. 그러나 선물시장이 있으면 가격이 비쌀 때 농산물을 미리 팔아놓음으로써 수확기에 가격하락을 걱정할 필요가 없다. 식품가공업자의 경우 농산물값이 상승하면 재료비의 상승으로 손해를 볼 수 있다. 하지만 선물시장에서 수확기인 가을에 농산물값이 쌀 때 선물로 미리 구입하면 농산물가격의 상승에 따른 손해를 피할 수 있다. 따라서 선물거래는 가격변동으로 인한 손실을 회피하기 위해 미리 정해진 가격으로 특정 상품을 사거나 파는 거래이다. 농산물의 선물거래는 1848년 미국 시카고선물거래소(Chicago Board of Trade: CBT)에서 처음 거래되었다.

선물거래는 농산물선물과 같은 상품선물에서 출발하였으나 현재는 금융선물이 주류를 이루고 있다. 이는 농산물이나 광산물 같은 원자재가격의 변동보다는 주가, 환율, 금리의 변동이 기업경영에 더 큰 불확실성을 주기 때문이다. 2008년 세계금융위기에 미국달러/원화 환율이 크게 상승함으로써 외화부채를 갖고 있던 많은 우리나라 수출기업이 고통을 받았다. 환율변동에 따르는 위험을 회피하기 위해 통화선물이 미국 시카고선물시장(Chicago Mercantile Exchange: CME)에서 1972년 세계 최초로 거래되었다.

◐ 선물거래의 기원

금리선물은 미국정부의 금리자유화로 금리변동이 심해지게 됨에 따라 도입되었다. 미국은 준칙 Q(Regulation Q)에 따라 예금금리에 상한을 두어 규제하였으나 1970년대 후반부터 이를 점차 완화하였다. 정부의 금리자유화로 금리변동이 심해지고 이러한 금리변동으로 인한 손실을 회피하기 위한 수단으로 미국 시카고선물거래소(Chicago Board of Trade)에서 1975년 세계 최초로 금리선물이 거래되었다.

옵션상품의 기원

옵션이라는 방법은 고대 그리스시대에도 있었다는 이야기가 있다. 고대 그리스의 철학자 탈레스(Tales)는 어느 해 봄에 올리브가 풍작이 들 것으로 예측하고 올리브기름을 짤 수 있는 압착기를 빌릴 수 있는 권리를 매입하였다. 가을에 예상대로 올리브가 풍작이었다. 올리브 공급이 늘어나면서 올리브기름을 짜기 위해 압착기를 빌리려는 올리브 농부들이 쇄도하자 탈레스는 압착기를 빌릴 수 있는 권리를 다시 비싸게 팔아서 큰돈을 벌었다고 한다. 현재의 일기예보도 수개월 앞의 장기예보는 상당히 적중률이 낮다. 풍작이 들 것이라고 예측하더라도 재해가 발생하면 흉년이 들 수도 있다. 탈레스는 이 때문에 압착기를 빌리지는 않고, 단지 빌릴 수 있는 권리만 확보하는 것이 좋겠다고 생각하였다. 아마 탈레스는 그 권리를 확보하는 데 소액의 착수금만 지급하였을 것이다. 옵션의 아이디어가 바로 이것이다.

옵션거래는 1973년 미국 시카고에서 주식옵션을 거래한 것이 최초이다. 그 이후 옵션거래는 크게 증가하여 1975년 미국 필라델피아와 뉴욕 선물옵션시장으로 거래가 확대되었다. 그 이후 국제자본이동의 자유화, 금융시장의 개방화를 통해 금융상품의 가격변동성이 심화되면서 위험이 증가하고, 그 금융위험을 헤지하기 위해 각국의 선물거래소를 통해 옵션거래가 확대되었다.

우리나라 선물거래의 역사

우리나라 최초의 선물거래는 1996년 5월 증권거래소에서 주가지수선물을 거래한 것이 그 시초이며 주가지수옵션은 1997년 7월에 거래가 시작되었다. 달러선물과 달러옵션, 금리선물과 채권선물 등 그 밖의 금융선물은 1999년 4월 23일 부산선물거래소에서 거래된 것이 최초이다. 그 이후 선물거래소에서 선물상품의 다양화와 거래활성화를 위해 국공채금리선물, 개별 주식의 선물과 옵션 등으로 거래가 확대되었으며, 기존 주가지수선물과 다른 새로운 주가지수의 선물상품도 개발되고 있다.

4. 금융선물상품의 이용목적

환율, 금리 및 주가변동에 따른 손실을 없애기 위하여 금융선물상품을 이용한다. 예를 들어, 주식을 보유하고 있는 사람은 미래에 주식가격이 하락하면 큰 손실을 볼 수 있다. 따라서 주가가 비쌀 때 미리 주가지수선물로 팔아 놓음으로써 주가가 하락할 때의 손실을 피할 수 있는 것이다. 또한 변동금리로 돈을 빌린 사람은 금리가 상승하면 이자비용이 증가해서 손실을 입을 수 있다. 이러한 손실을 없애기 위해 금리가 쌀 때 금리선물을 이용하여 미리 금리를 확정시키면 된다. 수입업자의 경우 미국달러로 수입결제계약을 맺은 후에 달러의 환율이 상승하면 환차손실을 입을 수 있다. 따라서 달러환율이 쌀 때 미리 달러선물을 구입하면 환율의 상승으로 인한 손실을 제거할 수 있다.

선물계약의 필요성
미래 특정한 상품의 가격을 확정함으로써 가격변동에 따른 손실을 벗어날 수 있다.

가격변동위험에 대한 보호

비 오는 날 보호막

제2절 금융선물시장

선물거래의 가장 큰 장점은 미래의 가격이 미리 확정된다는 점이다. 매입자와 매도자는 미래의 가격을 미리 확정함으로써 미래의 이익과 비용을 미리 알 수 있다. 즉, 매입자와 매도자는 선물을 이용함으로써 미래에 사용할 현금흐름을 미리 확정할 수 있다.

1. 선도거래

선물거래(futures)는 선도거래(forward)로부터 발전해 온 것이다. 일상생활에서 선도거래의 예는 많이 찾아 볼 수 있다. 예를 들어, 잡지를 구독하는 경우를 살펴보자. 잡지를 1년 동안 정기구독할 때 잡지사는 특정 잡지를 일정한 시간에 미리 정해진 가격으로 배달해 줄 것을 약속한다. 이 정기구독료는 잡지값이 오르더라도 최소한 계약기간인 1년 동안 일정하다. 이때 중요한 것은 미리 가격이 정해진다는 것이다. 가격이 미리 정해지면 물건을 구입하는 사람은 앞으로 지불해야 하는 비용이 얼마인지 미리 알 수 있으며 물건을 파는 사람도 앞으로 물건을 팔아서 얼마만큼의 수입이 들어오는지 미리 알 수 있는 것이다. 따라서 선물거래는 미래 상품의 가격이 미리 정해짐으로써 매입자나 매도자에게 미래에 필요한 비용과 수입을 확정시키는 역할을 한다.

2. 선물시장과 주식시장

선물계약은 미래 일정시점에 정해진 상품을 특정한 가격으로 사거나 팔기로 하는 계약이다. 한편 주식은 기업의 소유권을 나타내며 대표적인 금융현물상품이다. 선물시장과 주식시장은 어떻게 다를까?

먼저 비슷한 점은 주식이나 선물 모두 정해진 거래소에서 거래된다는 점이다. 만약 거래소가 없다면 주식이나 달러선물을 팔기 위해 집집마다 방문을 하거나 전화를 해서 주식이나 달러를 매입할 사람을 찾아야 한다. 두 번째 비슷한 점은 주식시장과 선물시장에서 거래하는 사람들은 이익을 얻기 위하여 거래한다는 점이다. 선물시장에서 가격변동을 이용하여 이익을 얻기 위하여 거래하는 사람들을 투기자(speculators)라고 부른다.

선물거래와 주식거래의 비교

	선물	주식
거래방법	증권선물거래소에서 거래	증권선물거래소에서 거래
투자형태	위험을 회피하기 위해 투자	이익을 얻기 위한 투자
증거금(margin)	계약이행보증금으로 납입한 증거금은 선물가격변동에 따라 매일 조정된다.	거래이행보증금이 별도로 없으며, 주식매입금액 자체가 계약금이며, 동시에 매입금액이다.
최대손실	선물의 최대손실금액은 매일 가격에 따라 만기일까지 변동되므로 매일 가격동향을 체크해야 한다.	주식매입자의 최대손실은 주식매입금액으로 한정된다.

선물시장에서는 먼저 매도할 수 있다

선물시장과 주식시장의 첫 번째 차이점은 다음과 같다. 선물은 먼저 매도할 수 있는 데 반해, 주식은 먼저 매입한 다음에 팔 수 있다. 만약 구입하지 않은 주식을 팔았다면 이것은 사기거래가 된다. 그러나 선물거래에서는 먼저 팔고 나서 나중에 구입할 수도 있다. 왜냐하면 선물거래는 주식거래와는 달리 현물을 즉시 인도 또는 인수하지 않기 때문이다.

주식시장에서는 먼저 매입하여야만 매도할 수 있으므로 주가가 하락하면 모든 거래자가 손해를 본다. 가격이 하락하는 추세에 있으면 먼저 비싸게 매입하여 싸게 매도할 수밖에 없다. 선물거래는 그렇지 않다. 가격이 하락하는 추세에 있으면 먼저 매도하였다가 싼 가격으로 다시 매입하여 청산함으로써 가격차이로 인한 이익을 얻을 수 있다.

선물매도와 주식매도의 차이

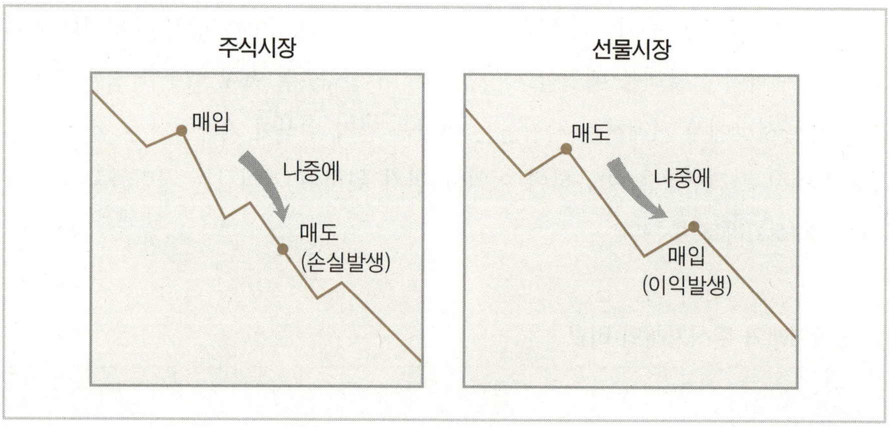

증거금

선물시장과 주식시장의 또 다른 차이점은 증거금(margin)이라고 하는 계약이행보증금(performance bond)제도이다. 선물옵션거래는 미래의 만기일까지 가격이 지속적으로 변화하므로 매일매일 손실이 발생할 수 있으며, 만기일에 계약의 이행을 위한 담보가 항상 필요하다. 이에 회원 및 거래소는 파생상품시장의 변화 등 여러 가지 요소를 고려하여, 거래자의 보유포지션(위험노출액)에 상응하는 액수의 금전 등을 미리 담보하여 계약의 불이행에 대한 위험에 대비하는데 이것이 증거금제도이다.

주식시장에서 계약이행보증금은 주식매입을 위한 착수금(down payment)으로서 매입대금의 40%를 납부하고, 나머지 금액은 주식매입 후 3일 이내에 납부한다. 선물시장에서 증거금은 선물계약이 약속대로 이행되기 위한 계약이행보증금 역할을 하는 것이지 매매대금의 일부인 착수금이 아니다. 보통 선물거래에서 증거금은 매매대금의 약 5~10%에 해당하며 선물계약의 만기가 도래하면 실물상품을 인도받고 대금을 지급하게 된다.

증거금은 선물계약의 이행을 보증하기 위한 제도적 장치이다. 보통 아파트나 집을 사거나 팔 때 또는 임대차계약을 맺을 때 매매당사자가 계약서를 작성하고 매입자나 세입자는 계약이행을 보증하기 위하여 소유자(매도자)에게 얼마간의 돈을 계약금으로 걸게 된다. 선물거래에서는 이 계약금을 증거금이라고 한다. 어떤 사람이 집을 매입하기 위하여 계약금을 지불하고 한 번 계약을 했으면 계약한 집의 시세가

증거금

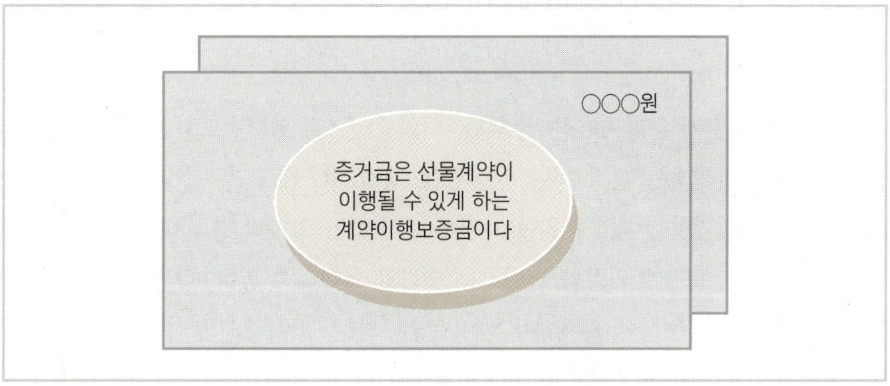

오르거나 떨어지는 것에 상관없이 약속한 날짜에 매도자에게 돈을 지불하고 집을 인도받고 법원에 소유권 이전등기를 하게 된다. 물론 매입자가 약속을 어겨 계약을 이행하지 않으면 계약금을 회수하지 못하게 된다.

선물거래증거금과 증거금률은 선물거래소에서 결정하며 매매금액에 대한 일정비율이 아니라 가격의 변동성에 따라 달라진다. 즉, 가격변동성이 심할수록 손실의 가능성이 커지고 따라서 선물증거금은 증가한다. 선물계약을 매매했다는 것은 그 상품의 소유권을 매매한 것이 아니라 일정한 기간 후에 소유권 이전을 포함하는 계약을 이행하겠다는 약속인 것이다.

선물거래소에서 처음 선물계약을 할 때 선물계좌를 개설하고 그 계좌에 예치해야 하는 계약이행보증금이 개시증거금(initial margin)이다. 이러한 개시증거금은 선물계약으로 미래의 만기일까지 발생할 수 있는 손실을 충당하기 위한 것이다. 개시증거금을 납부하고 선물계약을 체결한 후에 계약기간 동안 적용되는 증거금이 유지증거금(maintenance margin)이다. 유지증거금은 상품에 따라 다르지만 대략 개시증거금의 약 75%에 해당한다. 주가지수선물 1계약을 구입할 때 지급해야 하는 개시증거금이 100만원이라면 계약기간 동안 선물계좌에 유지하고 있어야 하는 유지증거금이 최소한 75만원이다. 선물계좌에 유지증거금이 75만원 이하로 내려갈 때 거래소는 다시 증거금을 100만원으로 보충하라는 요구를 하게 되는데 이를 추가증거금 요구(margin call)라고 한다. 거래소로부터 증거금 요구가 있을 때 선물계약자는 부족한 부분만큼의 증거금을 다시 예치해야 하는데, 이때 기존의 증거금과 새롭게 보충하는 금액의 합은 개시증거금의 수준인 100만원이 되어야 한다. 가격변동이 심할수록 손실가능성이 커지게 되므로 가격이 급변하는 시장에서 요구되는 증거금은 더욱 커질 수 있다.

고객은 현금뿐 아니라 대용증권, 외화, 외화증권으로 위탁증거금을 납입할 수 있다. 우리나라 거래소는 상장주권, 상장채권, 상장DR, ETF 등 상장증권 중심으로 증거금으로 납입가능한 대용증권을 지정하고 있으며, 외화의 경우 미국달러, 엔, 유로, 파운드 등 주요 9개 외화를 납입가능 통화로 인정하고 있다. 한편, 현금과 달리 담보가치의 하락가능성이 존재하는 대용증권, 외화, 외화증권의 경우 기준시세의 일정비율만이 증거금 납입액으로 인정되며, 증거금의 일정비율을 반드시 현금으로 납입해야 하는 현금증거금제도가 운영되고 있다.

개시증거금과 유지증거금

개시증거금은 선물계약을 할 때 선물거래로 발생할 수 있는 손실에 상당하는 계약이행 보증금이며 유지증거금이란 선물계약기간 동안 유지되어야 하는 증거금이다.

일일가격변동폭

하루 동안 시장에서 선물가격이 변화될 수 있는 범위를 일일가격변동폭(daily price limits)이라고 하며 거래소에서 미리 결정한다. 일일가격변동폭을 두는 이유는 가격의 급격한 변동으로 인한 거래자의 손실을 제한하고 거래를 안정적으로 운용하기 위해서다. 일일거래 도중 시장가격이 정해진 가격변동폭을 초과하거나 미달되면 거래가 잠시 중단되며 가격이 가격변동폭 안에서 형성되면 다시 거래가 시작된다. 일일가격변동폭은 보통 전날 종가에서 상한 10%와 하한 10%를 그 범위로 한다. 예를 들어, 주가지수선물의 어제 종가가 280.00이었다면 오늘 가격변동폭은 252.00에서 308.00의 범위이다.

일일가격변동

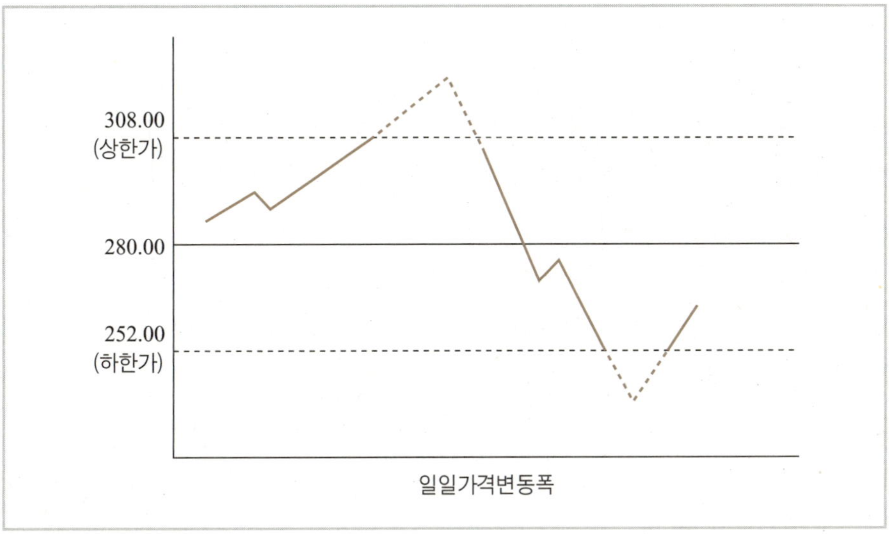

3. 일일정산

선물거래는 주택매매와 달리 매일 선물가격이 변동하는 데에 따라 매일 손익을 정산하는데, 이를 일일정산(daily marking to market)이라고 한다. 만약 오늘 주가지수선물을 계약했다고 하자. 내일 주가지수가 선물계약일의 가격보다 상승했다면 선물구입자는 가격상승폭만큼의 이익을 보게 되고 이러한 이익은 선물구입자의 증거금계좌에 이익으로 정산된다. 이 결과 주가지수 선물구입자의 계좌금액(증거금)은 증가하게 된다. 하지만 주가지수가 선물계약가격보다 하락했다면 선물구입자는 가격하락으로 손실을 입게 되고 이러한 손실은 주가지수 선물구입자의 증거금계좌에 손실로 정산된다. 따라서 주가지수 선물구입자의 계좌예치금액(증거금)은 감소하게 된다.

이와 같이 일일정산제도는 일일선물가격의 변동에 따라 발생하는 손실을 매일 계산하여 이를 추가적인 증거금으로 납입하게 함으로써 손실에 따르는 계약불이행사태를 미리 제거하는 제도이다. 또한 일일정산제도는 작은 금액의 증거금으로 선물거래를 가능하게 하는 레버리지 역할을 한다. 즉, 일일정산을 하지 않으면 선물계약

일로부터 만기일까지 대폭적인 가격하락이 가능하고 대규모 손실이 발생할 수 있다. 따라서 이러한 대규모 손실을 모두 보상하고 계약을 이행하기 위해서는 처음에 훨씬 많은 개시증거금이 필요하다. 일일정산제도는 하루 동안의 최대손실을 커버할 수 있는 만큼의 적은 금액으로 선물계약의 이행을 보증할 수 있게 하는 제도이며, 이 경우 선물계약의 개시증거금이 작은 금액으로 가능하므로 보다 많은 사람이 쉽게 선물거래를 할 수 있게 하는 제도이다.

일일정산으로 손실이 발생하여 증거금이 유지증거금 이하로 내려가면 거래소는 선물거래자에게 추가적으로 증거금을 요구한다. 증거금 요구가 있으면 선물거래자는 선물계좌에 개시증거금에 해당하는 금액을 보충해야 한다. 이러한 증거금 요구는 시장의 가격변동에 따라 언제든지 발생할 수 있다. 이러한 증거금 요구를 거부한다면 선물거래소(또는 선물회사)는 일방적으로 선물거래자의 선물계약을 반대매매를 통해 청산하게 된다.

선물시장에는 일일정산제도가 있기 때문에 선물거래자는 매일매일의 선물가격변화에 주의해야 한다. 하지만 주식시장에는 일일정산제도가 없기 때문에 장기투자자의 경우 주식가격동향에 그리 민감할 필요가 없다. 주식을 구입해서 잃어버릴 수 있는 최대의 손실은 주식투자원금이기 때문이다.

일일정산

선물거래는 주택매매와 달리 매일 선물가격이 변동하는 데에 따라 매일 손익을 정산하는데, 이를 일일정산(daily marking to market)이라고 한다. 일일정산제도는 가격변동에 따라 발생하는 손실을 매일 계산하여 이를 추가적인 증거금으로 납입하게 함으로써 손실에 따르는 계약불이행사태를 미리 제거하는 제도이다. 또한 일일정산제도는 작은 금액의 증거금으로 선물거래를 가능하게 하는 레버리지 역할을 한다.

주가지수선물의 일일정산 계산 사례

주가지수선물의 가격은 지수로 표시되며 지수 1포인트당 금액이 50만원이다. 예를 들어, 오늘 주가지수선물의 가격이 300.00이라면 선물 1계약의 금액은 300 × 50만원 = 15,000만원이다. 주가지수선물을 구입할 때의 개시증거금은 200만원이

일일정산 사례

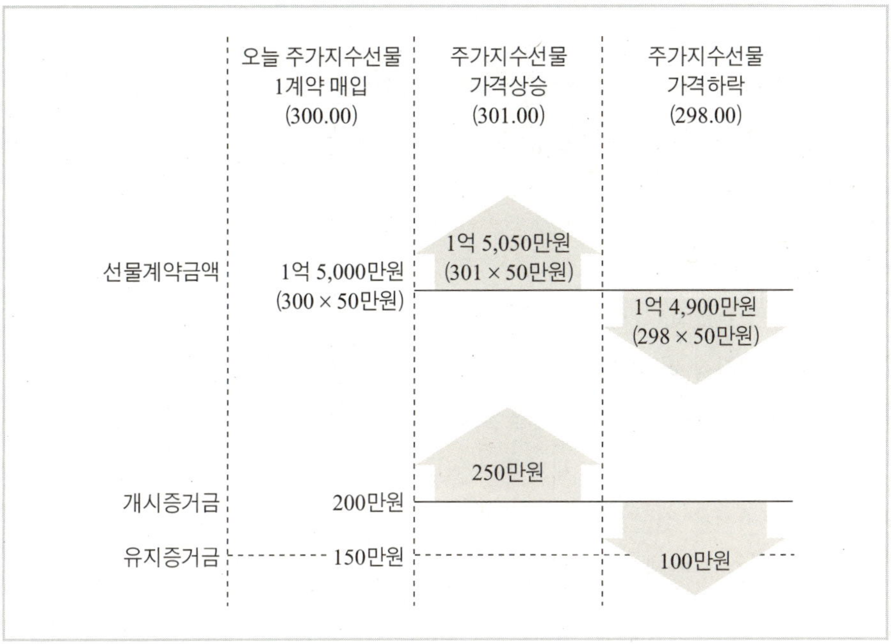

라고 하자. 하루 뒤에 주가지수가 300.00에서 301.00으로 상승했다면 보유주가지수선물의 가치는 301.00 × 50만원 = 15,050만원이 되며 1포인트의 주가지수상승으로 50만원의 정산이익이 발생한다. 이러한 50만원은 선물증거금계좌에 이익의 증가로 계산되며 이제 선물증거금은 개시증거금 200만원에 오늘 선물의 정산이익 50만원을 합한 250만원이 된다.

다음 날 주가지수가 300.00에서 298.00으로 하락했다면 보유주가지수선물의 가치는 14,900만원(= 298.00 × 50만원)으로 감소하게 되며 선물증거금은 개시증거금 200만원에서 정산손실 100만원을 뺀 100만원으로 감소하게 된다. 주가지수선물의 매입자는 선물증거금이 최소한의 유지증거금(150만원) 미만으로 감소해서 증거금 요구(margin call)를 받으면 그 다음 날까지 선물증거금을 개시증거금(200만원) 수준으로 맞추기 위해 추가증거금(100만원)을 예치해야 한다.

4. 선물시장의 기능과 구조

선물거래는 가격변동의 위험에 대한 헤지, 투기거래를 통한 이익창출, 활발한 선물거래를 통한 시장유동성의 향상, 효율적 자원배분을 위한 가격예시 등 사회적 · 경제적 기능을 갖고 있다.

투자위험헤지

선물거래의 가장 기본적이고 중요한 기능은 투자위험의 헤지기능이다. 위험을 회피하고자 하는 거래자는 선물시장을 이용하여 자신이 보유하고 있는 포트폴리오의 가격변동에 따른 투자위험을 제거할 수 있다. 헤지는 현물자산의 포지션과 동일금액의 반대포지션을 선물계약으로 설정하여 미래 현물자산의 손실을 반대포지션의 선물계약이익으로 상쇄함으로써 이루어진다.

선물거래를 이용하면 현물시장에 일시적으로 큰 충격을 주는 일이 없이 적은 비용으로 신속하게 가격변동위험을 관리할 수 있게 된다. 즉, 선물시장을 이용한 헤지거래로 포트폴리오의 미래가치를 현시점에서 확정시킴으로써 보유하고 있는 자산포트폴리오의 가치변동위험을 제거할 수도 있고 투자자들의 위험선호도에 적합하게 위험을 조정할 수 있게 된다.

시장유동성 제고

선물거래는 적은 증거금만으로 큰 금액의 선물거래가 가능하기 때문에 투자원금에 대한 손실과 이익 레버리지가 크며, 적은 자금으로 높은 위험을 감수하고서라도 높은 수익을 얻고자 하는 투기자에게는 좋은 투기수단이 된다. 투자자는 개별 투자종목 선정에 고심하는 일이 없이 미래 시장가격의 움직임을 예측하여 투기하는 일이 가능하다. 미래시세를 강세라고 판단하면 선물을 사고, 약세라고 판단하면 선물을 판다는 단순한 전략으로 매매차익을 추구할 수 있다. 이러한 투기성 자금이 시장으로 편입되면 시장유동성이 풍부해지며, 시장활성화라는 경제적 기능을 하게 된다.

차익거래에 의해서 시장의 유동성은 제고될 수 있다. 예를 들어, 선물가격이 이론적으로 타당한 수준보다도 높으면 선물을 팔고 현물을 구입하는 차익거래가 일어난다. 낮은 증거금 수준 등 제도적 이점으로 인해 선물시장에서 거래비용이 매우 낮으므로 한계비용이 다소 높은 정보를 반영하여 차익거래가 활발히 이루어짐으로써 시장유동성과 효율성을 향상시킬 수 있다.

가격예시

선물은 비록 현시점에서 정해진 가격으로 거래되지만 미래의 특정 시점의 현물가격에 따라 손익이 산정되므로, 미래 만기일의 현물가격의 예측치가 될 수 있다. 선물시장을 통하여 미래가격에 대해 보다 정확한 예측을 할 수 있다면 투자자들은 더욱 현명한 소비 및 투자결정을 할 것이고 자원의 배분도 더욱 효율적으로 이루어질 것이다.

선물가격은 많은 시장참여자, 특히 매매차익을 목적으로 하는 전문투자자들이 나름대로 치밀하게 정보를 수집 · 분석 · 평가하여 치열한 경쟁을 통해 형성되며 현물시장에서보다 훨씬 저렴한 비용으로 거래가 이루어지므로, 선물시장이 있음으로 인해 시장정보의 질과 양이 증대된다. 나아가 투기자수의 증가와 시장정보의 증대는 가격예측오차를 감소시키게 되어 선물가격은 선물거래가 없이 형성되는 현물시장의 가격예측보다 정확하게 미래가격을 전망할 수 있다. 현물시장 역시 그 영향으로 가격형성이 더욱 효율적이고 안정적으로 이루어짐으로써 위험과 자원의 적절한 배분을 가져오게 된다.

선물시장의 기능
선물거래는 가격변동의 위험에 대한 헤지, 시장유동성 공급, 가격예시 등 사회적 · 경제적 기능을 갖고 있다.

선물시장의 구조

선물시장은 거래소(exchange), 청산소(clearing house), 거래소회원(member)과

선물거래중개인으로 구성된다.

선물거래는 항상 선물거래소(organized exchange)에서 행해진다. 선물거래소는 선물계약을 거래할 수 있도록 하는 시스템을 구축하고 있으며, 선물거래관련 사업을 영위하는 회원들에 의하여 운영되고 있다. 선물거래소의 가장 중요한 기능은 선물거래를 위한 규칙을 제정하고 선물의 대상이 되는 표준화된 계약을 결정할 뿐만 아니라 선물계약이 효율적으로 거래가 이행될 수 있도록 설비와 서비스를 제공하여 선물시장을 조직화하는 것이다.

청산소(clearing house)는 시장참가자에게 계약이행을 보장하는 상대방의 역할을 한다. 즉, 매도자에게는 매수자의 입장을, 매수자에게는 매도자의 입장을 취함으로써 그러한 역할을 수행한다. 선물시장에서 거래당사자는 오직 청산소에 대해서만 의무가 있으며 청산소는 모든 거래의 당사자 사이에서 중간적인 입장을 취하고, 처음에 약정된 만기와 가격대로 인도할 것을 매수자에게 보장함으로써 선물거래에 대한 신뢰를 확립한다.

투자자가 선물거래를 하는 경우 직접 선물거래소나 청산소에서 거래하는 것이 아니라 선물거래중개인을 통해 거래한다. 증권투자를 하는 경우 고객이 직접 증권거래소에서 주식을 매매하는 것이 아니고 매매를 중개하는 증권회사에 계좌를 개설하고 이 증권회사를 통해 거래소의 매매절차에 참여하는 것과 같은 논리이다. 선물거

선물시장의 구조

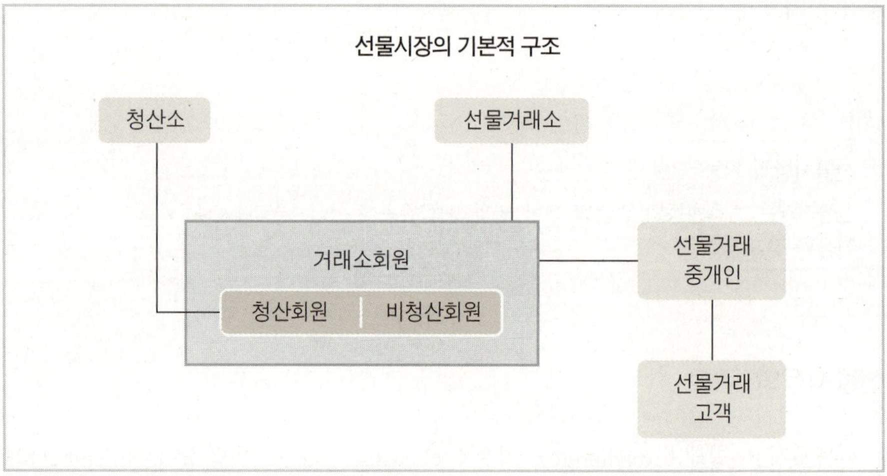

래중개인은 각각 그 기능이 다양하게 분류되어 있으므로 실질적으로 선물거래에 참여하기 위해서는 이들 중개인들의 기능을 정확하게 알아둘 필요가 있다. 선물거래 중개인은 여러 가지 회사의 형태를 취할 수도 있고 개인일 수도 있다.

제3절 선물거래와 주문

선물거래소의 거래방식은 공개호가(open outcry) 거래방식과 컴퓨터매칭(computer matching) 거래방식이 있다.

1. 선물거래방식

공개호가 거래방식

공개호가(open outcry)방식은 거래소 내에 상품별로 거래장소(trading pits)가 있어서 여기에서 시장경매방식으로 하는 거래이다. TV에 자주 나오는 경매방식의 증권거래 광경과 비슷하며 시카고, 뉴욕, 싱가포르, 런던 등 주요 해외선물거래소가 이 방식으로 거래한다.

거래장소인 피트(pits) 안에 있는 모든 거래자는 시장경매에 참여하고 있다. 각 거래자는 그가 매입하기를 원하면 매입가격(bid price)을 제시하며, 매도하기를 원하면 매도가격(offer price)을 제시한다. 손짓이나 다른 신호를 이용하여 매입 또는 매도가격 및 수량을 표시한다. 만약 여러 사람이 똑같은 매입가격을 표시하였다면 매도자는 그가 가장 먼저 본 매입자에게 매도하게 된다.

거래소에서는 최우선 매입호가(best bid price)와 최우선 매도호가(best offer price)만이 거래된다. 최우선 매입호가는 매입가격 중에서 가장 높게 부르는 가격이다. 예컨대, 당신이 다른 사람보다도 비싼 가격으로 어떤 선물을 매입하겠다고 하면 그 호가보다 낮은 가격을 제시한 사람은 선물을 구입할 수 없다. 어떤 상품을 비싸더라도 매입하려고 하면 쉽게 매입할 수 있는 이치가 적용된다. 이와 대조적으로 매도호가는 가장 낮은 매도가격이 최우선적으로 거래된다. 어떤 상품을 싸게 팔려고 하면 쉽게 팔 수 있다.

주문과 계약

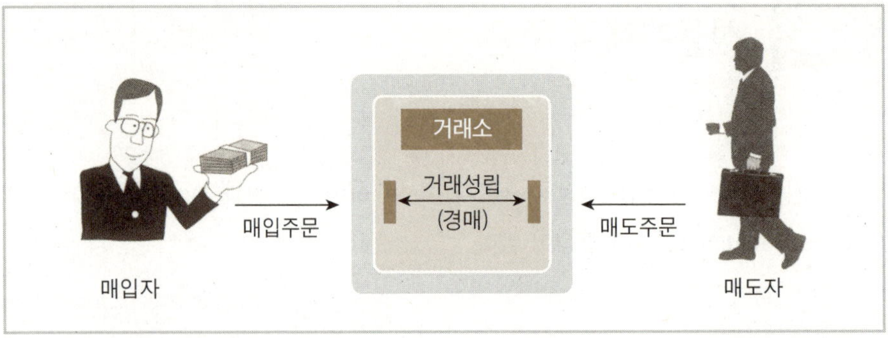

컴퓨터매칭 거래방식

컴퓨터매칭(computer matching)방식은 최근에 설립된 선물거래소에서 많이 이용하며 시스템방식(system trading)이라고도 부른다. 우리나라의 선물거래소도 이 방식을 사용하고 있다. 시카고선물거래소(Chicago Mercantile Exchange 및 Chicago Board Of Trade) 등 전통적인 거래소에서도 1992년 6월 25일부터 GLOBEX라는 컴퓨터매칭방식을 공개호가 거래방식으로 거래되지 않는 야간거래에 이용하고 있다. 컴퓨터매칭방식은 시장거래자가 거래소 중앙컴퓨터에 직접 연결된 컴퓨터 단말기를 이용하여 매도 및 매입주문을 입력하면 즉시 거래소 중앙컴퓨터에서 처리되어 조건이 맞으면 거래가 성립된다.

컴퓨터매칭방식은 공개호가방식과 달리 시장열기를 전혀 느낄 수 없지만 컴퓨터에서 경쟁이 치열하게 진행된다. 대량주문이 입력되거나 중요한 뉴스가 발표되면 시장가격이 급변하게 되는데, 거래소 중앙컴퓨터는 단말기로부터 주문을 묵묵히 받아들이기만 할 뿐이다. 그러나 컴퓨터매칭방식은 컴퓨터 스크린에 모든 시장상황이 자세하게 표시되므로 이용에 편리하다.

컴퓨터매칭방식에 의해 단말기에서 매수 또는 매도주문을 하면 이는 거래소 중앙컴퓨터로 연결되어 가장 높은 매수가격으로 주문한 매입계약과 가장 낮은 가격으로 주문한 매도계약을 먼저 체결하고 그 다음의 가격으로 주문된 매수와 매도주문이 체결된다. 따라서 가격이 너무 낮은 매수주문이나 가격이 너무 높은 매도주문은 잘 체결되지 않는다. 주문이 체결되면 주문이 체결되었다는 사실을 문서로 고객에게 통보하는데, 이를 거래확인서(confirmation sheet)라고 한다.

예를 들어, 2023년 3월 30일의 주가지수선물 거래상황에 대한 단말기 화면을 보면 다음과 같다. 먼저 거래되는 선물상품은 만기가 2023년 6월인 KOSPI 200 주가지수선물이며 현재가격은 257.60이다. 거래량은 94,422계약이며 거래대금은 약 12조 1,534억원이다. 오후 3시 15분 현재 체결가는 257.60에 1계약이며, 전일대비

컴퓨터매칭거래의 사례

• 코스피 200 F 202306 [KR4101K60005]

▶ 종목검색	코스피 200 F 202306 [KR4101K60005]

(2023/03/30 오후 4:48:01)

시간	15:15:00	종목	K101K6000
현재가 (전일대비)	257.60 (▲ 0.05)	기준가	257.55
거래량	94,422	현물가	256.10
거래대금 (백만원)	12,153,480	시장 Basis	1.50
미결제약정	128,836	시장 Spread	0.00
시가	257.10	배당액지수	0.000410
고가	258.00	최고가 (일자)	275.45 (2014/07/31)
저가	256.40	최저가 (일자)	0.00 (–)
상한가	283.30	거래개시일	2014/06/13
하한가	231.80	최종거래일	2023/06/11
종목상장일	2014/06/13	잔존일수	74
거래승수	500,000		

0.05포인트 상승한 값이다. 매도주문은 가장 낮은 가격(최우선 호가)이 가장 체결가능성이 큰 주문이 된다. 하지만 매도주문량은 가장 낮은 가격에서 가장 적은데 그 이유는 싼 가격에 팔려는 사람이 많지 않기 때문이다. 매입주문은 가장 높은 가격(최우선 호가)이 가장 체결가능성이 큰 주문이 된다. 왜냐하면 비싸게 사려고 하면 쉽게 살 수 있기 때문이다. 그러나 매입주문량은 가장 높은 가격에서 가장 적은데, 이는 비싸게 사려는 사람은 많지 않기 때문이다.

선물거래소에서 거래되는 금융선물상품은 주가지수, 미국달러, CD(Certificate of Deposit)와 국채금리선물 등이 있으며 같은 금융상품을 기본자산으로 하는 금융옵션상품도 있다. 선물거래로 인해 이익을 보려면 싸게 사서 비싸게 팔거나 아니면 비싸게 팔아서 싸게 되사는 것이다.

선물거래자

선물거래는 여러 가지 목적으로 사용된다. 먼저 가격변동으로 인한 손실을 피하기 위해 헤지거래를 하는 사람이 헤저(hedger)이며, 상품의 가격차이를 이용하여 차익거래의 이익을 얻으려는 사람이 차익거래자(arbitrager)이다. 가격변화를 적극적으로 이용하여 이익을 얻으려는 사람은 투기자(speculator)이다. 투기자는 하루 동안 선물을 매매해서 이익을 얻으려는 일일거래자(day trader)와 선물을 매입하여 오랫동안 보유하고 있으면서 생기는 가격차익을 얻으려는 장기거래자(position trader)가 있다. 거래소브로커(floor broker)는 선물회사의 위탁을 받아 거래장소(pits)에서 선물을 거래해 주고 수수료를 받는다.

2. 선물가격결정

선물가격은 어떻게 결정될까? 선물가격은 거래소가 결정하는 것이 아니라 사려는 사람들의 매입량(수요)과 팔려는 사람들의 매도량(공급)에 의해 결정된다. 즉, 선물과 옵션에 대한 수요와 공급에 따라 가격이 결정된다. 만약 매입하려는 수요량이 매도하려는 공급량보다 더 많다면 가격은 올라간다. 반대로 공급량이 수요량보다 많다면 가격은 하락한다.

선물시장은 자유경쟁시장인데, 자유경쟁시장의 예를 들어보자. 당신이 중고차를 벼룩시장 광고를 통해서 팔려고 하며 광고에서 차를 1,000만원에 팔겠다고 하였다. 어떤 사람이 당신 차를 900만원에 구입하기를 원하는데 이 경우 누가 가격결정권을 가질까? 당신 차는 다른 사람이 지불하고 싶은 것만큼 가치를 갖고 있으므로 매입자가 실제로 가격결정권을 갖고 있다.

만약 열 사람이 당신 차와 똑같은 차를 팔려고 하고, 차를 사려고 하는 사람은 한 사람밖에 없다고 한다면 그 한 사람이 열 사람의 매도자보다 자동차가격에 더 큰 영향력을 갖고 있다. 이와 반대로 열 사람이 사려고 하는데 팔려는 차는 당신 차밖에 없다고 하면 당신은 어느 정도 당신이 원하는 가격으로 차를 팔 수 있을 것이다. 선물가격도 이와 같은 원리로 결정된다. 가장 최근에 호가된 가격이 매입자와 매도자가 거래하려는 가격을 나타낸다.

선물가격의 결정원리

3. 선물계좌개설

선물계좌개설의 절차

고객이 주가지수선물과 미국달러선물 등 금융선물계좌를 개설하려면 선물회사에 선물계좌 위탁등록신청서와 선물투자의향서를 제출하고 기본예탁금으로 1,000만원 이상 현금 또는 그 해당 금액에 상당하는 유가증권(대용증권)을 납부하여야 한다. 1,000만원을 납부하면 주가지수선물과 옵션거래를 모두 할 수 있다.

선물거래소에서 미국달러, CD금리, 국채금리선물을 거래하기 위해서는 선물회사에 위탁자 계좌개설신청서를 제출하여야 한다. 이와 동시에 선물거래계좌설정약관과 거래은행이체약관, 대용증권이체약관, 선물거래위험고지서, 선물거래설명서를 선물회사로부터 교부받아 이를 읽어 본 후 약관에 인감을 날인하여 선물회사에 제출한다.

또한 고객이 선물계좌를 개설할 때 선물상품에 따라 증거금(margin)을 예치해야 하는데 그 증거금률은 가격변동 또는 시장환경에 따라 다르게 결정된다. 보통 달러선물은 250만원, CD금리선물은 80만원, 국채금리선물은 200만원의 증거금을 현금 또는 해당 금액에 상당하는 유가증권으로 선물회사에 납부해야 한다. 미국달러와 주가지수옵션을 매도하는 경우에도 계좌를 개설하려면 가격변동을 고려한 이론

선물계좌개설서류

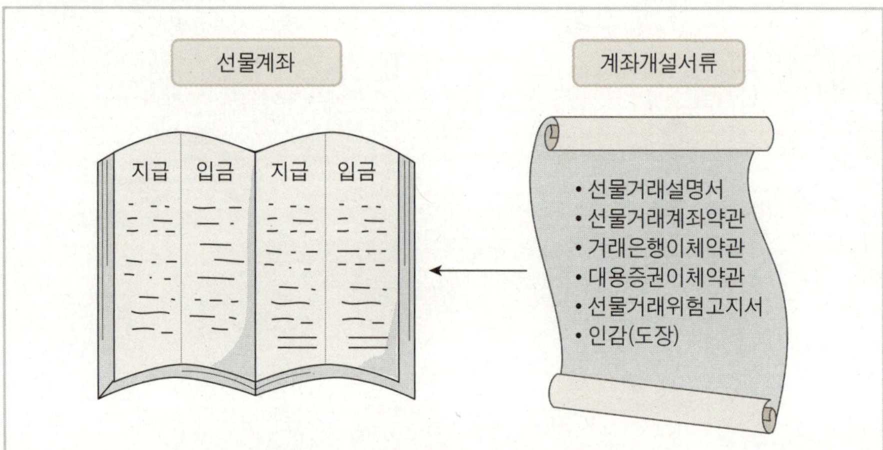

가격과 실제가격의 차이를 증거금으로 납부해야 하는데 선물회사에 문의하면 정확한 금액을 알 수 있다. 시장상황에 따라 다르기는 하지만 1개월 만기 옵션을 매도하려면 10~60만원의 증거금을 내야 한다. 하지만 옵션을 매입하는 경우 권리를 매입하는 것이므로 증거금을 낼 필요가 없으며 다만 권리에 대한 값(옵션프리미엄)을 지급하면 된다.

선물계좌개설을 위한 개시증거금률

증거금은 '기초자산의 가격 또는 수치가 일정한 수준으로 변동하는 경우에 발생할 수 있는 최대순손실상당액' 수준이다. 이에 따라, 증거금 산출 시 적용하는 증거금률은 원칙적으로 해당 기초자산의 가격변동성을 고려하되, 파생상품별 특성이나 시장상황 등의 제반사정을 감안하여 결정한다. 거래소는 증거금률의 조정을 위해 매일 가격변동성을 측정 · 모니터링하고 있으며, '파생상품시장 증거금률관리 가이드라인' 에 의거, 매분기 정기적으로 증거금률의 적정성을 점검(정기점검)하고, 시장급변 등의 경우에는 그때마다 증거금률의 적정성을 수시로 점검(수시점검)하여 필요시 증거금률을 조정하고 있다.

선물계약의 개시증거금률(한국거래소)

구분	거래증거금률	위탁증거금률	유지증거금률
코스피 200 선물	6.0%	9.00%	6.0%
코스피 200 옵션	6.0%	9.00%	6.0%
3년 국채선물	0.5%	0.75%	0.5%
5년 국채선물	0.9%	1.35%	0.9%
10년 국채선물	1.7%	2.55%	1.7%
미국달러선물	2.6%	3.90%	2.6%
엔선물	3.8%	5.70%	3.8%
유로선물	2.6%	3.90%	2.6%
미국달러옵션	2.6%	3.90%	2.6%
금선물	6.0%	9.00%	6.0%

거래수수료

고객이 주가지수선물과 코스닥지수선물을 거래할 때 증권회사에 납부하는 선물매매수수료는 거래금액의 0.02~0.04% 정도이며 거래회사마다 약간씩 차이가 난다. 예를 들어, 매매수수료가 0.02%라고 가정하고 오늘 주가지수선물의 가격이 283.00이라고 하자. 주가지수 1포인트당 금액은 50만원이므로 주가지수선물 1계약에 해당하는 금액은 283.00 × 500,000원 = 141,500,000원이다. 이때 매매수수료는 141,500,000원 × 0.02% = 28,300원이 된다. 주가지수옵션은 거래수수료가 1%로서 주가지수선물의 거래수수료보다 높다.

달러선물, CD금리선물과 국채금리선물을 거래할 때 선물회사에 납부하는 매매수수료는 계약당 선물은 개인 14,000원, 법인 12,000원이며, 옵션은 개인 9,000원, 법인 7,000원이다. 계약이 체결된 후 나중에 반대거래를 할 때도 계약을 체결할 때와 똑같은 금액을 매매수수료로 선물회사에 지급하여야 한다.

4. 선물주문의 형태

고객이 선물거래를 할 때 매도 또는 매수주문을 하는데 주문을 하는 방법도 여러 가지가 있다. 선물거래의 전형적인 주문형태는 시장가주문(market order), 지정가주문(limit order), 손절매주문(stop order) 등이 있다. 우리나라 증권선물거래소에서는 시장가주문과 지정가주문만이 가능하다. 다음에서 주문의 종류별로 매매주문이 어떻게 체결되는가를 살펴보자.

시장가주문

시장가주문(market order)은 현재시장에서 가장 유리한 가격으로 주문을 내는 즉시, 선물을 매입 또는 매도하라는 주문이다. 선물회사가 고객으로부터 미국달러선물 1계약을 시장가에 매입해 달라는 주문을 받았다고 하자. 현재 미국달러시장에서 원/달러 환율이 1,250원이라면 선물회사는 1,250원보다 낮은 가격으로 매입하려고 노력할 것이다. 만약 더 낮은 가격으로 매입할 수 없다면 선물회사는 현재시장가격

시장가주문

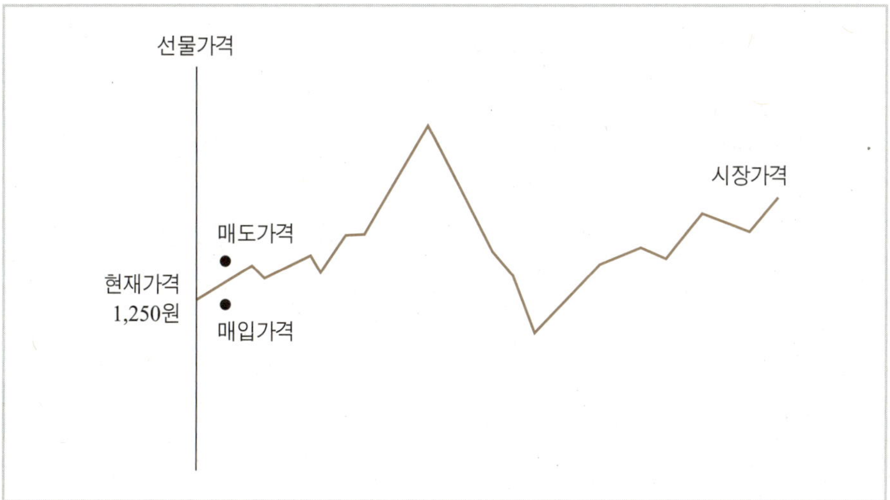

인 1,250원에 매입할 것이다. 주문을 내는 사이에 시장가격이 상승하였다면 물론 더 높은 시장가격으로 매입할 수도 있다.

지정가주문

고객이 지정가격(designated price) 또는 지정가격보다 유리한 가격으로 매입 또는 매도하기를 원하는 경우에는 지정가주문(limit order)을 낸다. 지정가로 주문을 받은 선물회사는 지정가격 또는 지정가격보다 유리한 가격으로만 주문을 실행할 수 있다. 선물을 매입할 경우 지정가격은 현재시장가격보다 낮고, 선물을 매도할 경우 지정가격은 현재시장가격보다 높다.

주가지수선물의 시장가격이 290.00일 때 고객으로부터 주가지수선물을 288.00 이하의 가격으로 매입하라는 지정가주문을 받았다고 가정하자. 현재 주가지수선물의 시장가격이 289.00이면 증권회사는 주문을 실행할 수 없으며 시장가격이 288.00 이하가 될 때만 그 주문을 실행할 수 있다. 시장가격이 지정가격 이하로 하락하였다고 하여 반드시 그 가격으로 주문을 실행할 수 있는 것은 아니다. 실제로 주문을 실행시키고자 하였을 때 이미 시장가격이 변동될 수 있기 때문이다. 지정가주문의 매매성사 여부는 선물회사의 능력에 상당히 좌우된다.

지정가주문

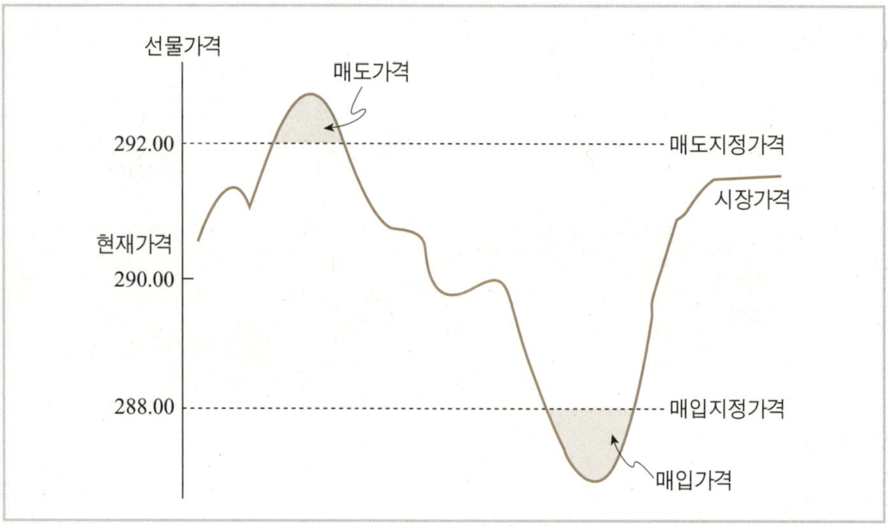

주가지수선물을 292.00 이상의 가격으로 매도해 달라는 지정가주문을 받았을 경우 현재 시장의 주가지수선물가격이 291.00이면 주문을 실행할 수 없다. 시장가격이 292.00 이상이 되면 주문을 실행할 수 있다.

손절매주문

손절매주문(stop order)은 시장이 자신에게 불리하게 움직일 때 손실을 최소화하기 위한 주문형태로 시장가격이 손절을 위한 지정가격에 도달하면 계약이 체결된다. 매입손절매주문은 시장가격보다 높은 지정가격으로 매입해 달라는 주문이며 매도손절매주문은 시장가격보다 낮은 지정가격으로 매도해 달라는 주문이다.

예를 들어, 고객이 293.00의 시장가격으로 국채금리선물을 매입하였다. 매입계약을 체결한 후에 국채선물의 가격이 급격히 하락하면 그는 손실을 보는데, 그 손실을 최소화하기 위하여 지정가격이 291.00인 매도손절매주문을 하였다. 만약 시장가격이 292.00이라면 시장가격이 지정가격보다 높으므로 선물회사는 주문을 실행시킬 수 없다. 나중에 시장가격이 291.00 이하로 떨어진다면 선물회사는 291.00에 주문을 실행시켜 국채금리선물을 매도하게 된다. 그러나 실제로 주문을 실행할 때 가격이 다시 상승하면 선물회사는 지정가격 이상으로 매도할 수도 있다.

손절매주문은 시장가격보다 높은 지정가격으로 매입주문을 하며 시장가격보다 낮은 가격으로 매도주문을 내는 경우이다. 즉, 손절매주문은 시장가격보다 비싸게 매입하고 싸게 매도해 달라는 주문인 것이며 이는 시장가주문이나 지정가주문과 정 반대의 주문이다. 이렇게 시장가격보다 낮게 매도주문을 내는 이유는 가격이 급격히 하락하는 경우 이미 보유한 선물로 인해 손실을 입게 되는데 손실을 최소화하기 위해 지금 시세보다는 낮지만 가격이 더욱 하락하여 손실이 더 커지기 전에 보유선물을 정리할 수 있기 때문이다. 반대로 시장가격보다 높게 매입주문을 내는 이유는 갑자기 가격이 급격히 상승하는 경우이며 미리 매도해 놓은 선물로 인한 손실을 최소화하기 위한 것이거나 비싸더라도 지금 가격으로 매입해 놓는 것이 유리할 경우이다.

또한 선물매입을 위한 손절매주문에서 미리 시장가격이 낮을 때 매입하지 않고 가격이 상승하기를 기다려서 매입하는지 이해하기 힘들지만 그 이유는 다음과 같다. 보통 선물을 매입할 때 지금의 시장가격이 가장 낮으며, 미래에 선물가격이 상승할 것이라는 기대로 선물을 매입한다. 선물을 매입한 후에 시장가격이 기대와 달

손절매주문

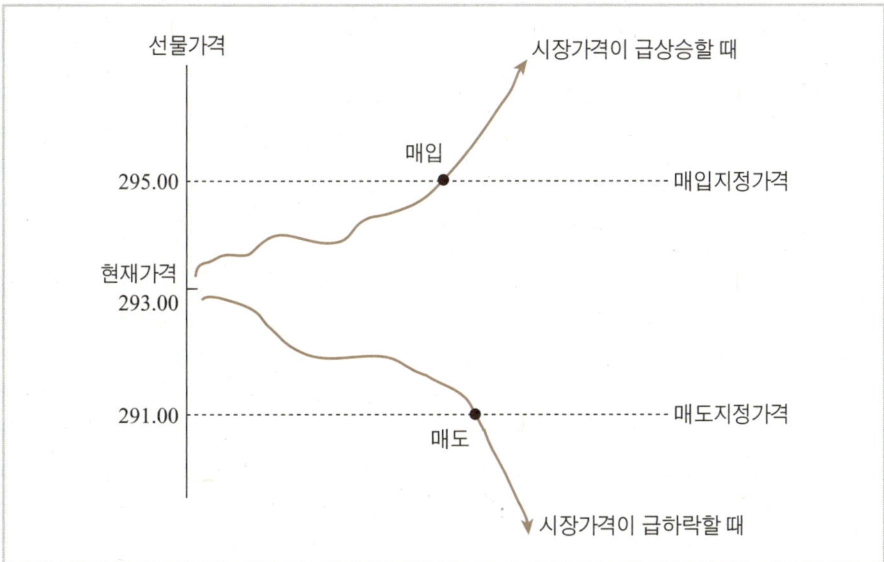

리 하락한다면 손실이 발생하기 시작하고 이러한 가격하락이 지속된다면 손실이 커질 수 있다. 따라서 손실이 더 커지기 전에 지금 시장가격보다 싸게라도 보유선물을 매도하고자 할 때 사용되는 주문전략이다.

5. 선물계약의 결제

매매주문의 유효기간

일반적으로 선물매매주문은 거래당일에만 유효하므로 주문당일에 계약이 체결되지 않으면 자동적으로 취소된다. 이러한 주문을 당일주문(day order)이라고 한다. 우리나라에서 증권거래소를 통한 주가지수선물은 모두 여기에 해당된다. 이에 반하여 계약이 체결될 때까지 계속 유효한 주문을 Good till Cancelled(GTC)주문이라고 하며, 우리나라에서는 허용되지 않고 있으나 해외선물시장과 국제외환시장에서 자주 사용되는 선물매매주문의 하나이다.

선물거래소를 통한 선물거래도 당일주문을 원칙으로 하나, 당일주문의 변형인 Fill or Kill(FOK)주문과 Fill and Kill(F&K)주문도 허용된다. Fill or Kill주문은 즉시 거래가 체결되지 않으면 주문이 취소되며 Fill and Kill주문은 즉시 주문의 일부분이라도 계약이 체결되면 그것 자체는 유효하고 나머지 계약이 체결되지 않은 주문은 취소된다.

선물계약의 최종결제

선물상품은 각 상품별로 만기가 정해져 있다. 고객은 자신이 보유하고 있는 선물계약을 만기까지 보유하고 있다가 만기에 최종결제를 하여 권리와 의무를 청산하거나 만기 전에 언제든지 다시 반대매매(offset)를 하여 선물계약을 종결할 수 있다. 반대매매를 하지 않고 최종결제일까지 보유하고 있는 선물계약은 만기에 실물을 직접인도(make delivery) 또는 인수(take delivery)하거나 현금으로 청산한다.

최종결제방식은 거래소마다 별도의 규정을 두어 관리하고 있으며 상품별로 차이가 있다. 일반적으로 KOSPI 200 주가지수선물이나 CD와 국채금리선물은 선물계약가격과 만기일의 가격차이를 현금으로 결제하는 현금결제방식을, 미국달러선물은 달러실물을 인도 또는 인수하는 실물결제방식을 택하고 있다.

제4절 선물거래 용어와 선물계약

이 책의 부록에 선물거래 용어가 별도로 첨부되어 있으나 여기에서는 먼저 선물거래에 사용되는 간단하고 필수적인 용어를 살펴본다.

1. 선물거래 용어

매수세, 매수장세

매수세 또는 매수장세(bullish, bull market)는 시장에서 가격이 상승하는 추세를 말하며 매수세력이 매도세력보다 큰 경우이다. 매수세(bullish)는 황소(bull)가 뿔을 밑에서 위로 올리면서 공격하는 형상이 가격상승세와 닮았다는 데서 유래되었다.

매도세, 매도장세

매도세 또는 매도장세(bearish, bear market)는 가격이 하락하는 추세이며 매도세력이 매수세력보다 큰 경우이다. 매도세(bearish)는 곰(bear)이 공격할 때 앞발을 위에서 아래로 내려치는 형상이 가격하락세와 닮았다는 데서 유래되었다.

매수세와 매도세의 정의
매수세는 가격이 상승하는 장세이며 매도세는 가격이 하락하는 장세이다.

선물매입포지션

선물계약을 구입한 경우 선물매입포지션(long futures)이라 한다. 선물내입포지션을 가지고 있는 사람은 선물가격이 오르면 구입한 선물을 더 비싸게 되팔아서 매매차익을 볼 수 있다. 예를 들어, 주가지수선물 1계약을 샀다면 주가지수선물 1계약 매입포지션이라고 한다. 선물매입 후 선물을 되파는 것을 **반대매매**(offset) 또는 전매도라고 한다.

선물매도포지션

선물계약을 매도한 경우 선물매도포지션(short futures)이라 한다. 선물매도포지션을 가지고 있는 사람은 가격이 하락하면 매도한 선물을 더 싸게 되사서 매매차익을 볼 수 있다. 만약 달러선물 1계약을 매도했다면 달러선물 1계약 매도포지션이라고 한다. 선물매도 후 반대매매를 통해 선물을 되사는 것을 환매수라고 한다. 가끔 혼동을 일으키는 것은 처음에 선물을 샀다가 되파는 경우이다. 선물매입포지션에서 선물을 되파는 경우 이를 반대매매라고 하며 선물매도포지션은 처음부터 가지고 있지 않은 선물을 미리 파는 것이다.

선물매도는 실생활에서 자주 발생한다. 예를 들어, 박 씨가 마당에 다음 달에 수확할 감나무를 심어 놓았다. 옆집 김 씨가 와서 다음 달 제사에 쓸 감 20개를 사고 싶다고 말한다. 박 씨는 김 씨에게 수확할 감을 얼마에 사겠냐고 흥정을 해서 오늘 감 20개를 개당 1,000원씩 모두 20,000원에 팔기로 했다. 다음 달 박 씨는 감을 수확해서 김 씨에게 20,000원을 받고 감 20개를 팔았다. 이때 시장에서 감의 가격이 1개에 80원이라면 박 씨는 시장가격보다 비싸게 감을 팔 수 있는 것이다.

선물매입포지션과 선물매도포지션(long and short futures)

선물을 매입하는 경우가 선물매입포지션(long)이며 선물을 매도하는 경우가 선물매도포지션(short)이다.

선물매입포지션과 선물매도포지션

• **선물매입과 매도(long and short futures)**
선물을 매입하는 경우가 선물 long이며 선물을 매도하는 경우가 선물 short이다

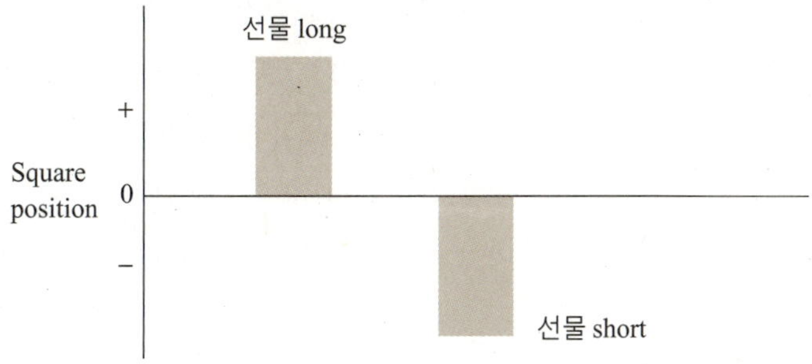

선물계약만기

선물계약은 미리 정해진 기간 동안 일정한 가격으로 미리 상품을 매매하는 거래이다. 이때 미리 정해진 기간을 선물계약의 만기(maturity)라고 한다. 보통 만기는 월단위로 표시되며, 한국거래소에서 거래되는 미국달러선물, CD금리선물과 국채선물, 그리고 주가지수선물 등 금융선물은 모두 3개월단위로 만기가 정해진다. 즉, 3월, 6월, 9월, 12월 만기 달러선물이나 3월, 6월, 9월, 12월 만기 주가지수선물로 표시된다.

선물계약의 만기에는 어떤 일이 발생할까? 미리 사거나 판 선물계약이 반대매매(offset)되지 않고 만기까지 유지되었다면 선물계약의 만기에 계약에서 정해진 실물상품을 특정한 계약가격에 인도 또는 인수받게 된다.

인도와 청산

전 세계에서 거래되는 선물계약 중 오직 3% 정도만 실물로 만기에 인도(delivery) 또는 인수되며 나머지 97%는 만기 전에 반대매매를 통해 선물매입 또는 매도(long 또는 short)포지션을 정리한다. 즉, 선물매입포지션을 가지고 있는 사람은 선물을 되팔고, 선물매도포지션을 가지고 있는 사람은 선물을 되사서 선물계약을 청산(settlement)하게 된다.

달러선물은 선물계약의 만기에 달러통화를 실물상품으로 인도받게 되지만, 주가지수선물이나 CD와 국채선물은 실물상품이 없어서 계약만기에 만기 때의 시장가격과 처음 선물계약을 맺을 때의 선물가격의 차이를 현금으로 정산을 하게 된다. 예를 들어, 12월 만기 주가지수선물을 6월에 주가지수선물가격 270.00에 매입했다. 만기인 12월에 주가지수선물의 시장가격이 280.00으로 상승했다면 10포인트의 주가지수차익이 발생한다. 주가지수 1포인트당 금액이 50만원이므로 지수선물 1계약당 500만원의 이익(= 10 × 50만원)을 현금으로 청산하게 된다. 물론 12월 만기의 주가지수가 260.00으로 하락했다면 지수선물 1계약당 500만원의 손실을 현금으로 지불해야 한다.

선물계약의 3%만이 선물계약의 만기까지 유지되는데, 이는 실제로 그 선물계약의 대상이 되는 상품이 필요한 실수요자의 거래가 여기에 해당된다. 또 다른 선물의 실수요자는 미래가격을 오늘 미리 선물가격으로 확정해서 가격변화로 인해 발생할 수 있는 위험을 헤지하는 경우이다.

2. 선물상품의 계약단위

우리나라에서 거래되는 금융선물상품의 계약단위(future contracts and settlements), 호가방법, 결제 및 청산에 관한 자세한 내용은 다음 표와 같다.

선물상품별 거래내용

	주가지수선물 (KOSPI 200)	엔과 유로선물	미국달러선물	CD금리선물	국채금리선물
상품	주가지수	엔화, 유로화	미국달러	단기금리	장기금리
거래단위	1990년 지수(= 100)	1,000,000엔, 10,000유로	10,000달러	5억원(= 100)	1억원(= 100)
가격표시	지수 1포인트당 50만원	100엔당 원, 유로당 원	달러당 원	금리지수 1포인트당 12,500원	금리지수 1포인트당 10,000원
호가단위 (ticks)	0.05	0.10원/유로	0.10원/달러	0.01	0.01
결제월	3, 6, 9, 12월	3, 6, 9, 12월	3, 6, 9, 12월	3, 6, 9, 12월	3, 6, 9, 12월
결제일	만기월의 둘째 목요일	만기월의 셋째 수요일	만기월의 셋째 월요일	만기월의 셋째 수요일	만기월의 셋째 화요일
결제방식	현금결제	실물결제	실물결제	현금결제	현금결제

주가지수, 달러, 금리선물의 계약단위와 호가방법에 대한 설명은 다음과 같다.

KOSPI 200 주가지수선물

주가지수선물(KOSPI 200)은 한국에서 거래되는 주식 중에서 산업별로 거래량이나 거래액수의 비중이 큰 종목 200개를 선정하여 이들 주가의 가중평균치로 주가지수를 산출한 것이다. 주가지수의 변화는 1990년 1월 3일에 계산된 주가지수를 100으로 하여 현재의 주가지수를 비교하는 것이며 주가지수 1포인트당 가격은 50만원이다.

오늘 12월 만기 주가지수가 290.00일 때 주가지수선물을 1계약 구입했다고 하자. 주가지수 1포인트당 금액은 50만원이므로 주가지수선물 1계약에 해당하는 금액은 290.00 × 500,000원 = 145,000,000원이다. 만약 내일 주가지수가 293.00으로 상승했다면 주가지수가 상승한 포인트는 (293.00 − 290.00) = 3.00이다. 따라서 주가지수상승에 해당하는 이익은 3.00 × 50만원 = 150만원이다.

미국달러선물

달러선물 1계약은 10,000달러이며 가격단위는 1달러당 원화환율로 표시된다. 오늘 12월 만기 달러선물의 가격이 1,200원/달러일 때 달러선물 1계약에 해당하는 금액은 10,000달러 × 1,200원/달러 = 12,000,000원이다. 만약 내일 선물환율이 1,200원/달러에서 1,300원으로 상승했다면 선물 1계약당 금액은 10,000달러 × 1,300원/달러 = 13,000,000원이며, 그 이익은 (1,300 − 1,200)원/달러 × 10,000달러 = 100만원이다.

CD금리선물

CD금리선물은 액면가 5억원, 표면금리 연 3%, 3개월 만기의 단기채권선물이다. CD금리선물가격은 금리 자체가 아니라 CD가격을 지수로 나타낸 것이다. 금리상승은 CD의 할인율을 상승시키게 되어 CD의 시장가격을 하락시키게 된다. 따라서 금리와 CD가격은 반비례한다. CD선물의 액면가격은 5억원이며 이때 기준 CD지수는 100.00이다. 시장금리가 상승하면 CD의 시장가격은 CD의 액면가격(5억원)보다 낮아지게 되고 따라서 CD지수도 100.00보다 낮아지게 된다. CD지수가 100.00일 때 이에 해당하는 금액이 5억원이므로 CD지수 1.00에 해당하는 금액은 500,000,000원/100.00 = 5,000,000원이며 0.01에 해당하는 금액은 50,000원이다.

하지만 앞의 CD가격은 연이자로 표시된 것이므로 이를 3개월 만기의 CD금리가격으로 변화시키기 위해 1년 만기 CD가격을 4로 나눠야 한다. 즉, 3개월 CD지수 100.00 = 125,000,000원 = 500,000,000원/4이며, 3개월 CD지수 1포인트(1.00)의 가격은 1.00 = 1,250,000원 = 5,000,000원/4이다. 또한 3개월 만기 CD지수 1베이시스 포인트(0.01)에 해당하는 금액은 0.01 = 1,250,000원/100.00 = 12,500원이다. 오늘 CD지수가 90.00일 때 CD선물을 1계약을 샀다고 하자. 내일 CD지수가 90.00에서 92.00으로 상승했다면 (92.00 − 90.00) × 12,500원 = 2,500,000원의 이익을 볼 수 있다.

주가지수, 금리, 통화의 가격상승 사례

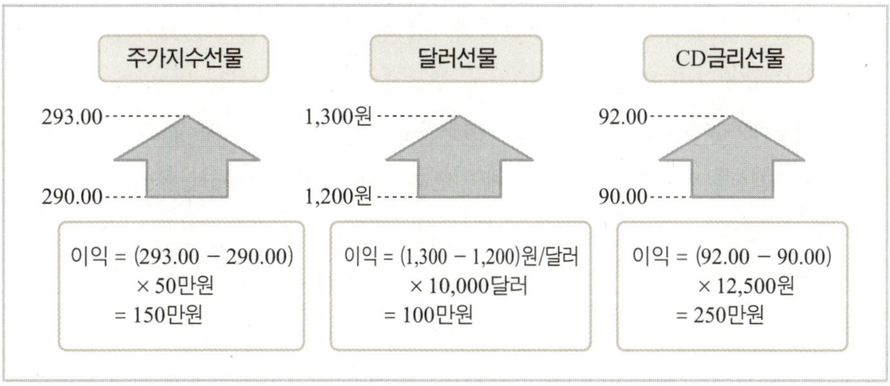

국채금리선물

국채금리선물은 액면가 1억원, 표면금리 연 3%, 3개월마다 이자를 지급하는 방식의 3년 만기 장기국고채권선물이다. 국채금리선물도 CD금리선물과 같이 국채의 시장가격을 지수로 나타낸 것이며, 국채금리선물의 지수가 100.00일 때 이에 해당하는 금액이 1억원이므로, 국채금리지수 1.00에 해당하는 금액은 100,000,000원/100.00 = 1,000,000원이며 1베이시스 포인트(0.01)에 해당하는 금액은 10,000원이다. 오늘 국채금리선물의 지수가 90.00일 때 국채금리선물 1계약을 샀다고 하자. 내일 국채금리지수가 90.00에서 92.00으로 상승했다면 (92.00 − 90.00) × 10,000원 = 2,000,000원의 이익을 볼 수 있다.

3. 선물거래절차

미국으로부터 청바지를 수입하는 김 씨가 오늘(6월 4일) 100만미국달러의 청바지 수입계약을 체결했다. 수입대금은 수입계약체결 3개월 뒤에 달러로 결제하기로 했다. 하지만 김 씨는 수입대금을 결제할 때 원/달러 환율이 상승하면 손실을 보기 때문에 3개월 뒤에 결제되는 미국달러를 오늘 환율로 확정하기 위해 미국달러선물을 매입하기로 했다.

김 씨는 달러선물을 구입하기 위해 먼저 P선물회사를 방문해서 선물거래약정과 선물계좌를 개설했다. 그 다음 P선물회사를 통해 달러선물 100계약(달러선물은 1계약에 10,000달러)을 구입해 줄 것을 주문했다. P선물회사는 김 씨를 대신해서 선물거래소에 달러선물 매입주문을 내고 선물을 구입하였다. P선물회사는 달러선물이 구입되었다는 사실을 김 씨에게 통보하고 거래확인서(confirmation sheet)를 보낸다.

구입한 달러선물의 만기가 다가오면, 8월 말에 P선물회사는 김 씨를 대신해서 선물거래소에 고객의 달러선물 매입포지션을 알려주고(reporting), 선물거래소는 그에 대해 달러선물 100계약을 P선물회사에 배정한다는 화물증권(Bill of Lading: B/L)을 발급한다. 김 씨는 P선물회사를 통해 전달받은 B/L과 달러구입대금을 원화로 거래소 지정은행에 지급하고 달러 100계약에 해당하는 100만달러를 구입한다. 보다 구체적인 미국달러선물의 거래절차는 다음과 같다.

미국달러의 선물거래절차(한국거래소)

계좌개설	선물회사와 선물옵션 계좌설정계약 체결
↓	
증거금 납부	계약당 주문증거금 납부(예탁금)
↓	
주문	HTS, 전화, 선물회사 내방 등
↓	
거래체결	거래소에 의한 거래체결
↓	
체결내용확인	HTS, 전화 등으로 확인
↓	
일일정산(결제)	일일정산결과에 따라 익일 결제
↓	
최종결제	반대거래를 통해 포지션을 종료하거나, 최종거래일에 실물인도결제

계좌개설

선물회사에서 선물거래를 위한 선물옵션계좌를 개설해야 하며, 이미 선물회사에 미국달러선물이나 국채선물거래를 위한 거래계좌를 가지고 있는 경우에는 기존의 계좌를 이용할 수 있다.

증거금 납부

투자자는 계좌개설 이후 통화선물거래에 참여하기 위하여 위탁증거금을 납부해야 한다.

주문

투자자는 위탁계좌를 개설한 선물회사에 직접 방문하거나 전화 또는 온라인 등을 이용하여 주문을 제출할 수 있다.

거래체결

선물회사에 제출된 주문은 증권선물거래소 전산시스템에 전달되고 해당 주문은 가격-시간 우선원칙에 의거하여 거래소의 중개하에 체결되며, 당해 체결내역은 선물회사로 통보되어 투자자는 HTS(Home Trading System)나 전화 등을 통해 거래체결내역을 확인할 수 있다.

일일정산

당일의 종가(정산가격)에 의거하여 일일정산을 실시하며, 일일정산결과에 따른 손익은 결제시한(다음 거래일 12시) 이후에 투자자의 예탁금에 반영된다.

최종결제

최종거래일의 시장 종료까지 보유 중인 미국달러선물의 미결제약정에 대해 매수자와 매도자는 인수도 결제방법에 따라 인수도금액(원화)과 인도물품(달러)을 수수하여 선물거래를 종결하게 된다. 이 경우 결제시한은 최종결제일 오후 12시이다.

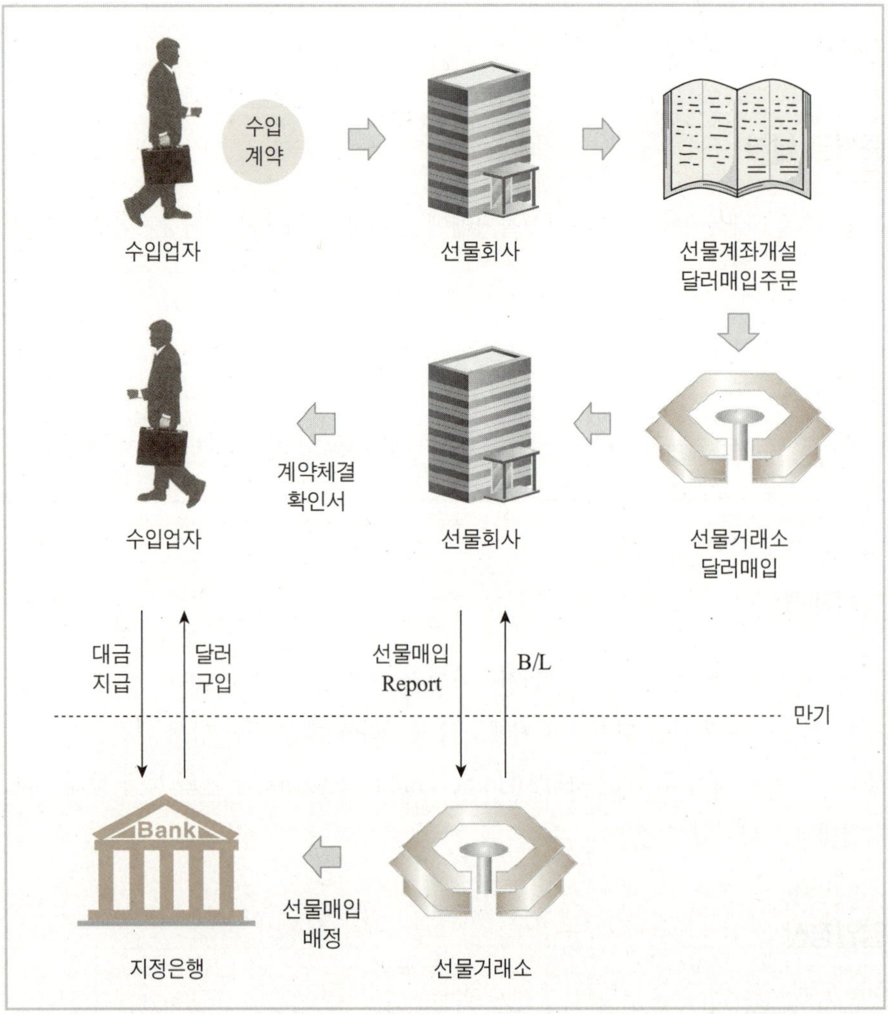

연습문제

〈설명형〉

01 현물(spot)거래, 선물(futures)거래 및 선도(forwards)거래를 비교 · 설명하라.

02 선물시장의 주요 기능과 중요성에 대해 설명하라.

03 선물과 옵션거래의 주요 차이점을 설명하라.

04 일일정산제도에 대해 설명하라.

05 선물거래를 위해 필수적인 청산소와 증거금의 개념을 설명하라.

06 선물주문의 형태인 시장가주문, 지정가주문 및 손절매주문을 각각 설명하하라.

07 한국거래소에 상장, 거래되는 금융선물 상품의 종류는 아래 표와 같다. 각 금융선물의 세부 내용을 설명하는 빈칸을 채우시오.

	주가지수선물	엔, 유로선물	미국달러선물	CD금리선물	국채금리선물
상품					
거래단위					
가격표시					
호가단위(tick)					
결제월					
결제일					
결제방식					

〈선택형〉

※진위형

01 선물시장에서는 손실을 보는 투자자의 수가 이익을 얻는 투자자의 수보다도 많을 수 있다.

① 그렇다 ② 아니다

02 선물거래자들은 증거금과 가격변화보다는 선물거래의 총계약가치에 보다 많은 관심을 기울이는 것이 보통이다.

① 그렇다　　② 아니다

03 선물시장에 참여하는 헤지거래자의 첫 번째 목적은 이익의 추구이다.

① 그렇다　　② 아니다

04 매수헤지는 현물가격의 하락에 대비한 헤지전략이다.

① 그렇다　　② 아니다

05 선물시장에서 투기자의 존재는 필수적이나 헤지거래에 있어서는 그렇지 않다.

① 그렇다　　② 아니다

06 투기자는 선물시장의 유동성을 높이는 기능을 갖고 있다.

① 그렇다　　② 아니다

07 적극적인 투기자에 의해 선물시장의 가격변동성이 증대된다.

① 그렇다　　② 아니다

08 투기거래의 가장 큰 매력은 레버리지 효과이다.

① 그렇다　　② 아니다

09 선물거래의 가장 기본적이고 중요한 기능은 투자위험의 헤지기능이다.

① 그렇다　　② 아니다

※ 4지 선다형

10 선물계약과 선도계약의 차이점을 틀리게 기술하고 있는 것은?

① 선물은 거래소에서 거래가 되나 선도는 장외에서 거래된다.

② 선물은 매매의 상대가 청산소인 반면 선도는 매매가 당사자끼리 직접적으로 이루어진다.

③ 선물은 계약조건이 협상에 의해서 정해지나 선도는 계약조건이 표준화되어 있다.

④ 선물은 매일 가격변동에 따른 정산이 이루어지나 선도는 계약이 해제 또는 만료 시에만 정산이 이루어진다.

11 다음의 거래에서 위험이 가장 적은 것은?

① 투기거래 ② 헤지거래 ③ 차익거래 ④ 스프레드거래

12 다음의 선물거래에 관한 설명 중 틀린 것은?

① 투기거래와 스프레드거래는 선물시장만을 이용한다.
② 매도헤지거래자는 과소평가된 선물을 선택해야 한다.
③ 스프레드거래는 일종의 상품 간 차익거래이다.
④ 선물거래의 대부분은 투기거래이다.

13 선물거래가 현물시장에 어떻게 영향을 미치는가?

① 선물거래는 현물시장의 모든 변동성을 제거한다.
② 선물거래는 현물시장의 변동성을 현저하게(pronouncedly) 줄인다.
③ 선물거래는 현물시장의 변동성을 최소한으로(minimally) 줄인다.
④ 선물거래는 현물시장의 변동성에 영향을 미치지 않는다.

14 헤징(hedging)에 관한 다음 내용 중 틀린 것은?

① 헤징이란 투자자가 현물시장에서 보유하고 있는 기존의 포지션으로부터 발생하는 가격위험을 회피하기 위하여 현물시장의 포지션과 정반대되는 포지션을 선물시장에서 취하는 것을 일컫는다.
② 헤징의 목적은 선물시장에서 이익을 추구하기 위한 것이다.
③ 헤징을 하면 가격위험을 전가하는 대신 베이시스 위험을 취하게 된다.
④ 선물시장의 중요한 기능 중 하나는 투자자들에게 헤징의 기회를 부여하는 것이다.

15 선물시장의 기능에 관한 설명 중 틀린 것은?

① 선물시장을 통한 헤지거래로 보유포트폴리오의 가치변동위험을 제거할 수 있다.
② 선물거래를 통해 시장의 유동성이 제고된다.
③ 선물시장으로 인해 시장정보의 질과 양이 증대된다.
④ 선물시장이 현물시장보다 거래비용이 비싸다.

16 다음 중 선물시장의 중요한 기능은?

① 선도가격을 결정한다.
② 투기자를 유인한다.
③ 상품을 표준화하고, 등급을 결정한다.

④ 위의 세 가지 모두이다.

17 다음 중 현물시장과 선물시장의 차이점은?

① 심사과정(inspection procedures) ② 상품등급(commodity grade)
③ 인도 전에 해제가 가능하다. ④ 위의 세 가지 모두이다.

18 다음 중 선도계약이 선물계약과 다른 점은?

① 비표준화되어 있다. ② 비정규적이다.
③ 비경쟁적이다. ④ 위의 세 가지 모두이다.

19 다음 선물가격의 특징 중 틀린 설명은?

① 선물가격은 인도시점에서는 현물가격과 일치하게 된다.
② 선물가격은 전반적으로 가격이 하락하는 추세에서는 현물거래보다 더 빨리 하락하 가격상승 추세에서는 현물가격보다 더 느리게 상승하는 특징을 가지고 있다.
③ 거래량면에서 선물시장은 현물시장 수급에 영향을 미쳐 가격을 선도하기도 한다.
④ 선물가격은 보유비용보다는 투기적인 거래에 의해 형성되는 미래의 예상가격이므로 이론가격으로부터 계속적으로 괴리를 보이는 경향이 강하다.

CHAPTER

02 금융선물거래전략

제1절 헤징

1. 헤징의 의미

선물시장에서는 상품시장과 마찬가지로 수요와 공급의 변화에 따라 가격이 상승과 하락을 거듭한다. 예를 들어, 정부가 통화량을 증가시키면 시중에 자금이 풍부하고 시중금리는 내려간다. 이러한 금리하락은 CD와 국채의 가격을 상승시키고 채권과 대체할 수 있는 주가지수를 상승시키게 된다. 또한 시중금리가 하락하면 외국자본이 유출되고 이에 따라 달러수요가 늘어나 원/달러 환율은 상승하게 된다.

선물가격은 현물가격과 같이 움직인다. 즉, 현재금리나 환율이 상승하면 미래금리나 환율 또한 상승하는 경향이 있다. 따라서 미래상품인 선물을 이용하면 현물상품가격의 급격한 변동으로 인한 손실을 최소화시킬 수 있다.

예를 들어, 수출업자가 수출계약 후 수출대금을 결제받을 때 환율이 하락하면 환차손을 입게 된다. 따라서 수출계약 후 수출업자가 수출대금으로 받을 달러를 미리 선물로 팔아서 환율하락으로 인한 손실을 피할 수 있다. 이렇게 선물을 미리 매도 또는 매입함으로써 미래의 가격변동으로 인한 손실을 회피하는 선물거래를 헤징(hedging)이라고 한다.

베이시스

현물가격과 선물가격의 차이를 베이시스(basis)라고 한다. 현물가격과 선물가격의 차이는 왜 생길까?

부산에서 치과병원을 운영하는 치과의사인 닥터 박의 경우를 살펴보자. 여름방학인 7~8월에 학생들이 치아를 많이 치료하러 오기 때문에 치과용 은이 많이 필요하다. 하지만 성수기인 7~8월에 치과용 은을 구입할 경우 은가격이 상당히 비쌀 것 같다. 비성수기인 5월에는 은의 가격이 상당히 싸서 치과의사 닥터 박은 오늘(5월 4일) 치과용 은을 싸게 사는 방법을 두 가지로 생각해보았다. 먼저, 오늘 현금을 주고 치과용 은을 사서 두 달 동안 보관하고 있다가 성수기인 여름방학에 사용하는 방법과 선물로 은을 구입하는 경우이다. 하지만 두 방법에 들어가는 비용은 같으므로 선물가격은 오늘 현물가격에 두 달 동안의 금융비용, 보관료, 보험료를 더한 값과 같다. 이 값은 현물가격을 미래의 선물가격과 같게 만드는 보유비용(carrying cost)이라고 하며, 선물가격은 현물가격에 보유비용을 합한 것과 같다.

선물가격은 현물가격의 변화에 따라 변화하게 되며 만기가 다가올수록 보유비용은 감소하고 선물가격과 현물가격은 같아지게 된다. 선물과 현물의 가격차이인 베이시스 변화는 선물계약기간 동안 지속적으로 변화하는데, 이는 금융비용의 변화와 미래가격에 대한 예측의 변화로 발생하며 만기에 베이시스는 영(0)이 된다.

베이시스
현물가격과 선물가격의 차이를 베이시스(basis)라고 하며, 만기까지 현물을 보유하는 비용(carrying cost)을 반영한다.

2. 매도헤지

매도헤지(short hedge)의 한 예로 수출업자가 환율하락에 따르는 환차손을 회피하기 위해 선물을 이용하는 경우를 살펴보자. 국내 B회사가 미국의 C사와 100만달러어치의 신발을 수출하기로 계약을 맺었다. 오늘(6월 4일) 계약 당시 원/달러 환율이 1,200원이었고 결제는 미국달러로 하기로 했다. 계약 후 B사가 주문된 신발을 만들어서 선적을 하고 은행에서 대금을 결제받을 때까지는 약 3개월 정도가 걸린다. 3개월 후(9월 3일)에 대금을 결제받을 때 원/달러 환율이 1,100원으로 하락했다면 B사는 수출대금 100만달러를 원화가치인 11억원으로 바꿀 수 있다.

하지만 수출계약 당시 수출대금 100만달러의 원화상당액은 12억원으로 환율하락으로 1억원의 환차손을 입게 된다. 이러한 환차손은 결제통화인 미국달러를 원화로 바꿀 때 적용되는 환율의 하락으로 발생된 것이다.

이러한 환차손을 피하기 위해서 수출계약 당시 B사는 미리 달러를 3개월 선물로 1,200원에 팔아 놓음으로써 원/달러 환율을 1,200원에 확보할 수 있다.

여기서 달러선물의 거래이익은 환율하락에 따르는 수출대금의 현물환차손실을 정확히 상쇄시킬 수 있다. 9월 3일 B사가 수출대금을 실제 매도한 가격은 달러당 1,100원인데 선물거래로 인한 이익(달러당 100원)을 합하면 처음 수출계약을 맺을 당시의 환율인 1,200원/달러가 적용되는 셈이다.

달러선물의 계약단위

한국거래소에서 거래되는 달러선물 1계약은 10,000미국달러이다. 원/달러 선물환율이 1,200원이라면 달러선물 1계약의 금액은 1,200만원이다.

수출업자의 헤징거래내용

	당일환율	달러현물	달러선물
6월 4일	1,200원	수출대금으로(원/달러 환율 1,200원) 100만달러를 3개월 후 수취 예정	100만달러를 3개월 선물로 환율 1,200원에 매도
9월 3일	1,100원	원/달러 환율이 1,100원으로 하락. 수출업자는 수출대금 100만 달러를 환율 1,100원에 매도	달러선물을 환율 1,100원에 재매입
순손익		1달러당 100원의 환차손	1달러당 100원의 환차익

수출업자의 헤징손익계산

	당일환율	달러현물	달러선물
6월 4일	1,200원	1,200원/달러 × 100만달러 = 12억원	1,200원/달러 × 1만달러 × 100계약 = 12억원
9월 3일	1,100원	1,100원/달러 × 100만달러 = 11억원	1,100원/달러 × 1만달러 × 100계약 = 11억원
순손익		(1,100 − 1,200)원/달러 × 100만달러 = 1억원 손실	(1,200 − 1,100)원/달러 × 1만달러 × 100계약 = 1억원 이익

완전헤징

선물이익이 현물손실을 완전히 상쇄하게 되어 가격변동으로 인한 손실이 전혀 발생하지 않는 헤징을 완전헤징(perfect hedging)이라고 한다. 하지만 완전헤징이 되기 위해서는 선물과 현물의 가격이 똑같이 변해야 되는데 현실적으로 거의 불가능하다. 왜냐하면 선물과 현물가격이 같은 방향으로 변하기는 하지만 선물과 현물의 가격변동폭은 각각 선물과 현물시장의 수요와 공급, 미래가격에 대한 예측에 따라 조금씩 차이가 나기 때문이다.

매도헤징

미래에 매도할 상품을 가지고 있는 사람이나 앞의 수출업자의 경우가 바로 매도헤저(short hedger)이다. 선물을 매도하는 경우 선물매도포지션(short position)이라고 하며 선물을 매도하여 손실이나 가격변동의 위험을 헤징(hedging)하는 경우 매도헤징(short hedging)이라 한다. 매도헤징은 미래에 현물을 매도할 필요가 있을 때 미리 정해진 가격으로 오늘 선물로 미리 파는 경우이다.

왜 헤징을 할까? 가장 기본적인 원칙은 가격변동으로 생기는 손실을 회피하기 위해서 헤징을 한다. 선물매도헤징으로 앞으로 팔아야 하는 현물의 가격을 미리 정해 놓을 수 있다. 이렇게 미래가격을 미리 정해 놓음으로써 가격변동에 무관하게 계약금액을 확정시킬 수 있다. 앞의 수출업자와 같이 3개월 후 팔아야 하는 달러현물에 대해 미리 오늘 선물로 정해진 가격을 받고 매도함으로써 가격변동으로 인한 환차손을 회피할 수 있다.

금융선물을 이용한 매도헤지의 사례

- 미래에 달러를 팔아야 하는 수출업자(달러선물 short hedge)
- 미래에 채무를 갚아야 하는 금융채무자(금리선물 short hedge)
- 미래에 주식을 팔아야 하는 포트폴리오(portfolio) 투자자(주가지수선물 short hedge)

3. 매입헤지

매입헤지(long hedge)의 한 예로 원/달러 환율상승에 따른 환차손을 피하기 위해 수입업자가 달러선물을 어떻게 이용하는지 살펴보자. 국내 P회사가 미국의 S사와 100만달러어치의 쇠고기를 수입하기로 계약을 맺었다. 오늘(6월 4일) 계약 당시 원/달러 환율이 1,200원이었고 미국달러로 결제하기로 했다. 계약 후 P사가 주문한 쇠고기를 받고 대금을 결제할 때까지 약 3개월 정도가 소요된다. 3개월 후인 9월 3일에 수입대금을 결제할 때 환율이 1,300원으로 상승했다면 P사는 수입대금 100만달러에 해당하는 13억원이 필요하다.

하지만 수입계약 당시 수입결제대금 100만달러의 원화상당액은 12억원으로 원/달러 환율의 상승으로 1억원의 원화를 수입대금으로 더 지불해야 한다. 이러한 환차손은 원화를 결제통화인 미국달러로 바꿀 때 적용되는 환율상승으로 발생된 것이다.

미래 수입결제대금에 대해 환율상승으로 인한 손실을 피하기 위해서는 수입계약 당시 P사는 미리 미국달러를 3개월 선물로 오늘 환율인 1,200원에 매입해서 원/달러 환율을 1,200원으로 확정할 수 있다.

수입업자의 헤징거래내용

	당일환율	달러현물	달러선물
6월 4일	1,200원	수입계약 당시 원/달러 환율 1,200원에 100만달러를 3개월 후 매입 예정	100만달러를 3개월 선물로 환율 1,200원에 매입

9월 3일	1,300원	원/달러 환율이 1,300원으로 상승. 수입업자는 수입대금 100만 달러를 13억원에 구입	달러선물을 환율 1,300원에 재매도
순손익		1달러당 100원의 환차손	1달러당 100원의 환차익

이 경우 수입업자의 수입대금 환차손은 정확하게 선물이익으로 상쇄된다. P사가 수입대금으로 달러를 실제 매입한 가격은 달러당 1,300원인데 선물거래로 인한 이익(달러당 100원)을 빼면 처음 수입계약을 맺을 당시의 환율인 1,200원/달러를 얻을 수 있다.

수입업자의 헤징손익계산

	당일환율	달러현물	달러선물
6월 4일	1,200원	1,200원/달러 × 100만달러 = 12억원	1,200원/달러 × 1만달러 × 100계약 = 12억원
9월 3일	1,300원	1,300원/달러 × 100만달러 = 13억원	1,300원/달러 × 1만달러 × 100계약 = 13억원
순손익		(1,200 − 1,300)원/달러 × 100만달러 = 1억원 손실	(1,300 − 1,200)원/달러 × 1만달러 × 100계약 = 1억원 이익

매입헤징

미래에 매입할 상품이 있는 사람이나 앞의 수입업자의 경우처럼 미국달러를 매입해야 하는 사람들이 매입헤저(long hedger)이다. 선물을 매입하는 경우 선물매입 포지션(long position)이라고 하며 선물을 매입하여 헤징을 하는 경우 매입헤징(long hedging)이라 한다. 매입헤징은 앞으로 현물을 구입할 필요가 있을 때 미리

금융선물을 이용한 매입헤지의 사례

- 미래에 달러를 구입해야 하는 수입업자(달러선물 long hedge)
- 미래에 예금을 하거나 채권에 투자하고자 하는 자금보유자(금리선물 long hedge)
- 미래에 주식을 사야 하는 펀드 매니저(fund manager)(주가지수선물 long hedge)

정해진 가격으로 선물을 구입하는 것이다.

앞의 사례는 정확하게 현물달러와 3개월 만기 선물달러의 환율이 같다고 가정했다. 하지만 이러한 경우는 거의 없고 선물달러의 환율이 현물달러의 환율보다 높은 것이 상식이며 이러한 시장을 정상시장(normal market)이라고 한다. 선물환율과 현물환율의 차이를 **베이시스**(basis)라고 하며 선물가격은 현물가격에다 보유비용인 금융비용을 합한 값이다.

수입업자가 환차손을 회피하기 위해서 선물을 이용하지 않았다면 현물로 오늘(6월 4일) 1,200원의 환율로 100만달러를 사서 3개월 동안 가지고 있다가 수입대금으로 결제할 수 있다. 이를 현물헤지라고 하며 현물헤지는 선물헤지와 달리 미리 달러를 구입하는 금융비용이 추가적으로 들어간다. 따라서 달러를 미리 선물로 구입하는 비용(선물가격)과 달러를 현물로 구입해서 3개월 동안 유지하는 비용이 같아야 한다. 선물가격은 현물가격(1,200원)에 달러 현물구입에 따르는 금융비용(이자비용)을 합한 것과 같다.

헤징의 사례

4. 간접헤지

앞의 수출입업자와 같이 헤징거래를 하는 헤저(hedger)가 보유한 현물상품이 매도한 선물상품과 그 특성이 정확하게 일치한다면 이를 직접헤징(direct hedging)이라고 한다. 하지만 실제 현물상품과 정확하게 일치하는 선물상품이 선물시장에서 거래되지 않는 경우가 자주 발생하며 이때 시장에서 거래되는 다른 선물상품으로 간접적으로 헤지할 수 있다. 이를 간접헤징(cross hedging)이라고 하며, 간접헤징에서 선물상품의 가격이 보유하고 있는 현물상품의 가격과 정확하게 일치하지는 않지만 유사하게 변화하기 때문에 간접적인 헤징의 효과를 가질 수 있다.

예를 들어, 김 씨가 (주)포스코 주식을 갖고 있는데 지금보다 주가가 하락한다면 손실을 입는다. 주가하락으로 인한 손실을 회피하기 위해 오늘 (주)포스코 주식을 미리 선물로 매도해야 하는데 (주)포스코 주식의 선물상품이 없는 경우 (주)포스코 주식의 선물 대신 포스코가 포함된 주가지수선물을 이용해서 헤징을 하는 경우 이를 간접헤징이라고 한다. 여기서 (주)포스코 주식은 주가지수선물에 포함되며, 지수에서 차지하는 가중치가 커서 (주)포스코 주가와 주가지수는 같은 방향으로 움직이는 경향이 크다.

주가지수선물 계약단위

주가지수선물(KOSPI 200)은 한국에서 거래되는 주식 중에서 산업별로 거래량이나 거래액 비중이 큰 종목 200개를 선정하여 이들 주가의 가중평균치로 주가지수를 산출한 것이다. 주가지수의 변화는 1990년 1월 3일에 계산된 주가지수를 100으로 하여 현재의 주가지수를 비교하는 것이며 주가지수 1포인트당 가격은 50만원이다.

제2절 투기거래

금융선물시장은 주로 금융상품의 가격변동으로 인한 손실을 회피하기 위한 수단으로 사용되어 왔다. 헤저(hedger)는 주로 금융기관, 수출입업체, 주식투자자 등 금융상품의 가격변동으로 손실을 입을 가능성이 있는 투자자나 기관이며, 미리 정해진 가격(선물가격)으로 선물의 매입이나 매도를 통해 위험을 회피하고자 한다. 이렇게 미리 선물가격을 정해서 가격변동으로 인한 손실을 회피하는 행위를 헤징이라고 하며, 헤징은 위험관리(risk management)의 한 수단이다. 헤저가 가격변동의 위험을 회피한다면 반대로 누군가가 그 위험을 가져가야 하는데 가격변동의 위험을 이

투기적 거래

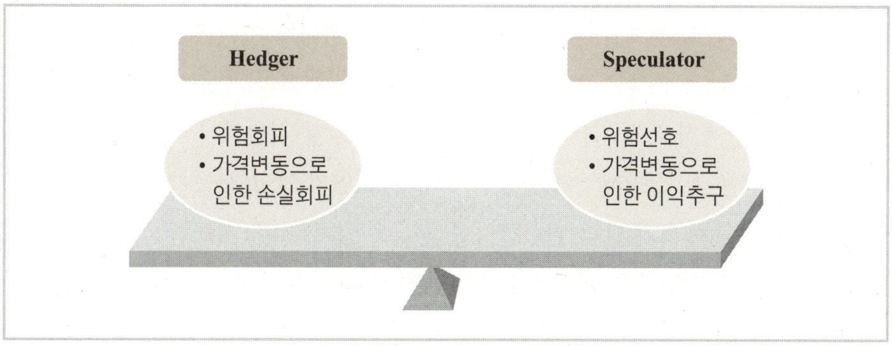

용하여 이익을 추구하는 사람이 투기자(speculator)이다.

1. 투기자

헤저(hedger)가 선물거래를 통해 가격변동의 위험을 이전시키려고 할 때 반대편에서 가격변동으로 인한 위험(risk)을 적극적으로 이용하여 이익을 추구하는 사람이 투기자(speculator)이다. 투기자는 시장에서 헤저가 선물을 매도(매입)하려고 할 때 그 선물을 매입(매도)함으로써 시장유동성(liquidity)을 증가시킨다.

투기자는 시장정보를 이용하여 가격변화에 대한 예측을 하며 이에 따라 선물을 매매한다. 환율이 상승할 것 같으면 달러선물을 사고 환율이 하락할 것 같으면 선물을 판다. 만약 환율이 상승할 것으로 예측한 투기자가 달러선물을 매입했다고 하자. 나중에 투기자가 예측한 대로 환율이 상승한다면 이들은 선물을 되팔아서 이익을 본다. 하지만 예측과 달리 환율이 하락하면 투기자는 손해를 입게 된다.

투기자는 가격변화로 인한 손실을 피하기 위한 헤징의 목적보다는 선물 자체에 대한 가격을 예측하고 가격변동을 이용하여 선물을 사거나 팔아서 이익을 실현하고자 한다. 또한 주식거래와 달리 선물은 5~10%에 해당하는 적은 증거금(margin)을 투자해서 전체의 계약을 매매할 수 있으며 손익은 전체 계약에 대해 발생한다. 따라서 적은 투자비용(margin)으로 많은 이익을 볼 수 있으며 수익률이 다른 투자에 비해 상당히 높다. 적은 투자비용으로 전체의 선물계약금액을 운용하여 수익률을 높이는 효과를 지렛대효과(leverage effect)라고 한다.

하지만 투기자가 항상 높은 수익률을 얻는 것이 아니라 가격변동이 예측과 반대로 변화한다면 많은 손해를 볼 수도 있다. 헤저는 선물(현물)거래로 인한 손실을 현물(선물)거래를 통하여 상쇄할 수 있어서 전체적으로 손실발생이 적은 데 반해, 투기자는 헤지를 하는 실거래 현물상품을 보유하고 있지 않고 선물거래만을 하기 때문에 선물가격이 예측과 달리 변화한다면 손실을 입게 되며, 이러한 선물거래의 손실을 상쇄시킬 현물포지션이 없어서 항상 위험에 노출되어 있다.

2. 투기거래의 사례

주가지수선물의 투기거래 사례

주식투기자인 박 씨는 앞으로 실물경제가 호전되고 내수와 수출경기가 살아날 것 같다고 생각한다. 정부도 오늘 발표에서 경기부양책의 일환으로 금리를 하향안정화시키겠다고 발표했다. 이 같은 정부 발표로 박 씨는 앞으로 주가가 상승할 것이라고 예측하고 오늘 주가지수선물가격이 292.00일 때 주가지수선물 1계약을 구입하였다. 한 달 뒤 경제상황이 급격히 나빠지면서 주가지수는 급락하기 시작했고 시황이 개선될 것 같지 않아서 박 씨는 보유주가지수선물을 다시 매도하기로 했다. 이때 주가지수선물가격은 286.50이었고 주가지수 1포인트당 금액은 50만원이다. 이 경우 주식투기자인 박 씨의 손실액은 (286.50 − 292.00) × 500,000원 = 2,750,000원이다.

CD금리선물의 투기거래 사례

채권투자를 하는 김 씨는 정부가 오늘 실물경제의 부양책으로 통화량을 늘리고 금리를 하향안정화시키겠다는 발표를 듣고 앞으로 금리가 하락할 것이라고 예상했다. 금리의 하락이 예상되면 채권가격이 상승하므로 김 씨는 CD금리선물을 94.00에 1계약 구입하였다. 한 달 뒤에 예상대로 금리가 하락하여 CD금리선물의 가격이 94.00에서 95.00으로 상승하였다. 여기서 채권투자자인 김 씨는 보유CD선물을 다시 매도하여 100포인트(= 95.00 - 94.00)의 투자이익을 얻었다. CD금리선물 1포인트당 금액이 12,500원이므로 이익금은 1,250,000원이다.

국채금리선물의 투기거래 사례

앞으로 금리하락이 예상되면 채권의 가격이 상승하므로 정 씨는 국채금리선물을 90.00에 1계약 구입하였다. 한 달 뒤 예상대로 금리가 하락하여 국채금리선물의 가격이 90.00에서 95.00으로 상승하였다. 여기서 채권투기자인 정 씨는 매입한 국채금리선물을 다시 매도하여 500포인트(= 95.00 - 90.00)의 투기이익을 얻었다. 국채금리선물 1포인트당 금액이 10,000원이므로 투기이익금은 5,000,000원이다.

투기자의 가격예측

투기자는 선물거래를 통하여 가격변동의 이익을 추구한다. 이익을 얻기 위해 가격변화를 정확히 예측해야 하는데, 단순히 화살을 던지거나 연필을 굴려서 예측하지 않는다. 가격을 정확히 예측하기 위해 투기자는 다음 장(가격예측)에서 보듯이 체계적으로 펀더멘털(fundamental) 분석과 기술적 분석을 이용한다.

선물투기거래

선물의 투기거래는 미래의 가격변동을 이용하여 이익을 추구하는 선물거래이다.

투기자의 가격예측

가격예측

투기자들은 화살을 던져서 가격을 예측하지 않는다. 그들은 모든 정보를 이용하여 체계적 분석을 통해 가격을 예측한다

제3절 차익거래

1. 차익거래의 의미

차익거래(arbitrage)란 동일한 상품의 가격이 거래시장에 따라 차이가 나게 되는데 이러한 시장 간 가격차이를 이용하여 이익을 얻기 위한 선물거래이다. 예를 들어, 엔/달러 환율이 뉴욕, 런던, 홍콩, 도쿄 등의 외환시장에서 각국의 경제상황에 따라 조금씩 차이가 나게 된다. 뉴욕에서 엔/달러 환율이 120엔/달러이고, 도쿄에서의 환율이 118엔/달러라고 하자. 차익거래자가 컴퓨터나 전화 등을 통해 시황을 살펴보고 시장 간 가격차이를 발견했다면 뉴욕에서 엔화가 싸니까 달러를 팔고 엔을 사서, 엔화가 비싼 도쿄에서 엔을 팔고 달러를 다시 구입함으로써 1달러당 2엔의 매매차익을 볼 수 있다. 이러한 차익거래는 동시에 이루어지기 때문에 위험이 거의 없다.

또한 차익거래는 엔화가 상대적으로 싼 뉴욕에서 엔을 구입해서 엔화가 비싼 도쿄에 팔게 되므로 뉴욕에서는 엔화의 수요가 증가해서 엔/달러 환율이 하락하고 도

차익거래

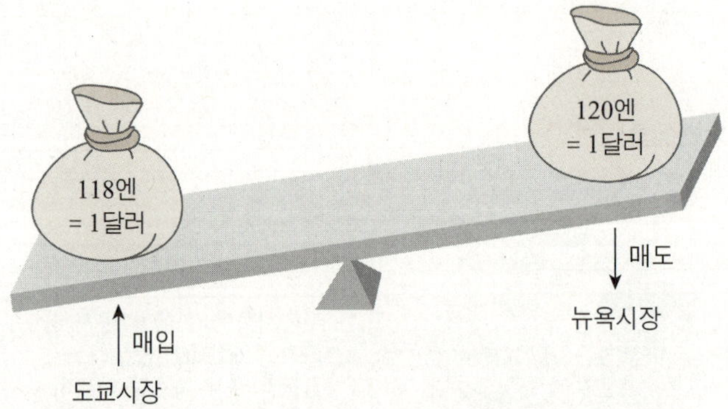

차익거래는 시장 간의 가격차이를 이용하여 이익을 얻으려는 선물거래이다

쿄에서는 엔화의 공급이 증가해서 엔/달러 환율이 상승하게 된다. 결국, 차익거래는 두 시장에서 가격이 동일해질 때까지 지속적으로 일어난다.

동일한 상품의 가격차이는 시장 간 가격차이뿐 아니라 선물의 만기에 따라서도 발생할 수 있으며 만기별 선물가격의 차이를 이용한 차익거래도 가능하다. 예를 들어, 9월 만기 달러선물가격과 12월 만기 달러선물가격의 차이는 주로 기간차이(3개월)에 따르는 금융비용(이자비용) 때문에 발생한다. 하지만 두 선물의 가격차이가 금융비용보다 크다면 9월 만기 달러를 사고 12월 만기 달러를 팔아서 이익을 얻을 수 있다. 차익거래에 이용되는 금융상품은 금리, 주가지수, 통화 등 모든 금융선물을 포함한다.

선물차익거래

선물차익거래란 동일한 선물상품의 가격이 만기와 거래시장에 따라 차이가 나게 되는데 이러한 만기 간, 시장 간 가격차이를 이용하여 이익을 얻기 위한 선물거래이다.

2. 차익거래의 효과

시장 간 가격차이를 이용하는 차익거래는 가격차이가 없어질 때까지 이루어지므로 시장 간 가격을 동일하게 하는 효과가 있다. 차익거래는 동시에 선물을 사고파는 거래이므로 시장에서 거래량을 증가시켜 시장을 활성화시킨다. 실제 어느 한 시장에서 가격이 비정상적으로 낮다면 차익거래가 몇 초 안에 이루어지고 이는 강력한 매수세력으로 작용하여 비정상적으로 낮은 가격은 곧 상승하게 된다. 차익거래로 인해 모든 시장의 가격이 동일해지는데, 이를 균형상태(equilibrium)라고 한다.

차익거래의 효과

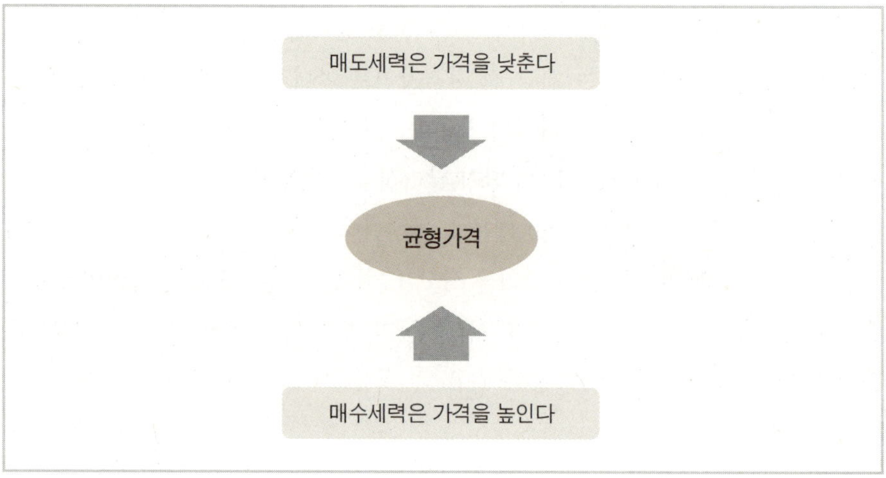

제4절 스프레딩

1. 스프레딩

스프레딩의 의미

차익거래(arbitrage)는 동일한 선물상품을 동시에 사고파는 선물거래인 반면 스프레딩(spreading)은 서로 다른, 그러나 유사한 선물상품을 동시에 사고파는 거래이다. 스프레드거래자는 서로 유사하지만 다른 선물의 가격이 자신에게 유리하게 변화될 것이라는 예상으로 선물거래를 한다.

선물가격차이와 스프레딩

서로 다르지만 유사한 두 선물계약의 가격차이를 스프레드(spread)라고 한다. 달러선물 3개월물을 매입하고 달러선물 6개월물을 매도한 경우의 스프레딩 사례를 살펴보자. 달러선물 3개월물과 6개월물의 가격차이는 만기의 차이로 인해 발생되는 금융비용을 반영한다. 국내 수출경기가 좋아서 무역수지의 흑자가 예상되면 달러공급이 증가해서 원/달러 환율이 하락할 것이다. 원/달러 환율하락으로 매도한 6개월물 달러선물포지션은 이익을 보게 되지만 매입한 3개월물 달러선물포지션은 손해를 보게 된다. 하지만 장기적인 환율하락이 단기적인 환율하락의 폭보다 상대적으로 크다면 6개월물 달러선물매도로 인한 이익증가가 3개월물 달러선물매입으로 인한 손실보다 상대적으로 크며, 달러선물스프레딩으로 이익을 보게 된다. 결국 스프레딩은 유사한 선물 간 가격이 비대칭적으로 변화하는 것을 이용하여 이익을 얻기 위한 선물거래이다.

2. 스프레딩의 사례

환율이 하락할 때의 스프레딩 사례

앞에서 언급한 달러선물의 스프레딩에 대한 구체적인 예를 살펴보자. 6개월물 달러선물환율이 금융비용을 고려하더라도 3개월물 달러선물환율에 비해 비정상적으로 높다고 하자. 이 경우 환율이 하락하기 시작하면 거품이 빠지면서 장기환율이 단기환율보다 상대적으로 더 빠르게 하락할 것으로 예상된다. 따라서 3개월물 달러선물 1계약을 사고 6개월물 달러선물 1계약을 매도한 경우를 살펴보자.

오늘(6월 4일) 3개월물 달러선물가격은 1,200원/달러이고 6개월물 달러선물가격은 1,320원/달러라고 하자. 달러선물 간의 가격차이인 스프레드(spread)는 −120원/달러이다. 한 달 뒤(7월 4일) 무역수지 흑자로 달러공급이 늘면서 예상한 대로 환율이 하락하기 시작하여 3개월물 달러선물가격은 1,100원/달러이고 6개월물 달러선물가격은 1,200원/달러이다. 이때 스프레드는 −100원/달러이다.

환율하락으로 매입한 3개월물 달러선물은 100원/달러의 손실이 발생하였고 매도한 6개월물 달러선물은 120원/달러의 이익을 발생시킨다. 스프레딩으로 인한 순이익은 20원/달러이다. 이러한 스프레딩의 순이익(20원/달러)은 7월 4일의 스프레드(= −100원/달러)에서 6월 4일의 스프레드(= −120원/달러)를 빼 준 것과 같다.

환율이 하락할 때의 스프레딩 사례

	3개월물 달러선물	6개월물 달러선물	스프레드
6월 4일	1,200원/달러에 1계약 매입	1,320원/달러에 1계약 매도	−120원/달러
7월 4일	1,100원/달러에 1계약 재매도	1,200원/달러에 1계약 재매입	−100원/달러
순손익	(1,100 − 1,200)원/달러 × 1만달러 = 100만원 손실	(1,320 − 1,200)원/달러 × 1만달러 = 120만원 이익	{−100 − (−120)}원/달러 × 1만달러 = 20만원 스프레드이익

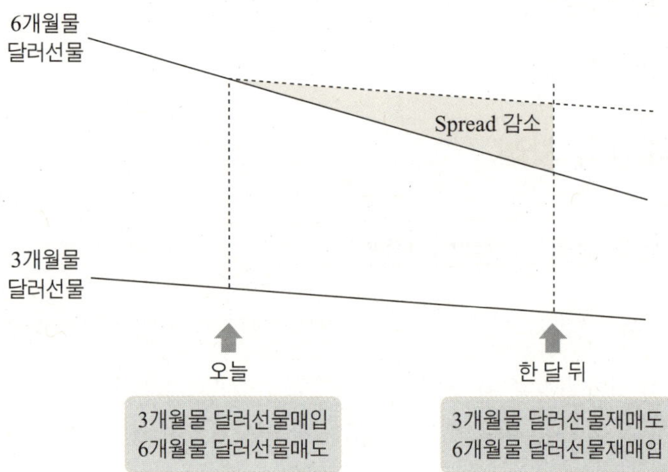

환율이 상승할 때의 스프레딩 사례

앞의 경우와 반대로 환율이 상승하는 경우를 살펴보자. 미래에 환율이 상승할 것이며 장기환율상승폭이 단기환율상승폭보다 클 것으로 예상된다면 3개월물 달러선물 1계약을 팔고 6개월물 달러선물 1계약을 매입함으로써 스프레딩의 이익을 볼 수 있다.

예를 들어, 오늘(6월 4일) 3개월물 달러선물가격은 1,200원/달러이고 6개월물 달러선물가격은 1,320원/달러라고 하자. 달러선물 간의 가격차이인 스프레드는 −120원/달러이다. 한 달 뒤(7월 4일) 무역수지 적자가 발생하여 달러수요가 늘면서 예상한 대로 환율이 상승하기 시작하고 3개월물 달러선물가격은 1,300원/달러이고 6개월물 달러선물가격은 1,450원/달러이다. 이때 스프레드는 −150원/달러이다.

환율상승으로 매도한 3개월물 달러선물은 100원/달러의 손실이 발생하였으나 매입한 6개월물 달러선물은 130원/달러의 이익을 발생시킨다. 스프레딩으로 인한 순이익은 30원/달러이며 이는 6월 4일의 스프레드(= −120원/달러)에서 7월 4일의 스프레드(= −150원/달러)를 빼 준 것과 같다.

환율이 상승할 때의 스프레딩 사례

	3개월물 달러선물	6개월물 달러선물	스프레드
6월 4일	1,200원/달러에 1계약 매도	1,320원/달러에 1계약 매입	−120원/달러
7월 4일	1,300원/달러에 1계약 재매입	1,450원/달러에 1계약 재매도	−150원/달러
순손익	(1,200 − 1,300)원/달러 × 1만달러 = 100만원 손실	(1,450 − 1,320)원/달러 × 1만달러 = 130만원 이익	{−120 − (−150)}원/달러 × 1만달러 = 30만원 스프레드이익

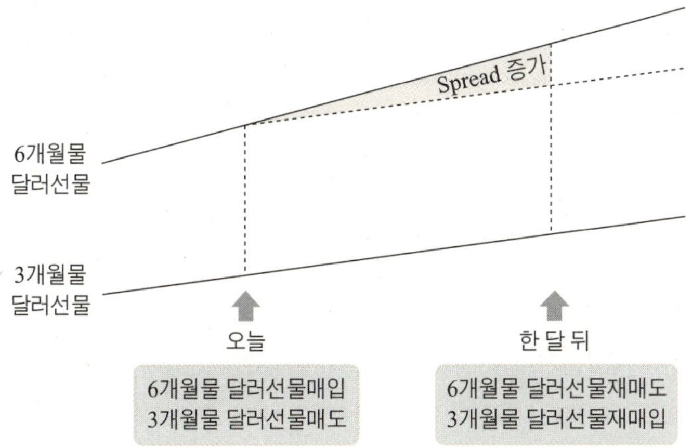

3. 스프레딩의 원칙

스프레딩의 목적은 유사하지만 서로 다른 금융상품의 선물을 동시에 사고파는 거래를 통해 이익을 얻는 것이며 선물매매로 인한 이익증가폭이 손실증가폭보다 크다면 이익을 얻는다. 스프레딩은 서로 비슷한 선물을 동시에 사고파는 거래로서 전체 선물포지션(position)이 균형(square)상태이므로 포지션(position)이 개방(open)되어 있는 투기거래(speculating)에 비해 위험이 작다. 하지만 스프레딩은 동일한 선물이 아닌 유사한 선물거래이므로 두 선물의 가격이 서로 다르게(비대칭적으로) 변화되므로 약간의 위험이 있다. 한편, 스프레딩은 이러한 비대칭적인 가격변화로 인해 발생하는 위험을 이용하여 이익을 얻으려는 선물거래이기도 하다.

첫째 원칙: 스프레드 계약

스프레딩을 위해서는 두 선물의 가격이 같은 방향으로 움직이는, 성격이 비슷한 금융상품을 이용해야 한다. 선물은 대상상품별, 만기별, 거래소별로 서로 다르다. 앞의 예와 같이 상품은 같은데 만기가 다르거나(만기 간 스프레딩: inter-delivery spread), 또는 만기는 같은데 상품이 같지 않는(그러나 유사한) 선물상품 간 스프레딩(상품 간 스프레딩: inter-commodity spread), 만기도 같고 상품도 같은데 거래소가 다른 선물 간의 스프레딩(거래소 간 스프레딩: inter-market spread) 등을 들 수 있다.

둘째 원칙: 스프레드 크기

스프레딩은 주로 두 선물계약의 가격이 유사하지만 비대칭적으로 변화될 때 이익을 얻을 수 있다. 유사한 선물상품 간 비대칭적인 가격변화는 어느 한 선물의 가격이 다른 선물의 가격에 비해 비정상적으로 높거나 낮을 때에 가능하다. 이러한 비정상적인 선물가격은 스프레드(유사한 두 선물가격의 차이)에 반영되어 있어서 유사한 선물 간의 스프레드를 비교해보면 이익의 기회를 찾을 수 있다. 즉, 스프레드가 지나치게 크거나 작은 경우 스프레딩을 통해 이익을 얻을 수 있는 확률이 크다. 앞에서 살펴본 예에서 만기가 다른 달러선물 간의 스프레드가 비정상적으로 크고 작음의 기준은 두 만기의 기간 동안의 금융비용이다. 3개월물과 6개월물 달러선물의 가격차이는 정상적인 시장에서 두 기간 간의 금융비용(3개월 이자비용)차이와 같아야 한다. 3개월물과 6개월물 달러선물의 가격차이인 스프레드가 두 기간의 금융비용차이보다 크거나 작다면 스프레딩으로 이익을 얻을 수 있는 확률이 큰 것이다.

스프레딩의 기회

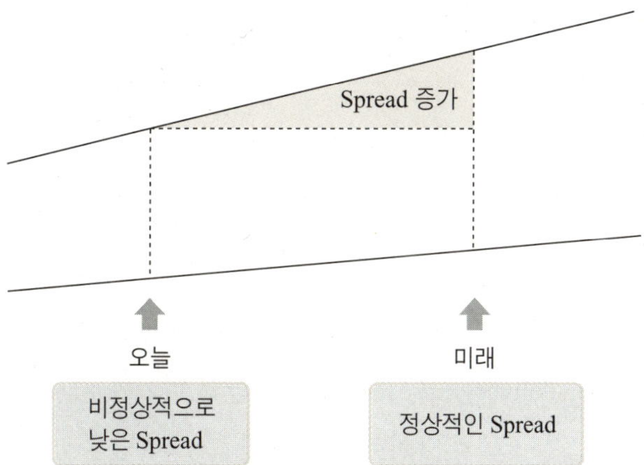

(a) 스프레드 증가

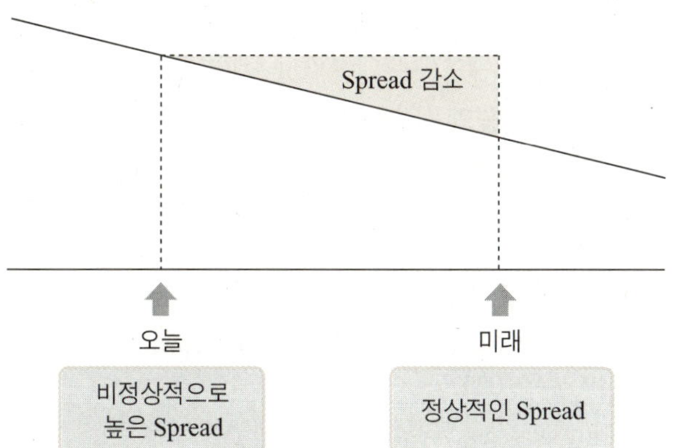

(b) 스프레드 감소

셋째 원칙: 스프레딩 타이밍

또한 스프레딩에서 이익을 얻기 위해서 가장 중요한 요인이 스프레딩의 타이밍(timing)이다. 스프레딩의 이익은 초기 스프레드크기와 가격변화 후 스프레드크기 간의 차이이다. 따라서 가격변화가 심할수록 스프레드가 크게 변화되고 스프레드의 변화가 상대적으로 클수록 이익을 더욱 크게 얻을 수 있다. 따라서 스프레드차이가 가장 크다고 생각되는 타이밍을 선정하는 것이 스프레딩에서 이익을 극대화할 수 있는 방법이다.

4. 스프레딩의 종류

만기 간 스프레딩

동일한 상품, 동일한 거래소에서 만기만 다른 선물을 동시에 사고파는 거래가 만기 간 스프레딩(inter-delivery spreading)이다. 앞의 만기가 서로 다른 달러선물의 사례가 바로 만기 간 스프레딩이다. 만기 간 스프레딩은 매입스프레딩(bull spreading)과 매도스프레딩(bear spreading)이 있다. 만기가 가까운 선물을 사고, 만기가 먼 선물을 파는 스프레딩이 매입스프레딩이며, 만기가 먼 선물을 사고, 만기가 가까운 선물을 파는 것이 매도스프레딩이다. 매입스프레딩은 환율이 상승할 때 단기환율의 상승폭이 장기환율의 상승폭보다 크거나, 환율이 하락할 때 단기환율하락이 장기환율하락보다 작은 경우 이익을 얻을 수 있다.

반대로 매도스프레딩은 환율이 상승할 때 단기환율상승폭이 장기환율상승폭보다 작거나, 환율이 하락할 때 단기환율하락폭이 장기환율하락폭보다 큰 경우 이익을 얻을 수 있다. 결국, 만기가 가까운 선물가격이 만기가 먼 선물가격보다 빠르게 하락할 것이라고 예상되면 매도스프레딩을, 만기가 가까운 선물가격이 만기가 먼 선물 가격보다 크게 상승할 것이라고 예상되면 매입스프레딩을 통해 이익을 얻을 수 있다.

매입스프레딩
만기가 가까운 선물을 매입, 만기가 먼 선물을 매도하는 스프레드거래이다.

매도스프레딩
만기가 먼 선물을 매입, 만기가 가까운 선물을 매도하는 스프레드거래이다.

선물거래소에서 만기가 서로 다른 선물의 가격을 서로 비교해 보면 스프레딩을 통해 이익을 얻을 수 있는 기회를 찾을 수 있다. 앞에서 보여 준 것처럼 매입스프레딩의 경우 스프레드가 낮을수록 미래에 스프레드가 상승할 확률이 커지므로 스프레딩의 이익이 발생할 확률이 가장 크다. 하지만 매도스프레딩의 경우 스프레드가 높을수록 미래에 스프레드가 하락할 확률이 커지므로 스프레딩의 이익이 발생할 확률이 가장 크다.

다음은 만기 간 선물스프레딩의 사례인데, 오늘 선물거래소에서 다음과 같이 주가지수선물가격이 고시되었다고 하자. 여기서 가장 이익을 많이 낼 수 있는 매입스프레딩과 매도스프레딩의 기회는 다음과 같이 계산한다.

먼저 만기가 가까운 9월 만기와 만기가 먼 12월 만기 선물가격 간의 스프레드는 3개월에 −5.00이다. 9월과 내년 3월 만기 간의 선물스프레드는 6개월에 −7.00이므로 3개월간 스프레드는 −3.50이다. 또한 12월과 내년 3월 만기 간의 스프레드는 3개월에 −2.00이다. 따라서 3개월간 가장 스프레드차이가 큰 거래는 만기가 가까운 9월 주가지수선물을 매입하고, 만기가 먼 12월 주가지수선물을 매도하는 매입스프레딩이며, 이 경우 이익이 발생할 수 있는 확률이 가장 높다.

왜냐하면 매입스프레딩의 경우 미래에 스프레드가 증가하면 스프레딩이익이 증가하므로 현재 가장 스프레드가 낮은 스프레드거래를 선택하면 이익의 확률이 가장 높다. 반대로 매도스프레딩의 경우 스프레드가 하락하면 스프레딩이익이 증가하므로 가장 스프레드가 높은 스프레드거래를 선택하면 이익의 확률이 가장 높다. 현재 스프레드가 가장 높은 거래는 만기가 가까운 12월 주가지수선물을 매도하고 만기가 먼 내년 3월 주가지수선물을 매입하면 미래에 스프레드가 하락할 확률이 커지므로 매도스프레딩으로 이익을 가장 많이 낼 수 있다.

만기 간 스프레딩 사례

만기	주가지수선물가격
KOSPI 200	285.00
2023년 9월	288.00
2023년 12월	293.00
2024년 3월	295.00

상품 간 스프레딩

상품 간 스프레딩(inter-commodity spreading)은 만기와 거래소는 같은데 선물상품이 서로 다른(그러나 성격이 유사한) 스프레딩이다. 상품 간 스프레딩의 대표적인 금융상품은 금리선물이다. 국내경제가 호황으로 자금의 수요가 급증하게 되면서 단기금리가 상승하면 장기금리도 따라서 상승하게 된다. 하지만 단기금리의 상승폭과 장기금리의 상승폭이 서로 달라 단기채권인 CD선물가격과 장기채권인 국공채의 선물가격이 서로 다르게 변화되므로 이러한 가격차이를 이용하여 이익을 추구하는 스프레딩이 상품 간 스프레딩이다.

장기금리선물인 국공채로 자금이 몰리는 경우 은행에서 단기CD금리를 상승시켜 자금을 은행에 묶어 놓으려고 한다고 하자. 이 경우 단기금리와 장기금리 간의 차이(spread)가 커지게 되고 단기CD를 매입하고 장기국공채를 매도함으로써 상품 간 스프레딩은 이익을 발생시킨다.

예를 들어, 오늘 3개월 만기 CD금리선물의 가격이 94.00이고 3개월 만기 국채금리선물의 가격이 93.00이었다고 하자. 앞으로 경기침체의 여파로 이자율이 하락하여 채권의 가격이 상승할 것으로 전망된다. 이때 CD금리선물을 1계약 매입하고 국채금리선물 1계약을 매도하기로 하였다. 한 달 뒤 단기금리의 하락폭이 장기금리의 하락폭보다 커서 CD금리선물의 가격은 97.00으로 상승하였고 국채금리선물가격은 95.50으로 상승하였다. 한 달 뒤 스프레드거래를 정리한 결과 단기CD금리선물 매입포지션의 반대매매로 인한 이익은 (97.00 − 94.00) × 12,500원 × 1계약 = 3,750,000원이며, 장기국채금리선물 매도포지션의 반대매매로 인한 손실은 (95.50 − 93.00) × 10,000원 × 1계약 = 2,500,000원이다. 따라서 스프레딩의 순이익은 단기CD금리선물의 스프레드이익(3,750,000원)에서 장기국채금리선물의 스프레드손실(2,500,000원)을 빼 준 1,250,000원이다.

CD금리선물과 국채금리선물의 계약단위

CD금리선물은 액면가 5억원, 표면금리 연 3%, 3개월 만기의 단기채권선물이다. CD금리선물가격은 금리 자체가 아니라 CD가격을 지수로 나타낸 것이다. CD금리선물 1포인트당 가격은 12,500원이다. 국채금리선물은 액면가 1억원, 표면금리 연 3%, 3개월마다 이자를 지급하는 방식의 3년 만기 장기국채선물이다. 국채금리선물 1포인트의 가격은 10,000원이다.

시장 간 스프레딩

시장 간 스프레딩은 동일한 선물상품을 서로 다른 시장에서 사고파는 선물거래이며 주로 환율과 금리 등의 차이를 이용하여 이익을 보기 위한 스프레딩이다. 특히, 금융상품을 이용한 시장 간 스프레딩은 차익거래(arbitrage)라고도 하며 이는 앞에서 이미 설명한 바 있다.

하지만 순수한 차익거래와 시장 간 스프레딩이 다른 점은 차익거래는 위험이 전혀 없는 데 반해 시장 간 스프레딩은 스프레드의 불리한 변화에 따르는 약간의 위험이 존재한다.

스프레딩은 선물포지션이 균형(square)상태이므로 포지션이 개방(open)되어 있는 투기거래(speculating)보다 위험이 작다. 스프레딩은 서로 다른, 그러나 유사한 선물상품 간 스프레드변화의 추이를 잘 분석할 수 있는 전문선물거래자가 이용한다.

시장 간 스프레딩 사례

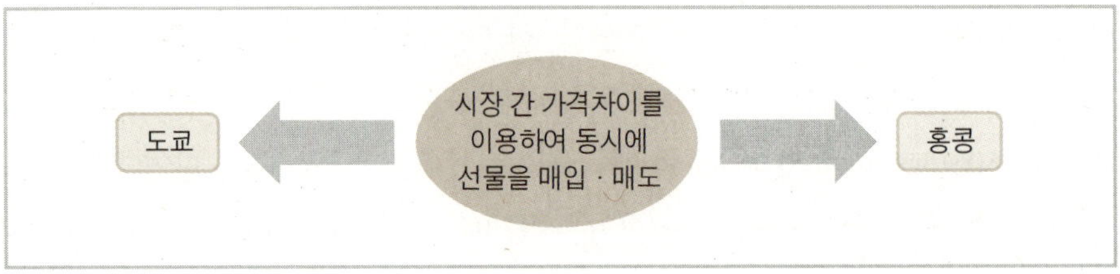

만기 간, 상품 간, 시장 간 선물스프레딩

선물스프레딩은 서로 다른, 그러나 유사한 선물상품을 동시에 사고파는 거래이다. 스프레드거래자는 서로 유사하지만 다른 선물의 가격이 자신에게 유리하게 변화될 것이라는 예상으로 선물거래를 한다.

- 만기 간 스프레딩: 동일상품, 동일거래소, 만기의 차이를 가진 두 선물 간의 스프레딩
- 상품 간 스프레딩: 동일거래소, 동일만기, 서로 다르지만 유사한 상품 간의 스프레딩
- 시장 간 스프레딩: 동일만기, 동일상품, 서로 다른 거래소 간의 스프레딩

연습문제

〈설명형〉

01 금융선물거래의 주요 거래 전략인 헤징(hedging)의 의미를 제시하고, 매도헤징(short hedging), 매입헤징(long hedging) 및 완전헤징(perfect hedging)을 설명하라.

02 선물거래에서 베이시스(basis)의 개념을 설명하시오.

03 금융선물거래의 주요 동기인 다음거래들을 설명하라.

a. 헤징거래(hedging)
b. 투기거래(speculation)
c. 차익거래(arbitrage)
d. 스프레드거래(spreading)

04 레버리지효과(leverage effect)를 설명하라.

〈선택형〉

※진위형

01 선물거래의 가장 기본적이고 중요한 기능은 투자위험의 헤지기능이다.

① 그렇다 ② 아니다

02 적극적인 투기자에 의해 선물시장의 가격변동성이 증대된다.

① 그렇다 ② 아니다

03 상품 간 스프레드거래에서 대상상품의 선정은 선물가격 간의 상관관계와 변동성을 정확하게 파악하는 것이 중요하다.

① 그렇다 ② 아니다

04 일반적으로 강세시장에서는 원월물이 근월물보다 더 상승하는 경향이 있다.

① 그렇다 ② 아니다

05 근월물을 매수하고 원월물을 매도한 스프레드거래자는 스프레드가 강해지면 이익을 얻는다.

① 그렇다　　② 아니다

06 나비형 스프레드거래는 스프레드의 스프레드거래이므로, 4개의 만기상품에 대해 포지션을 취한다.

① 그렇다　　② 아니다

07 투기자가 금리의 하락을 예상한다면 금리선물에 대해 매수포지션을 취하면 된다.

① 그렇다　　② 아니다

※4지 선다형

08 다음 중 선물을 이용한 헤징(futures hedging)은 무엇인가?(원재환, 2022)

① 가격이 헤지하고자 하는 방향으로만 움직일 때 구사된다.
② 선물매도포지션 하에 있는 자산을 향후 매도하기 위한 일시적 대체물이다.
③ 근월물로만 이루어진다.
④ 위의 세 가지 모두 해당된다.

09 스프레드(spread)거래란?

① 같은 선물에서 만기월이 다른 두 개의 선물을 각각 매수, 매도하는 거래
② 현물주식의 포지션에 변화 없이 체계적 위험 수준을 변경시킬 수 있는 거래
③ 체계적 위험에 비해 높은 수익률을 올릴 수 있는 종목을 선택하는 거래
④ 포트폴리오의 가치가 일정 수준 이하로 하락하는 것을 방지하게 하는 거래

10 스프레드(spread)거래에 해당하지 않는 것은?

① 교차 스프레드　　② 종목 간 스프레드
③ 시장 간 스프레드　　④ 결제일 간 스프레드

11 차익거래의 특징이 아닌 것은?

① 현물과 선물시장 간의 가격차이를 이용
② 무위험 거래
③ 시장이 효율적일 때 발생
④ 동시적 거래

12 금융선물의 베이시스(basis)를 바르게 설명한 것은?(원재환, 2022)

① 특정금융선물의 인도월의 차이

② 서로 다른 선물거래소에서 거래되는 선물의 인도월의 차이

③ 특정금융자산의 현물가격과 해당자산 선물가격의 차이

④ 단기선물과 장기선물의 차이

13 선물 베이시스(basis)에 영향을 미치는 요인?(원재환, 2022)

① 바로 취득가능한 공급량의 변화

② 특정장소, 특정날짜에 특정품질의 수요량 변화

③ 미래의 거래량과 품질에 대한 불확실성

④ 위 세 가지 모두

14 다음 중 선물헤지(futures hedge)에서 필수요건이 아닌 것은?(원재환, 2022)

① 선물포지션의 크기는 위험에 노출된 현물 크기와 비슷해야 한다.

② 선물포지션의 위험의 현물포지션과 반대이어야 한다.

③ 현물시장에서 포지션을 가져야 한다.

④ 선물포지션의 위험은 현물포지션과 동일한 위험이어야 한다.

15 헤지의 결과를 가장 말하고 있는 것은?(원재환, 2022)

① 운전자본(working capital)의 감소

② 순이익(net income)의 증가

③ 생산원가(production cost)의 감소

④ 수익률의 증가

16 다음 중 헤지의 효과성을 저해하는 요인이 아닌 것은?(원재환, 2022)

① 베이시스 위험

② 헤지비율의 불안정

③ 차익거래

④ 헤지 대상 현물 규모의 불확실성

〈계산형〉

01 수출업자 이조선 씨는 한국거래소에서 거래되는 3개월짜리 원/달러선물 매도계약을 이용하여 미래현물환율 하락으로 인한 미래 손실가능성을 매도헤징(short hedging)하고자 한다. 이조선 씨가 취하는 매도헤징의 내용은 다음과 같다.

	당일환율	달러현물	달러선물
9월 3일	1,100원	수출대금으로 (원/달러 환율 1,200원) 1,000만 달러를 3개월 후 수취예정	100만 달러를 3개월 선물로 환율 1,100원에 매도
12월 4일	1,000원	원/달러 환율이 1,100원으로 하락. 수출업자는 수출대금 100만 달러를 환율 1,000원에 매도	달러선물을 환율에 1,000원에 재매입
순손익			

조건) 달러선물의 계약단위: 달러선물 1계약은 10,000 US$이다. 위의 표에서 달러현물과 달러선물 거래에서 발생하는 순손익을 각각 채우고, 수출업자 이조선 씨가 단행한 환율매도헤징의 순손익을 계산하여 빈칸에 채우고, 그래프를 제시하며 설명하라.

02 무역업자 조재벌 씨는 스프레딩(spreading)계약을 이용하여 환율상승에 따른 이익을 얻고자 한다. 조재벌 씨가 행하는 스프레딩거래의 구체적인 내용은 다음과 같다.

	3개월물달러선물	6개월물달러선물	스프레드
3월 4일	1,200원/달러에 1계약 매도	1,320원/달러에 1계약 매입	
4월 4일	1,300원/달러에 1계약 재매입	1,450원/달러에 1계약 재매도	
순손익			

위의 표에 비어 있는 스프레드값과 순손익을 각각 계산하여 채우고, 조재벌 씨가 행한 만기가 서로 다른 두 통화선물 간의 스프레드의 변화(증가 혹은 감소)를 그래프로 제시하며 설명하라.

03 달러 선물은 3개월물이 1,000원/달러, 6개월물이 1,100원/달러이었다. 선물투자자 이조선 씨는 베어스프레딩(bear spreading)을 통해 이익을 얻으려 한다. 한 달 뒤에 3개월물 달러선물은 1,100원/달러이고 6개월물은 1,250원/달러이었다. 이 씨의 본 스프레드거래의 손실과 이익은 얼마인가?

04 오늘 김 씨는 주택 구입자금 3억원을 CITI 은행에서 변동금리로 빌렸다. 3개월 후 돈을 갚을 때 금리가 상승하면 김 씨는 손해를 입게 된다. 오늘 CD금리지수는 90.00이었고 3개월 만기 CD금리선물은 100.00이었다. 다음에 답하라.

a. 김 씨는 금리 변화에 따르는 손실을 피하기 위해 어떤 선물거래를 해야 하는가?

b. 선물거래 후 한 달 뒤에 금리지수는 95.00, 3개월 만기 금리선물은 110.00이다. 김 씨의 선물거래 포지션(position)에 대한 손실과 이익을 계산하라.

c. b의 거래에서 김 씨의 총손익은 얼마인가?

05 선물투자자 박 씨는 1억원 상당의 주식을 보유하고 있다. 하지만 주가가 하락하면 손실을 입게 된다. 오늘 KOSPI 200 주가지수는 90.00이었고, 3개월 만기 주가지수 선물은 100.00이었다. 다음에 답하라.

a. 박 씨는 주가 변화에 따르는 손실을 회피하기 위해 선물거래를 어떻게 해야 하는가?

b. 선물거래 후 한 달 뒤에 주가지수는 100.00, 3개월 만기 주가지수선물은 115.00이다. 박 씨의 선물거래 포지션에 대한 손실과 이익을 계산하라.

c. b의 거래에서 박 씨의 총손익은 얼마인가?

06 KOSPI 주가지수선물은 3개월물이 90.00, 6개월물이 100.00이었다. 김백제 씨는 불스프레딩(bull spreading)을 통해 이익을 얻으려 한다. 한 달 뒤에 3개월물 주가지수선물은 98.00이고 6개월물은 110.00이었다. 김 씨의 스프레딩거래의 손실과 이익은 얼마인가?

PART 02

FINANCIAL FUTURES AND OPTIONS

금융옵션거래

CHAPTER

03 선물옵션가격 읽기와 예측

제1절 선물과 옵션거래

1. 선물과 옵션거래의 의미

선물거래

선물계약은 미래에 특정한 상품을 일정한 가격에 사겠다 또는 팔겠다고 약속한 법적인 증서이다. 따라서 금융선물계약에서 거래대상은 바로 특정 금융상품이며 반드시 계약을 이행해야 하는 법적인 의무가 있다. 한국에서 거래되고 있는 금융선물은 달러선물, CD금리선물, 국채금리선물, 주가지수선물 등이 있다. 선물계약은 상품에 따라 1계약당 특정한 수량과 만기가 정해져 있으며 달러선물은 1계약당 1만달러, CD금리선물은 액면가 5억원, 국채금리선물은 액면가 1억원, 주가지수선물은 주가지수당 50만원이다.

한국 증권선물거래소에서 거래되는 금융선물상품의 계약단위

- 달러선물: 1계약당 1만달러, 호가단위 0.02원/달러
- CD금리선물: 1계약 액면가 5억원, 호가단위 0.01, 단위당 가격 = 12,500원

- 국채금리선물: 1계약 액면가 1억원, 호가단위 0.01, 단위당 가격 = 10,000원
- KOSPI 200 주가지수선물: 주가지수 1포인트당 50만원

옵션

금융시장에서 포트폴리오 자금운용의 범위를 넓힌 것이 바로 옵션(option)거래이다. 한국에서 거래되고 있는 옵션은 달러옵션과 주가지수옵션 두 가지이며 뉴욕, 시카고, 런던 등 해외선물시장에서 거래되고 있는 옵션상품은 선물상품의 종류만큼 다양하다.

옵션은 미래 일정기간 동안 어떤 상품을 특정한 가격에 사거나 팔 수 있는 권리를 말하며 옵션계약은 이 권리에 대한 계약이다. 따라서 옵션계약의 대상은 상품이 아니라 그 상품을 사거나 팔 수 있는 권리이다.

선물거래에서 선물을 매입(매도)한 사람은 가격상승(하락)으로 손실을 입을 수 있다. 하지만 옵션거래에서 옵션을 매입한 사람은 권리를 매입한 것이기 때문에 손실

옵션계약에 대한 Key note

- 어떤 상품을 사거나 팔 수 있는 권리에 대한 계약이다.
- 선물상품의 특징(만기, 거래소 , 상품)을 그대로 가지고 있다.
- 일정기간 동안 특정한 가격에 어떤 상품을 매매할 권리이며 이때 옵션에서 정한 특정 가격과 시장가격이 같지 않은 것이 일반적이다.

옵션거래

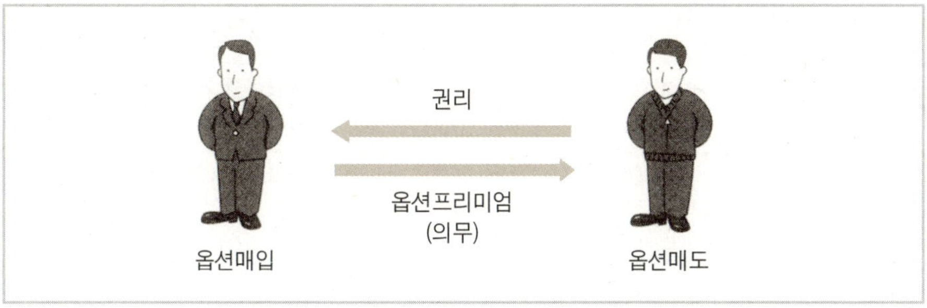

이 발생하는 상황에서 그 권리를 포기한다면 손실을 최소화할 수 있다.

옵션을 매입한 사람은 옵션을 **행사**(exercise)해서 해당 상품을 특정한 **행사가격**(strike price)에 사거나 팔 수 있는 권리를 매입한 것이다. 옵션을 매입할 때 그 권리에 대한 값을 지불해야 하며 이를 **옵션프리미엄**(option premium)이라고 한다. 옵션을 매입해서 손실이 예상되면 만기까지 옵션을 행사하지 않으면 자동으로 옵션은 **소멸**(expire)되며 이 경우 옵션매입자는 옵션프리미엄을 잃게 된다. 손실이 예상될 때 옵션매입자가 할 수 있는 또 다른 방법은 매입한 옵션을 만기 전에 **반대매매**(offset)를 하는 것이다. 물론 이때 받을 수 있는 프리미엄은 처음 옵션을 매입할 때 지급한 프리미엄보다 작다.

옵션프리미엄의 개념은 자동차보험에서 보험료(insurance premium)와 같다. 자동차보험에 가입한 사람은 사고가 난 경우에 보험의 청구권을 행사해서 상해보험금을 받는다. 하지만 사고가 나지 않는다면 보험금 청구를 하지 않을 것이며 보험만기에 보험료는 소멸된다.

옵션을 매입한 경우 옵션의 청산

- 옵션의 행사(exercise): 특정한 가격(행사가격)에 금융상품을 매입한다.
- 옵션의 반대매매(offset): 구입한 옵션을 프리미엄을 받고 되판다.
- 옵션의 소멸(expire): 만기까지 옵션을 행사하지 않으면 지불한 프리미엄에 대해 손실을 본다.

선물과 옵션거래의 차이

구분	옵션	선물
거래대상	현물과 선물상품	선물상품
증거금	매도자만 납입	매입자, 매도자 모두 납입
최종결제	권리소멸	최종결제(현금 또는 실물)
권리	매입자	매입자, 매도자
의무	매도자	매입자, 매도자

2. 콜옵션과 풋옵션

일정기간 동안 일정한 행사가격에서 특정 상품을 살 수 있는 권리를 콜(call)옵션, 상품을 팔 수 있는 권리를 풋(put)옵션이라고 한다. 콜옵션을 사는 사람은 앞으로 가격이 상승할 것이라고 예상하는 사람이며 가격이 상승하면 상품을 미리 정해진 가격으로 싸게 살 수 있어서 이익을 얻는다. 풋옵션을 사는 사람은 가격이 하락할 것이라고 예상하며 가격이 하락하면 상품을 특정 가격으로 비싸게 팔고 시장가격으로 되사면 이익을 얻는다. 만약 가격이 예상과 반대로 변화한다면 옵션을 매입한 사람은 옵션을 행사하지 않고 만기에 가서 그 권리를 소멸시키거나 되팔면 된다.

가끔 옵션에서 혼동되는 것은 콜옵션이나 풋옵션을 파는 경우이다. 즉, 옵션을 사는 사람이 있다면 누군가가 옵션을 팔아야 한다. 옵션을 판 사람은 옵션을 산 사람이 권리를 행사하면 거기에 응해야 하는 의무가 있다. 따라서 옵션매도자는 옵션이 행사된다면 많은 손실을 입을 수 있기 때문에 옵션을 매도할 때 거래소에 증거금(margin)을 예치해야 한다. 그 대신 옵션매도자는 옵션을 매도한 대가로 옵션프리미엄을 받는다.

콜옵션과 풋옵션의 매매

	콜(call)옵션	풋(put)옵션
매입	특정 가격에 금융상품을 구입할 권리를 매입	특정 가격에 금융상품을 매도할 권리를 매입
매도	특정 가격에 금융상품을 구입할 권리를 매도	특정 가격에 금융상품을 매도할 권리를 매도

가격변화와 옵션거래

	가격상승	가격불변	가격하락	프리미엄	증거금
콜옵션매입	×			×	
콜옵션매도		×	×		×
풋옵션매입			×	×	
풋옵션매도	×	×			×

3. 옵션거래 용어

옵션프리미엄

옵션프리미엄(option premium)은 어떤 상품을 사거나 팔 수 있는 권리에 대한 가격이며 옵션을 구입하는 사람이 옵션을 파는 사람에게 지불하는 옵션의 가격이다. 옵션프리미엄은 가격변화에 따라 변화되며 옵션매입자는 지불한 프리미엄 이외에 일체의 의무를 지지 않는다. 따라서 옵션매입자의 최대손실금액은 지불한 프리미엄의 크기와 같다.

행사가격

옵션행사가격(option strike price)은 옵션매입자가 권리를 행사하려고 할 때 적용되는 가격이며 옵션계약 당시 옵션의 매도자와 매입자 간에 결정된다. 예를 들어, 'US dollar Dec. 1,200 call(콜)옵션' 을 샀다고 하자. 이 콜(call)옵션은 12월(December) 만기까지 US dollar를 1,200원/달러의 환율로 구입할 수 있는 권리이다. 이때 달러를 구입할 수 있는 가격(1,200원/달러)을 행사가격이라고 한다. 다른 예로 'US dollar Mar. 1,200 put(풋)옵션' 을 샀다고 하자. 이 풋(put)옵션은 3월(march) 만기까지 US dollar를 1,200원/달러의 환율로 매도할 수 있는 권리이다. 이때 1,200원/달러는 달러를 매도할 수 있는 행사가격이다. 이때 옵션의 행사가격은 옵션계약 당시 달러가격(환율)과 다를 수 있으며 매매하는 사람 간에 임의로 정해질 수 있다. 예를 들어, 오늘 주가지수가격이 285.00이라고 하자. 하지만 12월 만기 주가지수옵션의 행사가격이 290.00, 285.00, 280.00, 275.00, 270.00, 265.00 등이 될 수 있다.

내가격, 등가격, 외가격

콜옵션에서 현재시장가격이 행사가격보다 높으면, 이를 내가격(In The Money: ITM)이라고 하며 가격이 행사가격보다 낮으면 외가격(Out of The Money: OTM), 가격이 행사가격과 같으면 등가격(At The Money: ATM)이라고 한다. 풋옵션의 경우 콜옵션과 반대로 현재시장가격이 행사가격보다 높으면 외가격, 가격이 행사가격보다 낮으면 내가격, 가격이 행사가격과 같으면 등가격이다.

내가격상태의 콜옵션에서 시장가격이 행사가격보다 높기 때문에 콜옵션을 구입하자마자 권리를 행사하면 현재시장가격보다 싸게 금융상품을 구입할 수 있다. 따라서 현재가격과 행사가격의 차이는 곧 이익으로 실현되며 이를 프리미엄의 **내재적 가치**(intrinsic value)라고 한다. 현재가격과 행사가격의 차이가 클수록 옵션의 내재적 가치는 증가하고 콜옵션프리미엄은 상승한다. 보다 자세한 내용은 이 책의 제11장을 참조하기 바란다.

콜옵션과 풋옵션의 내가격, 외가격, 등가격

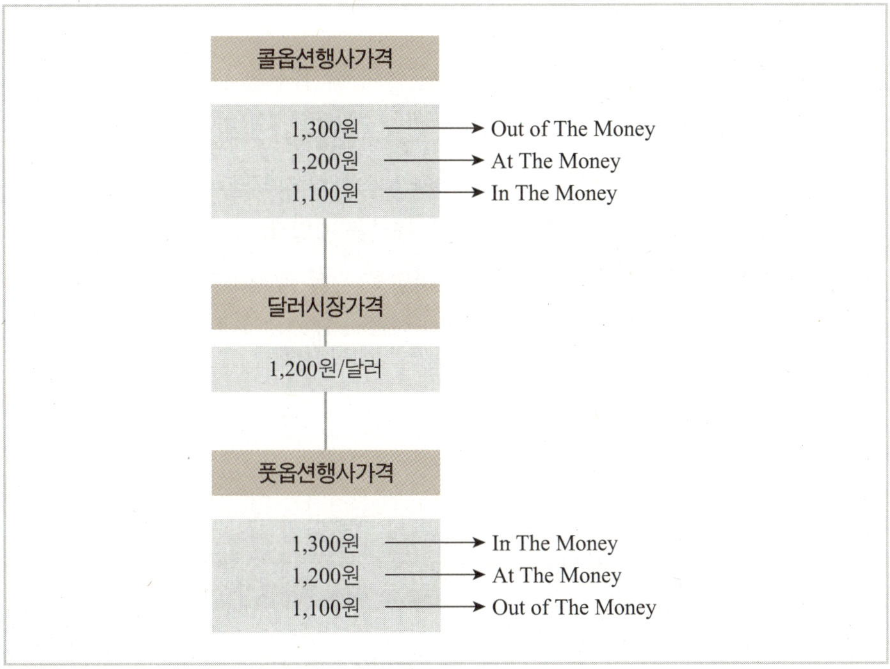

옵션만기

옵션의 만기(expiration)는 옵션이 행사되거나 반대매매(offset)될 수 있는 마지막 거래일이며 보통 1개월과 3개월단위이다.

옵션행사

콜옵션매입자가 옵션의 권리를 행사(exercise)하는 경우 정해진 금융상품을 일정한 행사가격(strike price)에 매입할 수 있다. 풋옵션매입자는 옵션을 행사하게 되는 경우 금융상품을 일정한 행사가격에 매도할 수 있다.

US dollar Dec. 1200 콜옵션이 행사되면 옵션매입자는 달러를 1,200원/달러의 환율로 구입할 수 있다. 이때 행사가격(1,200원)은 옵션을 구입할 때 미리 정해지므로 현재 달러가격과 관계가 없다. 또한 US dollar Mar. 1200 풋옵션이 행사되면 풋옵션매입자는 현재가격과 관계없이 달러를 1,200원/달러의 환율로 매도할 수 있다.

반대매매

옵션매입자는 옵션을 행사할 수도 있지만, 매입한 옵션을 **반대매매**(offset)를 통해 되팔 수 있다. 콜옵션을 구입한 사람은 반대매매를 위해 콜옵션을 되팔아야 하며, 풋옵션을 구입한 사람은 반대매매를 위해 풋옵션을 되팔아야 한다.

콜옵션을 반대매매할 때 시장가격이 처음 옵션을 매입할 때보다 높다면 콜옵션의 내재적 가치가 높아져서, 처음 지불한 프리미엄보다 더 많은 프리미엄을 받을 수 있다. 하지만 시장가격이 옵션을 구입할 때보다 낮다면 내재적 가치가 낮아져서 지불한 프리미엄보다 더 작은 프리미엄을 받게 되어 손실을 본다. 이 경우 이익극대화를 위해 반대매매를 하는 것이 아니라 손실을 최소화시키기 위해 옵션을 반대매매한다.

콜옵션거래의 사례

	달러가격	콜옵션거래
6월 4일	원/달러 환율 = 1,200원	옵션의 프리미엄을 지불하고 1,200원의 행사가격으로 달러콜옵션 구입
7월 4일	원/달러 환율 = 1,300원	• 콜옵션을 행사(1,200원에 달러를 매입)하고 달러를 시장에서 되팔면 달러당 100원 이익 • 콜옵션을 행사하지 않고 콜옵션을 반대매매(offset). 이때 받는 프리미엄이 처음 콜옵션을 구입할 때의 프리미엄보다 많아서 이익을 실현
8월 3일	원/달러 환율 = 1,100원	가격하락으로 콜옵션은 외가격(OTM)임. 따라서 옵션을 만기 때까지 보유하여 프리미엄손실을 입음

옵션의 내가격, 등가격, 외가격

콜(call)옵션에서 현재시장가격이 행사가격보다 높으면 이를 내가격(In The Money: ITM)이라고 하며 가격이 행사가격보다 낮으면 외가격(Out of The Money: OTM), 가격이 행사가격과 같으면 등가격(At The Money: ATM)이라고 한다. 풋옵션의 경우 콜옵션과 반대로 시장가격이 행사가격보다 높으면 외가격, 가격이 행사가격보다 낮으면 내가격, 가격이 행사가격과 같으면 등가격이다.

옵션시간의 가치

옵션을 매입할 때 지불하는 프리미엄의 크기는 옵션계약 당시의 시장가격과 행사가격의 차이인 내재적 가치(intrinsic value)를 반영한다. 하지만 옵션은 만기 동안 언제든지 금융상품을 매입 또는 매도할 수 있는 권리이므로 잔여만기가 길수록 시장가격이 앞으로 크게 상승 또는 하락할 수 있는 확률이 크고 옵션을 행사해서 이익을 얻을 확률도 크다. 잔여만기에 따르는 옵션의 가치를 **시간적 가치**(time value)라고 하며 잔여만기가 길수록 시간적 가치와 프리미엄은 증가한다.

시간적 가치

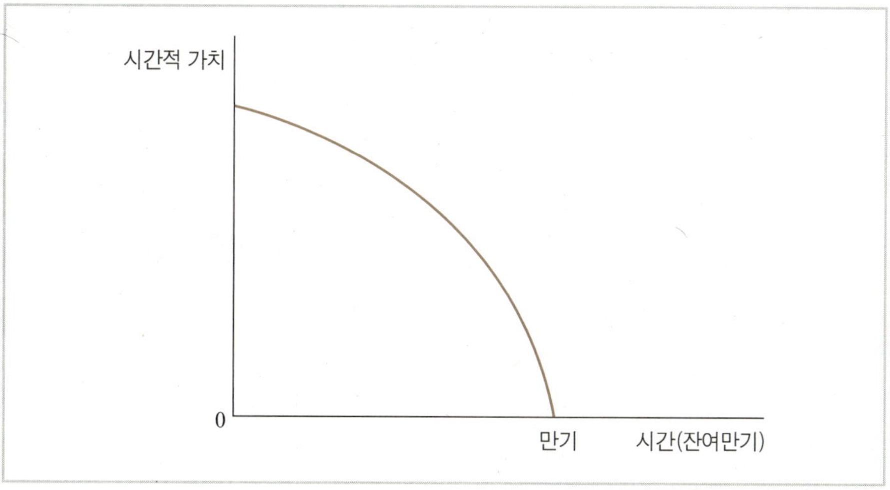

4. 옵션의 계약단위와 결제

금융옵션계약의 기초상품(underlying assets)은 금융상품이며 거래되는 것은 금융상품에 대한 매입과 매도의 권리이다. 옵션계약은 선물거래소에서 거래되며 선물상품이 가지고 있는 모든 특성을 가지고 있다. 하지만 옵션프리미엄이나 호가단위가 선물계약과 조금씩 다르며, 옵션계약단위와 호가방법은 다음과 같다.

KOSPI 200 주가지수옵션

주가지수옵션의 프리미엄은 주가지수선물가격과 같이 지수로 표시되나 지수 1포인트당 금액은 10만원이다. 오늘 주가지수가 292.00일 때 12월 만기 290.00의 행사가격을 가진 주가지수콜옵션의 프리미엄이 4.00이라고 가정하자. 이 주가지수콜옵션을 구입하기 위해 지불하는 프리미엄금액은 프리미엄지수에 10만원을 곱해 주면 되며 40만원(4.00 × 10만원)이다. 만약 내일 주가지수가 294.00으로 상승하였고 콜옵션의 프리미엄은 4.00에서 5.00으로 상승했다면 주가지수콜옵션을 되팔아서 얻을 수 있는 이익은 (5.00 − 4.00) × 10만원 = 10만원이다.

달러옵션

달러옵션 1계약은 10,000달러이다. 오늘(6월 4일) 12월 만기, 1,200원의 행사가

옵션상품 거래단위

구분	주가지수옵션	미국달러옵션
상품	주가지수	미국달러
거래단위	1990년 지수(= 100)	1만달러
가격표시	지수 1포인트당 10만원	달러당 원
호가단위	프리미엄 3.00 이상: 0.05 프리미엄 3.00 미만: 0.01	프리미엄 10 이상: 0.2원/달러 프리미엄 10 미만: 0.1원/달러
결제월	3, 6, 9, 12월	3, 6, 9, 12월
결제방식	현금결제	실물결제

격을 가진 달러콜옵션의 프리미엄이 14.00원/달러라면 달러콜옵션 1계약을 구입하기 위해 지불해야 하는 금액은 14.00원/달러 × 10,000달러 = 140,000원이다. 콜옵션프리미엄이 14.00에서 12.00으로 하락한다면 2.00(= 14.00 − 12.00)의 프리미엄손실이 발생하며 옵션 1계약당 10,000달러이므로 옵션 1계약당 손실은 2만원이다.

다음은 3월 30일 우리나라 선물거래소 사이트의 단말기에 나타난 주가지수옵션 거래상황이다. 먼저 거래되는 종목은 만기가 2023년 4월이고 행사가격이 255.00인 주가지수콜옵션이며 프리미엄은 2.99이다. 따라서 주가지수콜옵션 1계약을 매입하기 위해 지불하는 프리미엄금액은 29만 9천원(2.99 × 10만원)이다. 콜옵션프리미엄은 전일 대비 −0.06포인트 하락하였으며, 거래량은 37,128계약이었다. 최고가는 26.20, 최저가는 0.00이며 콜옵션의 만기까지 잔여일수는 11일이었다.

주가지수옵션 고시표

▶ 종목검색 | 코스피 200 C 202304 255.0 [KR4201K4255

(2023/03/30 오후 4:34:26, 20분 지연 정보) (단위: 계약, 포인트, 10만원, %)

시간	15:15:00	종목	K201K4255
현재가 (전일대비)	2.99 (▼ −0.06)	전일 기준가	3.05
거래량	37,128	상한가	39.00
거래대금	508,437	하한가	0.01
미결제 약정	19,361	최고가 (일자)	26.20 (2023/01/02)
순미결제 약정	–	최저가 (일자)	0.00 (2014/10/10)
시가	2.78	거래 개시일	2014/10/10
고가	3.20	거래 최종일	2023/04/09
저가	2.25	잔존일수	11
거래승수	500,000		

시간	체결가	전일대비	체결수량
15:15:00	2.99	▼ 0.06	3
15:15:00	2.99	▼ 0.06	1
15:15:00	2.99	▼0.06	1
15:15:00	2.99	▼ 0.06	2
15:15:00	2.99	▼0.06	1
15:15:00	2.99	▼0.06	1
15:15:00	2.99	▼0.06	2
15:15:00	2.99	▼0.06	1
15:15:00	2.99	▼0.06	1
15:15:00	2.99	▼0.06	1
15:15:00	2.99	▼ 0.06	1
15:15:00	2.99	▼ 0.06	2

제2절 선물과 옵션의 가격 읽기

1. 선물가격 고시

선물가격은 거래소에서 공시가 되며, 주요 경제신문이나 일간지 경제면에 수록되어 있다. 아래는 신문에 수록된 주가지수선물의 가격고시이다.

먼저 선물상품 옆의 괄호 안에 있는 것은 선물상품이 거래되는 거래소의 이름이다. 선물상품 밑의 단위는 선물계약의 호가단위이다. 주가지수선물에서 호가단위는 주가지수 포인트이며 주가지수 1포인트는 50만원이다.

주가지수선물(한국거래소) (단위: 계약, 포인트)

종목명	종가	전일대비	거래량	시가	고가	저가	미결약정 수량
KOSPI 200	287.17	0.02	–	287.75	288.58	286.14	–
2023년 6월	288.60	–0.45	61,165	289.05	289.60	286.85	40,972
2023년 9월	290.15	0.10	2	290.15	290.15	290.15	–
2023년 12월	290.50	–	–	–	–	–	–
2024년 3월	290.00	0.50	137	289.50	291.35	289.50	125

선물상품 밑에 있는 표 안의 첫 번째 칸에는 주가지수선물의 만기가 기록된다. 첫째 칸, 첫째 줄에 KOSPI 200 주가지수는 주가지수의 현물가격이며, 둘째 줄 2023년 6월은 주가지수선물의 만기인 2023년 6월을 나타낸다. 보통 만기는 3개월 단위로 기록되며 3월, 6월, 9월, 12월 등이다.

KOSPI 200
2023년 6월
2023년 9월
2023년 12월
2024년 3월

둘째 칸은 KOSPI 200 주가지수의 현물과 선물의 만기별 종가(closing price)를 나타낸다. 셋째 칸은 전날 종가 대비 오늘 종가의 변화를 나타내며, 넷째 칸은 오늘 거래된 거래량을 나타낸다. 다섯째에서 일곱째 칸은 오늘 KOSPI 200 주가지수선물의 시가(opening price), 최고가(high price), 최저가(low price)이며, 마지막 칸은 미결약정 수량이다.

종목	종가	전일대비	거래량	시가	고가	저가	미결약정 수량
2023년 6월	288.60	−0.45	61.165	289.05	289.60	286.85	40,972

예를 들어, 2023년 6월 만기 주가지수선물을 살펴보자. 주가지수의 종가는 288.60이며 전일대비 0.45포인트 감소되었다. 오늘 거래된 거래량은 61,165계약이며 오늘 시장의 초기에 주가지수는 289.05에서 시작되었다. 오늘 시장에서 주가지수가 한때 289.60까지 올랐으며 최저가는 286.85이다. 미결약정 수량은 오늘 거래량보다 작은 40,972계약이었다.

달러선물과 CD금리선물의 고시표는 다음과 같으며 주가지수선물가격과 같은 방법으로 나타낸다.

미국달러선물(한국거래소)

(단위: 계약, 원)

종목명	종가	전일대비	거래량	시가	고가	저가	미결약정 수량
달러 5월물	1,191.00	−0.40	144	1,189.00	1,191.00	1,188.40	163
달러 6월물	1,191.00	1.00	80	1,190.00	1,191.00	1,189.00	20

예를 들어, 달러 5월물을 살펴보자. 5월 만기 달러선물의 종가는 1,191.00원/달러이며 전일대비 환율은 0.40원/달러 감소했다. 달러선물의 거래량은 144계약이며 시가 1,189원에서 거래를 시작하여 장중 한때 1,188.40원까지 내려갔다가 오늘 종가인 1,191원에서 최고가를 보이고 있다. 미결약정 수량은 163계약이다.

CD금리선물(한국거래소)

(단위: 계약, 원)

종목명	종가	전일대비	거래량	시가	고가	저가	미결약정 수량
CD 6월물	94.09	−0.15	297	94.19	94.24	94.08	534
CD 9월물	94.10	−0.10	22	94.18	94.19	94.10	11
CD 12월물	93.98	0.46	20	94.00	94.00	93.98	0

CD금리선물 6월물의 경우 6월 만기 CD선물의 종가는 94.09이며 전일대비 0.15(15포인트) 감소했다. CD선물거래량은 297계약이며 시가는 94.19에서 장중 한때 94.24까지 올랐다가 최저가는 94.08을 기록하였다. 미결약정 수량은 534계약이다.

2. 옵션가격 고시

주가지수옵션과 달러옵션에 대한 고시표는 주로 옵션의 종류, 만기, 행사가격 등을 나타내게 되며 다음 표와 같다. 고시표 제일 위에는 옵션상품과 거래소, 그 밑에는 계약단위가 나타난다.

미국달러옵션(한국거래소)

(단위: 계약, 원)

종목명	종가	전일대비	거래량	시가	고가	저가	미결약정 수량
C 2305 1175	−	−	−	−	−	−	−
C 2305 1200	5.0	0.0	1	5.0	5.0	5.0	54
C 2305 1225	1.5	1.3	40	1.0	2.6	1.0	5
P 2305 1175	2.0	−2.0	4	5.1	5.1	2.0	19
P 2305 1200	14.0	−6.0	10	18.0	18.0	14.0	102
P 2305 1225	−	−	−	−	−	−	−

미국달러옵션 고시표의 첫 번째 칸에는 옵션의 종류, 만기 및 행사가격이 기록된다. 예를 들어, 고시표에서 첫째 칸, 첫째 줄에서 'C 2305 1175'는 2023년 5월 만기, 1175의 행사가격을 가진 미국달러콜옵션을 나타내며 넷째 줄 'P 2305 1175'는

2023년 5월 만기, 1175의 행사가격을 가진 풋옵션을 나타낸다.

둘째 칸은 옵션프리미엄의 종가, 셋째 칸은 전일대비 프리미엄종가의 변화를 나타내며, 넷째 칸은 오늘 거래된 거래량이다. 다섯째부터 일곱째 칸들은 오늘 거래된 옵션프리미엄의 시가, 최고가, 최저가를 나타낸다. 마지막 칸은 미결약정 수량을 나타낸다.

예를 들어, 미국달러옵션 고시표에서 세 번째 줄은 2023년 5월 만기, 행사가격 1225인 콜옵션을 나타낸다. 이 달러콜옵션의 프리미엄은 1.5원/달러이며 미국달러 옵션계약의 규모는 10,000달러이므로 행사가격이 1225이고 2023년 5월 만기를 가진 미국달러콜옵션 1계약의 프리미엄금액은 1.5 × 10,000원 = 15,000원이다. 이 콜옵션의 프리미엄은 전일대비 1.3원/달러 증가했으며 거래량은 40계약이며 거래시가는 1.0원/달러, 장중 최고가는 2.6원/달러였으며 장중 최저가는 1.0원/달러였다. 미결약정 수량은 5계약이다.

미국달러옵션 고시표에서 셋째 줄 콜옵션과 둘째 줄 콜옵션을 비교하면 행사가격은 1225에서 1200으로 낮아진다. 이 경우 콜옵션프리미엄은 1.5에서 5.0으로 높아지며 프리미엄 금액은 5.0 × 10,000원 = 50,000원이다. 행사가격이 낮아질수록 콜옵션프리미엄이 높아지는 이유는 행사가격이 낮아질수록 콜옵션의 내재적 가치(intrinsic value)가 높아지기 때문이다.

미국달러옵션 고시표의 풋옵션을 나타내는 네 번째 줄에서 2023년 5월 만기 풋옵션의 행사가격 1175에서 프리미엄은 2.0이며 프리미엄금액은 20,000원(2.0 × 10,000원)이다. 행사가격이 1175에서 1200으로 높아지면 다섯 번째 줄에서 풋옵션의 프리미엄은 2.0에서 14.0으로 높아진다. 이는 행사가격이 높아질수록 풋옵션의 내재적 가치가 상승하기 때문이다.

제3절 선물옵션의 가격예측

투기자는 선물을 거래하기 위해서 미리 시장정보를 이용하여 미래가격을 예측한다. 가격이 상승할 것으로 예상되면 선물을 사고, 가격이 하락될 것으로 예상되면 선물을 판다. 이들은 가격을 어떻게 예측할까?

가격을 예측하는 방법은 두 가지가 있다. 먼저 경제나 시장에 알려져 있는 정보가 어떻게 선물가격에 영향을 미치는가를 분석하는 것이다. 이를 가격예측의 펀더멘털 분석(fundamental analysis)이라고 한다. 두 번째는, 과거와 현재의 선물가격을 이용하여 차트(chart)를 만들고 차트를 분석하여 미래가격을 예측하는 것이다. 이를 가격예측의 기술적 분석(technical analysis)이라고 한다.

펀더멘털 분석과 기술적 분석

펀더멘털 분석은 경제나 시장에 알려져 있는 정보가 어떻게 선물가격에 영향을 미치는가를 분석하는 것이다. 기술적 분석은 과거와 현재의 선물가격을 이용하여 차트(chart)를 만들고 차트를 분석하여 미래의 가격을 예측하는 것이다.

1. 펀더멘털 분석

펀더멘털 분석(fundamental analysis)은 원인과 결과에 대한 분석이다. 즉, 선물가격에 영향을 미치는 원인을 분석하여 미래가격을 예측한다. 이를 위해 정확히 정보를 분석하고 그 정보가 미칠 수 있는 효과를 해석해야 한다. 예를 들어, 무역수지 흑자, 통화량증가, 재정지출증가, 물가상승 등은 금융선물상품에 큰 영향을 미치게 되며 펀더멘털 분석은 이들 요인이 금융상품의 가격인 금리, 환율, 주가지수에 미치는 효과를 분석하는 것이다.

먼저 가장 중요한 펀더멘털 분석은 선물상품의 수요와 공급의 변화를 살펴보는 것이다. 주식시장은 기업이 유상증자를 많이 하면 주식공급물량이 많아져서 주식가격을 하락시키게 되고 주가지수는 떨어진다. 반면 시중금리하락은 금융권에 대기하고 있는 자금을 은행권에서 주식시장으로 이동시켜서 주식수요를 증가시키고 주식지수는 상승한다.

선물상품의 공급증가가 수요증가보다 크다면 가격은 하락하며, 반대로 수요가 공급보다 많으면 가격은 상승한다. 이러한 수요와 공급의 변화를 이용한 펀더멘털 분

금융선물가격에 영향을 미치는 주요 10대 경제지표

- 경기선행지표: 미래의 경제활동에 대한 지표
- 소비자물가지수: 상품가격변화와 소비자의 구매력, 인플레이션율에 대한 수치
- 생산자물가지수: 생산원자재가격, 제조원가에 대한 수치
- 국민소득, 생산활동지수: 경제활동에 대한 구체적 수치
- 재고지수, 설비투자지수: 재고동향과 신규설비투자에 대한 수치
- 실업률: 경제활동인구 중에서 실업인구, 경제활동의 반대지수
- 무역수지: 수출과 수입의 양, 외환의 수급상황에 대한 수치
- 통화량: 시중현금과 유동성에 대한 측정
- 금리: 시장에 적용되는 단기와 장기 이자율수준
- 환율: 외환시장에서 우리나라 원화와 미국달러, 엔, 유로의 상대적 교환가격

펀더멘털 분석의 사례

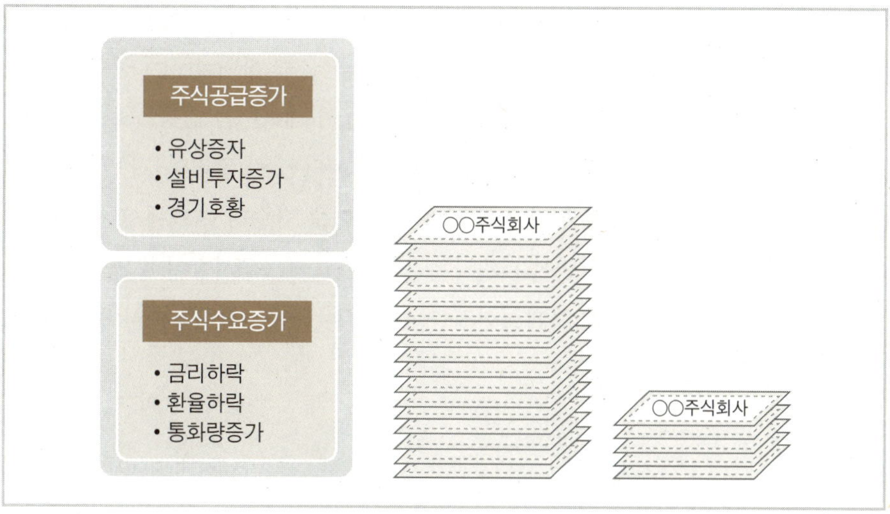

석은 주로 현재의 가격보다는 미래에 가격이 상승할 것인가를 예측한다. 왜냐하면 현재 수요와 공급에 관한 시장정보는 이미 현재가격에 반영이 되어 있기 때문이다. 모든 시장정보가 현재의 가격에 반영되어 있는 시장을 효율적 시장이라고 한다.

심리적 요인

펀더멘털 분석에서 경제의 기초적인 요인 이외에 또 다른 중요한 요인은 시장(시장참가자)의 심리적 요인이다. 수요와 공급의 변화에 대해 시장투자자들이 어떻게 반응하는가에 따라 가격이 다르게 변화될 수 있기 때문이다. 예를 들어, 정부가 다음 달에 통화를 많이 방출한다고 발표했다고 하자. 이러한 발표는 정부가 의도적(심리적)으로 시중금리를 안정시키기 위해 실제 통화량을 증가시키지 않고 거짓정보를 발표한 것일 수도 있고, 아니면 정부가 실제 다음 달에 통화량을 증가시킬 수도 있는 것이다. 후자는 금리를 하락시키고 주가지수를 상승시키는 효과를 가져오지만 전자는 정부가 시중금리 상승압력을 인정하고 있어서 시중금리는 지금보다 높은 수준으로 상승할 것이라고 예측할 수 있다. 이 경우 주가지수는 하락하게 된다. 1997년 아시아외환위기와 2008년 세계금융위기는 모두 이러한 사람들의 심리가 중요한 요인이 되었다.

금융선물시장에서 사람들의 기대심리는 주로 자기실현적 기대심리(self-fulling)이다. 자기실현적 기대란 경상수지의 적자 또는 경제성장률 둔화 등으로 자국의 경제사정이 악화되면서 사람들이 자국통화가 약세(환율상승)가 될 것으로 예상한다는 가정에서 출발한다. 단순히 이러한 예상은 실제 사람들로 하여금 자국통화를 매도하고 달러를 매입하게 함으로써 실제 환율을 사람들이 예측하는 방향으로 변화시키게 된다. 모든 투기자들이 같은 방향으로 예측하게 된다면 원/달러환율은 급격히 상승하고 외환위기가 발생하게 된다. 자기실현적 기대는 단순히 예측에서 시작된 환율변화의 방향이 실제로 실현되어 버린다는 것이다. 국제금융시장이 발달하고 국제적으로 통합화되면서 이러한 자기실현적 기대심리는 금융선물시장에서 중요한 가격결정요인이 되고 있다.

반대정보

반대정보(theory of contrary opinion)를 이용한 가격예측은 기본적으로 '일반대중의 가격예측은 틀린 것' 이라는 가정에서 출발한다. 즉, 많은 사람들이 주가가 상승할 것이라고 예측하고 주식을 구입할 때는 곧 주식가격이 하락할 징후를 나타내는 것이다. 일반사람들의 '가격이 상승하리라' 는 예측은 시장에 모두 공개된 정보에 근거를 두고 있으며 이 경우 이러한 정보는 오늘 주식시장의 가격에 이미 반영되어 있기 때문에 정확한 가격예측이 될 수 없다는 것이다. 따라서 일반사람들이 매입할 때, 그와 반대로 주식을 매도한다면 급격한 주가하락으로 큰 이익을 얻을 수 있다.

경제지표와 금융선물가격

금리선물, 달러선물, 주가지수선물 등 금융선물상품은 경제 전반에 걸친 요인의 영향을 많이 받게 된다. 기본적으로 경기호전을 가져오는 요인은 금융상품가격을 상승시키고 경기침체를 가져오는 요인은 금융상품가격을 하락시킨다. 다음은 금융선물가격에 가장 크게 영향을 미치는 경제적 요인들이다.

경기선행지수

전반적인 경제활동을 나타내는 지수로서 경기선행지수의 상승은 앞으로 소비, 투자 등 경제활동이 활발하게 이루어질 것이라는 것을 나타낸다. 투자와 소비증가는 자금수요를 자극하여 금리를 상승시킨다. 투자증가로 기업은 투자자금을 조달하기 위해 유상증자를 하게 되어 주식공급이 늘어나게 되나 경제호황의 기대로 기업수익이 증가할 것으로 예상되어 주식수요 또한 증가한다. 이 경우 주식거래량은 증가하고 주가가 상승한다. 경기가 호전되고 있다는 것은 우리나라 통화가치를 상승시키게 되고 원/달러 환율은 하락하게 된다.

통화량 증가

통화량증가는 금리를 하락시키고 금리하락은 채권가격을 상승시킨다. 또한 금리하락은 금리가 싼 은행권으로부터 주식시장으로 자금을 이동시켜 주식수요와 주식가격을 상승시킨다. 또한 국내 금리하락으로 외국자본이 금리가 싼 국내에서 해외로 유출되고 원/달러 환율은 상승하게 한다.

무역수지 흑자

무역수지 흑자는 수출이 수입보다 많다는 것이며 경제활동이 상승기조를 보이고 있다는 증거이다. 무역수지 흑자는 외환(달러)공급을 증가시키고 원/달러 환율을 하락시키게 된다. 또한 달러는 원화로 전환되면서 시중에 자금을 풍부하게 하고 시중금리를 하락시킨다. 금리하락과 시중자금증가는 주식시장에서 강력한 매수기반으로 작용하고 주가지수를 상승시킨다.

물가상승

물가상승은 화폐가치하락을 의미하며 화폐의 교환비율인 환율에 영향을 미친다. 즉, 국내에서 물가상승은 원화의 화폐가치를 하락시켜 원/달러 환율을 상승시킨다. 또한 물가상승은 내일의 화폐가치를 떨어뜨리므로 돈을 가지고 있는 사람들은 예금보다는 실물상품을 구입하는 것이 유리하다. 따라서 예금이 줄고 화폐공급이 줄게 되므로 시중금리는 상승한다. 금리상승은 예금과 대체관계에 있는 주식가격을 상승시킨다.

생산활동관련지수(재고율, 설비투자율, 실업률)

생산활동을 보여주는 경제지표로서 재고율, 설비투자율, 그리고 실업률 등이 있다. 재고율이 높을수록 판매가 부진하다는 것이며 이는 생산량감소로 이어진다. 생산이 감소하면 고용이 줄고 실업률이 늘어나고 소득이 감소하게 된다. 반대로 설비투자지수가 증가하는 것은 신규투자활동이 증가하고 있다는 것을 보여 준다. 투자가 늘어나면 생산과 고용이 증가하고 실업은 감소한다. 이때 소득과 소비가 살아나서 경기가 활성화된다. 따라서 재고율이 줄어들고 설비투자가 늘어나면 경제활동이 활발하게 이루어질 것이라는 사실을 나타내며 경기가 활성화되면서 자금수요는 증가하고 금리가 상승된다. 또한 자금수요의 증가로 기업은 투자자금을 조달하기 위해 유상증자를 하게 되어 주식공급이 늘어나게 되나 경제호황의 기대로 기업수익이 증가할 것으로 예상되어 일반투자자들의 주식수요 또한 증가한다. 이 경우 주식거래량은 증가하고 주가가 상승한다. 경기호전은 그 나라의 통화가치를 상승시키게 되고 환율은 하락하게 된다.

경기지수와 선물가격

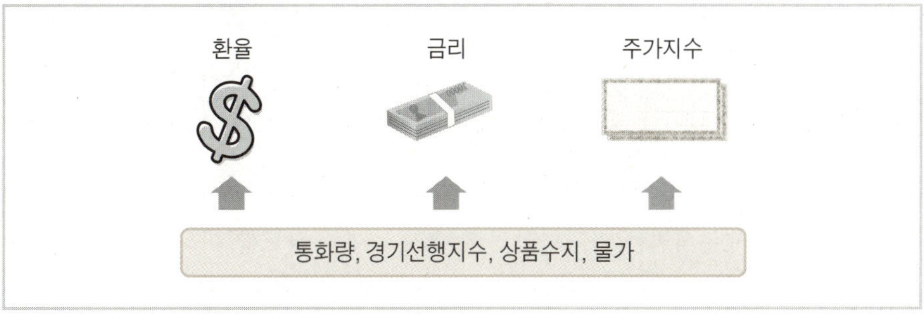

소문(Rumor)의 사례

최근 러시아의 우크라이나 침공에 대한 EU 국가들의 항의 표시로 러시아의 천연가스에 대한 수입을 제한할 것이라는 소문이 나타나면서 천연가스의 가격이 급락했고, 천연가스를 수출하던 러시아가 곧 국가부도 상태에 빠질 것이라는 뉴스가 전 세계로 퍼졌다. 이 순간 유로화는 급격히 약세로 돌아섰는데 이는 독일과 프랑스 등 러시아에 대해 가장 큰 채권을 가지고 있던 EU 국가들의 경제에 미치는 부정적인 효과가 크기 때문이다. 러시아 국가부도는 러시아 경제와 정국을 혼란으로 몰고 갈 우려가 크고 독일과 프랑스 경제에 큰 부담으로 작용하여 유로화의 가치는 크게 하락했다. 또한 러시아 경제위기로 인해 새로운 외환위기가 발생할 것이라는 소문이 나돌면서 대만, 한국, 싱가포르 등 아시아 국가들의 통화가치도 폭락했었다. 국제외환, 금융시장이 전 세계적으로 단일화·통합화되면서 단순한 소문은 자기실현적 행동(self-fulfilling)으로 나타나고 소문이 곧 현실로 나타나게 되는 경우가 발생한다.

2. 기술적 분석

기술적 분석(technical analysis)은 과거의 가격변화를 가지고 미래의 가격변화를 예측하는 분석기법이다. 기술적 분석은 차트(chart)분석이라고도 하며 '시장은 스스로 말한다'는 원리에 기초를 두고 있다. 기술적 분석은 선물상품의 시가, 종가, 최고가, 최저가를 이용하여 막대그림(bar chart)을 만들고 이를 이용하여 가격변화의 반복적인 행태(pattern)를 분석한다. 특히 차트분석가는 펀더멘털 분석과 달리 모든 경제와 시장의 정보가 시장가격에 반영되어 있어서 이들 시장가격의 행태를 살펴보면 미래의 가격을 예측할 수 있다고 믿는다. 기술적 분석은 크게 패턴분석, 추세분석, 시장특성분석, 엘리어트의 파동분석으로 구분되며 여기서는 각각의 기술적 분석에 대한 특성과 장 · 단점을 살펴본다.

기술적 분석에서 가장 자주 사용되는 분석기법은 패턴분석이다. 패턴분석은 차트를 이용하여 과거에 경험했던 가격의 반복적인 행태를 살펴 미래의 가격을 예측하는 기법이다. 추세분석법은 가격변화의 추세와 추세의 강도를 이용하여 가격을 예측하는 기술적 분석이며 주로 단기적인 가격을 예측하는 분석기법이다. 시장특성분석은 패턴분석이나 추세분석과 달리 시장가격 그 자체의 움직임보다는 과거의 평균수준에 비해 현재시장가격이 얼마나 높고, 낮은 상태에 있는지를 판단하는 분석기법이다. 시장특성분석의 기본원리는 시장가격은 항상 균형을 향해 움직인다는 것이다. 즉, 시장가격이 균형점이라고 생각되는 것보다 더 높다면 다시 가격이 하락할 것이고 반대로 균형점보다 낮다면 가격은 상승할 것이라는 분석이다. 장기적인 가격의 파동을 이용하여 미래가격을 예측하는 엘리어트의 파동이론은 자연의 법칙(law of nature)처럼 주식의 변화도 일정한 자연법칙이 적용되는 규칙성이 있다는 것이다.

차트분석은 가격에 대한 차트와 더불어 거래량(volume)과 미결약정 거래량(open interest)을 이용한다. 거래량이란 일정한 기간(보통 하루)에 실제로 거래가 체결된 매매주문량을 말하며, 미결약정 거래량은 선물을 매입 또는 매도한 후 반대매매(offset)가 되지 않거나 만기가 끝나지 않은 거래량을 말한다. 즉, 미결약정 거래량은 청산되지 않고 향후 다시 거래가 이루어질 거래량을 말한다.

차트분석

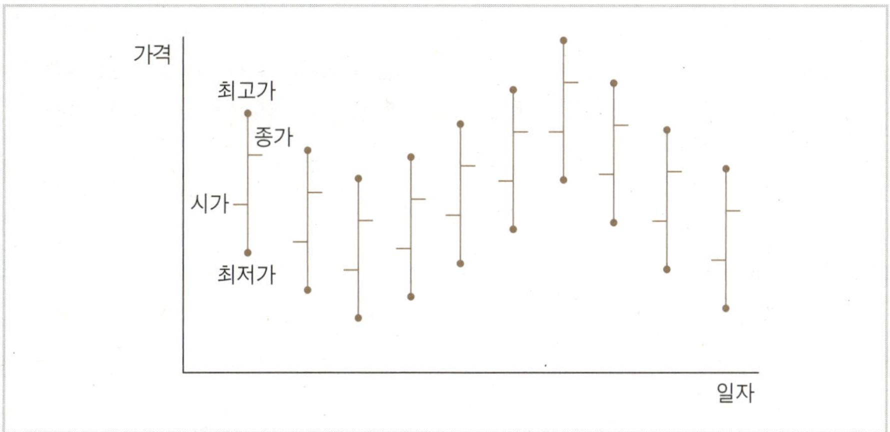

시스템거래

거래량과 가격변화의 추세를 이용하여 선물거래를 하는 것을 시스템거래(system trade)라고 한다. 가격의 상승과 하락추세는 갑자기 형성되는 것이 아니라 일정한 시차를 두고 형성된다. 즉, 지금 주가지수가 상승추세에 있더라도 주가지수가 항상 상승하는 것이 아니라 일시적으로 하락할 때도 있다. 이러한 주가지수의 상승추세 속에 일시적 가격하락이 가격의 반전을 의미하는 것인지 아니면 가격상승추세의 조정기간인지를 파악하기 위해서는 거래량을 분석한다.

만약 시장에서 주가지수의 가격이 상승추세인데 거래량과 미결약정 거래량이 줄어든다면 가격은 곧 하락세로 반전되며 시장은 매수보다 매도세(bearish)가 주도한다. 가격의 상승추세에서 거래량이 증가한다면 가격은 지속적인 상승세를 이어 가며 시장은 매수세(bullish)가 주도한다. 반대로 가격이 하락하는 추세에서 거래량이 증가하면 가격의 하락추세가 지속적인 것을 알 수 있고 거래량이 줄면 가격의 하락추세는 곧 반전되어 가격이 상승할 것이라는 점을 예측할 수 있다.

거래량과 미결약정 거래량

거래량은 일정한 기간 동안(보통 하루)에 실제로 매매계약이 체결된 매매주문량을 말하며, 미결약정 거래량은 선물을 매입 또는 매도한 후 반대매매(offset)가 되지 않거나 만기가 끝나지 않은 거래량을 말한다.

시스템거래

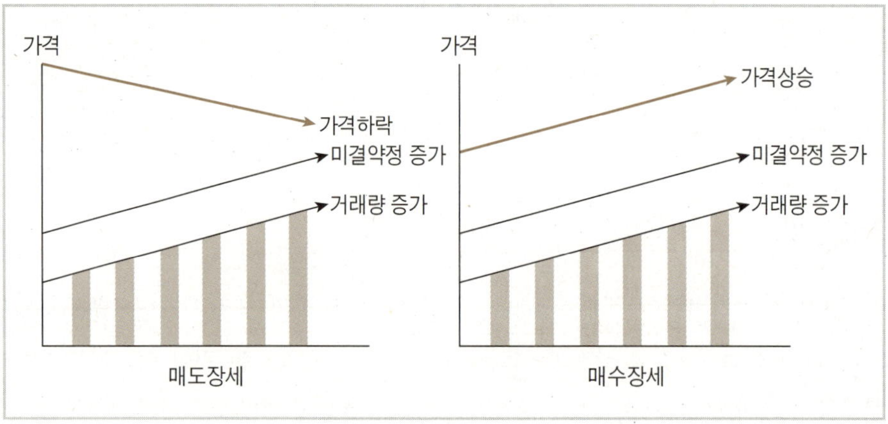

패턴분석

기술적 분석에서 자주 사용되는 또 다른 기법이 패턴분석(pattern analysis) 또는 행태분석이다. 패턴분석은 차트를 이용하여 과거에 경험했던 가격의 반복적인 행태를 분석하여 미래가격을 예측한다. 가격변화의 행태를 분석하기 위한 기본적인 도구로서 먼저 **저항선**(resistance line)과 **지지선**(support line)이 있다. 저항선은 가격이 상승세일 때 매매차익을 얻기 위해 선물을 매도하려는 세력이 존재할 때 생기며, 지지선은 가격이 하락세일 때 매매차익을 얻기 위해 선물을 매입하려는 세력이 존재할 때 생긴다. 저항선과 지지선을 이용하면 가격의 **상승추세**(uptrend)와 **하락추세**(downtrend)를 나타낼 수 있다.

가격반전(key reversal)은 전날 가격보다 높은 가격이나 낮은 가격에서 거래량이 급증하면서 가격의 추세가 급격히 반대방향으로 변화되는 것을 말한다. **장세혼전**(congestion)은 매도세와 매입세가 혼전을 보이고 있어서 가격의 추세가 나타나지 않고, 어느 방향으로 변화될지 예측할 수 없는 장세이다.

기본적인 차트의 분석도구를 사용하면 가격변화의 반복적인 행태를 그릴 수 있는데 대표적인 가격변화의 행태는 그 모양을 따라 머리와 어깨의 형태(head and shoulders), 반대 머리와 어깨의 형태(reverse head and shoulders), M자 형태, 이중 M자 형태, W자 형태, 이중 W자 형태, 그리고 대칭적 삼각형 형태(symmetric triangles) 등이 있다.

패턴분석

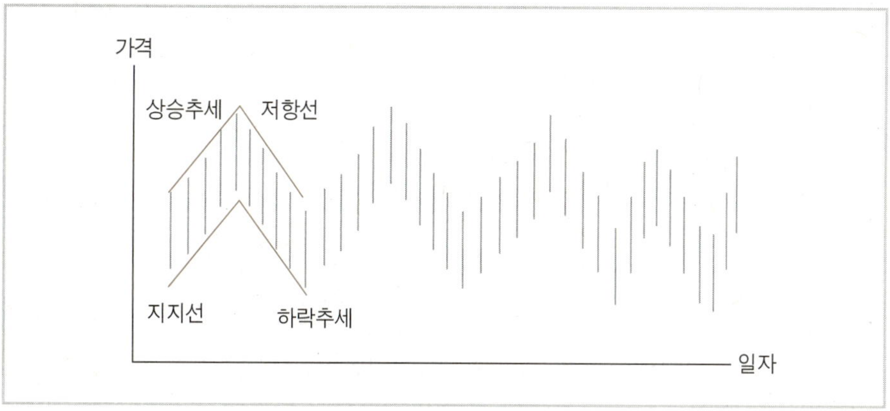

지금까지 언급한 가격의 변동추세 이외에도 기술적 분석에서 연구되고 있는 가격행태가 많이 있다. 하지만 기술적 분석에서 주의해야 할 점은 가격의 변화폭이나 가격변화의 방향이 항상 예측과 같지 않으며 사람마다 다르다는 것이다. 왜냐하면 기술적 분석을 이용하는 선물투자자가 스스로 가격행태에 대해 원칙을 정해 놓고 자기의 주관적 원칙으로 차트를 그리고 있기 때문이다. 따라서 어떤 사람이 M자 형태를 그리고 있는 데 반해 동일한 가격의 변동패턴을 분석하면서 다른 사람은 W자 형태를 그리고 있는 경우가 종종 있다. 이 경우 예측하고 있는 가격변화의 방향이 사람마다 다르게 된다.

한편, 모든 선물투자자가 동시에 M자의 가격변동추세를 그리고 있으면 가격이 대체로 하락할 것이라고 예측할 수 있으며 이 경우 모든 사람들이 선물을 매도하게 되므로 선물가격의 하락폭은 과거의 가격형태에서 나타난 것보다 훨씬 더 심각하게 될 수도 있다.

추세분석: 이동평균분석

추세분석법은 가격변화의 추세와 추세의 강도를 이용하여 가격을 예측하는 기술적 분석이다. 추세분석은 주로 이동평균을 이용한 이동평균분석법(moving average methods)이 많이 사용된다. 가격의 패턴분석에서 단기적으로 가격의 움직임을 예측하려고 할 때 가격변화를 예측하기 힘들다. 그 이유는 가격이 단기적으로 변화할 때 상당히 불규칙적으로 변화하기 때문이다. 이동평균분석은 단기변동에서 나타나는 불규칙한 가격의 변화분을 제외하고 장기적인 변화추세를 분석하기 위한 기법이다. 이동평균분석은 사용되는 기간의 길이에 따라 다르게 나타나지만, 단기적인 분석일수록 단기에 걸친 가격추세를 분석하기에 알맞고 장기적인 분석일수록 장기에 걸친 가격의 추세분석에 적당하다.

금융선물가격의 이동평균을 구하는 방법은 정해진 일정한 기간(T) 동안 특정 가격의 종가를 평균한 값을 구하는 것이다. 예를 들어, 주가지수의 3일 이동평균을 구해보자. 주가지수의 종가가 3일 전 298.50이었고, 이틀 전 종가는 297.00, 어제의 종가는 294.00이었다고 하자. 주가지수를 3일간 평균한 값은 (298.50 + 297.00 + 294.00)/3 = 296.5이다. 여기서 정해진 기간의 일수는 가격변화에 대한 평균적 가중치이며 가격의 민감도를 나타낸다. 즉, 평균에 사용되는 기간의 일수가 길수록 전체 평균에서 매일의 가격변동이 미치는 효과가 떨어지나 평균에 사용되는 기간이 짧을수록 매일의 가격변화민감도는 증가한다.

가끔 기술적 분석에서 가중이동평균을 사용하기도 하는데, 이는 현재에서 가까운 과거의 가격에 보다 가중적인 비중을 둠으로써 최근의 가격변화가 이동평균에 더 크게 영향을 미치게 하기 위한 것이다. 예를 들어, 어제의 종가에 0.6의 가중치를 두고, 이틀 전에는 0.3, 3일 전에는 0.1의 가중치를 두면 최근 가격인 어제의 가격이 오늘 계산된 이동평균값에 가장 크게 영향을 미치게 된다. 앞의 3일간 이동평균의 예에서 가중이동평균값은 {(0.1) × 298.5 + (0.3) × 297.00 + (0.6) × 294.00} = 295.34이며 이는 가장 최근의 가격인 어제 종가와 유사하다.

앞에서 설명한 이동평균을 시간이 지남에 따라 일반화시킨 것이 다음과 같은 n일 이동평균값에 대한 수식이다.

$$M_t = M_{t-1} + \frac{(P_t - P_{t-n})}{n}$$

여기서 M_t와 M_{t-1}은 오늘(t)과 어제($t-1$)의 이동평균값이며 오늘 이동평균의 값은 어제의 이동평균에서 오늘 가격변화의 가중치를 더해 준 것이다. P_t는 오늘 가격이며 P_{t-n}은 n일 전의 가격이고 n일 동안의 이동평균을 구한 값이다.

일반적으로 이동평균의 추세를 이용하여 가격변화를 분석할 때의 거래전략은 다음과 같다.

① 평균기간(T)이 짧은 이동평균이 평균기간이 긴 이동평균보다 높을 때 가격은 상승추세이다. 이때는 단기이동평균곡선이 장기이동평균곡선을 밑에서 위로 교차할 때이다.

② 평균기간(T)이 짧은 이동평균이 평균기간이 긴 이동평균보다 낮을 때 가격은 하락추세이다. 이때는 단기이동평균곡선이 장기이동평균곡선을 위에서 밑으로 교차할 때이다.

③ 현재시장가격이 평균기간이 긴 이동평균과 평균기간이 짧은 이동평균 모두보다 높을 때 가격은 상승추세이다.

④ 현재시장가격이 평균기간이 긴 이동평균과 평균기간이 짧은 이동평균 모두보다 낮을 때 가격은 하락추세이다.

다음은 주가지수선물의 단기(5일)와 장기(20일)의 이동평균을 나타내는 그림이다. 단기와 장기의 이동평균이 교차하는 시점은 6월에서 8월 사이에 4번 정도 발생하는데 6월 초순경에는 단기이동평균이 장기이동평균을 아래에서 위로 교차하므로 가격이 앞으로 상승할 추세라는 것을 예상할 수 있다. 반대로 7월 초순에는 단기이동평균이 장기이동평균을 위에서 아래로 교차하는데 이 경우 가격은 하락하는 추세이다. 8월 중순에는 단기이동평균곡선이 장기이동평균곡선을 아래에서 위로 교차하다가 다시 단기이동평균곡선이 위에서 아래로 장기이동평균곡선을 교차하면서 가격이 하락추세를 보인다.

이동평균 5일과 20일

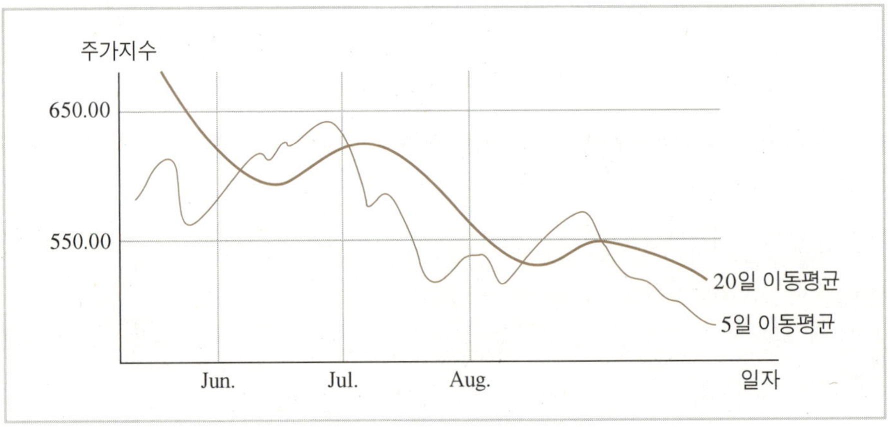

시장특성분석: 오실레이터분석

시장가격의 변화에 대한 패턴분석이나 추세분석과 달리 시장특성분석은 시장가격 그 자체의 움직임보다는 현재시장가격이 과거평균수준에 비해 얼마나 높고, 낮은 상태에 있는지를 판단하는 분석기법이다. 시장특성분석의 기본원리는 시장가격이 항상 균형을 향해 움직인다는 것이다. 즉, 시장가격이 균형점이라고 생각되는 것보다 더 높다면 다시 가격이 하락할 것이고 반대로 균형점보다 낮다면 가격은 상승할 것이다. 시장특성분석은 이러한 시장의 비정상상태를 찾아내는 분석기법이다. 일반적으로 시장특성분석은 오실레이터(oscillator)라고 불리는 시장지표를 사용하여 가격의 시장상황을 분석한다.

오실레이터는 단순히 현재가격에서 과거의 가격을 빼 준 값으로 양(+)의 값은 현재가격이 과거보다 높다는 것이고 음(−)의 값은 현재가격이 과거보다 낮다는 것이다. 이렇게 오실레이터를 매일매일 작성하면 제로(0)의 값을 기준으로 양(+)과 음(−)의 값을 반복적으로 나타내게 된다. 오실레이터의 기본원리는 시장이 가끔 과열되거나 지나치게 침체되는 경향이 있다는 것이다. 대부분 사람들은 가격이 상승하게 되면 항상 매입을 서두르게 되면서 매입초과상태에 도달한다. 언젠가 매도세력이 일시적으로 사라지면서 시장이 과열상태에 있다가 그동안 매입한 포지션을 정리하기 위해 모두 매도세력으로 나서게 된다. 이 경우 다시 가격은 급락하게 되고 언젠가 일시적으로 시장에서 매입세력이 없어지게 된다. 시장이 침체에 빠지면서 그동안 매도한 포지션을 정리하기 위해 다시 매입에 나서게 되면 시장가격은 다시 상승하게 된다. 오실레이터는 시장이 과열되거나 침체되는 일반적인 원리를 지표로 나타내는 분석기법이다.

시장특성분석의 약점은 패턴분석이나 추세분석과 같이 시장가격을 직접적으로 예측하기보다는 시장가격변화에 대해 간접적이고 이차적으로 예측하는 분석기법이라는 점이다. 따라서 시장가격의 움직임을 계산해 내는 오실레이터가 얼마나 신뢰성을 가지는가 하는 것이 전체적인 분석결과를 좌우하게 된다. 오실레이터는 여러 형태로 계산되는데, 대표적인 오실레이터인 NCO(Net Change Oscillator)는 단기적인 가격추세의 반전을 나타내는 지표이며 현재시장가격과 과거 일정한 시점의 가격을 서로 비교하는 것이다.

$$\text{NCO} = p - p_x$$

여기서 p는 현재가격이며, p_x는 x일 전의 가격을 나타낸다. NCO가 양(+)이면 오늘 현재가격이 x일 전의 가격보다 높다는 것을 말한다. 여기서 과거기간이 길수록 장기적인 가격변화를 살피는 데 적합하고 과거기간이 짧을수록 단기적인 가격변화를 분석하는 데 적합하다.

NCO

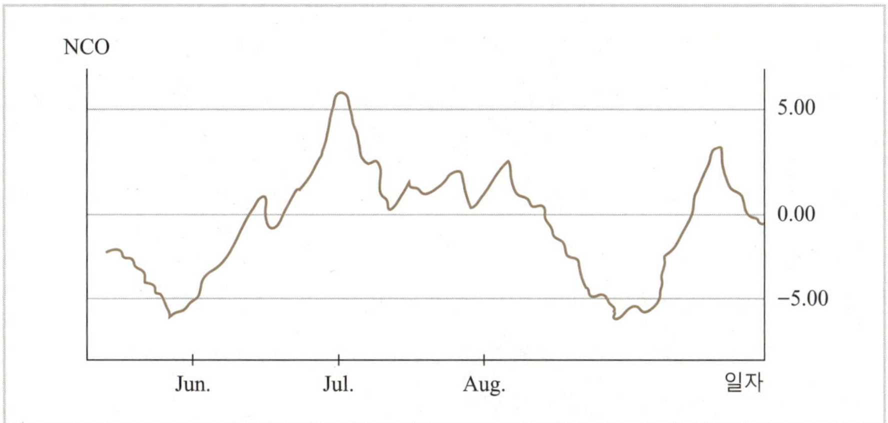

NCO를 이용한 시장가격의 변화를 살펴보면 다음과 같은 몇 가지 중요한 시장특성을 발견할 수 있다. NCO가 0보다 크고 상승하는 추세이면 가격이 지속적인 상승세를 보이게 된다. 하지만 NCO가 0보다 크지만 하락하는 추세이면 가격상승세는 조만간 반전된다. NCO가 0보다 작고 하락하는 추세라면 가격은 지속적인 하락세를 보이나 NCO가 0보다 작고 상승하는 추세라면 가격하락세가 조만간 상승세로 반전하게 된다.

엘리어트의 파동이론

엘리어트(Elliott)는 1946년 그의 저서 『자연의 법칙 - 우주의 비밀(*Nature's Law-The Secret of Universe*)』이라는 책을 통해 주식가격은 주식시장을 구성하는 인간의 행동에 의해 지배되며, 인간의 행동은 차례로 자연의 법칙에 따라 변화하고 있다고 설명하고 있다. 엘리어트는 그의 파동이론을 만들기 위해 75년 동안 미국의 주가변화에 대한 방대한 자료를 근거로 하고 있으며 실제 주가의 장기적인 변화를 정확히 예측하기도 했다.

엘리어트의 파동이론(Elliott's wave principle)이란 자연의 법칙처럼 주식의 변화도 일정한 자연법적인 규칙성이 있다는 것이다. 이러한 자연의 규칙성은 크게 5번의 상승파동과 3번의 하락파동으로 구성되어 있다. 즉, 한 번의 가격변화에는 모두 상하 8번의 상하파동이 존재한다는 것이며 상승국면의 5개 파동에서 1번, 3번, 5번 파동은 상승파동이며 이를 충격파동(impulse wave)이라고 한다. 한편 상승국면의 5개 파동에서 2번, 4번은 하락파동이며 이를 조정파동(corrective wave)이라고 한다.

1번 파동에서 5번 파동까지의 전체 움직임이 상승국면이어서 가격이 상승추세로 움직이는 파동을 시장가격의 변화를 가져오는 파동이라는 의미에서 충격파동이라고 하며, 이와 반대로 시장가격의 추세와 반대로 움직이는 파동을 충격에 대한 조정이라는 의미에서 조정파동이라고 한다. 마찬가지로 전체 시장가격이 하락국면일 때는 하락파동이 충격파동이 되고 상승파동이 조정파동이 된다. 전체 시장가격이 상승하는 국면에서 1번에서 5번까지의 상승국면이 끝나면 하락국면이 시작되는데, 이 파동들은 3개의 파동으로 구성되며 각각 a, b, c파동으로 구분된다.

요약하면 모든 가격의 변화는 시장의 움직임과 같은 방향의 5개 파동과 시장의

엘리어트 파동의 기본패턴

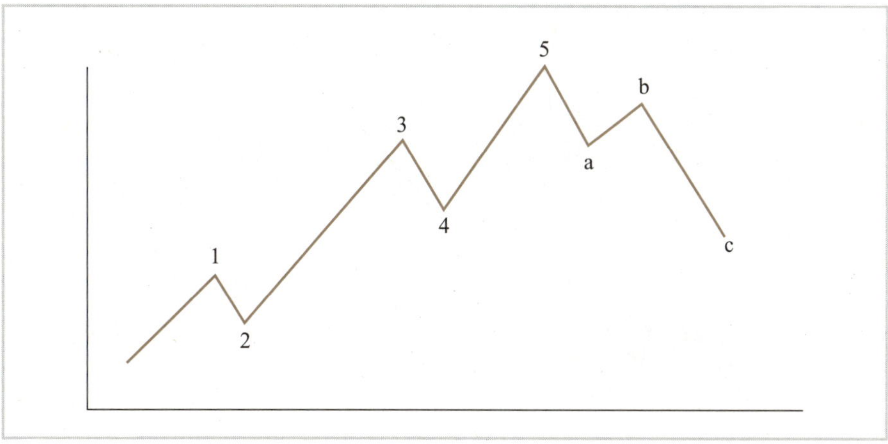

움직임과 반대되는 3개의 파동으로 이루어진다. 각각의 파동에 이름을 붙이면 전체 시장가격의 움직임과 같이 움직이는 5개 파동을 1번에서 5번까지 숫자로 표시하며, 시장 전체의 움직임과는 반대로 움직이는 3개의 파동은 a, b, c의 문자로 나타낸다.

엘리어트의 파동이론에서 특이한 점은 시야를 한 단계 높여서 가격의 변환국면을 자세하게 살펴보면 1번에서 5번까지의 파동은 한 개의 상승파동으로 볼 수 있고 a에서 c까지 파동을 한 개의 하락파동으로 볼 수 있다는 점이다. 따라서 1개의 상승파동과 1개의 하락파동이 하나의 완전한 사이클을 형성한다. 마찬가지로 1개의 파동을 한 단계 더 세분하여 관찰하면 5개의 작은 상승파동과 3개의 작은 하락파동으로 나눌 수 있다. 이 같은 논리를 전체 파동에 적용하면 기본적인 하나의 완전한 사이클(또는 파동)은 전부 34개의 작은 파동으로 세분하여 생각할 수 있다.

또한 34개의 작은 파동을 각각 한 단계 더 낮추어 세분하게 되면 전부 144개의 미세한 파동으로 잘게 나눌 수도 있는 것이다. 이렇게 파동을 세분화시키면 각각의 파동들은 무수히 작은 파동으로 세분화되고 모든 가격변화의 파동을 이렇게 세분화하여 설명할 수 있다. 엘리어트는 200년 이상에 걸쳐 형성되는 대형 장기 사이클로부터 단지 몇 시간에 걸쳐 발생하는 초미세 사이클까지 9등급으로 구분하고 있다.

엘리어트 파동에서 유의할 점은 어떠한 경우에라도 가격변화의 사이클에는 8개의 파동이 반드시 존재한다는 것이다. 또한 상승파동의 방향과 같은 방향의 작은 파동은 반드시 5개의 파동으로 구성되며 반대로 하락파동의 방향과 반대되는 파동은

세분화된 엘리어트 파동

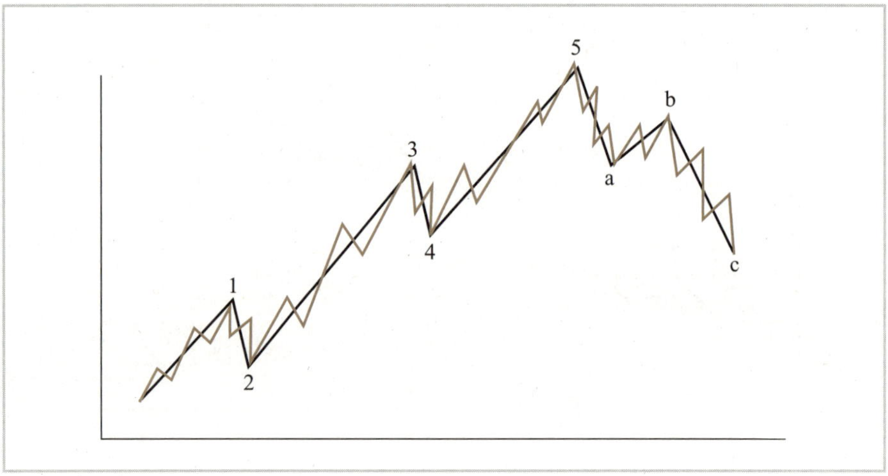

반드시 3개의 파동으로 구성된다. 이러한 엘리어트 파동을 이용하면 장기적인 시장 가격의 변화를 정확하게 예측할 수 있다. 5번째 상승파동으로 생각되는 가격변화 뒤에는 반드시 이제까지와는 반대방향으로 최소한 3개의 파동이 나타난다. 또한 5개의 파동으로 구성되는 한 번의 가격변화가 끝나고 다음에 나타나는 가격변화가 3개의 파동이 아니라 5개의 파동으로 구성된다면 이는 가격이 단순히 조정되는 것이 아니라 새로운 추세가 시작되는 신호로 간주된다. 예를 들어, 상승국면의 5개 파동 뒤에는 통상 3개의 하락파동이 나타난다. 하지만 3개의 하락파동 대신에 5개의 하락국면의 파동이 또 나타난다면 앞으로 가격상승이 하락으로 반전될 것을 나타낸다.

엘리어트 파동을 형성하기 위해서는 꼭 지켜져야 하는 절대불가침의 법칙이 있다. 첫째, 2번 파동은 1번 파동 밑으로 내려가지 못한다. 둘째, 3번 파동이 제일 짧을 수 없다. 셋째, 4번과 1번 파동은 서로 겹칠 수 없다. 이 같은 파동의 절대불가침 법칙은 다음 그림에 나타나 있다. 하지만 엘리어트의 파동이론에는 여러 가지 비판이 많은데, 특히 파동을 분석하는 데에 너무 주관적이며, 자의적으로 해석하는 경우가 많다는 점이다. 파동을 해석하는 사람에 따라 똑같은 파동이 상승국면으로 해석될 수도 있고 하락국면으로 해석될 수도 있다. 다시 말해 어디서 어디까지를 한 개의 파동으로 인식하는지에 대한 명확한 정의가 없다.

엘리어트 파동의 절대불가침의 법칙

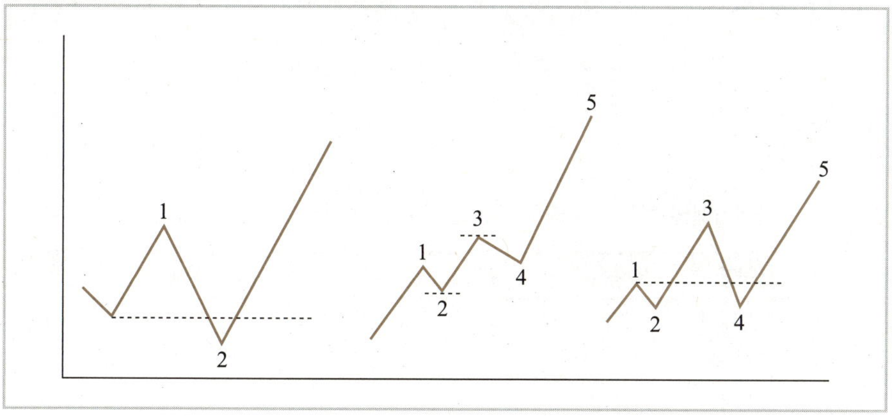

연습문제

〈설명형〉

01 선물과 옵션거래의 차이를 아래의 기준에 의거하여 설명하라.

구분	선물	옵션
거래대상		
증거금		
최종결제		
권리		
의무		

02 콜옵션과 풋옵션의 차이점을 설명하라.

03 아래에 제시되는 옵션거래의 각 용어를 간단히 설명하라.

a. 옵션프리미엄
b. 행사가격
c. 내가격
d. 등가격
e. 외가격
f. 반대매매

04 콜옵션 매도와 풋옵션 매입의 차이를 설명하라.

05 옵션의 총가치를 그래프로 도시하여 설명하라.

06 선물옵션가격 예측을 위한 대표적인 분석기법인 펀더멘털 분석과 기술적 분석을 비교·설명하라.

07 금융선물가격에 영향을 미치는 주요 거시경제지표들을 제시하고 설명하라.

08 옵션시세표에서 202112 380 KOSPI 200 콜(call) 1계약을 매입하고, 202112 375 KOSPI 200 풋(put) 1계약을 매도하였다. 다음에 답하라.

a. 이 파생상품의 손익 스케줄의 그래프를 제시하고, 거래비용을 구하라.

b. 만약 KOSPI 200 지수가 390.00으로 변화할 때 이 파생상품거래의 순손익을 계산하라.

〈선택형〉

※진위형

01 주가지수선물거래의 일일 정산과정은 고객의 미결제 약정을 매일 최종가격으로 재평가하여 결제이행을 보증하는 것이다.

① 그렇다　　② 아니다

02 주가지수선물시장은 주식시장과는 별개의 시장으로 독자적인 수급상황에 따라 가격이 결정된다.

① 그렇다　　② 아니다

03 주가지수선물가격은 배당수입과 주식보관비용을 포함한다.

① 그렇다　　② 아니다

04 차익거래는 현물주식과 주가지수선물의 가격괴리를 포착하여 동시적 거래를 통해 무위험의 수익을 얻는 거래이다.

① 그렇다　　② 아니다

05 주가지수선물을 이용한 헤지거래에서 베이시스는 개별 주식 및 주가지수와의 관계를 나타낸다.

① 그렇다　　② 아니다

06 통화선물은 통화인수도보다는 주로 현금결제를 하는 계약이다.

① 그렇다　　② 아니다

07 외환시장에서는 통화선도거래가 선물거래를 압도한다.

① 그렇다　　② 아니다

08 풋옵션에서 가격변동성이 증가하면 프리미엄도 감소한다.

① 그렇다　　② 아니다

09 콜옵션에서 잔존만기가 길수록 프리미엄은 감소한다.

① 그렇다　　② 아니다

10 기초주식의 수익률 분산이 커질수록 콜옵션 가격은 상승하나 풋옵션 가격은 하락한다.

① 그렇다 ② 아니다

11 옵션가격은 행사가격의 변화에 무관하다.

① 그렇다 ② 아니다

12 옵션거래의 장점은 변동성의 변화에 따라 거래전략을 세울 수 있다.

① 그렇다 ② 아니다

13 기초자산의 가격이 상승할 경우 풋옵션 매수자의 손실은 프리미엄에 한정된다.

① 그렇다 ② 아니다

14 수직강세 스프레드는 시장가격의 약세가 예상될 때 유효한 전략이다.

① 그렇다 ② 아니다

※4지 선다형

15 옵션의 행사가격과 기초자산 가격과의 차이는 무엇인가?(원재환, 2022)

① 내재가치 ② 등가격가치 ③ 내가격가치 ④ 시간가치

16 아래에서 내가격(in the money) 상태에 있는 주식옵션은 무엇인가?

① 행사가격 290, 주식현물가격 292인 콜옵션

② 행사가격 292, 주식현물가격 290인 풋옵션

③ 행사가격 292, 주식현물가격 290인 풋옵션

④ 행사가격 292, 주식현물가격 292인 콜옵션

17 이조선 씨는 ㈜셀트리온 기업의 주식을 1,000주 보유하고 있다. 만일 이 주식의 가격이 가까운 장래에 하락할 것으로 예상된다면 이 씨가 취해야 하는 헤징전략은 무엇인가?(원재환, 2022)

① 풋옵션 매입 또는 선물 매도 ② 콜옵션 매입 또는 선물 매입

③ 풋옵션 매도 또는 콜옵션 매입 ④ 콜옵션 매도 또는 선물 매입

18 옵션의 설명 중 틀린 것은?

① 옵션의 매도자(발행자)는 증거금을 납부해야 한다.

② 옵션 발행자의 이익은 콜옵션 가격에 한정된다.

③ 옵션 매도자의 손실도 콜옵션 가격에 한정된다.

④ 옵션 매입자는 증거금을 납부할 필요가 없다.

19 선물매입포지션에 해당하는 옵션포지션은 무엇인가?

① 풋옵션 매입 ② 풋옵션 매도

③ 콜옵션 매입 ④ 콜옵션 매도

〈계산형〉

01 옵션시세표에서 202112 380 KOSPI 200 콜(call) 1계약을 매입하고, 202112 375 KOSPI 200 풋(put) 1계약 매도하였다. 다음에 답하라.

a. 이 파생상품의 손익 스케줄 그래프를 제시하고, 거래비용을 구하라.

b. 만약 KOPSI200 지수가 390으로 변화할 때 이 파생상품거래의 순손익을 계산하라.

02 선물투자자 김복현 씨는 행사가격(K)이 1,100원, 만기가 3개월 남은 ㈜경북기업의 주식에 대한 풋옵션을 매입하였다(오세열 · 정호정, 2015).

a. 3개월 후 만기시점에서 이 주식의 주가가 1,200원으로 상승하였다면 김복현 씨의 손익은 얼마인가?

b. 만약 만기시점에서 이 주식의 주가가 1,000원으로 하락하였다면 김복현 씨의 손익은 얼마인가?

03 무역업자 이재벌 씨는 콜옵션(call option) 계약을 이용하여 아래와 같은 환율변화(상승)에 따른 손실을 헤징하고자 한다. 다음의 표에서 이 씨가 완전헤징 성과를 낼 수 있는 옵션거래의 내용을 제시하고 이 거래의 손익을 계산하고, 헤징성과를 간단히 설명하라.

	당일 환율(원/달러)	달러현물거래	달러선물옵션거래
6월 4일	1,320원	수입계약 당시 원/달러 환율 1,320원에 100만 달러를 3개월 후 매입 예정	
7월 4일	1,420원	원/달러 환율이 1,300원으로 상승. 무역업자 이재벌 씨는 수입대금 100만 달러를 14억2천만에 구입	
순손익			

04 A 씨는 행사가격이 21.05인 KOSPI 200 콜옵션 1계약을 1.00의 가격(프리미엄)에 매입하였다. 만약 옵션의 만기일에서 KOSPI 200 지수가 215.05일 경우 옵션거래에 따른 A씨의 손익은 얼마인가?(단, 코스피옵션의 거래승수는 50만원이다)(감형규 · 신용재, 2015)

① 200만원 이익 ② 200만원 손실
③ 250만원 이익 ④ 250만원 손실
⑤ 300만원

CHAPTER

04 옵션거래전략

제1절 옵션헤징과 투기적 거래

옵션계약은 어떤 상품을 특정한 행사가격에 사겠다(call) 또는 팔겠다(put)는 약속이다. 옵션은 권리를 매매하는 것이므로 옵션매입자는 그 권리에 대해 값을 지불하며 이것이 옵션프리미엄이다. 옵션매입자는 상황이 유리할 때 그 권리를 행사할 수 있으며 불리한 상황에서 그 권리를 포기할 수 있다. 옵션매도자는 프리미엄을 받고 권리를 매도하며 옵션매입자가 권리를 행사하면 그 권리에 해당하는 의무를 이행해야 한다.

1. 옵션헤징

옵션은 선물과 같이 헤징(hedging), 투기(speculating), 스프레딩(spreading) 등 여러 가지 목적으로 사용될 수 있다. 옵션헤징(option hedging)은 가격변동으로 인한 손실을 회피하기 위해 선물헤징과 같이 사용하는 전략이다. 예를 들어, 미래에 매도할 상품을 가지고 있는 사람은 풋옵션을 매입하여 가격하락으로 인한 손실을 피할 수 있으며, 미래에 매입할 상품을 가지고 있는 사람은 콜옵션을 구입하여 가격상승으로 인한 손실을 피할 수 있다.

여기서 주의해야 하는 것은 옵션을 사용해서 위험을 헤지하는 경우 콜옵션이나 풋옵션을 반드시 매입해야 한다는 점이다. 옵션매도는 전문옵션거래자가 스프레드 거래나 **옵션합성거래**(option synthetic trading)를 통해 이익을 얻기 위해 사용한다.

풋옵션헤징

예를 들어, 주식투자자는 보유하고 있는 주식의 가격하락으로 손실을 입을 수 있다. 주가하락으로 인한 손실을 피하기 위해 주식투자자는 주가지수선물을 매도하거나 풋옵션을 매입하여 숏헤지를 할 수 있다.

풋옵션헤징(put option hedging)의 한 사례로서, 주식투자자인 김 씨가 주식을 오늘 시세로 1억 4천6백만원의 가치를 보유하고 있다고 하자. 국내경기가 좋지 않아서 주가가 앞으로 하락할 것이라고 예측하고 있다. 주가가 하락하면 손실을 입게 되므로 손실을 피하기 위해 오늘 2023년 12월 만기, 행사가격이 292.00인 주가지수풋옵션을 1계약 매입하였다. 오늘(6월 4일) KOSPI 200 주가지수는 292.00이고 풋옵션의 프리미엄은 1.00이었다(주가지수옵션은 지수 1포인트당 10만원이다).

한 달 뒤에 예상대로 주가지수가 287.00으로 하락한다면 김 씨는 보유주식가치가 하락하여 손실이 발생한다. 하지만 매입한 풋옵션을 행사하여 주가지수를 행사가격인 292.00에 매도해서 오늘 주가지수인 287.00으로 반대매매를 하면 주가지수옵션 1계약당 5.00(= 292.00 − 287.00)의 이익을 본다. 이익금액은 5.00 × 50만원 × 1계약 = 250만원이다.

김 씨가 풋옵션을 구입할 때 프리미엄(= 1.00 × 1계약 = 1.00)을 지급하였고 프리미엄금액은 10만원(= 1.00 × 10만원)이다. 따라서 김 씨의 옵션행사순이익은 권리행사로 인한 이익 250만원에서 옵션프리미엄 10만원을 뺀 240만원이다.

주식투자자의 풋옵션헤징 손익 계산

	주가지수	주가지수옵션현물	주가지수옵션
6월 4일	292.00	292.00 × 50만원 × 1계약 = 1억 4천6백만원	풋옵션 매입프리미엄 = 1.00 × 10만원 × 1계약 = 10만원
7월 4일	287.00	287.00 × 50만원 × 1계약 = 1억 4천3백50만원	풋옵션을 292.00에 행사. 풋옵션 행사이익 = (292.00 − 287.00) × 50만원 × 1계약 = 250만원
순손익		(287.00 − 292.00) × 50만원 × 1계약 = 250만원 손실	250만원 − 10만원 = 240만원 이익

주가지수 옵션프리미엄 계산단위

주가지수 옵션프리미엄은 지수 1포인트당 금액이 10만원이다. 따라서 옵션프리미엄이 4.00이라면 여기에 해당하는 프리미엄금액은 4.00 × 10만원 = 40만원이다.

콜옵션헤징

콜옵션헤징(call option hedging)은 미래에 상품을 구입해야 하는 사람이 가격상승으로 인한 손실을 피하기 위한 거래전략이다. 예를 들어, 원/달러 환율상승으로 인한 환차손을 피하기 위해 수입업자가 달러옵션을 어떻게 이용하는지 살펴보자.

국내 P회사가 미국의 S사와 100만달러어치의 쇠고기를 수입하기로 계약을 맺었다. 오늘(6월 4일) 계약 당시 원/달러 환율이 1,200원이었고 결제는 미국달러로 지급하기로 했다. 계약 후 P사가 주문한 쇠고기를 받고 대금을 결제할 때까지 약 3개월 정도가 걸린다. 3개월 후 수입대금을 결제할 때 환율이 1,300원으로 상승했다면 P사는 수입대금 100만달러에 해당하는 13억원이 필요하며 수입계약 당시의 수입대금 12억원에 비해 1억원의 환차손을 입게 된다.

환차손을 피하기 위해 수입계약 당시 P사가 3개월 만기, 1,200원/달러 행사가격인 미국달러콜옵션을 5원/달러의 프리미엄에 매입했다고 하자. 달러옵션 1계약은 10,000달러이므로 P사는 100만달러 수입대금에 대한 헤징용으로 달러콜옵션을 100계약 구입해야 하며 이때 지급되는 프리미엄금액은 5원/달러 × 100만달러 =

500만원이다.

3개월 뒤인 9월 3일에 수입대금을 결제할 때 환율이 1,300원/달러로 상승하였다. P사는 환율상승으로 1억원의 환차손이 발생하나 콜옵션을 행사함으로써 이익을 본다. 즉, P사는 매입한 달러콜옵션으로 달러를 행사가격인 1,200원에 매입하고 오늘 환율인 1,300원으로 반대매매를 한다면 1억원{= (1,300 − 1,200)원/달러 × 10,000달러 × 100계약}의 옵션행사이익을 얻는다.

P사가 콜옵션을 구입할 때 지급한 프리미엄(= 5원/달러)은 500만원이므로 콜옵션행사의 순이익은 권리행사로 인한 이익 1억원에서 프리미엄 500만원을 뺀 9천5백만원이다.

달러 옵션프리미엄 계약단위

달러옵션은 1계약단위가 10,000달러이다. 만약 달러 콜옵션프리미엄이 5원/달러라면 콜옵션 1계약의 프리미엄금액은 5원/달러 × 10,000달러 = 5만원이다.

수입업자의 콜옵션헤징 손익 계산

	당일환율	달러현물	달러옵션
6월 4일	1,200원	수입계약 당시 원/달러 환율 1,200원에 100만달러를 매입할 필요 있음	3개월 만기, 1,200원/달러의 행사가격으로 콜옵션매입. 프리미엄 = 5원/달러 × 100만달러 = 5백만원
9월 3일	1,300원	원/달러 환율이 1,300원으로 상승. 수입업자는 수입대금 100만달러를 13억원에 구입	달러콜옵션을 1,200원에 행사. 콜옵션행사이익 = (1,300 − 1,200)원/달러 × 100만달러 = 1억원 이익
순손익		(1,200 − 1,300)원/달러 × 100만달러 = 1억원 손실	1억원 − 5백만원 = 9천5백만원 이익

이 경우 수입업자의 수입대금 환차손은 콜옵션행사이익으로 상쇄된다. P사가 수입대금으로 달러를 실제 매입한 가격은 1,300원/달러인데 옵션이익(95원/달러)을 빼면 P사가 적용하는 환율은 수입계약을 맺을 당시의 환율(1,200원/달러)과 비슷한 1,205원/달러가 된다.

2. 옵션투기거래

옵션투기거래(option speculating)의 한 사례로 주식투기자인 김 씨의 예를 살펴보자. 외환시장의 자유화와 국내실질금리의 상승으로 앞으로 해외자금유입이 기대된다고 하자. 유입된 해외자본은 주식시장에서 강력한 매수세력으로 작용하여 앞으로 주가가 상승할 것으로 예상된다. 김 씨는 주가상승을 이용하여 이익을 얻기 위해 오늘(6월 4일) 2023년 12월 만기, 292.00의 행사가격을 가진 주가지수콜옵션을 1계약 구입하였다. 오늘 KOSPI 200 주가지수는 292.00이고 콜옵션의 프리미엄은 1.00이었다.

한 달 뒤 예상대로 주가지수는 297.00으로 상승하였다고 하자. 김 씨는 콜옵션을 행사하여 주가지수를 행사가격인 292.00에 매입하고 오늘 주가지수인 297.00에 반대매매를 함으로써 250만원{= (297.00 − 292.00) × 50만원}의 이익을 얻는다. 여기에 콜옵션프리미엄의 비용인 10만원(= 1.00 × 10만원)을 빼 주면 주가지수 콜옵션투기로 인한 순이익은 240만원이다.

만약 예상과 달리 국내경기가 침체되면서 주가지수가 하락했다면 주식투기자인 김 씨는 손실을 최소화하기 위해 어떻게 할까? 먼저 주가지수가 한 달 뒤에 287.00으로 급락하였으며 2023년 12월 만기, 292.00의 행사가격을 가진 콜옵션의 프리미엄은 0.50으로 하락하였다고 하자. 김 씨가 콜옵션을 행사해서 주가지수를 구입할 수 있는 행사가격은 292.00인 데 반해 실제 거래되는 주가지수는 287.00이므로 콜옵션행사로 주가지수를 현재 시세보다 더욱 비싸게 구입하게 된다. 이 경우 김 씨는 콜옵션을 행사하지 않으며 만기 때까지 보유하다가 소멸시키거나 아니면 지금 콜옵션을 프리미엄을 받고 반대매매를 통해 되팔 수 있다.

김 씨가 구입한 콜옵션을 반대매매를 해서 받을 수 있는 프리미엄은 5만원(= 0.50 × 10만원)이므로 콜옵션투기를 통해 발생한 순손실은 처음 콜옵션을 매입할 때 지급한 프리미엄 10만원에서 반대매매를 통해 받은 프리미엄 5만원을 뺀 5만원이다.

행사가격 292.00인 콜옵션매입 손익

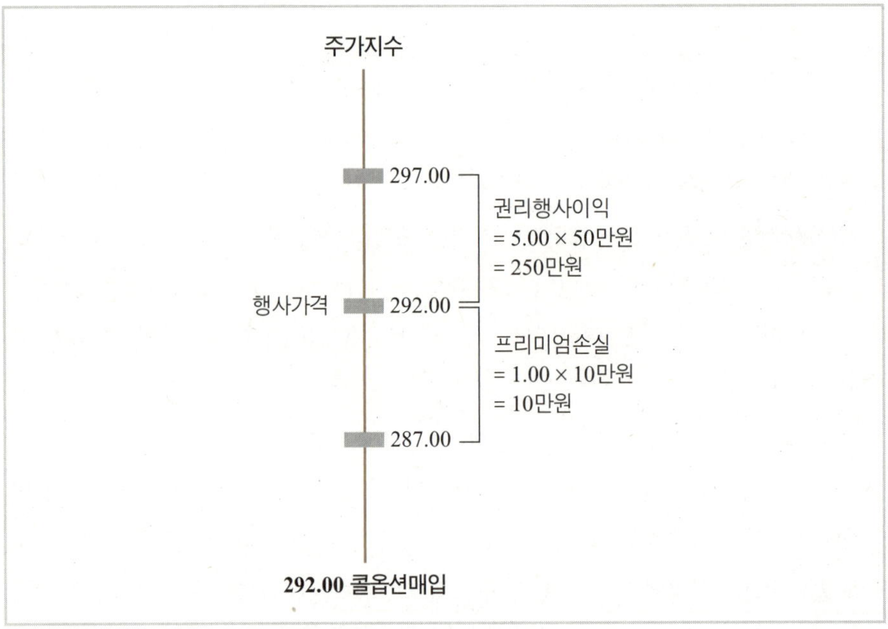

제2절 옵션스프레딩

옵션스프레딩(option spreading)은 선물스프레딩과 같이 유사한 옵션 간의 가격 차이를 이용하여 이익을 얻기 위해 사용되며, 특히 만기가 다르거나 행사가격이 다른 옵션을 동시에 사고파는 거래이다. 옵션스프레딩은 유사한 옵션을 동시에 사고팔아서 전체 포지션(position)이 균형(square)상태가 되므로 가격변화에 대해 큰 손실이 발생하지 않는다. 옵션스프레딩은 행사가격이 서로 다른 옵션을 동시에 사고파는 수직스프레드(vertical spread), 만기가 서로 다른 옵션을 동시에 사고파는 수평스프레드(horizontal spread), 그리고 행사가격과 만기가 모두 서로 다른 옵션을 동시에 매매하는 대각선스프레드(diagonal spread)가 있다.

1. 수직스프레드

수직스프레드(vertical spread)는 행사가격이 높은 옵션을 매입하고 행사가격이 낮은 옵션을 매도하는 매도스프레드(bear spread)와 행사가격이 낮은 옵션을 매입하고 행사가격이 높은 옵션을 매도하는 매입스프레드(bull spread)의 두 종류가 있다.

매도스프레드

매도콜스프레드(bear call spread)는 행사가격이 낮은 콜옵션을 매도하고, 행사가격이 높은 콜옵션을 매입하는 옵션스프레드이다. 예를 들어, 행사가격이 294.00인 주가지수콜옵션을 매입하고 행사가격이 290.00인 주가지수콜옵션을 매도한 매도콜스프레드를 살펴보자. 행사가격이 낮은 콜옵션프리미엄이 행사가격이 높은 콜옵션프리미엄보다 높기 때문에 행사가격이 290.00인 콜옵션매도로 받은 프리미엄이 행사가격이 294.00인 콜옵션매입으로 지불한 프리미엄보다 크다. 따라서 받은 프리미엄과 지불한 프리미엄의 차이가 매도콜스프레드로부터 얻을 수 있는 이익의 최대한도이다.

예를 들어, 주가지수가 296.00으로 상승한다고 가정하자. 매도한 콜옵션은 행사가격 290.00에 행사되고 따라서 6.00(= 296.00 − 290.00)의 손실을 입게 된다. 하지만 매입한 콜옵션은 294.00의 행사가격으로 주가지수를 매입해서 반대매매를 하면 2.00(= 296.00 − 294.00)의 이익을 얻게 된다. 매도한 콜옵션손실과 매입한 콜옵션이익을 합한 순손실은 4.00(= 6.00 − 2.00)이다. 여기서 주의해야 할 점은 주가지수가 296.00보다 높아지더라도 매도콜스프레드로부터 발생하는 순손실은 최대 4.00이라는 것이다.

오늘 주가지수가 292.00이라고 하자. 매도한 콜옵션은 행사가격 290.00에서 행사되고 2.00(= 292.00 − 290.00)의 손실을 입는다. 하지만 매입한 콜옵션은 주가지수가 행사가격보다 낮아서 행사되지 못한다. 이때 매도콜스프레드의 순손실은 2.00이다.

주가지수가 287.00으로 하락한 경우 매도한 콜옵션과 매입한 콜옵션은 모두 행사되지 못한다. 그러나 옵션매도로 받은 프리미엄에 옵션매입으로 지불한 프리미엄을 뺀 준 프리미엄이익이 발생하며 이 프리미엄이익이 매도콜스프레드로부터 얻을 수 있는 최대의 이익이다.

매도풋스프레드(bear put spread)는 행사가격이 높은 풋옵션을 매입하고 행사가격이 낮은 풋옵션을 매도하는 매도스프레드이다. 콜옵션과 달리 풋옵션에서 행사가격이 높은 풋옵션을 매입할 때 지불한 프리미엄이 행사가격이 낮은 풋옵션을 매도할 때 받는 프리미엄보다 크기 때문에 이 프리미엄의 차이가 매도풋스프레드로부터 발생하는 손실의 최대한도가 된다. 매도풋스프레드로부터 발생하는 최대한의 이익은 매도콜스프레드와 반대로 매입한 풋옵션행사가격과 매도한 풋옵션행사가격의 차이인 4.00이다.

매도콜스프레드와 매도풋스프레드의 손익

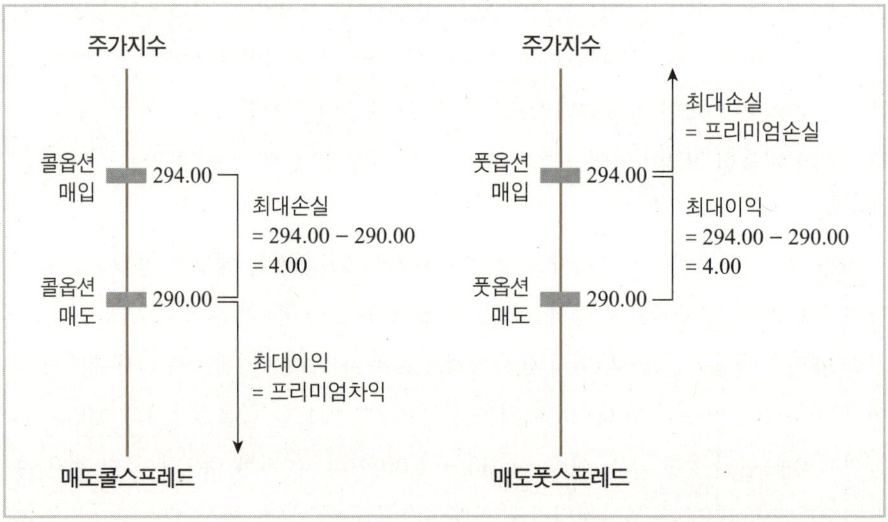

매도옵션스프레드

매도콜스프레드는 행사가격이 낮은 콜옵션을 매도하고, 행사가격이 높은 콜옵션을 매입하는 옵션스프레드이다. 매도풋스프레드는 행사가격이 높은 풋옵션을 매입하고 행사가격이 낮은 풋옵션을 매도하는 매도스프레드이다.

매도콜스프레드의 최대이익과 최대손실

매도콜스프레드(bear call spread)는 행사가격이 낮은 콜옵션을 매도하고, 행사가격이 높은 콜옵션을 매입하는 옵션스프레드이다. 이때 최대이익은 받은 프리미엄과 지불한 프리미엄의 차이이며, 최대손실은 매도한 콜옵션의 행사손실에서 매입한 콜옵션의 행사이익과 프리미엄의 차익을 빼 준 값이다.

매입스프레드

매입콜스프레드(bull call spread)는 행사가격이 낮은 콜옵션을 매입하고, 행사가격이 높은 콜옵션을 매도하는 옵션스프레드이다. 예를 들어, 행사가격이 294.00인 주가지수콜옵션을 매도하고 행사가격이 290.00인 콜옵션을 매입한 매입콜스프레드를 살펴보자. 행사가격이 낮은 콜옵션프리미엄이 행사가격이 높은 콜옵션프리미엄보다 높기 때문에 콜옵션매입으로 지불한 프리미엄이 콜옵션매도로 받은 프리미엄보다 크다. 따라서 지불한 프리미엄과 받은 프리미엄의 차이만큼 손실이 발생하며 이것이 매입콜스프레드로부터 발생하는 최대의 손실이다.

오늘 주가지수가 296.00으로 상승했다고 가정하자. 매입한 콜옵션을 행사하여 주가지수를 행사가격 290.00에 매입하고 반대매매를 하면 6.00(= 296.00 − 290.00)의 이익을 얻는다. 하지만 매도한 콜옵션 또한 294.00의 행사가격으로 행사되고 2.00(= 296.00 − 294.00)의 손실을 입게 된다. 매입한 콜옵션이익과 매도한 콜옵션손실을 합한 순이익은 4.00(= 6.00 − 2.00)이며 이것이 매입콜스프레드로 얻을 수 있는 최대의 이익이다.

주가지수가 292.00으로 하락한 경우 매입한 콜옵션으로 주가지수를 행사가격 290.00에서 매입하여 반대매매를 하면 2.00(= 292.00 − 290.00)의 이익을 얻는다. 하지만 매도한 콜옵션은 주가지수가 행사가격보다 낮아서 행사되지 못한다. 이때 매입콜스프레드의 순이익은 2.00이다.

주가지수가 행사가격보다 낮은 287.00으로 하락한 경우 매입한 콜옵션과 매도한 콜옵션은 모두 행사되지 못한다. 그러나 옵션매입으로 지불한 프리미엄에서 옵션매도로 받은 프리미엄을 빼 준 프리미엄손실이 매도콜스프레드로부터 얻을 수 있는

매입콜스프레드와 매입풋스프레드의 손익

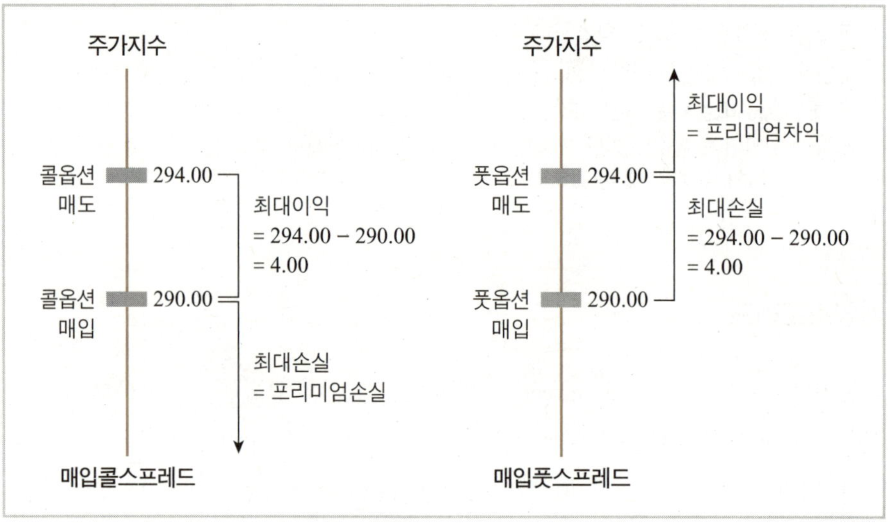

최대의 손실이다.

매입풋스프레드(bull put spread)는 행사가격이 낮은 풋옵션을 매입하고 행사가격이 높은 풋옵션을 매도하는 매입스프레드이다. 콜옵션과 반대로 풋옵션에서는 행사가격이 높은 풋옵션을 매도할 때 받는 프리미엄이 행사가격이 낮은 풋옵션을 매입할 때 지불하는 프리미엄보다 높기 때문에 받은 프리미엄과 지불한 프리미엄의 차이가 매입풋스프레드로부터 얻을 수 있는 최대의 이익이다. 물론 매입풋스프레드의 최대손실은 매입한 풋옵션의 행사가격과 매도한 풋옵션의 행사가격의 차이인 4.00이다.

매입옵션스프레드

매입콜스프레드는 행사가격이 낮은 콜옵션을 매입하고, 행사가격이 높은 콜옵션을 매도하는 옵션스프레드이다. 매입풋스프레드는 행사가격이 낮은 풋옵션을 매입하고 행사가격이 높은 풋옵션을 매도하는 매입스프레드이다.

매입콜스프레드의 최대이익과 최대손실

매입콜스프레드(bull call spread)는 행사가격이 낮은 콜옵션을 매입하고, 행사가격이 높은 콜옵션을 매도하는 옵션스프레드이다. 이때 최대손실은 지불한 프리미엄과 받은 프리미엄의 차이이며, 최대이익은 매입한 콜옵션의 행사이익에서 매도한 콜옵션의 행사손실과 프리미엄의 손실을 빼 준 값이다.

2. 수평스프레드

수평스프레드(horizontal spread)는 만기가 서로 다른, 그러나 행사가격이 같은 옵션을 동시에 사고파는 스프레드이다. 수평스프레드는 기간에 따라 가격변동폭이 달라지고 가격변동폭에 따라 옵션의 시간적 가치와 프리미엄이 변화하는 것을 이용하여 이익을 얻기 위한 옵션거래이다.

예를 들어, 2023년 9월 만기, 행사가격이 290.00인 콜옵션을 2.00의 프리미엄에 매도하고 2023년 12월 만기, 행사가격이 290.00인 콜옵션을 4.00의 프리미엄에 매입한 경우를 살펴보자. 옵션프리미엄은 만기가 멀수록 커지므로 만기가 가까운 옵션매도로 받은 프리미엄(= 2.00)이 만기가 먼 옵션매입으로 지불한 프리미엄(= 4.00)보다 작으며 이러한 프리미엄차이가 수평스프레드의 최대손실이 된다.

만약 주가지수가 2023년 9월까지 큰 변화가 없이 290.00을 유지했다고 하자. 이 경우 매도한 2023년 9월 만기, 행사가격이 290.00인 콜옵션은 행사되지 못하고 소멸되며 프리미엄이익(= 2.00)을 볼 수 있다. 하지만 2023년 9월 이후에 주가지수가 급격한 변동을 보이면서 2023년 12월 만기 콜옵션의 프리미엄이 4.00에서 7.00으로 상승했다고 하자. 이 경우 매입해 놓은 2023년 12월 만기 콜옵션을 반대매매하여 프리미엄차익 3.00(= 7.00 − 4.00)을 얻을 수 있다. 결국 9월과 12월 만기 콜옵션의 스프레드거래로 인해 얻을 수 있는 프리미엄총이익은 9월 만기 콜옵션매도로 인한 프리미엄이익(= 2.00)과 12월 만기 콜옵션의 반대매매로 인한 프리미엄차익(3.00)의 합인 5.00이다.

수평스프레드

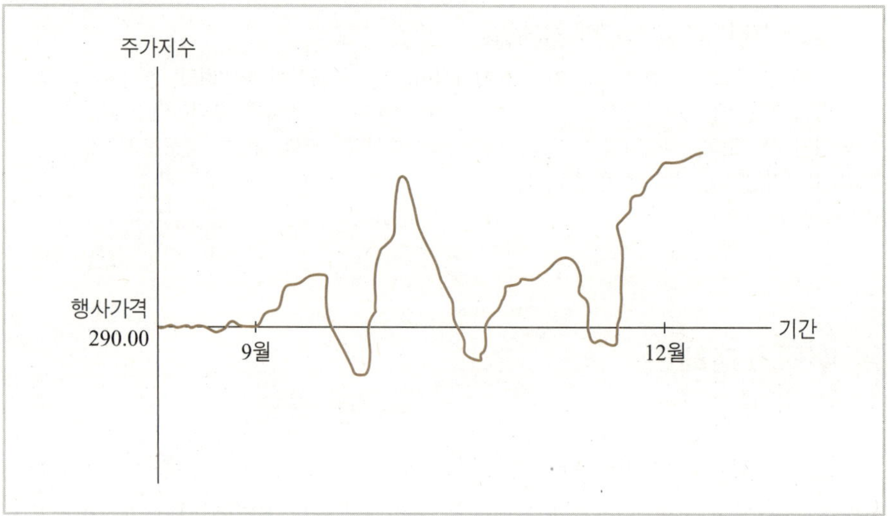

3. 대각선스프레드

대각선스프레드(diagonal spread)는 만기가 서로 다르고 행사가격도 다른 옵션을 동시에 사고파는 스프레드이다. 대각선스프레드는 만기와 행사가격의 서로 다른 변화를 이용해서 이익을 얻거나 또는 저렴한 비용으로 원하는 선물포지션을 유지하려고 할 때 사용된다.

예를 들어, 9월 만기, 행사가격이 290.00인 주가지수콜옵션을 1.50의 프리미엄에 매도하고 12월 만기, 행사가격이 294.00인 주가지수콜옵션을 1.50의 프리미엄에 매입한 경우를 살펴보자. 옵션프리미엄은 만기가 길수록 커지므로 9월 만기 콜옵션에 대한 프리미엄이 만기가 긴 12월 만기 콜옵션의 프리미엄보다 작다. 하지만 콜옵션에서 옵션행사가격이 낮을수록 내가격(ITM)이 커지므로 프리미엄이 크다. 따라서 9월 만기 콜옵션의 행사가격(290.00)이 12월 만기 콜옵션의 행사가격(294.00)보다 낮아서 9월 만기 콜옵션의 프리미엄이 12월 만기 콜옵션의 프리미엄보다 커야 한다. 결국, 만기로 측정한 시간적 가치로는 9월 만기 콜옵션의 프리미엄이 작아야 하나 행사가격으로 측정한 내재적 가치는 9월 만기 콜옵션의 프리미엄이 커야 한다. 따라서 시간적 가치와 내재적 가치를 모두 고려한다면 9월 만기, 행사가격이 290.00인 주가지수콜옵션의 프리미엄과 12월 만기, 행사가격이 294.00인 주가지수콜옵션의 프리미엄이 거의 동일하다는 것을 알 수 있다. 9월 만기 콜옵션의 매도로 받은 프리미엄에서 12월 만기 콜옵션의 매입으로 지불한 프리미엄을 빼 준 순프리미엄비용은 제로(0)이다.

대각선스프레드

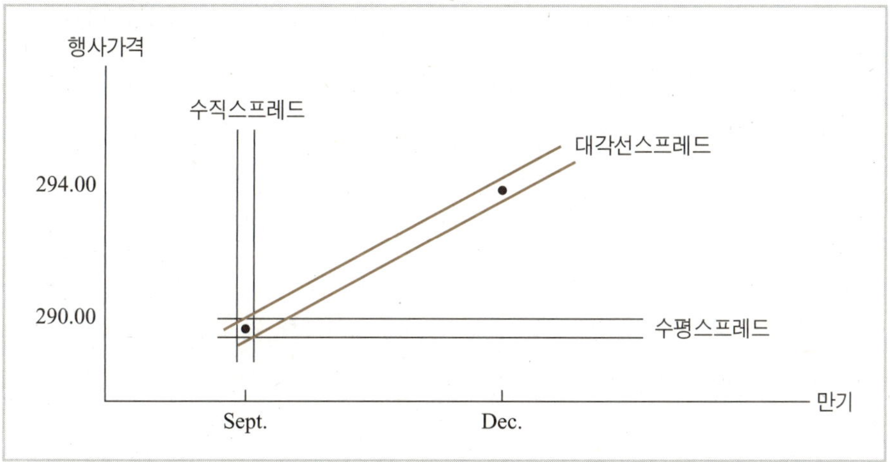

4. 버터플라이스프레드

버터플라이스프레드(butterfly spread)는 등가격(ATM)의 콜옵션을 1계약 매입하고, 외가격(OTM)의 콜옵션을 2계약 매도하고, 동시에 외가격(OTM)의 콜옵션을 1계약 매입하는 '버터플라이 콜옵션스프레드'와 등가격(ATM)의 풋옵션을 1계약 매입하고, 외가격(OTM)의 풋옵션을 2계약 매도하고, 동시에 외가격(OTM)의 풋옵션을 1계약 매입하는 '버터플라이 풋옵션스프레드'가 있다.

버터플라이스프레드는 만기가 같고 행사가격이 서로 다른 옵션을 동시에 사고파는 스프레드이므로 수직적 스프레드와 비슷하나 행사가격이 서로 다른 옵션을 2계약 이상 동시에 사고판다는 점에서 수직스프레드와 차이가 있다. 하지만 버터플라이스프레드는 수직스프레드와 같이 가격의 급격한 변화를 이용하여 이익을 얻기 위해 사용하는 옵션전략이다.

한 사례로서 오늘 주가지수선물의 가격이 290.00이었다. 12월 만기, 행사가격이 290.00인 주가지수선물의 콜옵션을 2.00의 프리미엄에 1계약 매입하고 12월 만기, 행사가격이 292.00인 주가지수선물의 콜옵션을 프리미엄 1.50에 2계약 매도하고 다시 12월 만기, 행사가격이 294.00인 주가지수선물의 콜옵션을 프리미엄 1.00에 1계약 매입하는 경우를 가정하자. 이 버터플라이스프레드는 선물포지션이 중립(square)상태이므로 위험에 대한 손실은 없고 다만 스프레드의 비대칭적 변화로 인해 손실과 이익이 발생할 수 있다.

먼저 한 달 뒤에 주가지수선물가격이 290.00에서 292.00으로 상승했다고 가정하고 버터플라이스프레드의 손익이 어떻게 변화되는지를 살펴보자. 매입해 놓은 행사가격 290.00의 콜옵션은 행사되어 290.00에서 주가지수선물을 매입한 다음 다시 시장가격(292.00)으로 반대매매를 통해 100만원(2.00 × 50만원)의 이익을 얻는다. 하지만 이 옵션의 프리미엄이 20만원(2 × 10만원)이므로 행사가격 290.00의 콜옵션을 행사해서 얻는 행사순이익은 행사이익 100만원에서 프리미엄비용(20만원)을 뺀 80만원 이익이다.

그러나 매도한 행사가격 292.00인 콜옵션 2계약과 매입한 행사가격 294.00인 콜옵션 1계약은 행사되지 못하고 프리미엄이익과 손실이 발생한다. 프리미엄이익은 매도한 행사가격 292.00인 콜옵션 2계약에 대한 프리미엄이익이며 1.50 × 2계약 × 10만원 = 30만원의 이익이다. 하지만 매입한 행사가격 294.00인 콜옵션 1계약으로부터 1.00 × 1계약 × 10만원 = 10만원의 프리미엄손실이 발생한다. 따라서 행사되지 못한 콜옵션으로부터 얻을 수 있는 프리미엄순손익은 20만원(= 30만원 − 10만원)이다. 이 버터플라이 콜스프레드의 행사를 통해 얻을 수 있는 총순이익은 매입한 행사가격 290.00인 콜옵션의 행사이익(80만원)과 행사되지 못한 콜옵션의 프리미엄순손익(20만원)을 합한 100만원의 이익이다.

다음은 한 달 뒤에 주가지수선물가격이 290.00에서 294.00으로 상승했다고 하자. 매입해 놓은 행사가격 290.00의 콜옵션은 행사되어 290.00에서 주가지수선물을 매입한 다음 다시 시장가격(294.00)으로 반대매매를 통해 200만원(4.00 × 50만원)의 이익을 얻는다. 하지만 이 옵션의 프리미엄이 20만원(2.00 × 10만원)이므로 행사가격 290.00의 콜옵션을 행사해서 얻는 행사순이익은 행사이익 200만원에서 프리미엄비용(20만원)을 뺀 180만원 이익이다. 매도한 행사가격 292.00인 콜옵션 2계약 또한 행사되며 행사손실은 (294.00 − 292.00) × 50만원 × 2계약 = 200만원이나 콜옵션매도로부터 받은 프리미엄이익이 1.50 × 2계약 × 10만원 = 30만원이므로 매도한 행사가격 292.00인 콜옵션 2계약의 순손실은 170만원의 손실이다.

한편 매입한 행사가격 294.00인 콜옵션 1계약은 행사되지 못하고 1.00 × 1계약 × 10만원 = 10만원의 프리미엄손실이 발생한다. 따라서 이 버터플라이 콜스프레드의 행사를 통해 얻을 수 있는 총순이익은 매입한 행사가격 290.00인 콜옵션의 순행사이익(180만원)과 매도한 행사가격 292.00인 콜옵션의 순행사손실(170만원), 그리고 행사되지 못한 콜옵션의 프리미엄순손실(10만원)을 합한 제로의 이익을 얻는다.

한 달 뒤에 주가지수선물가격이 290.00에서 296.00으로 상승했다고 하자. 매입한 행사가격 290.00의 콜옵션은 행사되어 290.00에서 주가지수선물을 매입한 다음 다시 시장가격(296.00)으로 반대매매를 통해 300만원(6.00 × 50만원)의 이익을 얻는다. 하지만 이 옵션의 프리미엄이 20만원(2.00 × 10만원)이므로 행사가격 290.00의 콜옵션을 행사해서 얻는 행사순이익은 행사이익 300만원에서 프리미엄비용(20만원)을 뺀 280만원 이익이다. 매도한 행사가격 292.00인 콜옵션 2계약 또한 행사되며 이에 대한 행사손실은 (296.00 − 292.00) × 50만원 × 2계약 = 400만원이나 이 콜옵션매도로부터 얻은 프리미엄이익이 1.50 × 2계약 × 10만원 = 30만원이므로 매도한 행사가격 292.00인 콜옵션 2계약의 순손실은 370만원의 손실이다.

한편 매입한 행사가격 294.00인 콜옵션 1계약 또한 행사되고 행사가격 294.00에서 주가지수선물을 매입한 다음 시장가격인 296.00에 반대매매를 통해 (96.00 − 94.00) × 1계약 × 50만원 = 100만원의 행사이익을 얻을 수 있다. 하지만 프리미엄손실이 1.00 × 1계약 × 10만원 = 10만원이므로 행사가격 294.00인 콜옵션의 행사순이익은 90만원이다. 따라서 이 버터플라이 콜스프레드의 행사를 통해 얻을 수 있는 총순이익은 매입한 행사가격 290.00인 콜옵션의 행사이익(280만원)과 매도한 행사가격 292.00인 콜옵션의 행사손실(370만원), 그리고 행사가격 294.00인 콜옵션의 순행사이익(90만원)을 합한 제로(0)의 이익을 얻는다.

마지막으로 한 달 뒤에 주가지수선물가격이 290.00에서 286.00으로 하락했다고 하자. 모든 콜옵션이 행사되지 못하며 오직 콜옵션의 매입과 매도에 따르는 프리미엄순손실과 순이익이 발생한다. 매입해 놓은 행사가격 290.00의 콜옵션 1계약에 대한 프리미엄손실은 20만원(2.00 × 10만원)이며 매도한 행사가격 292.00인 콜옵션 2계약에 대한 프리미엄이익이 1.50 × 2계약 × 10만원 = 30만원이다. 또한 매입한 행사가격 294.00인 콜옵션 1계약의 프리미엄손실이 1.00 × 1계약 × 10만원 = 10만원이므로 이 버터플라이 콜스프레드의 프리미엄순손익은 매입한 행사가격 290.00인 콜옵션의 프리미엄손실(20만원), 매도한 행사가격 292.00인 콜옵션의 프리미엄이익(30만원), 그리고 매입한 행사가격 294.00인 콜옵션의 프리미엄손실(10만원)을 합한 제로(0)의 프리미엄이익을 얻는다.

독자들은 연습으로 한 달 뒤에 주가지수가 291.00이나 293.00으로 변화하는 경우 버터플라이 콜스프레드의 손익 변화를 살펴보자. 이렇게 각 주가지수가 변화되는 상황에 따라 손익 스케줄을 그리면 나비 모양의 손익 스케줄이 그려진다.

버터플라이스프레드의 손익 스케줄

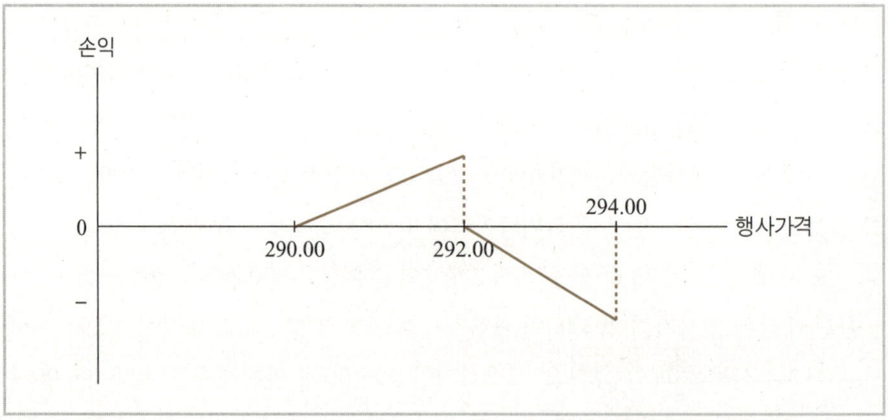

연습문제

〈설명형〉

01 콜옵션헤징과 풋옵션헤징의 차이점은 무엇인가?

02 옵션스프레딩의 개념을 밝히고, 이것의 구체적인 유형을 비교 · 설명하라.

03 수직스프레드 거래인 매도옵션스프레드와 매입옵션스프레드 거래를 비교 · 설명하라.

04 버터플라이스프레드(butterfly spread)와 수직스프레드의 유사점과 차이점을 설명하라.

〈선택형〉

※진위형

01 옵션가격은 행사가격의 변화에 무관하다.
① 그렇다 ② 아니다

02 변동성이 커질수록 시간가치는 감소한다.
① 그렇다 ② 아니다

03 콜옵션의 경우 deep-OTM에서 주가가 상승하면 프리미엄은 하락한다.
① 그렇다 ② 아니다

04 풋옵션에서 가격변동성이 증가하면 프리미엄도 감소한다.
① 그렇다 ② 아니다

05 옵션거래의 장점은 변동성의 변화에 따라 거래전략을 세울 수 있다.
① 그렇다 ② 아니다

06 기초자산의 가격이 상승할 경우 풋옵션매수자의 손실은 프리미엄에 한정된다.
① 그렇다 ② 아니다

07 헤지포지션은 기초자산과 옵션포지션을 결합하는 것을 의미한다.

① 그렇다　　② 아니다

※ 4지 선다형

08 주가를 S, 행사가격을 K, 콜옵션가격을 C라 할 때 권리 행사시 콜옵션매수자의 실제 이익은?

① S−K　　② K−S　　③ K−S−C　　④ S−K−C

09 옵션의 헤지포지션에 관한 것 중 맞는 것은?

① 주식과 옵션포지션의 결합
② 주식보유와 콜매수
③ 주식공매와 풋매수
④ 주식공매와 콜매도

10 다음 옵션스프레드 전략 중 틀린 것은?

① 수직스프레드는 만기일이 같으면서 행사가격이 다른 옵션을 매수하고 동시에 다른 하나는 매도
② 수직강세스프레드는 풋옵션의 행사가격이 높은 것을 매도하고 행사가격이 낮은 것을 매수
③ 수직약세스프레드는 권리행사 가격이 높은 것을 매수하고 낮은 것을 매도
④ 수평스프레드는 만기일이 멀면서 권리행사 가격이 낮은 옵션을 매수하고 만기일이 가까우면서 권리행사 가격이 높은 옵션을 매도

11 나비형 스프레드(butterfly spread)에 관한 설명 중 맞는 것은?

① 동일한 만기일
② 4개의 옵션을 이용
③ K1 < K2 < K3일 경우 버터플라이 매도를 K1과 K3에 대해 각각 1단위씩 매수, K2를 1단위 매도
④ 버터프라이 매수는 가격이 K2에 가까울수록 유리

12 다음 중 틀린 것은?

① 옵션의 가치는 시간가치와 내재가치의 합계이다.
② 콜옵션의 경우 내재가치는 deep-ITM일수록 커진다.
③ 풋옵션의 경우 내재가치는 deep-ITM일수록 감소한다.

④ 프리미엄과 옵션의 가치는 반비례한다.

13 다음 중 프리미엄 결정요인이 아닌 것은?

① 주가 ② 행사가격 ③ 결제일 ④ 가격변동성

14 다음 중 맞는 것은?

① 콜옵션에서 주가가 상승할수록 프리미엄은 상승한다.

② 풋옵션에서 행사가격이 높을수록 프리미엄은 하락한다.

③ 콜옵션에서 만기까지의 기간이 길수록 프리미엄은 감소한다.

④ 풋옵션에서 가격변동성이 감소할수록 프리미엄은 상승한다.

15 다음 중 풋옵션가격의 상승요인이 아닌 것은?

① 주식가격의 상승

② 행사가격의 상승

③ 잔존만기의 확대

④ 이자율의 하락

16 다음 중 맞는 것은?

① 콜옵션가격은 만기까지의 기간이 길수록 상승하나 풋옵션가격은 하락한다.

② 콜옵션가격은 기초자산의 수익률 분산이 커질수록 상승하며 풋옵션의 가격도 상승한다.

③ 콜옵션가격은 이자율이 상승할수록 하락하나 풋옵션가격은 상승한다.

④ 위의 것 모두 틀린다.

17 다음 중 T-bill 풋옵션매수가 헤징전략으로 적용되어야 할 경우는?

① 상업어음을 매도하는 법인이 이자율 상승에 대비한 헤징수단의 경우

② 포트폴리오 구성을 위해 T-bill을 매수하려는 보험회사의 경우

③ 만기에 T-bill 포트폴리오를 회수하려는 연금관리공단이 가격상승에 대비한 헤징수단의 경우

④ 단기 변동이자율로 많은 대출을 해준 은행이 이자율 하락에 대비한 헤징수단의 경우

18 장기 이자율이 급상승할 것으로 예상되는 경우 이에 대한 투기수단으로 T-bond 옵션을 이용하려고 한다. 다음 중 가장 많은 이익을 줄 수 있는 거래는?

① 콜옵션 매수 ② 콜옵션 매도 ③ 풋옵션 매수 ④ 수직약세 풋 스프레드

19 한 펀드매니저는 12년 후에 만기가 되는 7.00%의 T-bond 300만 달러 상당을 보유하고 있는 채권딜러의 계좌를 관리하고 있다. 채권딜러는 8.00% 표면이율을 가진 채권에 대한 옵션으로 포지션을 헤지하려고 한다(액면가치는 계약당 $100,000). 현물포지션과 8.00% 표면이율 채권의 전환계수는 0.9475이다. 이 경우 옵션을 이용한 적절한 헤지전략은?

① 콜옵션 28계약 매수 ② 콜옵션 28계약 매도
③ 풋옵션 28계약 매도 ④ 풋옵션 28계약 매수

20 세계 주요국의 인플레이션에 대한 전망치가 다음과 같다고 하자. 그러면 통화선물옵션에 관심을 보이고 있는 투자자가 취할 적절한 전략은 다음 중 어느 것일까?

국가	미국	서독	일본	영국	스위스
인플레이션율(%)	4	5	6	4	3

① 유로화 콜매수 ② 영국 파운드화 풋매도
③ 일본 엔화 풋매도 ④ 스위스 프랑화 풋매수

21 유로달러 선물옵션에 대하여 9월 9350 콜옵션을 매수하고 12월 9450 콜옵션을 매도하는 거래전략은?

① 수평스프레드 ② 대각스프레드
③ 수직스프레드 ④ 스트래들

〈계산형〉

01 신발 수출업자가 김조선 씨는 오늘 자사의 신발을 US 100만 달러어치를 수출하기로 계약을 했다. 오늘 환율은 1,100원/US$이고, 11월 1,100원/US$인 달러콜옵션의 프리미엄은 5원/US$, 11월 1,100원/US$인 풋옵션의 프리미엄은 10원/US$이다. 다음에 답하라.

a. 수출대금에 대한 손실을 커버하기 위해 옵션으로 헤징을 하는데 어떤 옵션을 사용해야 하며, 몇 개의 옵션계약을 해야 하는가?

b. 한 달 뒤 환율이 1,000원으로 하락했다면 헤지로 인한 김 씨의 순손익을 계산하라. 이때 11월, 1,100/US$인 콜옵션의 프리미엄은 2원/US$이고, 11월, 1,100원/US$의 풋옵션의 프리미엄은 15원/US$이다.

c. 한 달 뒤 환율이 900원으로 하락했다면 이때의 총손실과 이익을 계산하라. 이때 12월, 950원/US$, 콜옵션의 프리미엄은 3.00이고, 1월, 950원/US$, 풋옵션의 프리미엄은 30.00이다.

02 주식투자자인 이복현 씨는 코로나19로 인한 경기침체와 주가폭락에 대비하여 202112 380 KOSPI 200 풋(put) 1계약 매입하였다. 이 풋옵션의 매입비용을 절감하기 위해 KOSPI 200 지수가 395 이상 되면 202112 395 call 2계약을 조건부 매도하는 파생상품계약(knock-in)을 하였다.

a. 이 조건을 충족시키는 옵션의 비용과 손익 스케줄을 그림으로 설명하라.

b. 만약 옵션계약 이후 KOSPI 200 지수가 410으로 상승했다면 이 씨의 순손익을 계산하라.

03 ㈜서석기업이 3개월 후에 Libor+0.05%의 금리로 변동금리채권을 발행하고 하는데, Libor가 상승할 조짐이 있다. 다음 중 가장 올바른 헤지전략은 무엇인가?

① 유로달러 콜옵션 매입　　② 유로달러 콜옵션 매도

③ 유로달러 풋옵션 매입　　④ 유로달러 풋옵션 매도

04 합리적 투자자 조합리 씨는 다음과 같은 풋옵션헤징(put option hedging) 계약을 이용해 미래 주가의 변동성으로 오는 손실을 헤징하고자 한다.

	주가지수	주가지수옵션현물	주가지수옵션
5월 4일	290.00	290.00×50만원×1계약 =1억 4천500만원	풋옵션매입프리미엄=1.00×10만원 =10만원
6월 4일	280.00	280.00×50만원×1계약 =1억 4천만원	풋옵션을 290.00에 행사 풋옵션행사이익=(290−280)×50만원 ×1계약=500만원
순손익			

위의 표의 내용과 같은 조 씨의 풋옵션헤징 거래에 대한 주가지수옵션현물과 주지지수옵션의 순손익을 계산하고, 헤징성과를 그래프를 제시하여 설명하라.

CHAPTER

05 기타 파생상품거래

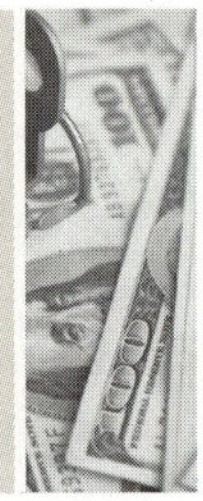

제1절 선물과 옵션의 합성거래

파생상품이란 선물을 기초로 파생된 상품을 말하며 선물과 옵션의 합성거래와 옵션의 혼합거래가 여기에 해당한다. 선물과 옵션을 합성하여 특정한 목적으로 사용하는 선물거래를 선물과 옵션의 합성거래(synthetic trading)라고 하며 옵션과 옵션을 합성하여 이익을 얻기 위해 사용한 옵션의 포지션거래를 옵션의 혼합거래(combination)라고 한다. 여기서는 합성거래와 혼합거래를 이용하여 새로운 파생상품이 만들어지는 과정을 설명한다.

선물과 옵션의 합성거래를 알아보기 위한 가장 손쉬운 방법은 먼저 기초적인 선물과 옵션상품의 손익 스케줄을 이해하는 것이다. 기초적인 선물과 옵션에 대한 손익 스케줄에 대한 이해를 바탕으로 선물과 옵션의 합성거래에 대한 손익 스케줄을 이해할 수 있기 때문이다. 먼저 선물매입포지션과 선물매도포지션에 대한 손익 스케줄과 콜옵션과 풋옵션의 기본적인 손익 스케줄을 서로 비교한다.

1. 기초 파생상품거래

선물매입(long futures)과 콜옵션매입(long call)

선물을 매입한 경우에 가격이 상승하면 이익이 발생하고 가격이 하락하면 손실이 발생한다. 선물계약은 만기에 정해진 가격으로 특정 상품을 매매하기로 약속한 계약이므로 가격의 변화에 따라 손실과 이익이 발생한다. 하지만 콜옵션을 매입한 경우 가격이 상승하면 권리를 행사하여 선물을 주어진 행사가격에서 매입하고 이를 다시 시장가격에 반대매매를 통해 되팔면 옵션행사이익이 발생한다. 하지만 가격이 행사가격보다 낮게 하락하는 경우에 매입한 콜옵션에 대해 권리를 포기하게 되면 손실이 발생하지 않게 되고 다만 콜옵션매입에 따르는 프리미엄의 비용만큼 손실이 발생한다. 이러한 콜옵션매입과 선물매입포지션에 대한 손익 스케줄은 다음과 같다.

선물매입과 콜옵션매입의 손익 스케줄

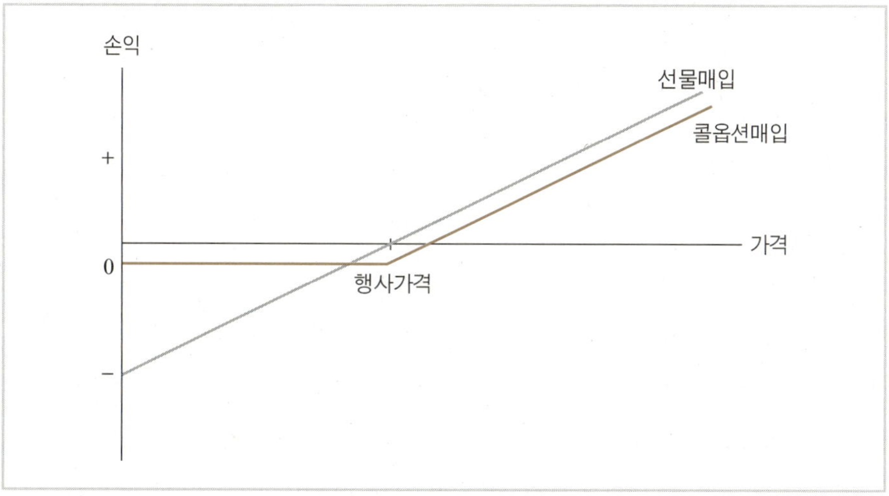

선물매도(short futures)와 풋옵션매입(long put)

선물을 매도한 경우에 선물매입과 반대로 가격이 상승하면 손실이 발생하고 가격이 하락하면 이익이 발생한다. 풋옵션을 매입한 경우 가격이 하락하면 권리를 행사하여 선물을 주어진 행사가격에서 매도하고 이를 시장에서 반대매매를 통해 되사면 옵션행사이익이 발생한다. 하지만 가격이 행사가격보다 높게 상승하는 경우에 매입한 풋옵션에 대해 권리를 포기하여 손실을 회피할 수 있다. 이 경우 풋옵션매입에 따르는 프리미엄의 비용만큼 손실이 발생한다. 이러한 풋옵션매입과 선물매도포지션에 대한 손익 스케줄은 다음과 같다.

선물매도와 풋옵션매입의 손익 스케줄

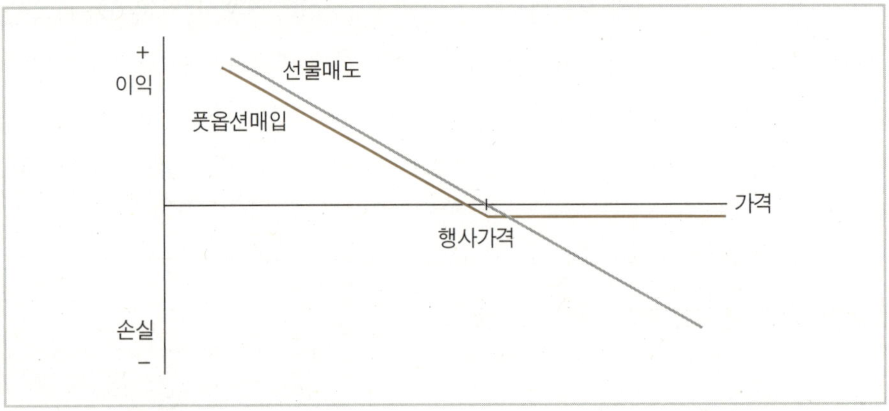

콜옵션매도(short call)와 풋옵션매도(short put)

콜옵션을 매도한 경우 콜옵션을 매입할 때의 손익과 정반대의 손익 스케줄이 발생한다. 즉, 콜옵션을 매도한 경우 가격이 상승하면 콜옵션매입자는 권리를 행사하여 선물을 시장가격보다 낮은 주어진 행사가격에서 매입하게 되므로 콜옵션매도자는 옵션행사손실이 발생한다. 하지만 가격이 행사가격보다 낮게 하락하는 경우에 매도한 콜옵션에 대해 권리가 포기되고 행사되지 못하며 콜옵션매도에 따르는 프리미엄이익이 발생한다. 이러한 콜옵션매도의 손익 스케줄은 콜옵션매입의 손익 스케줄의 반대이다.

풋옵션을 매도한 경우에도 풋옵션을 매입할 때의 손익과 정반대의 손익 스케줄이 발생한다. 풋옵션을 매도한 경우 가격이 하락하면 풋옵션매입자는 권리를 행사하여 선물을 시장가격보다 높은 행사가격에서 매도하므로 풋옵션행사손실이 발생한다.

하지만 가격이 행사가격보다 높게 상승하는 경우에 매도한 풋옵션은 행사되지 못하고 풋옵션매도에 따르는 프리미엄이익이 발생한다. 이러한 풋옵션매도의 손익 스케줄은 풋옵션매입의 손익 스케줄과 정반대이다.

콜옵션과 풋옵션의 매도 손익 스케줄

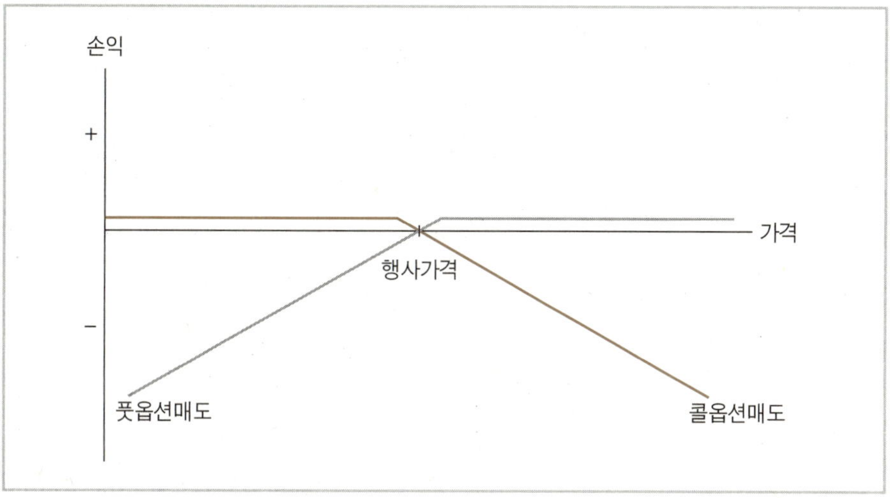

2. 합성선물거래

합성선물매도

콜옵션과 풋옵션을 합성하여 선물매도포지션(short position)의 효과를 가질 수 있는데 이를 합성선물매도(synthetic short future)라고 한다. 특히, 행사가격이 동일한 주가지수콜옵션을 매도하고 주가지수풋옵션을 매입하면 단순히 주가지수선물을 매도한 효과를 가질 수 있다. 예를 들어, 행사가격이 290.00인 주가지수콜옵션을 매도하고 동일행사가격의 주가지수풋옵션을 매입했다고 하자. 향후 주가지수가 292.00으로 상승했다면 매도한 콜옵션은 권리가 행사되며 콜옵션행사로 인해 2포인트(= 292.00 – 290.00)의 손실을 본다. 하지만 매입한 풋옵션은 시장가격이 행사가격보다 높아서 행사되지 않는다.

반대로 주가지수가 287.00으로 하락했다면 매도한 콜옵션은 행사되지 않고 매입한 풋옵션은 권리를 행사한다. 풋옵션행사로 주가지수를 행사가격 290.00에 매도하고 현재주가지수 287.00에 반대매매(offset)한다면 3포인트(290.00 − 287.00)의 이익을 볼 수 있다. 이와 같이 가격이 상승하면 손실을 보고 가격이 하락하면 이익을 보게 되는 선물포지션거래는 단순한 선물매도포지션과 효과가 같아서 이를 **합성선물매도**(synthetic short future)라고 한다.

합성선물매도

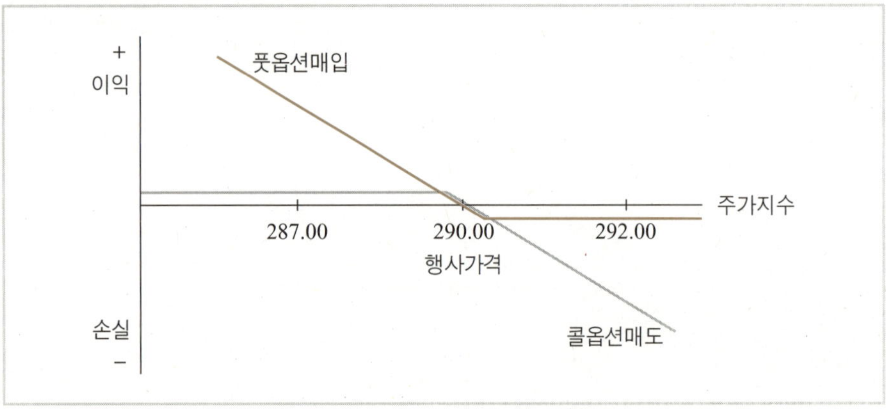

그렇다면 왜 선물을 단순히 매도해서 선물매도포지션을 취하지 않고 콜옵션을 매도하고 풋옵션을 매입하는 복잡한 합성거래를 할까? 이는 선물을 매도할 때 들어가는 비용을 절감하기 위해서이다. 선물매도나 매입에는 항상 계약금액의 5~10% 정도의 증거금(margin)을 예치해야 하며 이는 곧 선물매매에 따르는 금융비용이다. 하지만 콜옵션을 매도하면 프리미엄을 받고 풋옵션을 매입하면 프리미엄을 지급하므로 콜옵션을 매도, 풋옵션을 매입하는 합성포지션거래는 프리미엄이 서로 상쇄되어 거의 제로(0)의 비용으로 선물매도효과를 갖는다.

합성선물매입

행사가격이 동일한 주가지수콜옵션을 매입하고 주가지수풋옵션을 매도하면 단순히 주가지수선물을 매입한 효과를 가질 수 있다. 예를 들어, 행사가격이 290.00인 주가지수콜옵션을 매입하고 동일한 행사가격을 가진 주가지수풋옵션을 매도했다고 하자. 향후 주가지수가 292.00으로 상승한다면 매입한 콜옵션은 권리를 행사하여 주가지수를 290.00에 매입하고 이를 시장가격 292.00에 반대매매를 하면 2포인트(= 292.00 − 290.00)의 이익을 얻을 수 있다. 하지만 매도한 풋옵션은 시장가격이 행사가격보다 높아서 행사되지 않는다.

주가지수가 287.00으로 하락한다면 매입한 콜옵션은 행사하지 못하고 매도한 풋옵션은 행사가격 290.00에 행사된다. 즉, 주가지수가 287.00이므로 풋옵션행사로 3포인트(= 290.00 − 287.00)의 손실을 본다. 이와 같이 가격이 상승하면 이익을 보고 가격이 하락하면 손실을 보게 되는 선물거래는 단순한 선물매입포지션과 효과가 같아서 이를 **합성선물매입**(synthetic long future)이라고 한다. 물론 합성선물매입포지션은 콜옵션매입으로 프리미엄을 지불하지만 풋옵션매도로 프리미엄을 받게 되므로 프리미엄비용은 거의 제로(0)에 가깝다.

합성선물매입

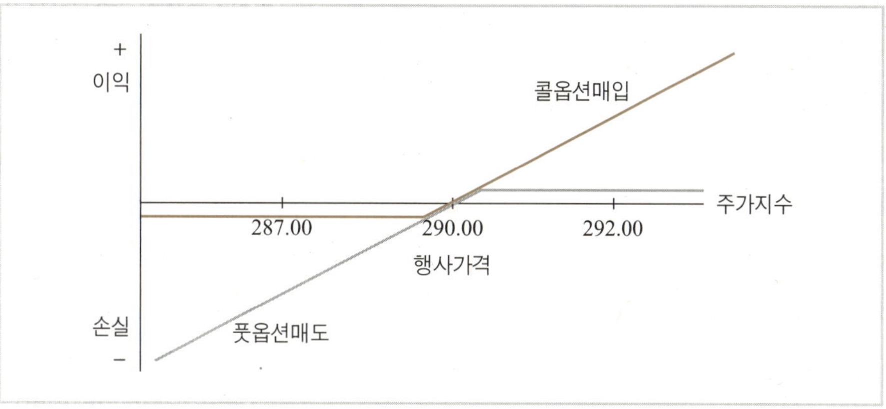

합성선물매도와 매입포지션

콜옵션과 풋옵션을 합성하여 선물매도와 매입포지션(short and long position)의 효과를 가질 수 있는데 이를 합성선물포지션(synthetic future position)이라고 한다. 합성선물매도포지션은 행사가격이 동일한 콜옵션을 매도하고 풋옵션을 매입하며, 합성선물매입포지션은 행사가격이 동일한 풋옵션을 매도하고 콜옵션을 매입한다.

3. 합성옵션거래

합성콜옵션매입

선물을 매입하고 풋옵션을 매입한다면 콜옵션을 매입한 효과와 같게 된다. 예를 들어, 달러선물가격이 1,200원/달러일 때 달러선물을 매입하고 행사가격이 1,200인 달러풋옵션을 매입했다고 하자. 향후 달러가격이 1,300원으로 상승한다면 매입한 선물을 되팔음으로써 100원/달러의 선물이익을 얻을 수 있다. 하지만 매입해놓은 풋옵션의 경우 가격이 행사가격보다 높아졌으므로 행사되지 못하고 소멸된다.

반대로 달러가격이 1,200원에서 1,100원으로 하락한다면 1,200원에 매입한 선물은 100원/달러의 손실을 입게 된다. 하지만 매입한 풋옵션으로 행사가격 1,200원/달러에 달러를 매도하고 현재 환율인 1,100원에 반대매매를 하면 100원/달러의 이익을 얻는다. 이러한 풋옵션매입이익은 선물매입의 손실을 정확히 상쇄한다. 이와 같이 가격이 행사가격보다 상승하면 이익을 얻을 수 있으며 가격이 행사가격보다 하락하면 손실이 없는 거래가 콜옵션을 매입한 경우와 같다. 이를 **합성콜옵션매입**(synthetic long call)이라고 한다.

합성콜옵션매입

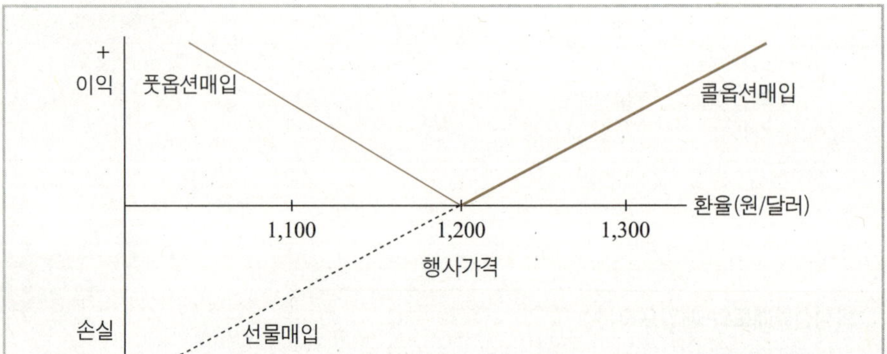

합성풋옵션매입

선물을 매도하고 콜옵션을 매입한다면 풋옵션을 매입한 효과와 같게 된다. 예를 들어, 달러선물가격이 1,200원/달러일 때 달러선물을 매도하고 행사가격이 1,200원인 달러콜옵션을 매입했다고 하자. 향후 달러가격이 1,300원으로 상승한다면 선물매도로 100원/달러의 손실이 발생한다. 하지만 매입한 콜옵션으로 달러를 행사가격인 1,200원에 매입하고 시장가격인 1,300원에 반대매매를 하면 100원/달러의 이익을 얻는다. 이 경우 가격상승으로 인해 발생한 선물매도손실이 콜옵션매입이익으로 정확히 상쇄된다.

달러가격이 1,200원에서 1,100원으로 하락한다면 1,200원에 선물매도포지션으로부터 100원/달러의 이익을 얻지만 콜옵션은 행사되지 못하고 소멸된다. 따라서 가격하락으로 100원의 이익을 얻는다. 이와 같이 가격이 행사가격보다 높아지면 손실이 없고 가격이 행사가격보다 하락하면 이익을 얻게 되는 거래가 풋옵션을 매입했을 때의 경우와 같아서 이를 **합성풋옵션매입**(synthetic long put)이라고 한다.

합성풋옵션매입

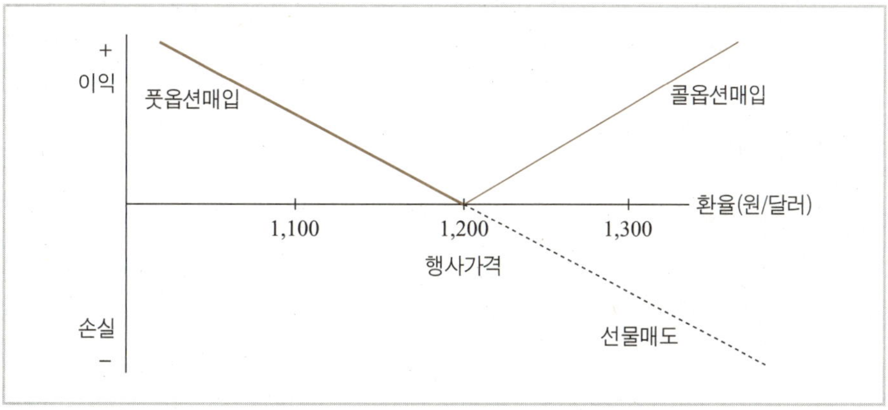

합성풋옵션매도

선물을 매입하고 콜옵션을 매도한다면 풋옵션을 매도한 효과와 같게 된다. 예를 들어, 달러선물가격이 1,200원/달러일 때 달러선물을 매입하고 행사가격이 1,200

원인 달러콜옵션을 매도했다고 하자. 향후 달러가격이 1,300원으로 상승한다면 매입한 선물을 되팔음으로써 100원/달러의 이익을 얻는다. 하지만 매도해 놓은 콜옵션의 경우 가격이 행사가격보다 높아졌으므로 1,200원/달러의 행사가격으로 행사되어 100원/달러의 옵션매도손실을 입게 된다. 이러한 옵션매도손실은 선물매입의 이익을 정확히 상쇄한다.

달러가격이 1,200원에서 1,100원으로 하락한다면 1,200원에 매입한 선물은 100원/달러의 손실을 입게 되며 매도해 놓은 콜옵션은 행사되지 못하고 소멸된다. 이와 같이 가격이 행사가격보다 상승하면 손실이 없으나 가격이 행사가격보다 하락하면 손실이 발생하는 거래가 풋옵션을 매도했을 때의 경우와 같아서 이를 **합성풋옵션매도**(covered call)라고 한다.

합성풋옵션매도는 **커버된 콜옵션**(covered call)이라고 하는데 콜옵션을 매도한 사람이 콜옵션매도로 인해 발생할 수 있는 손실을 헤지하기 위한 전략으로 사용한다. 즉, 콜옵션매도의 경우 가격이 행사가격 이상으로 상승하면 콜옵션이 행사되며 이때 콜옵션을 매도한 사람은 손실을 본다. 이러한 콜옵션매도손실을 피하기 위해 선물을 매입하면 선물매입포지션은 가격상승으로 콜옵션매도로 인한 손실을 헤지할 수 있다. 선물매입으로 인한 이익은 콜옵션매도의 손실을 상쇄하게 되므로 이를 커버된 콜옵션이라고 한다.

합성풋옵션매도

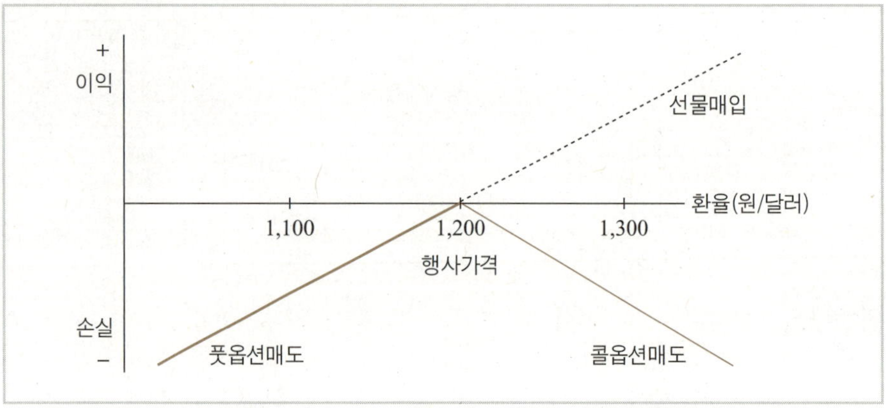

합성콜옵션매도

선물을 매도하고 풋옵션을 매도한다면 콜옵션을 매도한 효과와 같게 된다. 예를 들어, 달러가격이 1,200원/달러일 때 달러선물을 매도하고 행사가격이 1,200원인 달러풋옵션을 매도했다고 하자. 향후 달러가격이 1,300원으로 상승한다면 선물매도포지션으로부터 100원/달러의 손실이 발생한다. 한편 매도한 풋옵션은 가격이 행사가격보다 높아졌으므로 행사되지 못하고 소멸된다.

달러가격이 1,200원에서 1,100원으로 하락한다면 1,200원에 매도한 선물포지션으로 100원/달러의 이익을 얻게 되지만 풋옵션매도로 100원/달러의 손실을 입게 된다. 따라서 선물매도포지션의 이익은 풋옵션매도손실을 상쇄한다. 이와 같이 시장가격이 행사가격보다 상승하면 손실이 발생하고 가격이 행사가격보다 하락하면 손실이 없는 거래가 콜옵션을 매도했을 때의 경우와 같아서 이를 **합성콜옵션매도**(protective put)라고 한다.

합성콜옵션매도는 **방어적 풋옵션**(protective put)이라고도 하는데 풋옵션을 매도한 사람이 풋옵션매도로 인해 발생할 수 있는 손실을 제거하기 위한 전략으로 사용한다. 즉, 풋옵션을 매도한 경우 가격이 행사가격 이하로 하락하면 풋옵션이 행사되며 이때 풋옵션을 매도한 사람은 손실을 본다. 이러한 풋옵션매도손실을 피하기 위해 선물을 매도하면 가격하락으로 선물거래이익을 얻을 수 있다. 선물매도포지션의 이익은 풋옵션매도손실을 상쇄하게 되므로 이를 방어적 풋옵션이라고 한다.

합성콜옵션매도

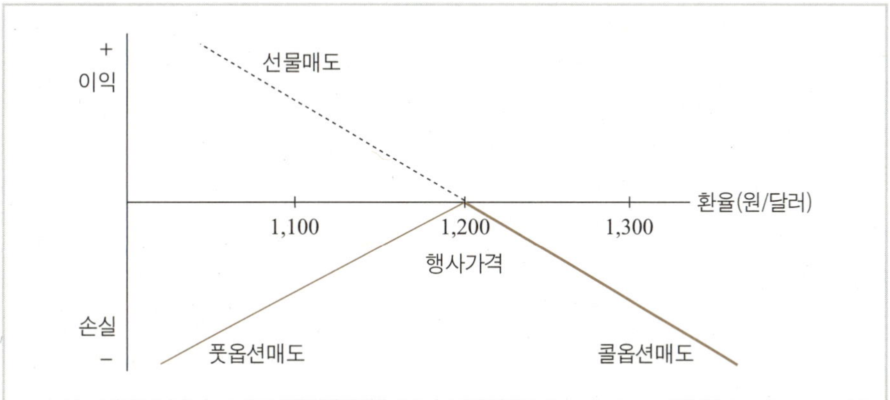

합성 콜과 풋옵션매입(Synthetic long call and put)
선물을 매입하고 풋옵션을 매입한다면 콜옵션을 합성매입한 효과이며, 선물을 매도하고 콜옵션을 매입한다면 풋옵션을 합성매입한 효과와 같다.

합성 콜과 풋옵션매도(Protective put and covered call)
선물을 매도하고 풋옵션을 매도한다면 콜옵션을 매도한 효과이며, 선물을 매입하고 콜옵션을 매도한다면 풋옵션을 매도한 효과와 같다.

제2절 옵션의 혼합거래

선물과 옵션의 합성거래(synthetic trading)는 선물포지션거래에 따르는 비용을 절감하거나 옵션매도에 따르는 손실을 피하기 위한 목적으로 사용된다. 하지만 가격의 급격한 변동으로 이익을 얻기 위한 수단으로 보다 적극적인 옵션거래가 사용되는데 이를 **옵션의 혼합거래**(options combination)라고 한다. 대표적인 옵션의 혼합거래는 **스트래들**(straddles), **스트랭글**(strangles), **스트립**(strip)과 **스트랩**(strap) 등이 있으며 이들을 이용하면 또 다른 파생적 옵션의 혼합거래가 가능하다. 스트래들, 스트랭글, 스트립과 스트랩은 모두 옵션행사가격의 차이를 이용하여 이익을 얻는다는 의미에서 옵션을 이용한 스프레딩의 일종이다.

1. 스트래들

매도스트래들

매도스트래들(short straddles)은 향후 가격변화가 거의 없다고 예상될 때 행사가격이 동일한 등가격(At The Money: ATM)상태의 콜옵션과 풋옵션을 동시에 매도하여 옵션매도에 따르는 프리미엄이익을 얻기 위한 **옵션의 혼합거래**이다.

예를 들어, 주가지수가 290.00일 때 행사가격이 290.00인 주가지수콜옵션과 풋옵션을 동시에 매도했다고 하자. 주가지수가 290.00에서 크게 벗어나지 않는다면 옵션은 행사되지 않으며 옵션매도자는 콜과 풋의 옵션매도에 따르는 프리미엄이익을 얻을 수 있다. 하지만 주가지수가 292.00으로 상승했다면 매도한 콜옵션은 권리가 행사되며 콜옵션행사로 인해 2포인트(= 292.00 − 290.00)의 손실이 발생한다. 하지만 매도한 풋옵션은 가격상승으로 행사되지 않는다.

반대로 가격이 287.00으로 하락하면 매도한 콜옵션은 행사되지 않고 매도한 풋옵션은 행사가격 290.00에 행사된다. 이 결과 매도한 풋옵션으로 3포인트(= 290.00 − 287.00)의 손실을 보게 된다. 이와 같이 가격이 상승하거나 하락하면 손실을 보지만 가격이 변화하지 않을 때는 옵션매도로 인한 프리미엄이익을 보게 되는 옵션의 혼합거래를 **매도스트래들**(short straddles)이라고 한다.

매도스트래들

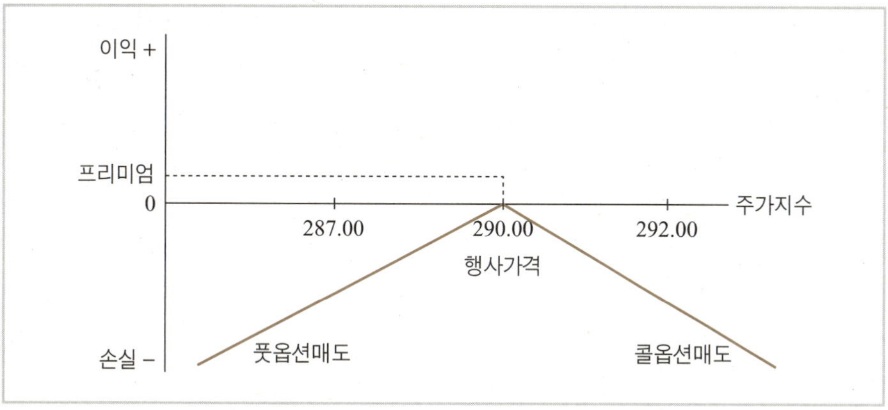

매입스트래들

매입스트래들(long straddles)은 향후 가격이 급변할 것이라고 예상될 때 행사가격이 동일한 등가격(ATM)상태의 콜옵션과 풋옵션을 동시에 매입하여 가격이 상승하면 콜옵션을 행사하고 가격이 하락하면 풋옵션을 행사하여 적극적으로 옵션행사이익을 얻기 위한 옵션의 혼합거래이다.

예를 들어, 주가지수가 290.00일 때 행사가격이 290.00인 주가지수콜옵션과 풋옵션을 동시에 매입했다고 하자. 향후 주가지수가 290.00에서 크게 벗어나지 않는다면 옵션은 모두 행사되지 않으며 옵션매입자는 옵션매입에 따르는 프리미엄손실을 보게 된다. 하지만 주가지수가 292.00으로 상승한다면 매입한 콜옵션을 행사하여 290.00에 주가지수를 매입하고 이를 시장에 반대매매함으로써 2포인트(= 292.00 − 290.00)의 이익을 얻게 된다. 하지만 가격이 상승할 때 매입한 풋옵션은 행사하지 않는다.

반대로 가격이 287.00으로 하락한다면 매입한 풋옵션으로 주가지수를 행사가격 290.00에 매도하고 이를 현재시장가격인 287.00에 반대매매를 한다면 3포인트(= 290.00 − 287.00)의 이익을 얻는다. 하지만 시장가격이 행사가격보다 낮아서 매입한 콜옵션은 행사하지 않는다. 이와 같이 가격이 상승하거나 하락하면 이익을 보지만 가격이 변화하지 않을 때는 옵션매입으로 인한 프리미엄손실을 보게 되는 옵션의 혼합거래를 **매입스트래들**(long straddles)이라고 한다.

매도스트래들(short straddles)은 가격변화가 거의 없다고 예상될 때 행사가격이 동일한 등가격(ATM)상태의 콜옵션과 풋옵션을 동시에 매도하여 옵션매도에 따르는 프리미엄이익을 얻기 위한 **옵션의 혼합거래**이며, **매입스트래들**(long straddles)은 가격이 급변할 것이라고 예상될 때 행사가격이 동일한 등가격(ATM)상태의 콜옵션과 풋옵션을 동시에 매입하여 가격이 상승하면 콜옵션을 행사하고 가격이 하락하

매입스트래들

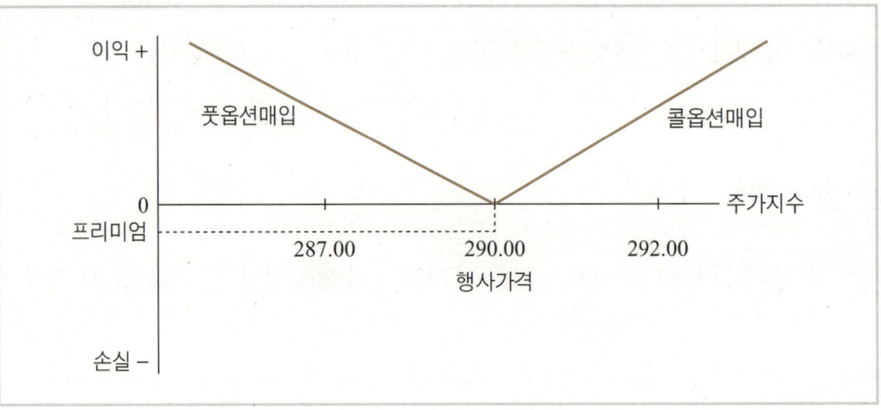

면 풋옵션을 행사하여 적극적으로 옵션행사이익을 얻기 위한 옵션의 혼합거래이다.

2. 스트랭글

매도스트랭글

매도스트랭글(short strangles)은 매도스트래들과 유사하게 향후 가격변화가 없다고 예상될 때 프리미엄이익을 얻기 위해 사용되나 행사가격이 서로 다른 외가격(Out of The Money: OTM)의 콜옵션과 풋옵션을 동시에 매도하는 옵션의 혼합거래이다.

예를 들어, 주가지수가 290.00일 때 행사가격이 292.00인 주가지수콜옵션과 행사가격이 287.00인 풋옵션을 동시에 매도했다고 하자. 향후 주가지수가 287.00과 292.00 사이에서 크게 벗어나지 않는다면 콜옵션과 풋옵션은 행사되지 않으며 옵션매도자는 옵션매도에 따르는 프리미엄이익을 얻을 수 있다. 하지만 주가지수가 292.00 이상으로 상승한다면 매도한 콜옵션은 권리가 행사되며 콜옵션매도손실을 보게 된다.

반대로 가격이 287.00 이하로 하락했다면 매도한 풋옵션은 행사가격 287.00에 행사되며 풋옵션매도손실을 본다. 이와 같이 가격이 일정한 범위를 벗어나 급격히

매도스트랭글

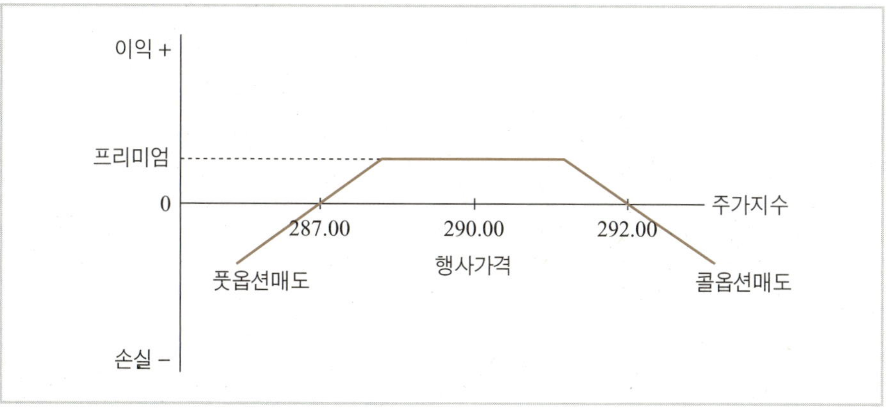

상승하거나 하락하면 손실을 보지만 가격이 일정한 범위에서 크게 벗어나지 않는다면 옵션매도로 인한 프리미엄이익을 보게 되는 옵션의 혼합거래가 **매도스트랭글**(short strangles)이다.

매도스트랭글은 매도스트래들과 같이 가격변화가 없을 때 옵션매도로 인한 프리미엄이익을 얻기 위한 거래이지만, 이익을 얻을 수 있는 가격변화의 범위를 스트래들보다 넓힘으로써 가격변동에 대해 보다 안정적으로 프리미엄이익을 얻을 수 있다.

매입스트랭글

매입스트랭글(long strangles)은 매입스트래들과 유사하게 향후 가격이 급변할 것이라고 예상될 때 사용되며 행사가격이 서로 다른 외가격(OTM)상태의 콜옵션과 풋옵션을 동시에 매입하여 옵션행사이익을 얻기 위한 옵션의 혼합거래이다.

예를 들어, 주가지수가 290.00일 때 행사가격이 292.00인 주가지수콜옵션과 행사가격이 287.00인 풋옵션을 동시에 매입했다고 하자. 향후 주가지수가 287.00과 292.00 사이에서 크게 벗어나지 않는다면 콜옵션과 풋옵션을 행사하지 못하고 옵션매입자는 옵션매입에 따르는 프리미엄손실을 본다. 하지만 주가지수가 292.00 이상으로 상승한다면 매입한 콜옵션을 행사하여 이익을 얻을 수 있으며 주가지수가 287.00 이하로 하락한다면 매입한 풋옵션을 행사하여 이익을 얻을 수 있다.

매입스트랭글

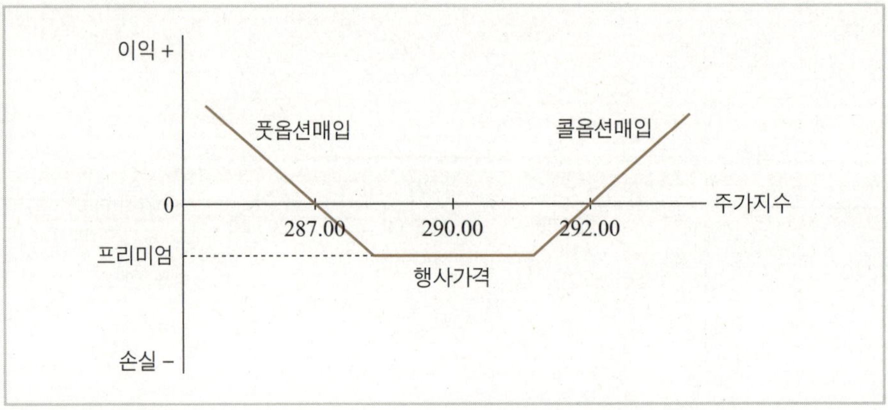

스트랭글과 스트래들

스트랭글은 스트래들과 같이 가격변화가 없을 때 옵션매매로 인한 프리미엄의 이익을 얻거나, 가격이 급변할 때 적극적으로 이익을 추구하는 옵션의 혼합거래이지만, 스트래들보다 가격변동의 허용폭을 넓힘으로써 보다 안정적으로 프리미엄이익을 얻을 수 있다.

이와 같이 가격이 일정한 범위를 벗어나 급격히 상승하거나 하락하면 이익을 보지만 가격이 일정한 범위에서 크게 벗어나지 않는다면 옵션매입으로 인한 프리미엄 손실을 보게 되는 옵션의 혼합거래가 **매입스트랭글**(long strangles)이다.

3. 스트립과 스트랩

만기일이 같고 행사가격이 동일한 풋옵션 2계약과 콜옵션 1계약을 결합하는 것을 스트립(strip)이라 하며, 콜옵션 2계약과 풋옵션 1계약을 결합하는 것을 스트랩(strap)이라고 한다. 이는 스트래들의 일종이지만 콜옵션과 풋옵션의 계약단위수를 바꾸어 손익구조를 변경한 것이다. 스트래들과 비교하여 스트립은 가격이 하락할

스트립의 매입과 매도

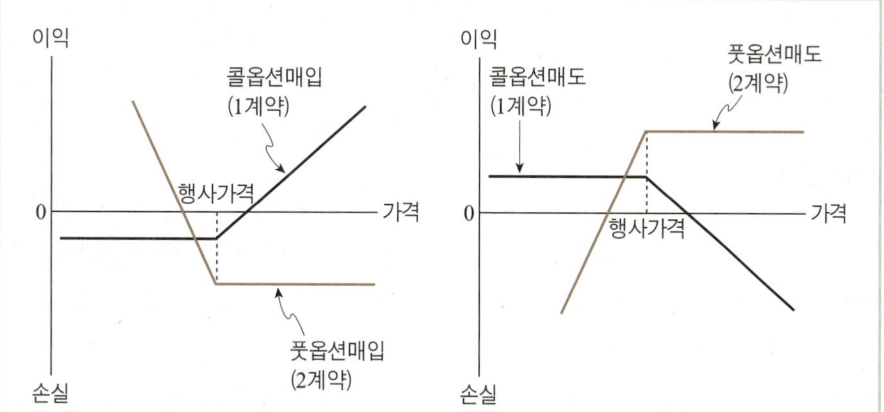

(a) 스트립매입 (b) 스트립매도

때 손익구조선의 기울기가 가파르고, 스트랩에서는 가격이 상승할 때 손익구조선의 기울기가 가파르게 된다.

스트립매입

동일한 행사가격의 콜옵션을 1계약 매입하고 동시에 풋옵션을 2계약 매입하는 옵션의 혼합거래이다. 초기 옵션프리미엄의 지출은 콜옵션 1계약의 프리미엄과 풋옵션 2계약의 프리미엄이며, 만기에 최대손실과 같다. 가격상승 시 이익은 콜옵션 1계약의 행사이익에서 콜옵션 1계약의 프리미엄비용과 행사되지 못한 풋옵션 2계약의 프리미엄손실을 빼 준 값이다. 반면 가격하락 시 이익은 풋옵션 2계약의 행사이익에서 풋옵션 2계약의 프리미엄비용과 행사되지 못한 콜옵션 1계약의 프리미엄손실을 빼 준 값이다.

스트립매도

동일한 행사가격을 가진 콜옵션 1계약을 매도하고, 풋옵션 2계약을 매도하는 옵션혼합거래이다. 초기 프리미엄의 이익은 콜옵션 1계약 매도로 인한 프리미엄과 풋옵션 2계약 매도로 인한 프리미엄이며, 만기에 최대이익과 같다. 가격상승 시 손실은 콜옵션 1계약의 행사손실에서 콜옵션의 프리미엄이익과 행사되지 못한 풋옵션 2계약의 프리미엄이익을 빼 준 값이다. 가격하락 시 손실은 풋옵션 2계약의 행사손실에서 풋옵션의 프리미엄이익과 행사되지 못한 콜옵션의 프리미엄이익을 빼 준 값이다.

스트랩매입

동일한 행사가격의 콜옵션 2계약을 매입하고, 풋옵션 1계약을 매입하는 옵션합성거래이다. 초기 프리미엄의 지출은 콜옵션 2계약 매입으로 인한 프리미엄비용과 풋옵션 1계약 매입으로 인한 프리미엄비용이며, 만기에 최대손실과 같다. 가격상승 시 이익은 콜옵션의 행사이익에서 콜옵션과 풋옵션의 매입으로 인한 프리미엄비용을 빼 준 값과 같다. 가격하락 시 이익은 풋옵션의 행사이익에서 콜옵션과 풋옵션의

스트랩의 매입과 매도

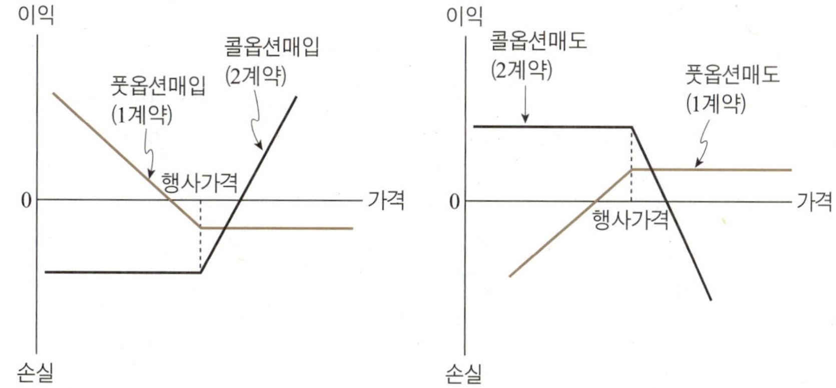

(a) 스트랩매입 (b) 스트랩매도

매입으로 인한 프리미엄비용을 빼 준 값이다.

스트랩매도

동일한 행사가격의 콜옵션 2계약을 매도하고, 풋옵션 1계약을 동시에 매도하는 옵션혼합거래이다. 초기 프리미엄의 이익은 콜옵션 2계약 매도로 인한 프리미엄이익과 풋옵션 1계약 매도로 인한 프리미엄이익이며, 만기에 최대이익과 같다. 가격상승 시 손실은 콜옵션의 행사로 인한 손실에서 프리미엄이익을 빼 준 값이며, 가격하락 시 손실은 풋옵션의 행사로 인한 손실에서 프리미엄이익을 빼 준 값이다.

제3절 특이옵션거래

앞에서도 설명하였듯이 파생상품이란 선물과 옵션을 기초로 특수한 거래목적에 맞도록 설계되어 있는 상품을 말한다. 매일 아침 국제금융기관이나 은행에서는 수

십 가지 이상의 파생상품이 기업이나 투자자의 수요와 거래목적에 맞게 새롭게 개발되고 있다. 여기서는 국제금융선물시장에서 사용되고 있는 특이옵션(exotic options) 중에서 중요한 몇 가지를 소개하고자 한다.

특이옵션은 금융기관들이 전통적인 콜옵션과 풋옵션(vanilla options)보다 저렴한 비용으로 전통적인 옵션보다 다양한 조건을 가지고 거래하도록 고안되어 있다. 예를 들어, 아시안달러옵션은 한순간의 현물 환율이 아닌 일정기간 동안의 평균 환율을 대상으로 하는 옵션이다. 이 경우 평균 환율은 매 순간의 개별 환율보다 변동성이 적어서 옵션에 대한 프리미엄이 저렴하나 환율추세변화에 대해 위험을 헤징할 수 있다는 이점이 있다.

이 책에서 소개되고 있는 특이옵션들은 Citi Bank와 Royal Bank of Canada에서 실제로 판매하고 있는 특이옵션상품으로서 각 옵션별 활용전략을 제시하고 있어서 실무자들에게도 도움이 많이 될 것으로 생각된다.

1. 칼라옵션과 코리도옵션

칼라옵션

칼라옵션(collar option)은 콜옵션에 비해 저렴한 비용으로 가격변화에 대한 위험을 회피할 수 있으나 이러한 위험을 무제한으로 회피할 수 있는 것이 아니라 일정한 범위 이내의 가격변화에 대해서만 위험을 회피할 수 있는 옵션이다. 예를 들어, 행사가격이 1,000원/달러인 달러콜옵션을 매입하고, 동시에 행사가격이 1,100원/달러인 달러콜옵션을 매도했다고 하자. 원/달러 환율이 1,100원보다 높게 상승하면 매입한 행사가격 1,000원인 콜옵션은 권리를 행사해서 이익을 보게 되나 매도한 행사가격 1,100원 콜옵션은 반대로 권리가 행사되면서 손실을 보게 된다. 따라서 이러한 칼라옵션에서 이익은 최대한 달러당 100원의 행사이익이 발생한다.

하지만 환율이 1,000원에서 1,100원 사이에서 변화될 때 매입한 행사가격 1,000원인 콜옵션만 행사되고 매도한 행사가격 1,100원인 콜옵션은 행사되지 못해서 달러당 0원에서 100원 사이의 행사이익을 보게 된다. 환율이 1,000원보다 낮게 떨어지는 경우 매입한 콜옵션과 매도한 콜옵션 모두 행사되지 못해서 행사이익이 발생하지 않고 다만 행사가격이 낮은 콜옵션을 매입하고 행사가격이 높은 콜옵션을 매도함으로써 발생하는 프리미엄순손실이 발생한다. 이러한 칼라옵션은 이익을 보거나 위험을 회피할 수 있는 범위가 일정하게 정해져 있어서 손익 스케줄이 Y셔츠의 오른쪽 칼라(collar)와 비슷하다.

칼라옵션은 행사가격이 낮은 콜옵션을 매입하고 프리미엄을 지불하는 대신 행사가격이 높은 콜옵션을 매도함으로써 프리미엄을 받게 되므로 단순히 콜옵션을 매입할 때의 프리미엄보다 비용이 저렴하다. 이러한 비용절감은 환율이 1,100원/달러 이상 상승했을 때 환율상승에 따르는 기대이익의 일부를 포기함으로써 발생하는 것이다. 앞의 사례에서와 같이 환율이 상승할 때 제한적인 범위이지만 이익을 얻을 수 있는 칼라옵션이 매입칼라옵션(bullish collar option)이며 이익이 제한되었다는 의미에서 'capped call' 또는 매입콜스프레드(bull call spread)라고도 한다.

환율이 하락할 때 이익을 얻을 수 있는 칼라옵션이 매도칼라옵션(bearish collar option)이다. 매도칼라옵션은 행사가격이 높은 풋옵션을 매입하고 행사가격이 낮은 풋옵션을 매도하는 경우이다.

예를 들어, 행사가격이 1,000원인 풋옵션을 매입하고 행사가격이 900원인 풋옵션을 매도하는 경우를 고려해 보자. 원/달러 환율이 900원보다 낮게 하락하면 매입한 행사가격 1,000원인 풋옵션은 권리를 행사해서 이익을 보게 되나 매도한 행사가격 900원인 풋옵션 또한 반대로 권리가 행사되면서 손실을 보게 된다. 이러한 매도칼라옵션에서 얻을 수 있는 최대한의 행사이익은 100원이다. 환율이 900원에서 1,000원 사이에서 변화될 때 매입한 풋옵션은 행사되어 0원에서 100원 사이의 행사이익을 얻게 된다. 환율이 1,000원보다 높게 올라가는 경우 매입한 풋옵션과 매도한 풋옵션 모두 행사되지 못하여 행사이익이 발생하지 않으며 다만 행사가격이 높은 풋옵션을 매입하고 행사가격이 낮은 풋옵션을 매도함으로써 발생하는 프리미엄순손실이 발생한다. 이러한 매도칼라옵션 또한 이익을 보거나 위험을 회피할 수 있는 범위가 일정하게 정해져 있어서 손익 스케줄이 Y셔츠의 왼쪽 칼라(collar)와 비슷하다.

앞의 사례에서와 같이 환율이 하락할 때 제한적인 범위이지만 이익을 얻을 수 있는 칼라옵션이 매도칼라옵션(bearish collar option)이며 이익이 제한되었다는 의미

○ 칼라옵션

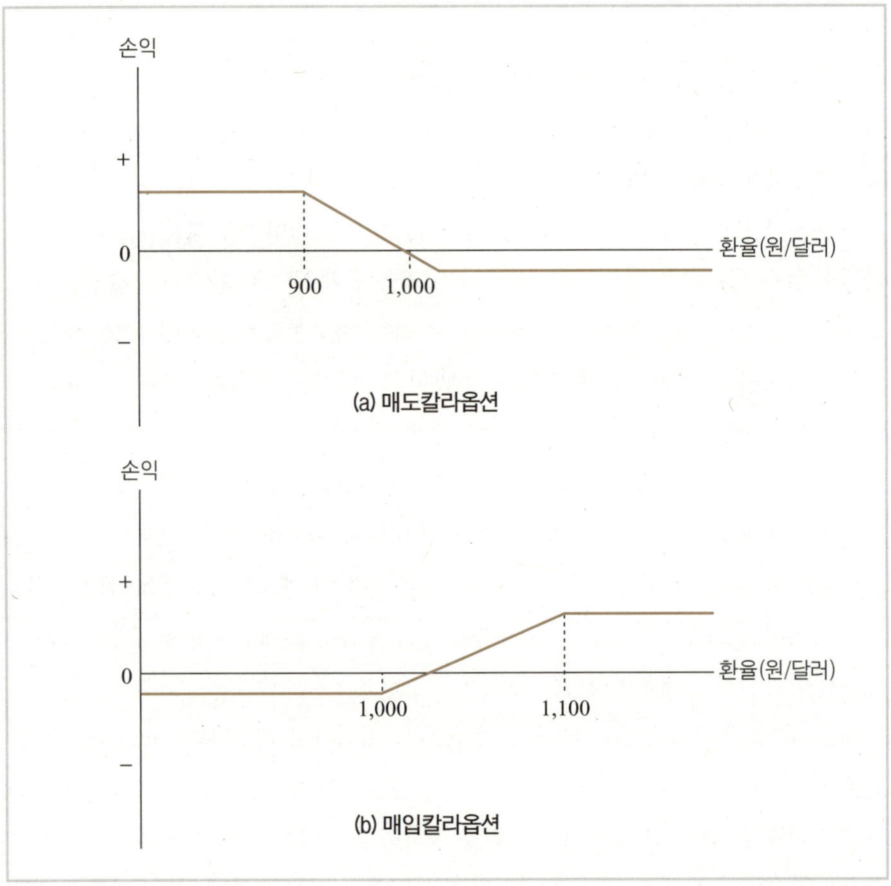

에서 'capped put' 또는 매도풋스프레드(bear put spread)라고도 한다.

칼라옵션은 주로 환율의 변동폭이 그리 크지 않을 것이라고 예상될 때 가격변동으로부터 이익을 얻거나 손실을 회피하기 위한 특이옵션이다. 또한 칼라옵션은 앞에서 설명한 수직적 옵션스프레드와 동일하다.

코리도옵션

코리도옵션(corridor option)은 칼라옵션과 유사하게 손실위험을 회피하기 위해 어떤 옵션을 매입하고, 옵션의 매입비용을 줄이기 위해 다른 종류의 옵션을 매도함으로써 이익의 기회를 제한하는 옵션이다. 예를 들어, 주식가격하락에 대한 포트폴리오 자산손실을 피하기 위해 주식투자자가 행사가격 700.00인 주가지수풋옵션을 매입했다. 하지만 풋옵션의 프리미엄비용을 절감하기 위해 매입한 풋옵션의 행사가격보다 더 높은 750.00인 행사가격을 가진 콜옵션을 매도했다고 하자. 예상대로 주가지수가 700.00 이하로 하락하면 매입한 풋옵션을 행사해서 손실을 회피하거나 행사이익을 얻을 수 있으나 반면 매도한 콜옵션은 행사되지 못하고 프리미엄이익만 발생한다. 반면 주가지수가 750.00 이상으로 상승한 경우 매입한 풋옵션은 행사되지 못하고 매도한 콜옵션이 행사되어 행사손실을 입게 된다. 하지만 이 경우 보유 포트폴리오 자산가치 또한 상승하게 되어 헤징효과를 얻을 수 있다.

행사가격이 높은 콜옵션을 매입하고 행사가격이 낮은 풋옵션을 매도하는 경우 앞의 사례와 반대로 가격상승으로 인한 손실을 회피할 수 있다. 또한 행사가격이 높은 콜옵션을 매입하고 동시에 행사가격이 낮은 풋옵션을 매도함으로써 콜옵션매입에 따르는 프리미엄비용을 줄이고 대신 이익의 기회를 제한하게 된다. 예를 들어, 수입업자의 경우 3개월 후에 지불할 수입대금에 대해 환율변동으로 인한 손실을 회피하기 위해 미리 행사가격 1,100원인 달러콜옵션을 매입하고 콜옵션매입에 따르는 프리미엄비용을 줄이기 위해 행사가격이 1,000원/달러인 달러풋옵션을 동시에 매도했다고 하자. 원/달러 환율이 1,100원보다 높게 상승하면 매입한 행사가격 1,100원인 콜옵션은 권리를 행사해서 이익을 보게 되나 매도한 행사가격 1,000원인 풋옵션

코리도옵션

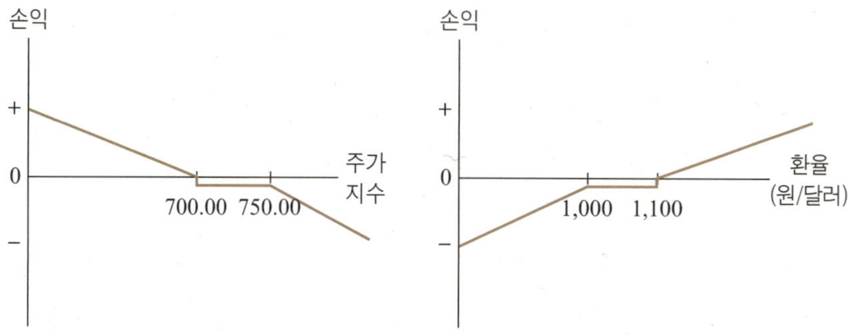

(a) 코리도옵션: 풋옵션매입, 콜옵션매도

(b) 코리도옵션: 콜옵션매입, 풋옵션매도

은 행사되지 못한다. 반면 환율이 1,000원 이하로 하락하는 경우 매입한 행사가격 1,100원인 콜옵션은 행사되지 못하고 매도한 행사가격 1,000원인 풋옵션은 행사되어 손실을 보게 된다. 하지만 환율하락으로 결제해야 할 수입대금에 대해 환차익이 발생하여 헤징효과를 얻을 수 있다.

2. 금리캡과 금리플로어

금리캡과 금리플로어의 의미

자금을 차입하거나 대부해 주는 경우 금리변동으로 손익이 발생할 수 있다. 자금을 차입하게 되는 경우 금리가 상승하면 손실이 발생하는데 금리의 상한을 정해서 매 이자지급기간마다 정해진 금리상한 이상으로 금리가 상승하면 옵션으로 상한 이상으로 금리가 올라가는 것을 막아주는 옵션상품이 금리캡(interest rate cap)이다. 반대로 변동금리로 돈을 빌려주거나 특정한 상품에 투자한 사람에게 기간별 금리결정시점에서 금리가 내려가면 옵션으로 하한 이하로 금리가 내려가는 것을 막아주는 옵션상품이 금리플로어(interest rate floor)이다. 금리캡이나 금리플로어는 각 이자지급기간마다 행사할 수 있는 개별 옵션을 결합한 옵션합성거래이다.

금리칼라옵션 또는 코리도옵션

행사가격이 높은 금리캡을 매입하고 행사가격이 낮은 금리플로어를 매도하는 금리옵션이다. 예를 들어, 오늘 금리가 연 10%인데 금리상한(행사가격)이 15%인 금리캡을 매입하고 금리하한(행사가격)이 5%인 금리플로어를 매도했다고 하자. 이 경우 프리미엄비용은 단순히 금리캡을 매입할 때 들어가는 프리미엄비용보다 작은데 그 이유는 금리플로어를 매도할 때 프리미엄이익이 발생하기 때문이다. 시장금리가 15% 이상으로 상승한다면 매입한 금리캡옵션을 행사하여 금리 15% 수준에서 자금을 차입할 수 있으나 반면 매도한 금리플로어는 높은 금리에서 행사되지 않기 때문에 차입금리는 15%에서 결정된다.

한편 시장금리가 5% 이하로 하락한다면 매입한 금리캡옵션은 행사되지 못하고

금리칼라옵션 또는 코리도옵션

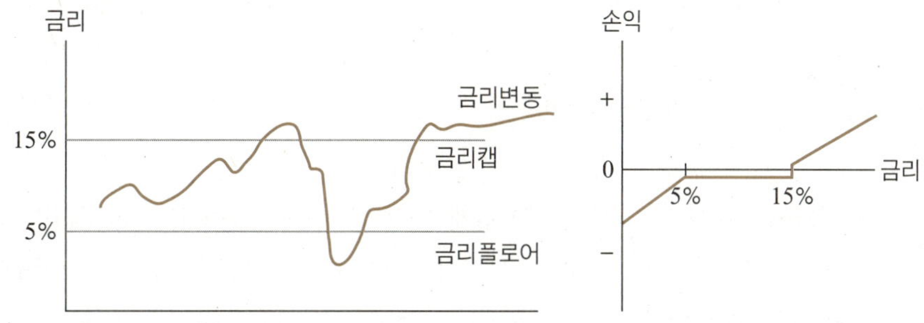

(a) 금리캡과 금리플로어 (b) 금리칼라옵션 또는 코리도옵션

매도한 금리플로어가 행사되어 금리를 최소한 5%에서 차입해야 한다. 따라서 앞의 사례에서와 같이 행사가격이 높은 금리캡을 매입하고 행사가격이 낮은 금리플로어를 매도하면 차입금리가 5%에서 15% 사이에서 결정되는데 이를 금리칼라옵션 또는 코리도옵션(interest rate collar or corridor option)이라고 한다.

3. 베리어옵션

베리어옵션: 녹-아웃

베리어옵션(barrier option)이란 시장가격이 미리 정해진 가격에 도달하게 되면 일정한 조건의 옵션이 행사되거나(knock-in), 옵션이 사라지게 되는(knock-out) 옵션이다. 이러한 베리어옵션은 전통적인 옵션과 같이 손실을 회피하거나 이익을 얻기 위해 사용되나 주로 칼라옵션과 코리도옵션과 같이 전통적인 옵션에 따르는 프리미엄비용을 줄이기 위해서 사용된다.

예를 들어, 현재 환율이 1,150원/달러라고 하자. 3개월 후에 행사가격 1,100원인 달러콜옵션을 매입했다고 하자. 3개월 후에 환율이 상승하면 수입대금결제에 따르는 환차손이 발생하나 콜옵션을 행사하여 이익을 얻을 수 있다. 하지만 콜옵션행사에 따르는 프리미엄비용을 줄이기 위해 매입한 콜옵션에 일정한 조건에 도달하면 콜옵션 자체의 권리가 소멸하는 녹-아웃(knock-out)조건을 두기로 했다. 녹-아웃 조건은 3개월 만기 이내에 시장환율이 1,000원 이하로 떨어지거나 이에 도달하면 이 옵션계약은 효력을 상실하는 것이다. 이러한 녹-아웃옵션은 환율상승에 대비해서 콜옵션을 매입하는 데 따르는 비용을 절감하기 위해 기대이익의 기회를 줄이는 것이다.

여기서 환율이 1,000원 이하로 떨어지게 되면 이 녹-아웃옵션은 소멸되지만 수입대금으로 결제할 달러현물의 가격이 같이 떨어지므로 환차익을 얻을 수 있어서 환율하락에 대한 헤징을 할 수 있다. 반대로 가격이 올라가는 경우에 달러현물은 환차손이 발생하지만 옵션을 행사해서 행사이익이 발생하므로 헤징이 된다.

수출업자의 경우 환율하락으로 인해 손실을 입을 수 있으므로 풋옵션을 매입하는데, 녹-아웃조건이 앞의 콜옵션과는 반대로 환율이 정해진 환율 이상으로 올라가면 옵션계약이 효력을 상실하는 것으로 프리미엄비용을 줄일 수 있다. 예를 들어, 수출업자가 3개월 후에 행사가격 1,100원인 달러풋옵션을 매입했다고 하자. 3개월 이내에 환율이 하락하면 수출대금결제에 따르는 환차손이 발생하나 풋옵션을 행사하여 이익을 얻을 수 있다. 하지만 풋옵션행사에 따르는 프리미엄비용을 줄이기 위해 녹-아웃옵션을 두기로 했다. 녹-아웃조건은 시장환율이 1,200원/달러 이상으로 올라가면 이 옵션계약은 효력을 상실하는 것이다. 하지만 시장환율의 상승으로 녹-아웃옵션이 소멸된다 할지라도 수출결제대금으로부터 달러현물에서 환차익이 발생

녹-아웃옵션

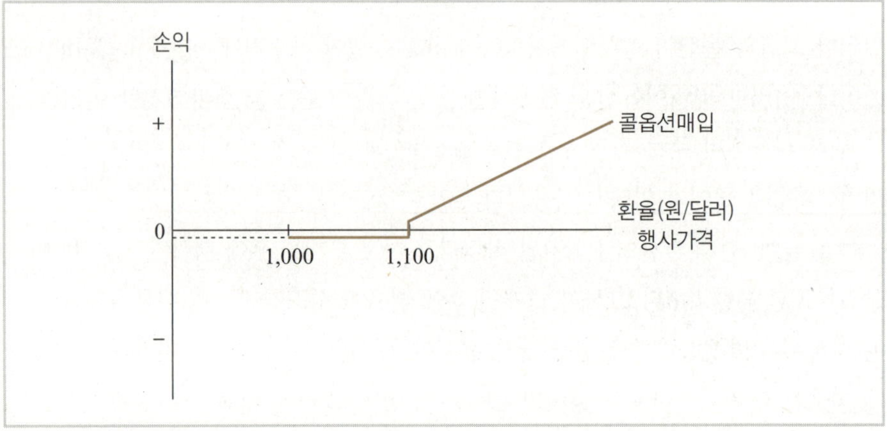

하므로 헤징이 된다.

더블베리어옵션: 녹-인과 녹-아웃

더블베리어옵션(double barrier option)은 가장 흔하게 사용되고 있는 특이옵션 중의 하나이며 헤징에 주로 사용되고 있다. 더블베리어는 시장가격이 미리 정한 상한가격과 하한가격을 지나가게 되면 옵션이 소멸되거나(knock-out), 옵션이 효력을 발생하는(knock-in) 옵션이다. 앞에서 설명한 싱글베리어(single barrier)와 달리 미리 정한 가격이 상한과 하한 두 가지가 있어서 더블베리어라고 한다.

예를 들어, 오늘 주가지수가 700.00이라고 하고 보유 포트폴리오 자산가치를 보호하기 위해 1개월 만기 700.00의 행사가격을 가진 풋옵션을 매입한다고 하자. 또한 더블베리어로 주가지수가 상한 700.00, 하한 500.00이 되는 더블베리어를 지정해 놓은 옵션이라고 하자. 주가지수가 700.00 이상이 되거나 500.00 이하가 되면 이 옵션은 자동으로 소멸(knock-out)된다. 이 경우 한쪽에 상한이나 하한 둘 중에 정한 가격(베리어)을 가지고 있는 싱글베리어보다 이익가능성이 줄어들어서 프리미엄비용이 적게 드는 이점이 있으며 동일한 프리미엄으로 싱글베리어보다 행사가격을 유리하게 할 수 있는 이점이 있다.

더블베리어옵션

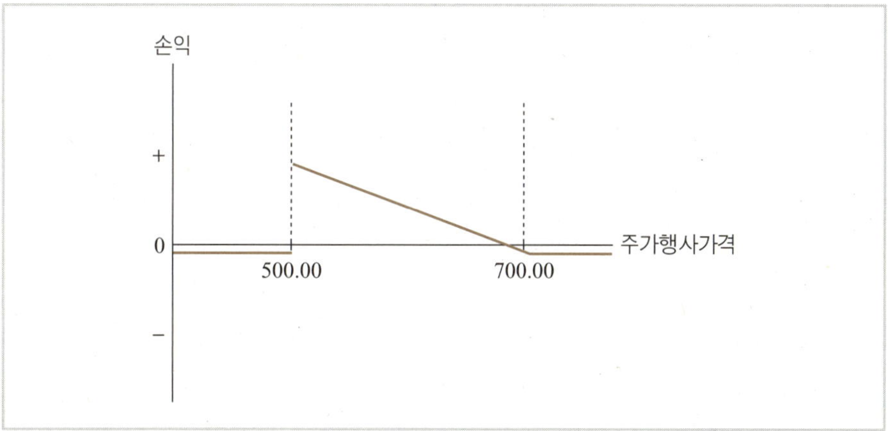

4. 디지털옵션과 이원옵션

디지털옵션

디지털옵션(digital option)은 투자자들이 앞으로 가격이 일정한 방향으로 변화할 것이라는 예상을 가지고 있다면 이를 이용하여 이익을 얻기 위해 사용하는 옵션이다. 디지털옵션은 만기에 가서 시장가격이 미리 정한 가격보다 위에서 형성되면 일정한 금액을 보상으로 지급하는 옵션이며 이를 매입옵션(bull option)이라고 한다. 한편 만기에 가서 시장가격이 미리 정한 가격보다 아래에서 형성되면 일정한 금액을 보상으로 지급하는 옵션을 매도옵션(bear option)이라고 한다.

예를 들어, 오늘 국채금리지수가 97.00이라고 하자. 1개월 후 만기일에 시장채권가격이 100.00 이상이 되면 5천만원을 보상해 주고 시장채권가격이 100.00 이하이면 옵션이 소멸되는 것이 디지털매입옵션(digital bull option)이다. 반대로 1개월 후 만기일에 시장채권가격이 90.00 이하가 되면 5천만원을 보상해 주고 시장채권가격이 90.00 이상에서 형성되면 옵션이 소멸되는 것이 디지털매도옵션(digital bear option)이다.

디지털옵션

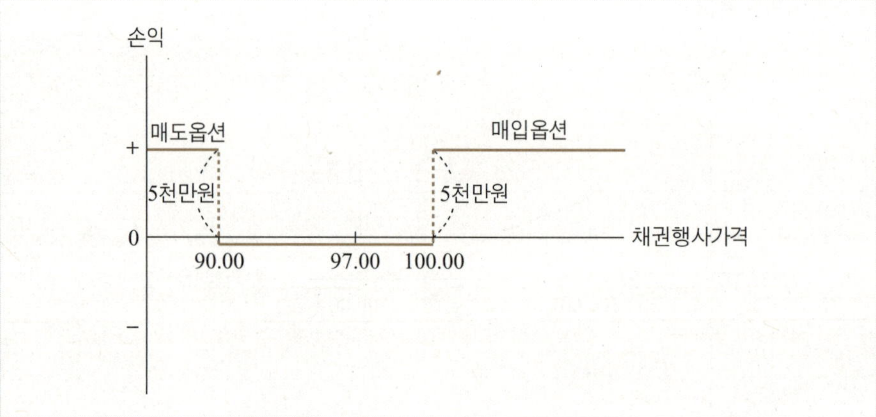

이원옵션

이원옵션(binary option)은 일정한 만기에 시장가격에 따라 일정한 금액을 보상해 주는 조건을 가진 디지털옵션과 유사하나 디지털옵션과 달리 만기일이 아니라 만기일 이전 아무 때나 이러한 조건이 적용된다는 점에서 디지털옵션과 다르다. 이원옵션은 옵션의 만기 이내에 시장가격이 미리 정한 가격보다 높게 형성되면 일정한 금액을 보상해 주는 매입이원옵션(bull binary option), 옵션의 만기 이내에 시장가격이 미리 정한 가격보다 낮게 형성되면 일정한 금액을 보상해 주는 매도이원옵션(bear binary option)이 있다. 또한 조건을 반대로 하여 기간 이내에 시장가격이 미리 정한 가격보다 높게 형성되면 옵션이 소멸되는 역매입이원옵션(reverse bull binary option)과 기간 이내에 시장가격이 미리 정한 가격보다 낮게 형성되면 옵션이 소멸되는 역매도이원옵션(reverse bear binary option)이 있다.

예를 들어, 오늘 원/달러 환율이 1,000원이라고 하자. 3개월 만기를 가진 달러이원옵션에서 시장환율이 1,200원을 초과하게 되면 5천만원의 보상을 받게 되는 매입이원옵션을 고려해 보자. 옵션의 만기 이전에 시장환율이 1,200원을 초과하는 순간 5천만원을 보상받게 되나, 만기까지 시장환율이 1,200원이 되지 못하면 이 옵션은 소멸된다.

반대로 역매입이원옵션의 경우 기간 이내에 시장가격이 미리 정한 가격보다 높게

역매입이원옵션

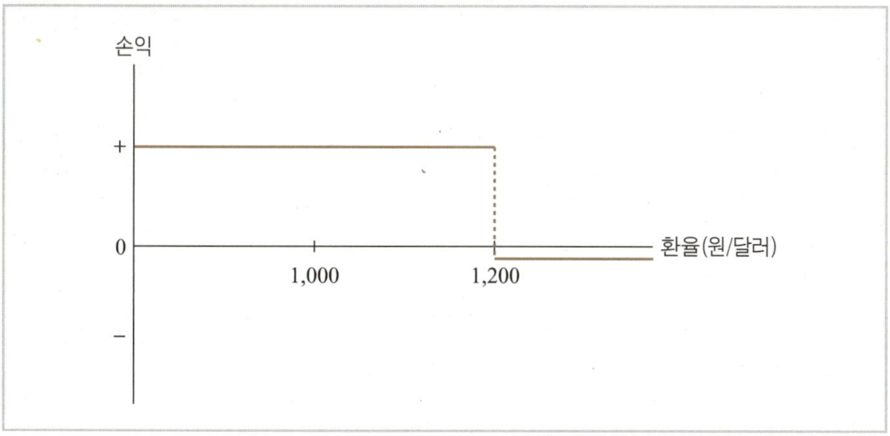

형성되면 옵션이 소멸되는데, 앞의 예를 들어 보자. 오늘 원/달러 환율이 1,000원인데 3개월 이내에 시장환율이 1,200원을 초과하게 되면 옵션이 소멸되나 시장환율이 만기 이내에 1,200원보다 낮게 형성되면 5천만원의 보상을 받게 된다.

5. 조건부옵션과 선택자옵션

조건부옵션

조건부옵션(contingent option)은 시장가격이 만기일에 미리 정한 행사가격수준에 도달할 때에만 옵션프리미엄을 지불하는 옵션이다. 이 조건부프리미엄은 일반적인 옵션(vanilla option)보다 가격이 비싸다. 이 옵션전략은 시장가격이 일정한 조건을 충족시키지 못하면 프리미엄이 제로이기 때문에 가격이 반대로 움직이면 프리미엄비용이 전혀 들지 않는 이점이 있으며 가격이 일정한 조건을 충족시키면 옵션을 행사하게 되어 헤징과 행사이익을 얻을 수 있다.

예를 들어, 수입업자가 3개월 뒤에 수입대금으로 결제할 달러가 있다고 하자. 환율이 상승하면 손해를 보기 때문에 환율상승에 따르는 위험을 회피하기 위해 달러 콜옵션을 1,100원/달러의 행사가격으로 매입하기로 한다. 하지만 환율이 지금은 안정적이어서 3개월 만기에 오히려 환율이 내려갈 것으로 예상되고 있다. 예상대로 환율이 내려가는 경우 매입한 콜옵션은 행사되지 못하고 옵션매입에 따르는 프리미엄손실이 발생한다. 환율이 하락하는 경우에 옵션매입에 따르는 프리미엄손실을 피하고 동시에 환율이 상승하는 경우에 발생하는 환위험을 대비하기 위해 조건부옵션을 매입했다고 하자.

조건부옵션의 조건은 시장환율이 1,200원을 초과하게 되면 콜옵션을 1,100원에 행사할 수 있으나 프리미엄이 일반적인 콜옵션보다 비싸고 환율이 1,200원/달러를 초과하지 못하면 프리미엄비용이 제로이다. 이러한 조건부옵션은 투자자가 시장가격이 어느 일방향으로 변화할 것이라고 예상하고 있는 가운데 급격한 가격의 역전으로 발생할지도 모르는 손실을 피하기 위해 사용된다.

조건부옵션

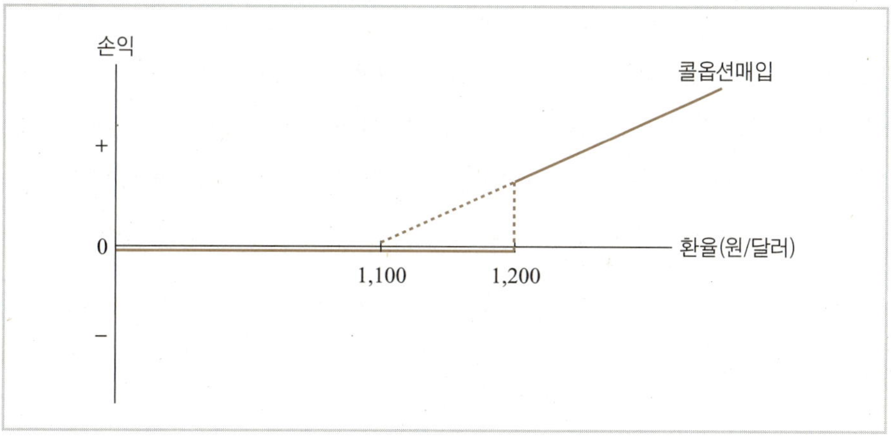

선택자옵션

선택자옵션(chooser option)은 옵션의 종류를 미리 콜옵션인지 풋옵션인지를 정하지 않고 일정한 시점에서 옵션매입자가 결정할 수 있는 옵션이다. 예를 들어, 옵션매입자는 일정시점에서 가격이 상승할 것으로 예상되면 콜옵션을, 가격이 하락할 것으로 예상되면 풋옵션을 선택할 수 있다.

이러한 전략은 스트래들전략과 유사하며 스트래들전략보다 프리미엄비용이 저렴한 이점이 있다. 하지만 유동성이 낮은 장외상품으로, 옵션만기 전에 유리한 상황이

선택자옵션

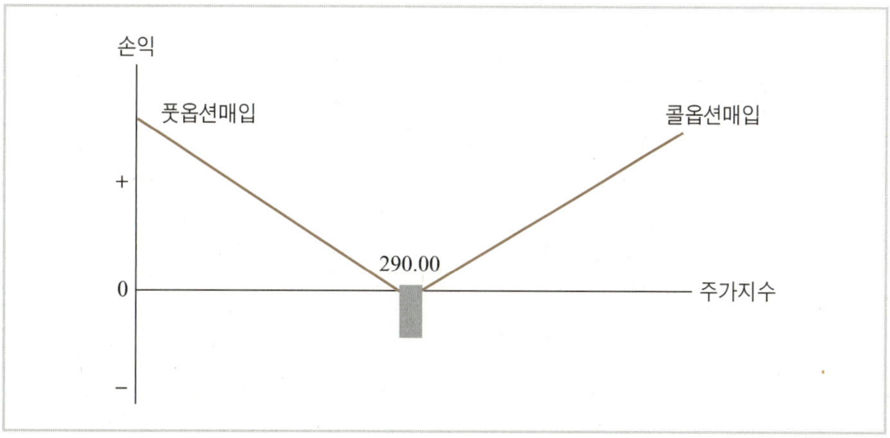

되어도 반대매매가 쉽지 않다. 예를 들어, 향후 가격이 급변할 것이라고 예상되어서 행사가격이 290.00인 주가지수선택자옵션을 매입하였다고 하자. 주가지수가 292.00으로 상승한다면 콜옵션매입을 선택해서 행사이익을 얻게 되나 주가지수가 급격히 하락하는 경우에는 풋옵션을 선택해서 행사함으로써 이익을 얻을 수 있다. 이와 같이 선택자옵션은 가격이 급격히 상승하거나 하락할 것으로 예상될 때 사용하며 효과는 스트래들과 같다.

6. 기타 특이옵션

록-인옵션

록-인옵션(lock-in option)은 시장가격의 변화가 적어서 옵션행사이익이 크지 않을 때 최소한의 옵션행사이익을 보장해 주는 옵션이다. 예를 들어, 수출업자가 한 달 뒤에 수출대금으로 받을 달러에 대해 환율하락으로 인한 손실을 회피하기 위해 오늘 환율이 1,150원/달러일 때 1개월 만기 행사가격이 1,200원인 달러풋옵션을 매입했다고 하자. 이때 풋옵션에서 록-인환율(lock-in rate)을 1,100원/달러로 미리 정하였다. 만기 이내에 시장 환율이 1,100원/달러 이하로 한 번 이상 떨어져서 이익을 실현할 수 있는 기회가 많았으나 정작 옵션만기일에 환율이 올라가서 1,150원/

록-인옵션

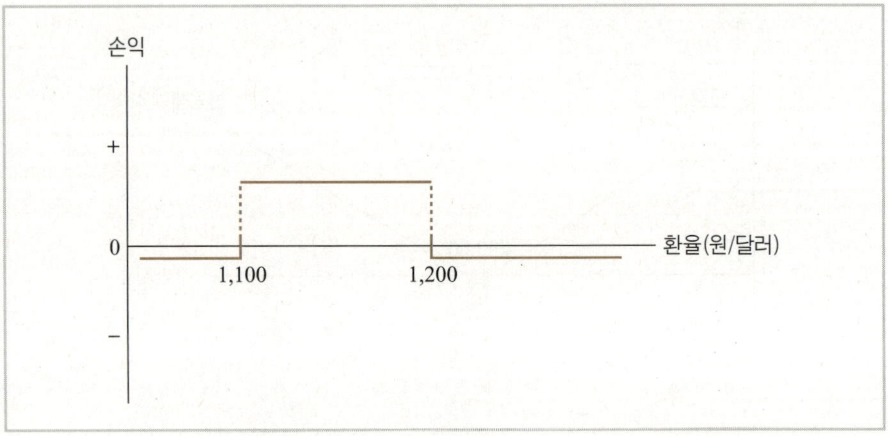

달러 수준에 머물고 있다면 만기에 최소한 1,200원의 풋옵션을 행사해서 미리 정한 록-인환율인 1,100원으로 반대매매를 할 수 있게 보장해 주는 옵션이 록-인옵션이다. 이 경우 최소한의 풋옵션행사이익은 달러당 100원(= 1,200원 − 1,100원)이다. 하지만 달러환율이 급격히 변화하면서 만기에 1,100원보다 낮게 형성되거나 만기 이내에 1,100원 이하로 한 번도 내려간 적이 없다면 이 옵션은 소멸된다. 하지만 옵션이 소멸되더라도 환율이 상승하게 되므로 수출업자는 달러현물에서 환율상승으로 인한 환차익을 얻을 수 있어서 헤징이 된다.

사다리옵션

사다리옵션(ladder option)은 가격이 변화할 때 매입한 옵션이 외가격(Out of The Money: OTM)상태로 될 때 옵션행사가격을 다시 새롭게 정하는 옵션이다. 즉, 시간이 지나감에 따라 가격이 변동될 때 옵션행사가격을 다시 조정하는 옵션이다. 예를 들어, 오늘 주가지수가 550.00일 때 1개월 만기 행사가격이 550.00인 주가지수풋옵션을 매입했다고 하자. 만기 이내에 주가지수가 600.00 이상으로 상승할 때 행사가격을 600.00으로 다시 수정할 수 있고, 주가지수가 650.00 이상으로 상승할 때 주가지수풋옵션의 행사가격을 650.00으로 다시 재수정할 수 있는 사다리풋옵션을 매입하였다고 하자.

시장주가지수가 변화해서 먼저 660.00으로 한 번 올라간 다음, 만기 동안에

사다리옵션

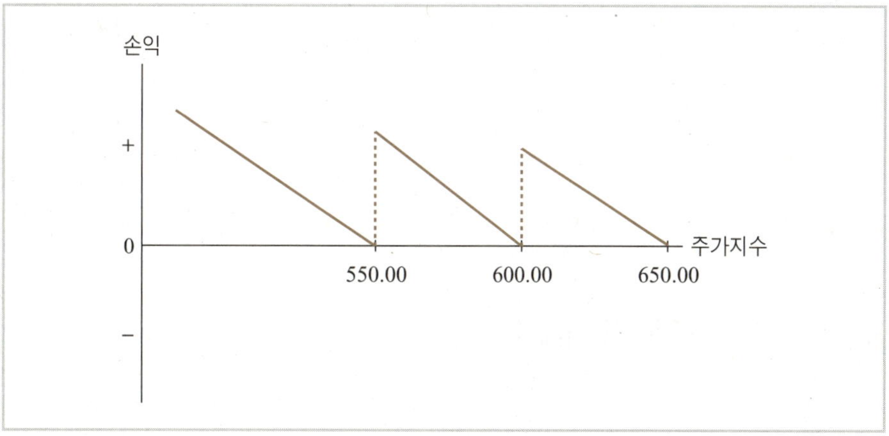

570.00에 머물고 있는 경우 사다리풋옵션에서 행사가격은 이전에 시장지수가 변화한 마지막 가격수준인 660.00으로 정해진다. 이 사다리옵션은 항상 옵션매입자에게 유리하게 행사가격이 변화하므로 풋옵션의 경우 행사가격이 상승하는 방향으로 조정되며 콜옵션의 경우 행사가격이 하락하는 방향으로 조정되는 것이 일반적이다. 사다리옵션에서 행사가격조정에 따르는 프리미엄비용이 다른 일반적인 옵션보다 비싸다는 단점이 있지만 가격이 어느 방향으로 변하더라도 이익을 얻을 수 있는 이점이 있다. 사다리옵션은 조정할 수 있는 행사가격의 수준에 따라 프리미엄의 크기가 달라진다.

샤우트옵션

샤우트옵션(shout option)은 가격이 유리하게 변화되다가 만기일에 가격이 불리하게 변화되는 경우 최소한의 행사이익을 보장해 주는 옵션이다. 샤우트옵션은 시장에서 최소한의 행사이익을 보장받고 있다는 점에서 록-인옵션(lock-in option)과 상당히 유사하나 록-인가격(lock-in rate)이 미리 정해진 것이 아니라는 점에서 록-인옵션과 다르다. 샤우트옵션은 또한 옵션만기 이내에 투자자들이 록-인가격을 정하고 있지 않다가 만기 이전에 어느 때이고 록-인가격을 불러서(shout) 록-인가격을 정할 수 있는 옵션이다.

예를 들어, 오늘 주가지수가 550.00이었는데 3개월 만기 행사가격이 550.00인 주가지수콜옵션을 매입하였다고 하자. 여기서 록-인지수가격은 정해지지 않고 투자자가 만기 이전에 가장 유리하다고 생각하는 록-인지수가격을 결정하면 된다. 이 샤우트옵션은 록-인가격을 미리 정해 두고 있지 않고 옵션매입자에게 유리하게 정할 수 있으므로 옵션프리미엄이 비싸다.

7. 제로 코스트 옵션전략

제로 코스트 옵션전략의 사례 1

특이옵션을 사용하는 전략은 앞으로 가격이 어떻게 변화할 것인가 하는 미래가격에 대한 예측에 전략의 기초를 둔다. 특이옵션을 이용하지 않고 단순한 선물과 옵션 거래를 이용하여 헤징을 하는 경우 비용이 많이 들고 가격이 예측한 것과 다른 방향으로 움직이는 경우 손실을 볼 수 있다. 특이옵션을 이용하면 헤징에 필요한 선물이나 옵션을 매입할 때 들어가는 프리미엄비용을 많이 줄일 수 있고 가격이 예측한 것과 다르게 움직인다 하더라도 큰 손실을 피할 수 있는 이점이 있다. 특이옵션에서 프리미엄을 줄이는 방법은 앞에서 설명된 바와 같이 기대이익을 줄이는 방향으로 옵션을 합성하는데, 제로 코스트 옵션전략(zero cost option strategies)의 사례는 다음에 나타나 있다.

오늘 환율이 1,100원/달러인데 투자자가 3개월 만기 행사가격이 1,000원인 달러콜옵션을 매입하였다. 여기서 비용을 줄이기 위해 녹-아웃조건을 두었는데 녹-아웃환율이 900.00 이하로 떨어지면 옵션의 효력이 사라지는 조건이었다. 이러한 녹-아웃옵션에다가 3개월 만기 행사가격이 1,200원인 달러콜옵션을 매도하는 옵션을 더하였다. 따라서 이 제로 코스트 옵션은 두 개의 서로 다른 옵션으로 구성되는데, 한 개는 행사가격이 낮은 녹-아웃(knock-out)콜옵션의 매입이고 다른 하나는 행사가격이 높은 바닐라(vanilla)콜옵션의 매도가 합해진 것이다.

환율이 만기 동안에 1,000원에서 1,200원 사이에서 변화한다면 매입한 행사가격이 1,000원인 녹-아웃콜옵션은 행사되고 매도한 행사가격 1,200원인 콜옵션은 행사되지 못한다. 하지만 시장환율이 900.00 이하로 떨어지면 매입한 녹-아웃옵션과 매도한 콜옵션 모두 행사되지 못하고 프리미엄비용도 제로이므로 이익도, 손실도 발생하지 않는다. 환율이 1,200원 이상으로 상승하고 녹-아웃 환율인 900원보다 하락한 적도 없게 되면 투자자는 제로 코스트 옵션으로부터 최대의 이익인 달러당 200원(= 1,200원 − 1,000원)의 이익을 얻게 된다. 이러한 제로 코스트 옵션을 녹-아웃매입옵션 또는 불옵션(bull option)이라고 한다.

제로 코스트 옵션전략의 사례 2

또 다른 제로 코스트 옵션 가운데 앞의 녹-아웃매입옵션과 반대로 녹-아웃매도옵션 또는 베어옵션(bear option)전략을 구성할 수도 있다. 예를 들어, 오늘 환율이 1,100원/달러인데 투자자가 3개월 만기, 행사가격이 1,200원인 달러풋옵션을 매입하였다. 여기서 비용을 줄이기 위해 녹-아웃조건을 두었는데 녹-아웃 환율이 1,300원 이상으로 상승하면 이 풋옵션은 효력이 사라지는 조건이었다. 이러한 녹-아웃옵션에다가 3개월 만기, 행사가격이 1,000원인 달러풋옵션을 매도하는 옵션을 더하였다. 따라서 이 제로 코스트 옵션은 두 개의 서로 다른 옵션으로 구성되는데 한 개는 행사가격이 높은 녹-아웃풋옵션의 매입이고 다른 하나는 행사가격이 낮은 바닐라풋옵션의 매도가 합해진 것이다.

환율이 만기 동안 1,000원/달러에서 1,200원/달러 사이에서 변화한다면 매입한 행사가격이 1,200원인 녹-아웃풋옵션은 행사되고 매도한 행사가격 1,000원인 풋옵션은 행사되지 못한다. 하지만 시장 환율이 1,200원 이상으로 상승한다면 매입한 녹-아웃풋옵션과 매도한 풋옵션 모두 행사되지 못하고 프리미엄비용도 제로이므로 이익도, 손실도 발생하지 않는다. 환율이 1,000원 이하로 하락하고 만기 동안 녹-아웃 환율인 1,300원/달러 이상으로 상승한 적도 없게 되면 투자자는 제로 코스트 옵션으로부터 최대의 이익인 달러당 200원(= 1,200원 − 1,000원)의 이익을 얻게 된다. 즉, 매입한 녹-아웃풋옵션도 1,200원에 행사되지만 매도한 풋옵션 또한 1,000원에 행사되므로 달러당 200원의 최대행사이익을 얻게 된다. 이러한 제로 코스트 옵션을 녹-아웃매도옵션 또는 베어옵션(bear option)이라고 한다.

연습문제

〈설명형〉

01 선물매입(long futures)과 콜옵션매입(long call)/선물매도(short futures)와 풋옵션매입(long put)에 대해 그래프로 제시하고 상호 비교 · 설명하라.

02 합성선물매도(synthetic short futures)와 합성선물매입(synthetic long futures)을 그래프로 설명하라.

03 합성콜옵션매도(synthetic short call)와 합성콜옵션매입(synthetic logn call)의 차이점을 그래프로 설명하라.

04 옵션의 스트래들(stranddles)거래를 설명하고 구체적인 유형을 제시 · 설명하라.

05 옵션의 스트랭글(strangles)거래를 정의하고, 매도스트랭글과 매입스트랭글의 차이점을 그래프로 설명하라.

06 옵션의 스트립(strip)과 스트랩(strap)거래의 차이점을 그래프로 설명하라.

07 특이옵션거래인 칼라(collar)옵션과 카리도(corridor)옵션의 차이점을 그래프로 설명하라.

08 커버콜옵션(covered call option)의 파생상품 구성을 설명하고 그에 따른 손익 스케줄을 그래프로 설명하라.

09 행사가격이 12%인 금리 캡(cap)을 매입하고, 행사가격이 6%인 금리 플로어(floor)를 매도하였다. 이 파생상품 거래의 손익 스케줄을 그래프로 설명하라.

10 주식을 보유하고 있는 김 씨는 주가가 폭락할 것에 대비하여 6월물 70 KOSPI 풋을 매입하였다. 하지만 풋옵션의 프리미엄이 비싸서 녹-아웃(knock-out) 조건을 두었는데 조건은 주가지수가 50 이하로 내려가거나 70 이상으로 올라가면 옵션의 효력이 상실하는 조건이었다. 이 녹-아웃 옵션의 손익 스케줄을 그래프로 설명하라.

〈선택형〉

※진위형

01 Cap(가격상한)은 옵션매도자가 약정된 금리를 초과하는 시장금리 부분을 옵션매수자를 대신해서 부담하고 옵션매수자는 금리상승 위험을 옵션매도자에게 전가시키는 대가로 프리미엄을 지불하는 계약을 말한다.

① 그렇다 ② 아니다

02 Floor(가격하한)은 옵션매도자가 약정된 금리보다 시장금리가 하락하는 경우 그 하락폭만큼 금리를 옵션매수자에게 보상하고 옵션매수자에게 금리하락 위험을 옵션매도자에게 전가시키는 대가로 프리미엄을 지불하는 계약을 말한다.

① 그렇다 ② 아니다

03 Roll-down 콜옵션은 기초자산가격이 미리 정해진 Roll-down 행사가격 이상으로 올라가면 새로운 옵션의 행사가격이 자동적으로 Roll-down 행사가격 이하로 낮아지게 된다.

① 그렇다 ② 아니다

06 더블옵션(double option)은 옵션매수가격이 높으므로 기초자산의 가격 움직임이 프리미엄보다 크지 않을 경우에는 손실이 발생한다.

① 그렇다 ② 아니다

07 Knock-out형 ELS는 만기 이내에 한번이라도 주가가 일정수준 이상 상승하면 확정된 수익을 지급하고 그렇지 않은 경우 만기 시점의 주가상승률의 일정비율을 지급한다.

① 그렇다 ② 아니다

08 Digital 콜옵션형 ELS는 만기시점의 주가가 시작시점의 주가보다 높으면 상승률에 상관없이 사전에 계약한 금리를 보장받고 하락할 경우에는 원금을 보장받는다.

① 그렇다 ② 아니다

※4지 선다형

09 다음 중 특이옵션에 대한 설명 중 바르지 못한 것은?

① 롤-옵(roll-up)옵션은 기초자산 가격의 변화에 따라 미리 정해진 행사가격을 조정하는 것이 가능한 옵션이다.

② 셧(shout)옵션은 옵션 만기 이전에 옵션이 ITM 상태에 있을 경우 1회에 한해서 이익폭의 최저치를 고정시킬 수 있는 옵션이다.

③ 룩백(lookback)옵션은 계약만료시점에 과거 일정기간 동안 가장 유리한 가격을 선택하여 거래를 할 수 있는 옵션이다.

④ Extinguishable 옵션은 만기일에 ITM 상태로 끝나는 동시에 현물가격이 미리 설정된 경계를 벗어나야만 이익이 생기는 옵션이다.

10 기초자산의 만기시점에 따라 수익이 결정되는 것이 아니고 일정기간 동안의 기초자산의 평균가격이 옵션의 손익구조를 결정하는 옵션은?

① 셧옵션 ② 선택옵션 ③ 아시안옵션 ④ 룩백옵션

11 다음 중 계약기간 중 월 단위 또는 다른 일정한 기간으로 나누어 수수료를 지불하면서 시장 상황에 따라 옵션계약을 취소할 수 있는 권리를 갖는 옵션은?

① 리셋(reset)옵션 ② 셧옵션
③ 룩백옵션 ④ 인스톨먼트(Installment)옵션

12 다음 중 특이옵션 중 스트래들 매입과 같은 효과를 얻을 수 있는 것은?

① 스커드(scud)옵션 ② 선택옵션
③ 디지털(digital)옵션 ④ 위의 세 가지 모두이다.

13 다음 중 주가지수와 연계되어 주가지수가 상승하면 이익발생, 주가지수가 하락하더라도 최저 투자 성과를 보장하는 ELS를 매입한 투자자가 받을 수 있는 금액을 나타내는 것은?(단, M: 투자자가 받는 금액, P: 투자 원금, r: 참여비율, I_r: 만기시 지수 수준, I_0: 계약시 지수 수준, α: 채권에서 보장받는 금액(이자))

① $M = P[1 + r\{(I_r + I_0/I_0)\}] + \alpha$

② $M = P[1 + r\{(I_r - I_0/I_0)\}] + \alpha$

③ $M = P[1 + r\{(I_r + I_0/I_0)\}] - \alpha$

④ $M = P[1 + r\{(I_r - I_0/I_0)\}] - \alpha$

14 만기의 주가지수가 미리 정해 놓은 하락률 이하로만 하락하지 않으면 고정된 높은 이자를 받으며, 하락시에는 원금에 대한 보장은 없지만 추가적인 주식매입의 기회로 삼을 수 있도록 설계된 ELS는?

① 녹-아웃(knock-out)형 ② 불스프레드(bull spread)형
③ Reverse Convertible형 ④ 디지털형

15 주가(지수)의 움직임에 따라 ELS 투자자가 얼마만큼의 수익을 공유할 수 있는가를 나타내는 비율을 참여율(participation ratio)이라고 한다. 만약 참여율이 40%이고 주가지수가 20% 상승했다고 하면 이 ELS의 수익률은?

① 4% ② 8% ③ 10% ④ 20%

16 다음 중 ELW(주식워런트증권)에 대한 설명으로 틀린 것은?

① 기본적인 개념과 성격은 옵션과 같다.

② 발행자와 보유자 간의 계약으로 발행주체의 신용위험을 감수해야 한다.

③ 만기가 3개월~3년 정도의 장기이다.

④ 최종결제는 실물로만 해야 한다.

CHAPTER

06 스왑과 ELS

제1절 스왑

1. 스왑거래

스왑의 개념과 목적

스왑(swap)거래는 미래의 정해진 기간 동안 거래의 두 당사자가 소유한 서로 다른 현금흐름을 교환하기로 약정을 맺는 것으로, 환율 또는 금리의 변동위험을 헤지하기 위해 보편적으로 사용되는 파생상품이다. 즉, 사전에 정해진 가격 및 기간에 거래당사자가 보다 유리하게 자금을 조달하고, 위험을 헤지하기 위해 상호 부채를 교환함으로써 위험을 회피하려는 금융기법이다. 스왑거래는 금융시장의 세계적인 통합화, 금융의 증권화 및 장부외거래의 발달 등에 따라 활발하게 거래되고 있는데, 환율 및 금리변동에 따른 기업의 차입비용을 절감하는 헤지수단으로 활용되고 있다. 스왑거래는 1980년대 초 도입된 이후 단기자산의 효율적 관리를 위한 가장 중요한 수단으로 발전하였다. 오늘날 유럽시장에서 조달 · 운영되는 자금의 60% 이상이 스왑거래로 이루어지고 있다.

스왑거래에는 크게 세 가지 종류가 있으며 외환스왑, 금리스왑, 통화스왑으로 나눌 수 있다. 외환스왑은 미리 정해진 동일한 통화에 대해 현물환을 매도하는 동시에 선물환을 매입하거나 반대로 현물환을 매입하는 동시에 선물환을 매도하는 외환거래이다. 금리스왑은 미래의 일정기간 동안 두 당사자가 원금의 교환이 없이 동일한 통화에 대해 고정금리와 변동금리에 대한 이자지급을 교환하는 거래이다. 통화스왑은 거래의 두 당사자가 서로 다른 두 통화 간에 이자지급과 더불어 원금까지 교환하기로 약정한 거래이다. 예를 들면, 세계은행이 뉴욕시장에서 달러 표시 채권을 발행하고 IBM이 스위스채권시장에서 스위스프랑으로 채권을 각각 발행한 다음 세계은행과 IBM이 서로 미국달러와 스위스프랑에 대해 통화와 이자의 지급을 교환함으로써 양자가 모두 차입비용을 절감할 수 있다. 보통의 경우 금리스왑은 통화스왑과 혼합되어 사용되고 있다.

스왑거래에서 가장 많이 사용되는 외환스왑은 현물환거래 대 현물환거래, 현물환거래 대 선물환거래, 선물환거래 대 선물환거래와 같이 결제일과 거래방향을 달리하는 두 개의 외환거래로 구성되는 스왑거래를 뜻한다. 이 중 현물환거래와 선물환거래로 이루어지는 스왑거래가 일반적인 형태로서 특별한 언급이 없이 단순히 스왑이라고 한다면 이러한 종류의 스왑을 지칭하는 것이 된다.

스왑은 현물과 선물, 또는 서로 만기가 다른 선물과 선물환이 교환되기 때문에 두 개의 결제일을 갖는데, 먼저 도래하는 결제일을 'near end(또는 near date)' 라 하며 뒤에 도래하는 결제일을 'far end(또는 far date)' 라 한다. 스왑은 동일한 당사자와 두 방향의 외환거래를 동시에 체결하는 것이 일반적이나 때로는 거래상대방과 선물환(forward outright)계약을 체결하고 또 하나의 다른 상대방과 현물환거래를 체결함으로써 스왑포지션을 창출하기도 한다. 이와 같은 스왑거래는 자금조달과 외환포지션을 조정할 목적으로 이루어진다.

스왑의 구체적인 목적은 다음과 같다. 첫째, 서로 다른 시장에서 금리와 환율에 대한 비교우위를 잘 활용해서 자금의 차입비용을 절감하기 위해서이다. 둘째, 거래당사자들이 스왑을 통해 자신들이 취약한 통화포지션이나 금리부분을 보완하고자 할 때 사용한다. 예를 들어, 고정금리로 자금을 차입하고 싶은데 시장여건상 불가능할 때 변동금리로 일단 차입한 후에 금리스왑을 통해 고정금리로 교환할 수도 있고 미국달러를 차입하고 싶은데 현실적으로 어려울 때 일본엔화를 차입해서 달러로 교환하는 통화스왑을 할 수 있다. 셋째, 스왑을 통해 거래당사자들은 금리와 환율변동위험을 효율적으로 헤지할 수 있다. 원/달러 환율의 급격한 하락을 이용하여 달러자금을 조달한 기업들이 환율상승에 대한 환위험을 제거하기 위해 달러를 다시 원화로 교환하는 통화스왑거래를 하게 된다. 넷째, 각국의 조세, 금융, 외환규제를 회피하고 유리한 자금지원제도를 이용하기 위해 스왑거래를 한다. 대표적인 사례로 1990년대 이후 크게 증가한 국제적인 금융기관의 금리스왑거래가 바로 그것이다. 당시 금리가 급격히 변화함에 따라 국제결제은행(BIS)과 각국 중앙은행들은 민간상업은행에 대해 대출자산에 대한 자본의 비율을 일정한 수준 이상으로 높이도록 하고 부채를 장기화하도록 유도하였는데 민간은행들은 이에 대해 장기고정금리로 자금을 조달하고 이를 변동금리로 스왑하는 방법으로 규제에 대처하였다. 스왑은 장부외거래이기 때문에 장기조달, 단기운용의 결과를 얻으면서도 대차대조표상에 장기조달사실만 기록되고 스왑거래사실은 기록되지 않아서 부채를 장기화시키는 효과를 가진다.

스왑거래

스왑거래는 미래의 정해진 기일 · 기간 동안 거래의 두 당사자가 소유한 서로 다른 현금흐름을 교환하기로 약정을 맺는 것으로, 환율 또는 금리의 변동위험을 헤지하기 위해 보편적으로 사용되는 파생상품이다. 즉, 사전에 정해진 가격 및 기간에 거래당사자가 보다 유리하게 자금을 조달하고, 위험을 헤지하기 위해 상호 부채를 교환함으로써 위험을 회피하려는 금융기법이다.

스왑거래자

스왑거래는 장외거래로서 거래당사자 간에 직접 거래하는 상품이며, 주로 기업, 은행 등 금융기관과 거래중개자에 의해 행해진다. 스왑은 거래당사자별로 거래조건이 다양하고 거래당사자가 계약이행에 대한 책임을 지게 된다. 계약이행에 대한 책임 때문에 신용도가 없거나 낮은 일반인들은 시장에 참가할 수 없으며 신용도가 높은 금융기관과 대기업을 중심으로 거래가 이루어지고 있다. 거래당사자에 대한 위험은 신용도가 낮을수록 크고, 금리스왑보다는 환율의 변동성이 큰 통화스왑의 경우에 위험도가 크다.

기업들은 현재 스왑시장에서 최종적인 수요자이며 기업의 자금조달방법의 다양화, 기업활동의 국제화, 금융시장의 통합 등으로 스왑에 대한 수요는 더욱 증가하고 있다. 국내의 경우 금융위기 이전에 기업들은 스왑을 환위험을 헤지하는 수단으로만 인식하던 것이 최근에는 조달비용의 절감, 자산과 부채의 관리차원에서 더욱 적극적으로 스왑을 활용하고 있다. 더욱이, 스왑은 금리와 환율의 변동위험을 헤지할 뿐만 아니라 더욱 높은 수익을 가져오거나 자금조달비용을 크게 감소시킬 수 있다는 점에서 기업들은 여러 가지 다양한 구조적인 스왑거래를 활용하고 있다.

스왑시장의 발달과 더불어 초기에 금융기관들은 서로 요구조건이 일치하는 기업들을 찾아 스왑거래조건의 협상과정에서 거래의 두 당사자를 지원해 주는 브로커 역할을 했으나 최근 들어서 스왑상품을 개발하고 스스로 직접 스왑상품을 사고파는 딜러로서의 역할을 병행하고 있다.

또한 은행 스스로 스왑의 거래상대방이 되어서 시장에 많은 유동성을 제공하고 있다. 스왑시장에서 은행들이 딜러로서 역할을 하면서 스왑거래는 비약적으로 증가하였고 딜러시장이 활성화되면서 스왑시장의 조성자(market maker) 역할을 수행하고 있으며, 동시에 자체 스왑포지션을 가지고 자산운용을 하면서 이익을 창출하기 위해 스왑시장을 이끌어 가고 있다. 스왑거래의 중개자는 은행 간 거래를 연결해 주는 중개자로서 본인의 자체 계정을 보유하지 않고 다만 거래당사자 간 스왑거래를 중개해 주는 역할을 한다.

2. 통화스왑

통화스왑이란 두 거래당사자가 일정한 계약기간 동안 서로 다른 통화에 대해 만기까지 원금과 이자지급을 서로 교환하기로 하는 계약을 말하는데, 만기에는 항상 통화원금의 교환이 행해진다. 한편 자금을 처음 차입할 때 맺게 되는 스왑계약에도 원금의 교환이 이루어지는 경우가 많다. 통화스왑은 거래자가 현재의 현금흐름을 변환하고자 하거나, 특정 통화를 차입하고 싶은데 현실적으로 어려울 때 다른 통화를 차입해서 그 통화로 교환하거나 특정 통화의 환율변동위험을 헤지하기 위해 사용된다.

통화스왑은 만기까지 원금에 기초하여 통화 간 금리를 교환하고, 만기일에는 금리교환과 같은 방향으로 계약시점에 미리 약정한 환율에 의해 원금을 교환하는 계약이다. 약정 환율은 일반적으로 스왑계약 현재의 현물 환율(spot rate)이 이용된다. 통화스왑의 종류에는 세 가지가 있는데 일반적인 통화스왑은 서로 다른 이종 통화의 고정금리와 고정금리 간 스왑이며, 크로스 커런시 쿠폰스왑(coupon swap)은 이종통화 간 고정금리와 변동금리의 스왑거래이다. 그리고 크로스 커런시 베이시스스왑(basis swap)은 이종통화 간 변동금리와 변동금리의 이자지급을 교환하는 것을 말한다.

통화스왑은 금리스왑과 마찬가지로 중개은행(스왑딜러)의 알선에 의해 이루어지며, 스왑딜러는 거래당사자 모두에게 양방향가격(two-way prices)을 제시한다. 또한 두 종류의 스왑을 결합함으로써 다른 종류의 스왑을 합성할 수 있으며 스왑의 특수한 형태로 차분스왑(differential swap)이 있다.

통화스왑의 사례 1: 국내기업과 국내은행 간 스왑거래

국내 A기업은 상대적으로 저렴한 비용으로 자금을 조달하기 위해 달러시장에서 변동금리인 6개월 Libor + 30bp, 만기 3년의 조건으로 1억달러의 채권을 발행하여 조달하였다. 그러나 최근에 원/달러 환율이 불안하여 환율상승의 가능성이 크고 미국 FRB에서도 금리인상을 주도하고 있다는 예측이 나오고 있다. 이때 국내 A기업은 통화스왑을 이용하여 달러를 원화로 교환하고 금리도 변동금리에서 고정금리로 교환할 수 있다면 환율상승과 금리인상에 따르는 위험을 동시에 헤지할 수가 있다.

A기업은 국내 B은행과 통화스왑을 통해 미국달러 표시 6개월 Libor + 30bp와 교환되는 원화고정금리는 5.2%, 적용환율은 950원/달러의 스왑조건을 구하였다. 이 통화스왑에 따르는 현금흐름을 살펴보면 다음과 같다.

스왑거래 체결일에 A기업은 차입한 1억달러를 국내 B은행에서 오늘 환율 950원/달러를 적용하여 950억원으로 교환하였다. 매 6개월 시점에 A기업은 5.2%의 고정금리를 B은행에 지급하고 대신 6개월 Libor + 30bp의 변동금리를 B은행으로부터 받는다. 스왑만기일에 원금교환이 이루어지는데 A기업은 950억원을 B은행에 다시 지급하고 대신 1억달러를 교환받는다. 이 통화스왑거래에서 A기업은 환율변동과 금리변동위험을 동시에 헤지할 수 있다.

통화스왑의 사례 2: 국내기업과 외국은행 간 스왑거래

국내 A기업은 미국 내 투자를 위하여 미국달러화가 필요하며 미국계 B은행은 한국진출을 위하여 한국원화가 필요한데 국내 A기업 및 미국 B은행이 금융시장에서 차입할 수 있는 금리조건은 다음과 같다고 하자.

통화스왑에서 자금차입조건 사례

	한국원화	미국달러화
국내 A기업	5.0%	Libor + 1.0%
미국 B은행	4.5%	Libor

국내 A기업은 원화를 5.0%의 고정금리로 차입할 수 있으며, 미국달러화를 Libor + 1.0% 스프레드를 포함한 변동금리로 차입할 수 있다고 하자. 미국 B은행은 미국달러화를 Libor 변동금리로 차입할 수 있으며, 원화는 4.5%의 고정금리로 차입할 수 있다고 하자. 원화와 미국달러화 모두 미국 B은행의 차입비용이 낮게 나타나는데 이는 미국 B은행의 신용등급이 높기 때문이다. 여기에서 국내 A기업은 원화와 미국달러 모두 차입비용이 절대적으로 미국 B은행에 비해 높지만, 비교적 우위에 있는 원화를 차입하고, 통화스왑을 통해 차입비용을 낮출 수 있는 것이다.

이를 위해 국내 A기업은 먼저 미국 B은행과 통화스왑계약을 맺기로 하였다. 통화스왑거래에서 국내 A기업은 한국원화를 고정금리 5.0%로 차입하고, 미국 B은행은 미국달러를 변동금리인 Libor금리로 차입한 후, 다음의 이자지급조건에 의하여 상호 통화스왑을 체결하여 이행하기로 하였다. 즉, 국내 A기업은 차입한 원화를 미국 B은행과 미국달러로 교환하고 만기까지 Libor + 0.5%의 금리를 지급하기로 약정했다. 한편, 미국 B은행은 차입한 미국달러를 국내 A기업에 원화로 교환하고 만기까지 4.75%의 고정금리를 지급하기로 했다. 이러한 통화스왑조건과 거래를 그림으로 표현하면 다음과 같다.

통화스왑

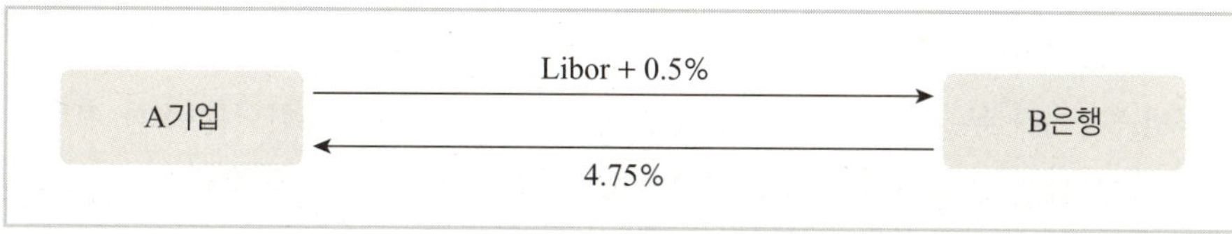

이 경우 발생하는 국내 A기업과 미국 B은행의 통화스왑이익은 다음 표에 자세하게 나타나 있다. 국내 A기업은 통화스왑으로 미국달러에 대해 Libor + 0.5%의 변동금리로 빌릴 수 있게 되었으므로 통화스왑이 없을 때 미국달러의 차입비용인 Libor + 1.0%보다 0.5% 정도 싸게 차입하게 되었다. 한편, 국내 A기업이 스왑으로 원화에 대해 4.75%의 금리이익을 얻게 되는데, 통화스왑이 없을 때 원화차입비용인 5.0%보다 낮기 때문에 0.25%의 금리손실을 보게 되었다. 따라서 국내 A기업은 통화스왑을 통해 미국달러의 스왑차입에서 0.5%의 이익과 원화차입에서 0.25%의 손실이 발생하므로 통화스왑으로 인한 총순이익은 0.25%가 된다.

한편, 미국 B은행의 경우 국내 A기업과 상반된 이해를 가지게 된다. 즉, 미국 B은행은 원래 미국달러를 Libor변동금리로 빌릴 수 있었는데 통화스왑으로 Libor + 0.5%의 금리이익을 얻게 되었다. 한편, 미국 B은행은 통화스왑으로 원화에 대해 4.75%의 금리를 지출하게 되는데, 원래 통화스왑이 없을 때 원화차입비용은 4.5%이므로 0.25%의 금리손실을 보게 된다. 따라서 미국 B은행은 통화스왑을 통해 미국달러의 차입에서 0.5%의 이익과 원화의 스왑차입비용에서 0.25%의 손실이 발생하므로 통화스왑으로 인한 총순이익은 0.25%가 된다. 결국 통화스왑으로 국내 A기업과 미국 B은행 모두가 0.25%의 순이익을 발생시키므로 차입비용을 그만큼 낮추는 역할을 하게 되었다.

통화스왑으로 인한 순손익 사례

	수익	비용	손익
국내 A기업	4.75% Libor + 1.0%	5.0% Libor + 0.5%	0.25% 이익
미국 B은행	Libor + 0.5% 4.5%	Libor 4.75%	0.25% 이익

3. 금리스왑

금리스왑이란 두 거래당사자가 일정한 계약기간 동안 동일통화의 일정한 명목원금에 대해 서로 다른 이자기준에 따라 정해지는 이자지급을 주기적으로 교환하는 것을 말한다. 금리스왑은 동일통화의 일정명목원금에 대한 이자지급을 교환하는 것이고 원금의 교환은 일어나지 않는다. 따라서 계약원금은 이동되지 않는 명목상의 금액으로 통상 동일통화로 표시되며, 계약기간 중에는 약정시점마다 서로 상대방의 이자를 청산하게 된다. 통화스왑은 서로 다른 이종통화 간 변동금리와 고정금리의 교환인 데 반해, 금리스왑은 동일한 통화 간 변동금리와 고정금리의 교환이다. 여기에서 고정금리는 만기까지 동일하게 적용되는 금리이며 변동금리는 만기까지 일정기간마다(보통 3개월 또는 6개월) 새로 책정되는 금리이다.

대부분 금리스왑에서 변동금리의 기준은 6개월 Libor로 정해진다. 따라서 금리스왑의 가격결정이란 고정금리를 결정하는 것을 말하는데, 금리스왑의 고정금리를 가리켜 스왑금리(swap rate)라고 부른다. 금리스왑에서 변동금리인 Libor flat 변동금리와 고정금리를 교환하는 스왑을 Par스왑이라고 하며 이때의 고정금리를 Par스왑금리라고 한다. Par스왑은 보통 1년에서 10년까지 거래되며 미국달러스왑의 경우 30년까지 만기가 고시된다.

금리스왑의 사례 1: 쿠폰스왑(Coupon swap)

가장 일반적인 금리스왑형태로서 차입금의 이자지급조건을 변동금리에서 고정금리로 또는 고정금리에서 변동금리로 바꾸는 거래이다. 다음의 사례에서 A기업은 처음에 고정금리로 채권을 발행하여 자금을 차입하고 이를 B은행에 변동금리로 교환하는 스왑거래이다. 이때 A기업의 경우 금리가 하락하면 손실을 입을 위험에 노출되어 있다. 이때 변동금리로 금리스왑을 체결하면 금리하락위험을 헤지할 수 있다.

금리쿠폰스왑

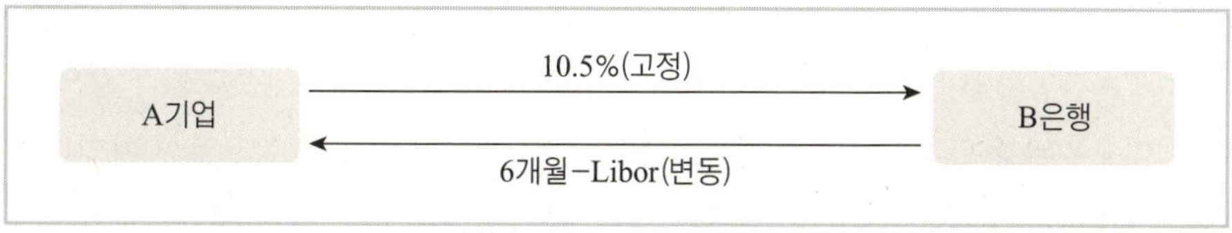

금리스왑의 사례 2: 베이시스스왑(Basis swap)

각기 다른 변동금리부 이자지급조건을 상호 교환부담하는 거래이다. 다음 사례에서 A기업은 3개월 Libor변동금리로 자금을 차입한 후에 이를 다시 B은행과 미국 회사채(CP) 수익률과 교환하는 스왑거래이다.

금리베이시스스왑

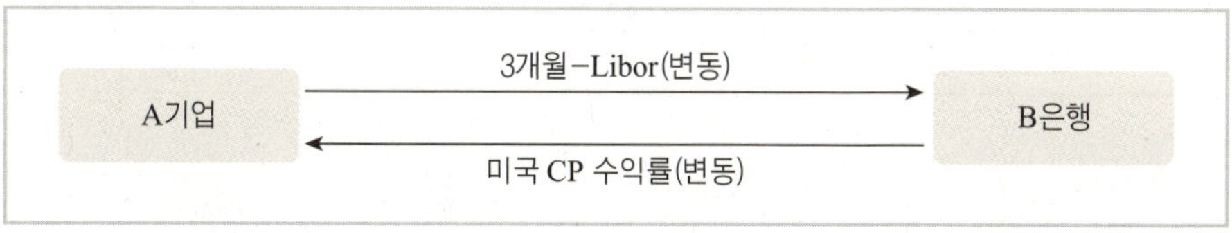

금리스왑의 사례 3: 크로스 커런시(Cross-currency) 이자율스왑

서로 다른 통화 간 이자지급조건을 교환하는 거래이다. A기업은 스위스프랑으로 자금을 차입한 후에 스위스프랑의 차입금리인 고정금리를 B은행과 변동금리인 미국달러 표시 6개월 Libor로 교환하는 스왑거래이다. 하지만 통화스왑과 다르게 이종통화 간 원금의 교환은 하지 않는다.

금리 크로스 커런시 이자율스왑

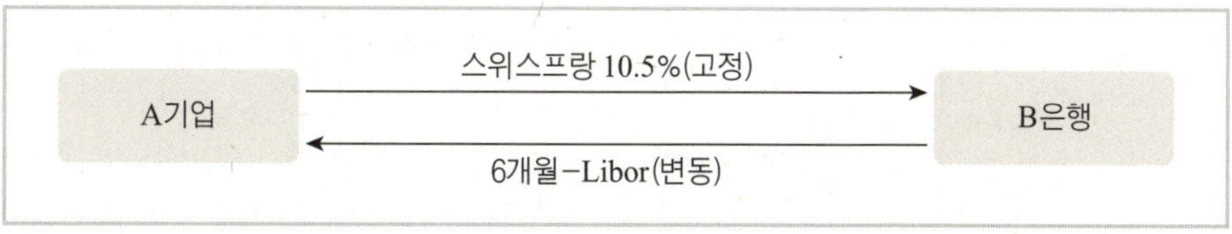

금리스왑의 사례 4: 국내기업과 국내은행 간 금리스왑거래

국내 A기업과 B은행이 금융시장에서 차입할 수 있는 금리조건은 다음과 같으며, 서로 비교우위가 있는 조건으로 자금을 차입하여 그 이자를 교환함으로써 차입비용을 절감하고자 한다. A기업과 B은행의 자금차입조건은 다음 표에 나타나 있다. A기업은 고정금리로 자금을 차입하는 경우에 11.50%의 고정금리를, 변동금리로 차입하는 경우 Libor + 0.75%로 차입할 수 있다. B은행은 A기업보다 신용도가 높아서 A기업보다 유리하게 자금을 차입할 수 있는데 10.00%의 고정금리, 또는 Libor + 0.25%의 변동금리로 자금을 차입할 수 있다고 하자.

A기업과 B은행의 자금시장 차입조건

	고정금리부 차입금리	변동금리부 차입금리
A기업	11.50%	Libor + 0.75%
B은행	10.00%	Libor + 0.25%

A기업은 Libor + 0.75% 변동금리로 또 다른 은행인 C은행에서 자금을 차입하고, B은행은 10.00%의 고정금리채권을 채권시장에서 발행한 후, 두 거래당사자 간에 금리를 서로 바꾸어 지급하는 금리스왑거래계약을 체결한다. 이때 금리스왑조건으로 A기업은 변동금리를 고정금리로 교환하고 10.30%의 고정금리를 B은행에 지급하고 B은행은 자신의 고정금리를 변동금리로 교환하는 대신에 A기업에 Libor변동금리를 지급하기로 하였다.

국내기업과 국내은행 간 금리스왑거래

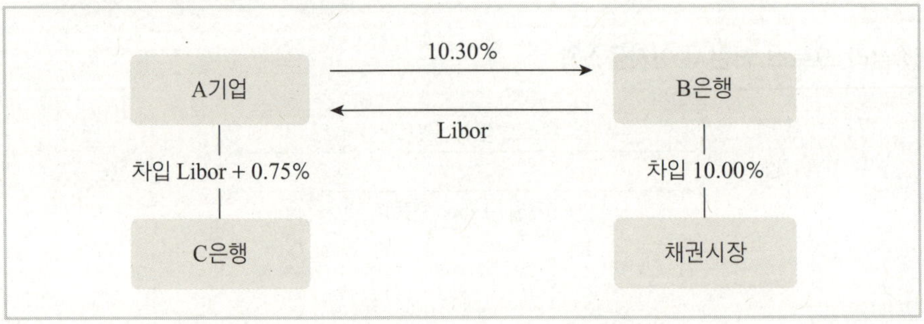

금리스왑거래에 따라 A기업과 B은행이 얻은 금리이익은 다음과 같다. A기업은 원래 11.50%의 고정금리로 자금을 차입할 수 있으나 금리스왑을 통해 10.30%의 고정금리를 부담하게 되므로 1.20%의 금리이익이 발생한다. 그러나 변동금리로 자금을 차입하게 되면 Libor + 0.75%의 변동금리를 부담하게 되는데 B은행으로부터 Libor금리만 받게 되므로 0.75%만큼의 금리손실이 발생한다. 따라서 A기업은 금리스왑으로 고정금리부 조건에서 1.20%의 이익과 변동금리부 조건에서 0.75%의 손실을 얻게 되므로 스왑의 순손익은 0.45%의 차입금리이익을 얻을 수 있다.

한편, B은행은 10.00%의 고정금리로 자금을 차입할 수 있으나 금리스왑을 통해 10.30%의 고정금리를 받게 되므로 0.30%의 금리이익이 발생한다. 또한 변동금리로 자금을 차입하게 되면 Libor + 0.25%의 변동금리를 부담하게 되는데 A기업에 Libor금리만 주게 되므로 실제 0.25%만큼의 금리이익이 발생한다. 따라서 B은행은 금리스왑으로 고정금리부 조건에서 0.30%의 이익과 변동금리부 조건에서 0.25%의 이익을 얻게 되므로 총순손익은 0.55%의 금리이익을 얻을 수 있다.

금리스왑거래로 인한 순손익

	A기업	B은행
차입비용(a)	Libor + 0.75%	10.00%
스왑수익(b)	Libor	10.30%
스왑비용(c)	10.30%	Libor
실질차입비용($X = a + b + c$)	11.05%	Libor − 0.30%
자체차입비용(Y)	11.50%	Libor + 0.25%
차입비용절감($Y - X$)	0.45%	0.55%

스왑에 대한 옵션을 통칭하는 용어로 흔히 스왑션(swaption)을 쓰고 있는데, 스왑에 대한 옵션의 종류에 대해서는 사람에 따라 다른 뜻으로 사용하는 경우가 많아 유의하여야 한다. 스왑에 대한 옵션도 다른 옵션과 마찬가지로 유럽식 옵션과 미국식 옵션이 있다. 1985년부터 거래되기 시작한 스왑션은 고정금리와 변동금리를 교환하는 스왑거래를 기초자산으로 하는 옵션거래로 매도자와 매수자 간에 미래 일정시점에 금리조건을 교환할 수 있는 권리를 사고파는 것을 의미한다.

금리스왑에 대한 옵션매입자는 프리미엄을 지급하고 계약기간 중 변동금리를 고정금리로, 또는 고정금리를 변동금리로 전환할 수 있는 권리를 갖게 되어 금리위험을 한정시킬 수 있고 금리가 유리하게 변동하는 경우 이익을 얻을 수 있다. 예를 들어, 10억원을 변동금리로 차입한 기업이 연 10%의 고정금리로 바꿀 수 있는 스왑션을 은행을 통해 매입했다고 하자. 현재의 시장금리가 8%인데 만일 시장금리가 연 10% 이상으로 높아지면 스왑션을 행사하여 기업은 시장금리가 10% 이상이 되더라도 연 10%의 이자만 지불하면 되어 금리상승에 따른 이자부담을 피할 수 있게 된다.

제2절 ELS

ELS(Equity Linked Securities)는 개별 주식의 가격이나 주가지수에 연동하여 수익률이 결정되는 상품으로 투자원금 중 일부는 우량채권 등 안전자산에 투자하여 만기에 투자원금상환에 충당하고, 일부는 옵션복제재원으로 사용하여 수익을 추구하는 구조로 되어 있다. 기초자산이 개별 주식인 경우만을 ELS라고 하고 주가지수인 경우를 EILS(Equity Index Linked Securities)라고 구분해서 부르기도 한다. 또 ELS는 상품을 판매하는 기관에 따라 다른 이름을 사용하고 있다. 은행은 정기예금상품에 주가를 연계해서 ELD(Equity Linked Deposit)라고 하고 증권사는 채권형태로 판매하여 ELN(Equity Linked Notes)이라고 하며, 투자신탁회사는 펀드형식으로 판매하여 ELF(Equity Linked Funds)라고 부른다.

ELS는 증권회사가 판매하는 일종의 정기예금과 같은 성격의 주가연동파생상품이다. 증권회사 중 어느 하나의 증권회사가 장외파생상품(warrants)을 개발하여 다른 증권회사에 판매(발행)하면, 증권회사는 이를 개인투자자에게 판매한다. 장외파생상품은 주로 국내에 진출한 외국계 증권회사가 발행(매도)하고 있으며, 국내 증권회사들은 프리미엄(수수료)을 주고 이들 장외파생상품을 매수하여 ELS상품을 판매하고 있다. 장외파생상품을 발행한 증권회사는 발행된 장외상품의 권리행사에 대비하기 위해 헤지를 하기도 하지만 프리미엄이 비싼 편이다.

ELS는 미국에서 S&P 500을 대상으로 처음 개발되었으며, 국내에서는 2003년 도입되었다. 도입 초기에는 KOSPI나 KOSPI 200 등 주가지수를 기초자산으로 한 원금보존형 상품이 대부분이었으나 최근에는 보다 높은 수익을 추구하기 위하여 원금비보존형 및 개별 종목을 기초자산으로 하는 상품이 주류를 이루고 있다. 국내 ELS시장은 2006년 상반기까지 발행규모가 10조원을 넘어서는 등 활성화되고 있다. 이는 ELS가 제한된 위험하에서 일정한 수익을 추구하는 구조로 되어 있기 때문이다.

ELS의 운영방법은 다음과 같다. 주가지수를 기초자산으로 한 ELS의 경우, ELS 판매사는 원금의 일정부분(프리미엄)으로 주가지수에 대한 옵션(워런트)을 매입하고, 프리미엄을 제외한 원금은 안전자산에 투자하여 만기에 투자자의 투자원금상환에 충당하게 된다.

원금보장형 ELS에서의 원금보장방법은 투자자금 중 확정수익을 얻을 수 있는 상품에 일정부분을 투자하여, 동 상품으로부터의 투자이익으로 원금을 보장, 나머지 자금을 다른 금융상품에 투자하여 초과투자수익을 추구한다. 원금보장의 사례를 들면 다음과 같다. 먼저, 투자자금이 100원, 무위험국채 예상투자수익률이 연 5%이며, 거래비용은 무시한다고 가정한다. 확정이자수익을 보장하는 무위험국채에 대한 투자금액을 산출해 보면 투자원금에서 국채투자금액을 제외한 금액을 X라고 하면, $(100 - X)$를 확정이자를 받을 수 있는 국채에 투자하고 X를 주가지수 등 여타 금융상품에 투자하여 초과투자수익을 추구한다.

$$(100 - X)(1 + 0.05) = 100$$

위 식에서 무위험국채 이외에 주가지수 등에 투자한 금액 X에 대해 풀면 $X = 4.76$, 따라서 원금 100원 중 95.24원을 연 5% 수익의 국채에 투자하고 나머지 4.76원을 ELS, 옵션, 주식 등 여타 금융상품에 투자하여 초과수익을 추구할 수 있다. 그러나 4.76원을 초과하여 10원으로 다른 금융상품을 매입한다면 보다 높은 수익을 올릴 수 있겠지만 최악의 경우 원금 이하로 수익이 내려갈 가능성이 존재한다. 이 경우 원금의 94.5%$\{= 90 \times (1 + 0.05)\}$만 보장되는 ELS가 된다.

한편 일정한 프리미엄으로 원하는 양의 옵션을 매입하지 못하는 경우가 발생할 수 있다. 예를 들어, 현재주가지수에 대한 1년 만기 콜옵션의 가격이 8%라고 가정한다면 원금을 보장할 수 있는 ELS에서 나올 수 있는 프리미엄은 4%를 넘지 못하므로 원하는 옵션의 50%만을 매입할 수 있게 된다. 이와 같이 주가지수의 움직임에 따라 ELS투자자가 얼마만큼의 수익을 공유할 수 있는가를 나타내는 비율을 참여율(participation ratio)이라고 한다. 따라서 참여율이 50%라면, 주가지수가 20% 상승했을 때 ELS의 수익률은 10%{= 20% × 0.5}가 된다.

ELS에 투자한 투자자가 받을 수 있는 금액은 다음 수식으로 표현될 수 있다.

$$M = P \times \left(1 + r \times \frac{I_r - I_0}{I_0}\right) + \alpha$$

여기서, M: 투자자가 받는 금액
P: 투자원금
r: 참여율
I_r: 만기 시의 지수수준
I_0: 계약 시의 지수수준
α: 채권에서 보장받는 금액(이자)

ELS

ELS(Equity Linked Securities)는 개별 주식의 가격이나 주가지수에 연동하여 수익률이 결정되는 상품으로 투자원금 중 일부는 우량채권 등 안전자산에 투자하여 만기에 투자원금상환에 충당하고, 일부는 옵션복제재원으로 사용하여 수익을 추구하는 파생상품이다. 기초자산이 개별 주식인 경우만을 ELS라고 하고 주가지수인 경우를 EILS(Equity Index Linked Securities)라고 구분해서 부르기도 한다.

그러나 상품의 설계에 따라 투자자가 받을 수 있는 금액은 다양하게 변한다. 현재 한국에서 발행된 ELS는 크게 녹-아웃(knock-out)형, 불스프레드(bull spread)형, 디지털(digital)형으로 분류되는데, 종류별 수익구조는 다음과 같다.

1. 녹-아웃형

주가지수가 ELS의 만기 이내에 한 번이라도 일정수준 이상 상승하면 확정된 수익을 지급하고 그렇지 않은 경우 만기시점의 주가상승률의 일정비율을 지급하도록 설계된 ELS이다. 만약 주가지수가 20%까지 상승할 때까지는 최대 10%의 수익을 받고, 만기 이내에 주가지수가 한 번이라도 20% 이상 상승했다면 5%의 고정수익을 보장받는 조건의 녹-아웃(knock-out)형 ELS의 수익률구조이다. 최악의 경우 원금의 전부 또는 일부를 보존하도록 설계되었는데 원금을 100% 보장하는 구조에서부터 원금의 95%, 90%를 보존하는 구조 등으로 다양하게 만들 수 있다. 원금보존율이 낮아질수록 다음 그림에서 굵은 선의 바닥은 아래로 이동하고 기울기는 가파르게 되어 기대수익이 그만큼 높아진다.

녹-아웃형 ELS

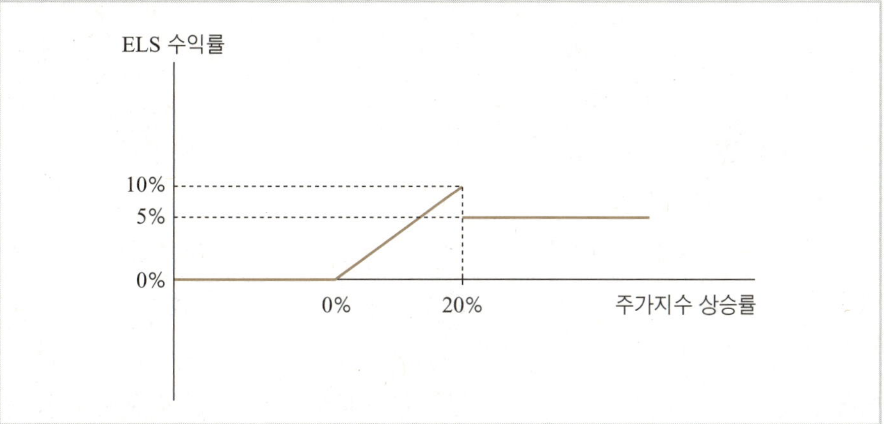

2. 불스프레드형

만기 주가지수가 일정수준 이하이면 투자원금을 보장받고, 이후 일정수준까지는 주가지수 상승률에 비례하여 참여율만큼의 수익을 향유하며, 그 이상의 구간에서는 수익률에 상한(cap)이 존재하는 구조로 설계된 ELS를 말한다. 다음 그림은 주가지수가 20%까지 상승할 때까지는 최대 10%의 수익을 받고 20% 이상 상승했을 때에는 10%의 고정수익을 받는 불스프레드(bull spread)형 ELS의 수익구조를 나타내고 있다.

불스프레드형 ELS

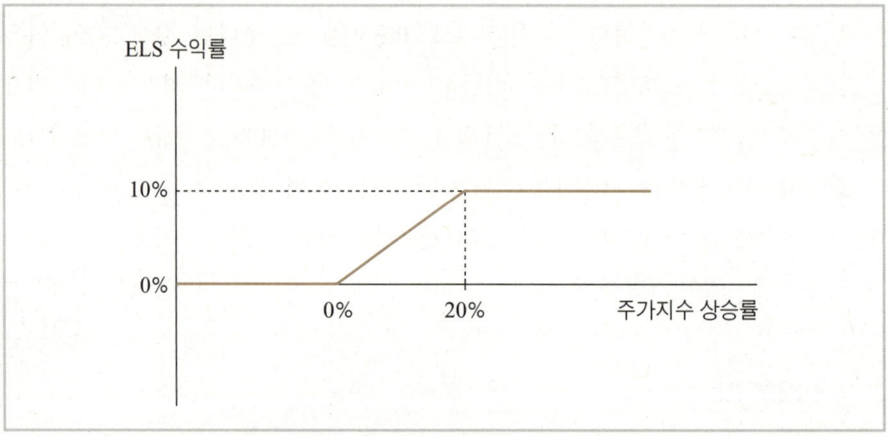

3. 디지털형

디지털(digital)콜옵션형 ELS는 만기시점의 주가가 시작시점의 주가보다 높으면 상승률에 관계없이 사전에 계약한 금리를 보장받고 하락할 경우에는 원금을 보장받는 형이다. 디지털풋옵션형은 이와 반대로 만기시점의 주가가 시작시점의 주가보다 하락할 경우에 하락률에 상관없이 계약한 금리를 보장받고 상승할 경우에는 원금을 보장받는 형이다. 다음 그림은 만기시점의 주가지수가 시작시점의 주가지수보다 상승했을 경우 10%의 수익을 보장하는 디지털콜옵션형 ELS의 수익구조를 보여준다.

디지털형 ELS

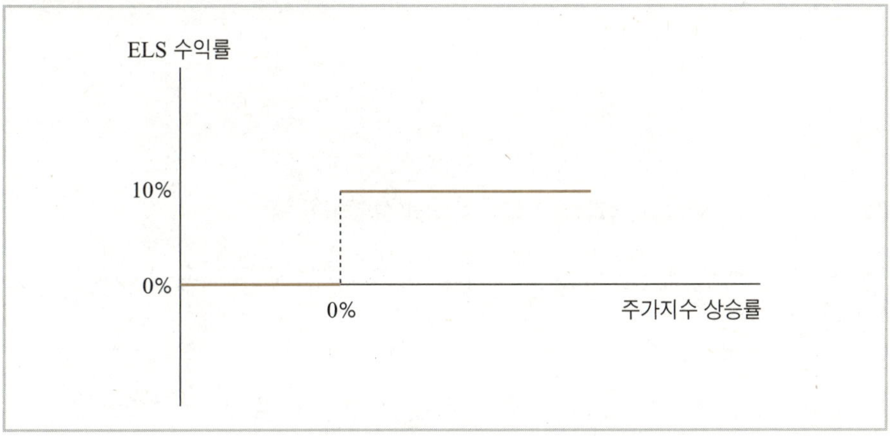

연습문제

〈설명형〉

01 스왑거래(swaps)의 개념과 주요 목적(기능)을 설명하라.

02 주가연계증권(Equity Linked Securities: ELS)의 개념과 거래유용성(동기) 및 주요 유형을 설명하라.

〈선택형〉

※진위형

01 스왑거래는 미래의 정해진 기일 또는 기간 동안 거래 두 당사자가 소유한 서로 다른 현금흐름을 교환하기로 약정을 맺는 것을 말한다.
① 그렇다 ② 아니다

02 스왑거래는 거래당사자가 보다 유리하게 자금을 조달하고 위험을 헤지하기 위한 금융기법이다.
① 그렇다 ② 아니다

03 스왑거래는 대차대조표상의 거래로 인식되기 때문에 부채를 장기화 하는 데 유용하다.
① 그렇다 ② 아니다

04 스왑거래가 발생하는 이유는 차입상의 비교우위 때문이다.
① 그렇다 ② 아니다

05 금리스왑은 서로 다른 통화의 원금과 이자지급 모두를 교환하는 것을 말하고, 통화스왑은 원금의 교환 없이 동일 통화의 이자지급만을 교환하는 것이다.
① 그렇다 ② 아니다

※4지 선다형

(06~07) 다음은 국내 A기업과 미국 B은행의 차입금리 조건이다. 다음 물음에 답하시오.

	한국원화	미국달러화
국내 A은행	5.0%	Libor+1.0%
미국 B은행	4.5%	Libor

06 위의 상황에 대한 다음 설명 중 틀린 것은?

① A기업은 한국원화 차입에 비교우위가 있다.

② B은행은 미국달러화 차입에 비교우위가 있다.

③ B은행은 한국원화와 미국달러화 차입에 모두 비교우위가 있다.

④ A기업은 원화를 차입, B은행은 달러화를 차입하여 스왑거래를 하게 된다.

07 A기업은 차입한 원화를 B은행과 달러로 교환하고 만기까지 Libor+5%의 금리를 지급하기로 약정하였다. 한편 B은행은 차입한 미국 달러를 A기업에게 원화로 교환하고 만기까지 4.75%의 고정금리를 지급하기로 하였다. 이 경우 A와 B의 차입비용의 손익은 다음 중 어느 것인가?

① A: 0.5% 이익 B: 0.5% 이익

② A: 0.25% 이익 B: 0.5% 손해

③ A: 0.5% 손해 B: 0.25% 이익

④ A: 0.25% 이익 B: 0.25% 이익

08 ㈜조선기업과 ㈜경북기업 이 두 기업은 모두 100억원의 원금으로 스왑거래를 하고자 한다. 금리는 복리로 계산되며, 매 6개월마다 계산되고, 수익률곡선은 반기별 기준으로 5%에서 수평이다. 이런 조건하에서 지급기업인 ㈜조선기업은 Libor를 ㈜경북기업에 지급하고, 복리로 계산되는 Libor를 수령하는 4년 만기 스왑의 가치를 구하라.

09 통화스왑에 대한 다음 설명 중 틀린 것은?

① 통화스왑은 두 종류 이상의 통화에 관하여 원금 및 이자를 교환한다.

② 통화스왑을 통하여 당사자들은 모두 차입비용을 절감할 수 있다.

③ 교환하는 금리에 따라 고정–고정금리, 고정–변동금리, 변동–변동금리로 분류된다.

④ 통화 간 고정금리스왑은 유동성이 풍부하여 활발히 거래된다.

[10~13] 다음은 (주)조선기업과 경북은행의 자금시장 차입조건이다. 다음 물음에 답하시오.

	고정금리	변동금리
㈜조선기업	11.5%	Libor+0.75%
경북은행	10.0%	Libor+0.25%

10 각 기업은 어느 시장에서 자금을 조달하는 것이 상대적으로 비교우위에 있는가?

① ㈜조선기업: 변동금리, 경북은행: 고정금리
② ㈜조선기업:고정금리, 경북은행: 변동금리
③ ㈜조선기업: 변동금리, 경북은행: 변동금리
④ ㈜조선기업: 고정금리, 경북은행: 고정금리

11 금리스왑 조건으로 (주)조선기업은 변동금리를 고정금리로 교환하고 10.30%의 고정금리를 경북은행에 지급하고 경북은행은 자산의 고정금리를 변동금리로 교환하는 대신에 (주)조선기업에게 Libor flat 변동금리를 지급하기로 하였다. 이 경우 (주)조선기업과 경북은행이 절약하게 될 금리는 총 얼마인가?

① 0.25% ② 0.5% ③ 0.75% ④ 1%

12 (주)조선기업의 차입절감비용은 얼마인가?

① 0.25% ② 0.45% ③ 0.55% ④ 0.75%

13 경북은행의 차입절감비용은 얼마인가?

① 0.25% ② 0.45% ③ 0.55% ④ 0.75%

14 다음 금리스왑에 대한 설명 중 바르지 못한 것은?

① 한 변동금리와 다른 변동금리에 따라 결정되는 이자지급을 교환하는 것을 인텍스스왑이라고 한다.
② 대부분 통화의 금리스왑에서 변동금리의 기준은 6개월 Libor로 정해진다.
③ 스왑금리(swap rate)는 금리스왑과 만기가 같은 채권의 수익률과 비슷한 수준에서 결정된다.
④ 스왑금리는 금리옵션의 연속적인 여러 기간의 평균가격 수준에서 결정된다.

15 매도자와 매수자 간에 미래의 일정시점에 금리조건을 교환할 수 있는 거래로, 고정금리와 변동금리를 교환하는 스왑거래를 기초자산으로 하는 것은?

① 옵션 ② 스왑 ③ 워런트 ④ 스왑션

PART 03

FINANCIAL FUTURES AND OPTIONS

금융선물옵션의 이해와 활용

CHAPTER

07 우리나라 금융선물 옵션의 이해와 활용

제1절 금융선물의 이해

최근에 가장 빠르게 성장하는 투자분야인 금융선물상품은 CD금리와 국채금리선물, 미국달러선물, KOSPI 200 주가지수선물 등이 있으며 여기에서는 각 금융선물상품의 특징을 살펴보고자 한다.

금융선물시장은 최근 각국의 금융규제완화와 정보통신매체의 발달로 국제자본의 이동이 급속히 증가하면서 거래규모가 증대되고 있다. 이러한 국제자본이동은 각국의 금융시장을 불안정하게 하고 금융위험을 상대적으로 증가시키는데, 금융선물상품은 이러한 금융위험을 제거하고 자산운용과 투자 포트폴리오의 범위를 다양하게 운용할 수 있게 하는 수단을 제공함으로써 최근 10년간 급격히 증가하였다.

하지만 금융선물상품은 본질적인 위험의 특성이 이해하기 어렵고 모호해서, 일반투자가나 금융기관에서 이들의 위험정도를 잘 이해하지 못하고 있는 실정이다. 또한 국제금융시장이 서로 동조화되면서 금융시장 간 위험의 파급효과가 높아져서 국제금융시장 전체의 불안정성이 증대되고 있다. 따라서 각국은 금융선물상품에 대한 회계처리나 위험의 노출정도, 선물포지션 공시 등 국제투자자금의 관리기준을 서둘러 강화하고 있다.

금융선물상품의 이해

최근 국제금융시장에서 금융선물상품의 거래가 급속하게 증가하면서 이와 관련된 기업 및 금융기관의 손실이 크게 증가하고 있다. 예를 들어, 1994년 4월 미국의 P&G사가 금리선물을 이용한 거래에서 1억달러의 손실을 입었고, 1995년 2월 영국의 투자은행인 베어링스사(Barings)가 일본 니케이 주가지수 선물거래에서 9억달러의 손실을 입고 파산한 적이 있다. 또한 금융상품거래에서 가장 앞서가는 선트러스트 뱅크스, 케미컬은행, JP 모건은행 등과 같은 미국 투자은행조차 금융선물거래로 인해 막대한 손실을 입은 경험이 있다.

이와 같은 기업이나 금융기관의 금융선물거래로 인한 손실은 금융선물상품 자체가 위험해서가 아니라 이들 금융선물상품을 투기적 목적으로 이용하였기 때문이다. 즉, 미래에 금리, 환율, 물가의 변화를 미리 예측하여 이를 근거로 금융선물상품을 매도하거나 매입하였는데, 이들 가격이 예상과 반대로 변화한 경우 큰 손실을 입게 되는 것이다. 하지만 금융선물상품을 분산투자나 실물거래의 위험헤징, 차익거래 등의 목적으로 잘 활용할 수 있다면 급변하는 금융시장환경에서 금융선물상품은 위험회피와 자산운용전략으로 좋은 투자수단이 될 수 있다.

1. CD와 국채금리선물

현재 한국에서 거래되는 금리선물상품은 3개월 만기 CD금리선물과 장기국채금리선물이 있다. CD와 국채금리선물은 다른 상품과 마찬가지로 CD와 국채의 수요와 공급에 의해 가격이 결정된다. CD(Certificate of Deposit)는 양도성 예금증서로서 은행이 기업이나 가계로부터 돈을 빌리고 발행하는 채권의 일종이다. 기업투자가 증가하거나 가계소비가 증가하면 자금수요가 증가한다. 이들이 자금을 조달하는 방법은 은행에서 돈을 빌리거나 채권을 발행하는 것이다. 따라서 자금수요가 증가하면 CD공급이 증가하게 되며 CD공급이 증가하면 CD가격은 하락하게 된다. 국채는 정부가 기업이나 가계로부터 돈을 빌리고 발행하는 3년 만기의 채권이다. 정부의 지출이 증가하면 정부의 자금수요가 많아져서 정부가 채권을 발행해서 매도함으로써 자금을 조달할 수 있다. 이때 국채의 발행이 증가하면 국채의 가격이 하락하고 시장금리는 상승하게 된다.

CD금리선물과 국채금리선물은 금리 자체가 상품이 아니라 3개월 만기 CD채권과 3년 만기 국채가 상품이며 금리선물가격은 시장채권가격에 반영되어 나타난다. 시장금리가 상승하면 할인율이 높아져서 채권의 가격은 하락하게 되고 시장금리가 하락하면 채권가격은 상승하게 된다.

금리와 금리선물가격

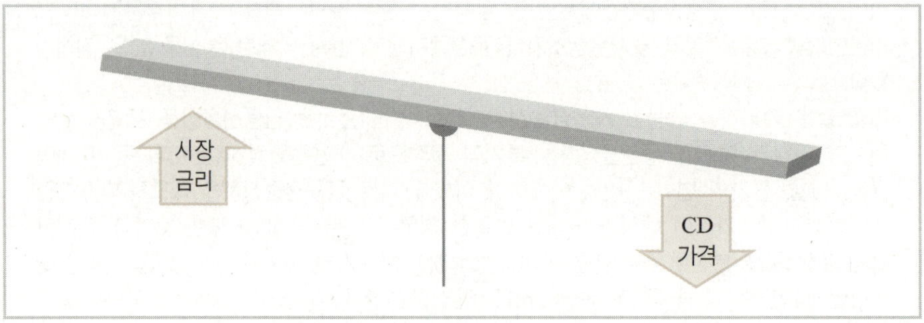

CD와 국채의 시장가격과 시장금리

예를 들어, 3개월 만기 CD의 액면가격이 1,000만원이고 CD금리가 연 9%인 경우를 살펴보자. 시장금리가 연 10%라면 당신은 이 CD를 얼마에 사겠는가? CD금리가 9%인 CD의 매년 수익률(이자)은 90만원인 데 반해 CD를 사지 않고 1,000만원을 시장금리 10%로 예금을 했다면 이자소득으로 100만원을 얻을 수 있다. 따라서 액면가 1,000만원의 CD는 시장에서 할인되어(discount) 1,000만원보다 싸게 거래되며 CD를 구입해서 시장금리와 같이 최소한 10%의 수익률을 얻기 위해서는 CD가격이 900만원이 되어야 한다.

시장금리가 10%인 상황에서 액면가 1,000만원 CD의 시장가격은 다음과 같이 계산된다.

$$\frac{90\text{만원}}{\text{CD 시장가격}} = 10\% \text{ 시장수익률}$$

$$90\text{만원} = 0.10 \times \text{CD 시장가격} \rightarrow \text{CD 시장가격} = 900\text{만원}$$

반대로 시장금리가 8%라면 시장금리로 예금하는 것보다 CD를 구입해서 얻을 수 있는 수익률이 더 높다. 따라서 금리 9%짜리 CD가격은 1,000만원보다 커야 되며 CD를 구입해서 시장금리와 같이 8%의 수익률을 얻기 위해서는 CD의 시장가격이 1,125만원이 되어야 한다.

$$\frac{90\text{만원}}{\text{CD 시장가격}} = 8\%\ \text{수익률}$$

$$90\text{만원} = 0.08 \times \text{CD 시장가격} \rightarrow \text{CD 시장가격} = 1,125\text{만원}$$

CD와 국채금리선물의 헤징과 투기

시장금리가 상승하면 CD와 국채가격은 하락하며 시장금리가 하락하면 CD와 국채가격은 상승한다. 만일 어느 투자자가 CD와 국채를 보유하고 있을 때 시장금리가 상승한다면 보유CD와 국채의 가격이 하락하게 되므로 손실을 입게 된다. CD와 국채의 가격하락(혹은 금리상승)으로 인한 손실을 회피하기 위해서는 CD와 국채를 미리 오늘의 선물가격(선물금리)으로 매도해야 한다. 이것이 CD와 국채금리선물을 이용한 선물매도헤지(short hedge)이다. 반대로 앞으로 여유자금으로 CD와 국채에 투자하려는 사람은 금리가 하락할 경우 CD와 국채가격이 상승하기 때문에 미리 CD와 국채를 선물로 매입함으로써 싸게 CD와 국채를 구입할 수 있다. 이 경우가 CD와 국채금리선물을 이용한 선물매입헤지(long hedge)이다.

시장금리의 변동을 이용하여 금리차익을 얻기 위한 선물거래가 CD금리와 국채금리선물의 투기거래(speculating)이다. 만약 금리가 상승할 것 같으면 CD와 국채의 가격이 곧 하락할 것이라고 예상할 수 있다. 이 경우 CD와 국채금리선물을 미리 매도한다면 CD와 국채가격의 하락으로 이익을 얻을 수 있다.

시장금리는 어떻게 결정될까?

금리는 돈을 빌리는 대가로 채무자가 채권자에게 지급하는 것이며, 보통 시간적 가치, 신용위험, 그리고 물가상승을 반영한다.

① **시간적 가치**: 현재 100만원은 내일 100만원보다 더 가치가 있다. 내일의 100만원은 내일 발생할지도 모르는 위험과 내일까지 기다려야 하는 시간(고통)을

반영하기 때문에 오늘의 100만원보다 그 가치가 작다. 오늘의 100만원과 내일의 100만원의 상대적인 시간적 가치가 금리이다.

② **신용위험**: 금리는 채무자의 상환불능에 따르는 위험의 값이다.

③ **물가상승**: 내일 물가가 상승해서 100만원의 실질가치가 떨어지면 오늘 100만원의 가치를 동일하게 유지하기 위해서 지불되는 보상이 금리이다.

이러한 세 가지 요소 때문에 금리의 변동은 커지게 되며 일반적으로 장기부채는 단기부채보다 화폐의 시간가치와 상환불능위험이 크므로 장기금리가 단기보다 높다. 또한 물가상승(인플레이션)은 금리에 직접적으로 영향을 주게 되므로 인플레이션의 변동이 클 경우 금리는 급변한다. 이에 따라 금리변동에 따르는 위험을 줄이는 수단으로 금리선물의 헤지가 필요하다.

금리와 채권선물가격

금리선물은 금리 자체가 상품이 아니라 3개월 만기 CD채권과 3년 만기 국채가 상품이며 금리선물가격은 시장채권가격에 반영되어 나타난다. 시장금리가 상승하면 할인율이 높아져서 채권의 가격은 하락하게 되고 시장금리가 하락하면 채권가격은 상승하게 된다.

금리의 결정

2. KOSPI 200 주가지수선물

주가지수선물은 주식가격이 급변하게 됨에 따라 이에 대한 위험회피수단으로 거래되기 시작했으며 주식시장의 전반적인 움직임을 수치화한 것이다. 특히 주가지수선물은 정부정책의 변화와 경기변동으로 인해 주식시장의 변동성과 주식가격변화로 인한 위험을 감소시킬 수 있는 헤지수단으로 활발하게 사용되어 왔다.

주가지수는 가중평균값으로 계산되며 기준연도 주식의 가격에 대비하여 현재에 이들의 가격이 어떻게 변화되는지를 수치화한 지수이다. KOSPI 200 주가지수는 1990년 1월 3일에 계산된 주식의 가격에 대비하여 현재의 주식가격변화를 지수로 계량화한 것이며 KOSPI 200에 포함되는 주식은 한국증권거래소에서 거래되는 주식 가운데 산업별로 거래량이나 거래액수의 비중이 큰 종목 200개를 선정한 것이다. 지수에 포함되는 개별 주식수가 많을수록 어느 한 주가의 변동이 지수 전체에 미치는 영향은 작아질 것이다.

미국에서 가장 많이 거래되고 있는 주가지수선물은 S&P 500이다. Standard & Poors 500(S&P 500) 주가지수는 뉴욕거래소에서 거래되는 500개의 우량상장주식으로 구성되어 있으며 시장가치의 가중평균값이다(각 주식에 대하여 그 종목의 발행주식수와 주가를 곱한 값으로 가중치가 매겨지는 방식). 따라서 발행주식수가 많고 고가주인 종목의 가치변동은 저가소형주에 비해서 지수에 보다 큰 영향을 미치게 된다.

주가지수선물과 체계적 위험

주가지수선물은 **체계적 위험**(systematic risk) 또는 **시장위험**을 감소시키기 위해 사용될 수 있으며, 시장위험이란 시장 전체에 영향을 미치는 위험을 의미한다. 정부의 통화량정책이나 재정정책의 변화는 물가와 금리에 영향을 주게 되고 이러한 물가와 금리의 변화는 특정 개별 주가에만 영향을 미치는 것이 아니라 모든 주가에 동시에 영향을 미치게 된다. 이에 반해 개별 주가의 변화에 대한 위험은 다양한 주식의 분산투자(portfolio)를 통해 분산시킬 수 있지만 전체 주가(또는 포트폴리오 가치)의 동시적인 하락과 상승의 경우 단순한 분산투자로는 위험을 줄일 수 없고 주가지수선물을 이용하여 전체 주가변동의 위험을 회피할 수 있다.

한편 **비체계적 위험**(non-systematic risk)은 주식시장 전체에 미치는 위험이 아니라 특정 주식이나 개별 산업에서 발생하는 개별 주가의 변동위험을 말한다. 어느 기업에서 제품개발을 등한시하거나 무능한 경영진의 존재는 그 기업의 개별 주가를

주가지수선물과 체계적 위험의 헤징

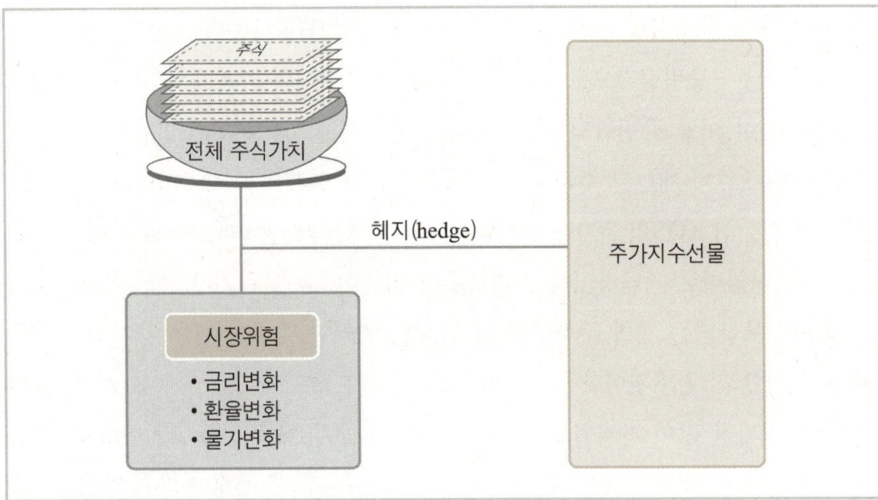

포트폴리오와 비체계적 위험의 헤징

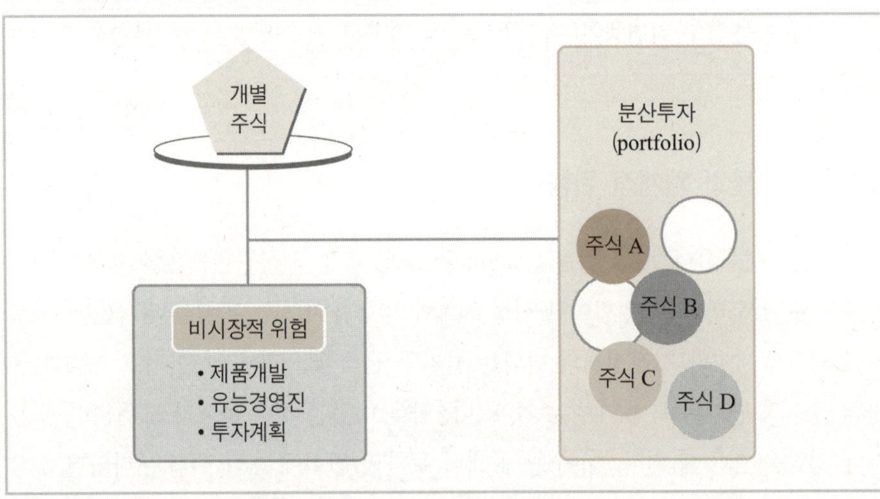

하락시킬 수 있으며 이러한 개별 주식가격변동으로 인한 위험(비체계적인 위험)은 분산투자를 통해서 감소되거나 제거할 수 있다.

주가지수선물가격

주가지수는 가중평균값으로 계산되며 기준연도 주식의 가격에 대비하여 현재에 이들의 가격이 어떻게 변화되는지를 수치화한 지수이다. KOSPI 200 주가지수는 1990년 1월 3일에 계산된 주식의 가격에 대비하여 현재의 주식가격변화를 지수로 계량화한 것이며 KOSPI 200에 포함되는 주식은 한국증권거래소에서 거래되는 주식 가운데 산업별로 거래량이나 거래액수의 비중이 큰 종목 200개를 선정한 것이다.

3. 주가지수선물과 헤지비율

주가지수선물의 헤지와 베타(β)

시장 전체 주식가격의 변동에 따르는 시장위험을 제거하기 위해서는 먼저 보유하고 있는 포트폴리오 자산의 가치와 그에 상응하는 주가지수선물의 계약수를 계산하는 것이 필요하다. 왜냐하면 투자하고 있는 주식과 주가지수의 가격변화가 서로 다르기 때문이다. 따라서 보유하고 있는 주식과 주가지수 간의 연관성을 먼저 계산해야만 필요한 주가지수선물의 계약수를 결정할 수 있다. 여기서 보유주식과 주가지수 간의 상관관계를 베타(β)라고 한다.

보유주식의 가격변화와 주가지수의 가격변화가 일치하는 경우 베타값은 1이 되며 보유주식의 가격변화가 주가지수선물의 가격변화보다 큰 경우 베타값은 1보다 커야 한다. 물론 보유주식가격이 주가지수선물의 가격과 반대로 움직이는 경우 베타는 0보다 작게 된다.

일단 베타값이 결정되면 헤지에 필요한 주가지수선물의 계약수를 계산하기 위해서 다음과 같은 공식이 사용된다.

$$\frac{\text{보유주식의 시장가치}}{\text{주가지수선물 1계약의 가치}} \times \text{베타}(\beta) = \text{선물계약수}$$

즉, 보유주식의 가치와 주가지수가격의 상대적인 변동을 조정하기 위해 베타를 곱하는 것이다. 여기서 주가지수선물 1계약의 가치는 주가지수에 주가지수 1포인트의 금액인 50만원을 곱해 준 값이다. 예를 들어, 주식투자자인 김 씨가 주식을 292,000,000원어치를 보유하고 있는데 보유주식의 가치하락으로 인한 손실을 회피하기 위해 미리 주가지수선물을 매도했다고 가정하자. 베타가 0.5이고 주가지수선물이 292.00일 때 김 씨는 주가지수선물을 몇 계약 매도해야 하는가? 김 씨가 헤지하기 위해 필요한 주가지수선물은 1계약이며 선물 1계약을 매도하면 된다.

$$\frac{292,000,000\text{원}}{292.00 \times 500,000\text{원}} \times 0.5 = 1\text{계약}$$

헤지비율과 완전헤지

위험에 대한 헤지는 현물로 보유하고 있는 금융자산 혹은 변제해야 할 채무에 대하여 반대되는 포지션을 선물 혹은 옵션시장에서 취함으로써, 보유하고 있는 포트폴리오 자산의 가격변동위험을 제거하기 위한 거래이다. 이러한 헤지거래의 성공여부는 다음 세 가지 조건에 의하여 결정된다.

첫째, 현물로 보유하고 있는 포트폴리오상품과 동일한 상품을 기초상품으로 하는 선물상품이 존재하여야 한다. 예를 들어, 금세공업자가 미래에 판매할 금값의 변동위험을 제거하기 위해서는 금을 기초상품으로 하는 선물 혹은 옵션으로 헤지거래를 하여야 한다. 그러나 현실적으로 가격위험을 제거하고자 하는 현물상품과 동일한 선물상품은 별로 많지 않다. 이 경우 유사한 상품의 교차헤지(cross hedge)를 이용하여 헤지를 하고 있으나, 대상현물상품과 교차헤지의 기초상품 간의 가격변동이 괴리가 있기 때문에 완전헤지(perfect hedge)는 불가능하다.

둘째, 헤지하는 기간과 동일한 만기를 가진 선물상품이 존재하여야 한다. 그러나 현실적으로 위험을 헤지하고자 하는 기간과 동일한 만기를 가진 선물상품은 거의 없다. 헤지하고자 하는 기간이 짧을 경우 선물의 만기일 이전에 선물거래의 반대포지션을 취하여 정산함으로써 원하는 헤지결과를 얻을 수 있다. 반대로 헤지하는 기간이 길다면, 롤오버(roll over)헤지나 스트립헤지를 이용하여 헤지를 하여야 한다. 그러나 헤지하는 기간이 선물만기와 상이할 경우, 헤지결과는 오차가 발생하여 완전헤지가 불가능해진다.

셋째, 헤지의 기간 동안 현물과 선물의 가격차이인 베이시스(basis)의 변화가 없어야 한다. 즉, 헤지를 시작할 때의 현물가격과 선물가격의 차이가 만기에 가서도 그대로 유지되어야 한다는 것이다. 그러나 베이시스는 매일 변동하기 때문에, 만기에 가서 완전한 헤지결과를 얻기란 거의 불가능하다. 현실적으로 헤지의 성공 여부는 베이시스의 변동에 의하여 제일 크게 영향을 받는다.

헤지비율은 헤지하려는 현물 포트폴리오 자산 한 단위에 대하여 위험을 헤지하는 선물의 포지션의 계약숫자를 의미한다. 완전헤지가 되기 위해서는 위의 세 가지 조건이 모두 만족되어야 하며, 이 경우 헤지비율은 1이 된다. 그러나 앞에서 설명하였듯이 교차헤지를 하거나 현실적으로 베이시스변동의 위험이 존재하기 때문에, 완전헤지에 가까운 헤지결과를 얻기 위해서는 최적헤지비율을 직접적으로 산정하여 헤지거래를 수행하여야 한다. 다음의 선물매도헤지 사례를 통하여 완전헤지의 개념과 최적헤지비율이 필요한 이유를 이해해보자.

금을 세공하는 금세공업자는 2개월 후에 금 100온스를 세공 · 판매할 예정인데, 미래 금가격이 하락할 것 같아서 염려하고 있다. 따라서 금의 선물매도헤지거래로 금가격위험을 회피하고자 한다. 금 1온스 현물가격은 $400이고 3개월 만기 금선물 가격은 $410이다. 따라서 금세공업자는 3개월 만기 금선물 100온스 매도계약을 체결하였다. 2개월 후 금 1온스의 현물가격은 $395, 선물가격은 $405로 하락되어 거래되고 있다면, 손익은 다음과 같다.

현물거래 손익: 100온스 × ($395 − $400) = −$500
선물거래 손익: 100온스 × (($410 − $405) = $500
헤지 순손익: 0

즉, 2개월 후 현물가격하락으로 발생한 $500 손실은 선물매도거래에서 얻은 이익 $500와 완전히 상쇄되어, 선물매도헤지는 순손익이 제로인 완전헤지가 되었다. 이 사례에서 헤지의 기간 동안 베이시스의 변동이 전혀 없었다. 그리고 헤지하려는 현물자산인 금과 동일한 금선물을 헤지수단으로 이용할 수 있었다. 이때 최적선물의 헤지비율은 1이었다. 즉, 헤지하는 자산인 금 100온스에 대한 금선물포지션의 크기도 금 100온스였다. 그러나 현실적으로 헤지하는 현물자산과 선물이 상이하거나 베이시스변동의 위험이 존재하기 때문에 헤지비율을 1로 해서는 위험을 회피하는 효과가 잘 나타나지 않을 수도 있으므로, 결국 상황에 맞추어 헤지비율을 적절히 조정해주어야 헤지효과를 증대시킬 수 있다.

최적헤지비율의 도출

헤지거래에서 헤지하는 현물자산과 선물의 기초자산이 상이하거나, 헤지하는 현물자산의 가격변동과 선물기초자산의 가격변동이 다르거나, 또는 헤지기간 동안 베이시스변동의 위험이 있다면 완전헤지효과는 반감된다. 헤지효과를 완전하게 하기 위해서는 헤지비율을 조정해 주어야 하는데, 이때 주어진 상태에서 헤지효과를 극대화시키는 헤지비율을 최적헤지비율이라고 한다. 그러면 최적헤지비율은 어떻게 산정되는가? 간단히 설명하면, 매도헤지 포트폴리오(혹은 매입헤지 포트폴리오)의 분산을 미분하여 그 값을 0으로 놓고 헤지비율을 유도하는 식으로 결정한다. 이를 설명하기 위하여 다음의 사례를 생각해보자. 자산을 보유한 상태에서 선물매도헤징을 한 경우, 매도헤지 포트폴리오의 가치는 다음과 같다.

$$V = S - hF$$

여기서, V: 헤지 포트폴리오의 가치
S: 헤지하는 현물자산가격
h: 헤지비율
F: 선물가격

헤지거래는 헤지 포트폴리오의 가치를 유지하는 것이 목적이다. 이때 매도 포트폴리오 가치의 변동, 즉 분산은 다음과 같이 정의된다.

$$\sigma_V^2 = \sigma_S^2 + h^2 \sigma_F^2 - 2hCov(S, F)$$

위 식에서 헤지 포트폴리오의 가치변화(분산)를 최소화시키기 위해서는 위 식을 h에 대해 1차 미분한 값을 0으로 놓고 h의 최적해(h^*)를 유도하면 최적헤지비율이 된다. 즉, 최적헤지비율(h^*)은 다음과 같이 구할 수 있다.

$$h^* = \frac{Cov(S, F)}{\sigma_F^2}$$

이때 헤지대상이 되는 현물자산가격과 선물가격의 공분산은, $Cov(S, F) = \rho_{SF}\sigma_S\sigma_F$이며 최적헤지비율 h^*은 다음과 같다.

$$h^* = \rho_{SF} \times \frac{\sigma_S}{\sigma_F}$$

여기서, ρ_{SF}: 헤지대상이 되는 현물자산가격과 선물가격 간의 상관계수
σ_S: 헤지대상이 되는 현물자산가격의 표준편차
σ_F: 선물가격의 표준편차

만약 $\rho_{SF} = 1$이고 $\sigma_S = \sigma_F$라면 현물가격변동과 선물가격변동이 완전히 일치하는 완전헤지가 가능하며, 이때 헤지비율은 1이 된다. 즉, 헤지의 대상이 되는 현물자산과 선물의 기초자산이 동일하고 베이시스변동의 위험이 전혀 없는 상태이므로 100% 완전헤지의 효과가 나타난다. 그러나 이러한 상태가 아닌 경우에는 최적헤지비율이 1이 될 수 없으며, 현실적으로도 최적헤지비율은 1이 아니다.

앞에서 선물매도헤지의 경우 최적헤지비율을 도출하였으나, 매입헤지인 경우도 매도헤지의 결과와 동일한 최적헤지비율이 도출된다. 따라서 최적헤지비율은 매도헤지이든 매입헤지이든 상관없이 적용될 수 있다. 최적헤지비율이 산정되면, 매도(혹은 매입)되어야 할 선물계약의 숫자는 헤지대상이 되는 현물자산의 크기와 선물계약단위의 크기에 의하여 좌우된다. 즉, 매도(혹은 매입)되어야 할 선물계약수(N_F)는 다음과 같다.

$$N_F = h^* \times \frac{\text{헤지대상자산크기}}{\text{단위선물계약크기}}$$

최적헤지비율과 그에 따르는 선물계약수에 대한 사례를 들어보자. A전력회사는 3개월 후에 발전용 2백만갤런의 경유를 구입할 예정이다. 향후 경유가격인상으로 인한 손실을 염려하여 가솔린의 선물계약을 이용하여 헤지하려고 한다. 완전헤지를 위해 A전력회사는 가솔린선물 몇 계약을 매입하여야 하는가? 이 사례의 핵심은 최적헤지비율을 산정하여 필요한 선물매입계약수를 구하는 것이다. 최적헤지비율을

산정하기 위하여 필요한 자료인 미래 3개월 동안 경유가격의 표준편차와 가솔린선물가격의 표준편차는 각각 0.052와 0.041로 추정되었다. 그리고 두 가격의 상관계수는 0.87로 추정되었다. 따라서 최적헤지비율은 다음과 같다.

$$h^* = \rho_{SF}\frac{\sigma_S}{\sigma_F} = 0.87 \times \frac{0.052}{0.041} = 1.103$$

따라서 가솔린선물의 1계약단위가 42,000갤런이므로, 헤지에 필요한 선물매입계약수는 다음과 같이 53계약이다.

$$N_F = h^* \times \frac{\text{헤지대상자산크기}}{\text{단위선물계약크기}} = 1.103 \times \frac{2,000,000}{42,000} = 52.5$$

최적헤지비율과 주가지수선물의 사례

KOSPI 200 주가지수선물을 이용하여 보유 중인 포트폴리오 혹은 주식의 가격위험을 제거하기 위해 헤지를 하는 경우 최적헤지비율은 매우 간단하게 적용된다. 예를 들어, 주식 포트폴리오를 관리하고 있는 A은행 신탁증권부는 미래 주가의 하락위험을 헤징하기 위하여 KOSPI 200 주가지수선물의 매도계약을 체결하고자 한다. 현재 보유 중인 포트폴리오의 시장가치는 100억원이며 포트폴리오의 베타값은 1.8, 그리고 KOSPI 200 주가지수선물은 현재 268.00이라면, 주가지수선물 몇 계약을 매도하여야 헤지효과를 최대화할 수 있는가? 여기서 먼저 헤지효과를 극대화하기 위해 최적헤지비율을 산정하여야 한다. 그러나 결론부터 말하면 최적헤지비율은 포트폴리오의 베타로 대체할 수 있다. 왜 그러한가는 다음의 최적헤지비율을 나타내는 식에서 설명할 수 있다.

$$h^* = \rho_{SF}\frac{\sigma_S}{\sigma_F}$$

여기서 ρ_{SF}는 헤지의 대상이 되는 현물자산인 주식 포트폴리오(S)와 KOSPI 200 주가지수선물(F) 간의 상관계수이다. KOSPI 200 주가지수는 산업별 우량주식 200종류를 포함하는 포트폴리오로서 포트폴리오 분산이 잘 되어 있기 때문에, 이론상

시장 포트폴리오(M)와 동일하다. 따라서 현물주식 포트폴리오(S)와 KOSPI 200 주가지수(F)와의 상관계수는 현물자산 포트폴리오와 시장 포트폴리오(M)의 상관계수와 동일하다고 볼 수 있다. 그리고 σ_F는 KOSPI 200 주가지수의 표준편차인데, 이 역시 같은 이유로 시장 포트폴리오의 표준편차(σ_M)로 대신할 수 있다. 따라서 최적 헤지비율은 다음의 식으로 변형이 가능하다.

$$h^* = \rho_{SM}\frac{\sigma_S}{\sigma_M}$$

그런데 위의 최적헤지비율은 자산가격결정모형(CAPM)에서 위험자산 S의 베타(β)와 동일한 식이다. 따라서 KOSPI 200 주가지수를 이용하여 포트폴리오 혹은 개별 주식의 가격위험을 헤지하고자 한다면 최적헤지비율은 헤지대상이 되는 현물주식 포트폴리오 혹은 개별 주식의 베타와 동일하다.

$$h^* = \beta_S$$

따라서 A은행의 선물매도헤지의 경우, 최적헤지비율은 현물주식의 포트폴리오(S)의 베타인 1.8이 되고 KOSPI 200 주가지수의 선물매도계약수는 134계약이다.

$$N_F = \beta_S \times \frac{\text{헤지대상자산크기}}{\text{단위선물계약크기}} = 1.8 \times \frac{10{,}000{,}000{,}000}{268.00 \times 500{,}000} = 134$$

주의해야 할 점은 주가지수선물로 헤지하는 현물주식 포트폴리오의 위험은 '체계적 위험' 이라는 점이다. 앞에서 설명하였듯이, 주식 포트폴리오의 위험은 체계적 위험(systematic risk)과 비체계적 위험(unsystematic risk)으로 분류될 수 있다. 비체계적 위험은 포트폴리오의 분산에 의해서 제거될 수 있는 위험인 반면, 체계적 위험은 포트폴리오의 분산으로 제거될 수 없는 위험으로써 시장위험 혹은 베타위험이라고도 한다. 포트폴리오의 비체계적 위험을 제거하기 위해서는 서로 수익률의 상관계수가 낮은 주식종목으로 포트폴리오를 구성하여야 한다. 하지만 체계적 위험을 제거하기 위해서는 주가지수선물을 이용하여 현물 포트폴리오 전체에 대해 위험을 헤지하여야 한다. 비체계적 위험이 높은 개별 주식이나 분산이 잘 되지 않은 포트폴리오는 시장위험보다는 비시장적 위험에 의하여 가격이 크게 변동하기 때문에 주가지수선물로 헤징해도 가격변동에 따르는 위험을 완전히 제거하지 못한다. 이러한 이유로 주가지수의 선물헤지는 분산이 잘 이루어진 포트폴리오를 관리하고 있는 대형 펀드매니저들에게 효과적인 위험관리수단으로 사용된다. 하지만 개인투자자들에게는 효과적인 위험관리수단이 되지 못하고 있다.

주가지수선물을 이용하여 투기거래를 하는 사례는 다른 금융선물상품과 거의 유사하다. 투기적 이익을 얻기 위해 주가상승이 예상되면 주가지수선물을 매입하고 주가하락이 예상되면 주가지수선물을 매도한다. 하지만 주가가 예상과 반대로 변화한다면 투기거래로 손실을 보게 된다.

주가에 영향을 미치는 중요한 요인은 금리, 환율과 물가이다. 금리가 하락하면 은행에 예치된 자금이 투자대체관계에 있는 주식시장으로 이동하고 따라서 주가의 일반적인 상승을 가져온다. 한편, 환율하락(원화가치상승)은 외국자본이 국내주식시장에서 얻을 수 있는 실효수익률(effective rate of return)을 증가시킨다. 실효수익률은 시장이자율에서 환율변동률을 빼 준 값으로서 국내실효수익률이 증가하면 국내로 유입되는 외국자본이 늘어나고 유입된 외국자본은 주식시장의 매수기반으로 작용해서 우리나라의 주가상승을 가져온다.

헤지비율

선물헤지는 현물로 보유하고 있는 금융자산 혹은 변제해야 할 채무에 대하여 반대되는 선물포지션을 취함으로써, 보유하고 있는 포트폴리오 자산의 가격변동위험을 제거하기 위한 거래이다. 헤지비율(hedge ratio)은 헤지하려는 현물 포트폴리오 자산 한 단위에 대하여 위험을 헤지하는 선물포지션의 계약수를 의미한다.

실효수익률

실효수익률은 주식투자로부터 얻을 수 있는 수익률에서 물가나 환율의 상승률을 빼 준 수익률로서 투자의 실질적인 수익을 나타낸다.

4. 미국달러선물

한국거래소에서 거래되는 통화선물은 미국달러, 엔, 유로선물이며, 이 중 미국달러선물의 거래가 가장 활발하다. 미국달러선물의 가격은 1달러당 원화가치인 환율로 표시된다. 미국달러의 환율은 주로 달러시장에서 달러의 수요와 공급에 의해 결정되며 외국자본의 유입이 많을수록 경상수지의 흑자가 클수록 달러의 공급이 늘어나게 되며 환율은 하락한다. 반대로 외국자본유출과 경상수지 적자가 심할수록 달러의 수요는 증가하고 환율은 상승하게 된다.

원화와 미국달러의 환율 계산에서 가끔 혼동을 일으키는 것은 환율상승과 원화가치의 상승 간의 관계이다. 예를 들어, 1달러당 1,200원에서 1,300원으로 환율이 상승한 경우를 살펴보자. 원/달러의 환율상승은 예전에 미국에서 1달러어치의 물건을 살 때 1,200원을 지불하면 되었는데 이젠 1,300원을 지불해야 하므로 원화의 가치가 하락한 것이다. 반대로 1달러당 1,200원에서 1,100원으로 환율이 하락하면 1달러어치의 물건을 살 때 1,200원을 지불하였는데 이젠 1,100원만 지불하면 되므로 원화가치가 높아졌다는 이야기가 된다. 따라서 원/달러의 환율상승은 원화의 가치하락을, 환율하락은 원화의 가치상승을 각각 의미한다.

경상수지 흑자는 수출이 수입을 초과하는 경우이며 벌어들이는 달러가 지불해야 하는 달러보다 많다는 것이다. 이 경우 달러가 국내로 유입되고 유입된 달러공급물량은 원화로 바꿔지면서 원화수요가 증가하고 원화가치는 상승한다. 이 결과 원/달러 환율은 하락한다.

원/달러 환율과 금리차이

원/달러 환율은 보통 미국과 한국의 금리를 비교해보면 쉽게 예측할 수 있다. 즉, 한국의 금리가 미국의 금리보다 높다면 미국에서 돈을 빌려서 한국에 투자하면 양국의 금리차이만큼 투자이익을 볼 수 있다. 이를 환율의 **이자율평가**(interest parity)라고 하며 미래의 환율을 예측할 때 많이 사용된다. 오늘 한국의 시장금리가 상승했다고 하자. 미국에서 달러자금이 한국으로 유입되고, 유입된 달러는 오늘 원화로 바꿔지면서 환율을 하락시킨다. 하지만 일정기간이 지난 다음 유입된 외국자본은 다시 원화를 달러로 바꿔서 외국으로 유출하게 되므로 미래 달러수요가 증가하고 원화가치가 하락하여 미래 환율은 상승한다. 따라서 오늘 한국의 시장금리가 상승하면 오늘 환율은 하락하고 미래 환율은 상승할 것으로 예측할 수 있다. 반대로 시장금리가 하락하면 오늘 환율은 상승하고 미래 환율은 하락한다.

이자율평가를 사용하여 3개월 후의 환율변화를 예측하는 방법은 다음과 같다. 먼저 오늘 한국과 미국의 3개월 만기 금리를 비교하여 금리차이를 계산한 다음 여기에 오늘 환율을 더해 주면 3개월 후 미래 환율이 된다. 오늘 한국 금리가 하락한다면 미래 환율은 하락하며 금리가 상승하면 미래 환율은 상승한다.

미래 환율 = (한국 금리 − 미국 금리) + 오늘 환율

원/달러 환율과 물가

미국달러와 원화의 교환비율이 바로 환율이다. 1달러당 몇 원이 교환되어야 하나? 이는 양국 통화의 구매력비율이다. 만약 뉴욕 맨해튼지점에서 맥도날드 햄버거를 3.20달러에 사먹을 수 있고 대구지점에서 같은 햄버거를 3,700원에 사먹을 수 있다면 달러와 원화의 교환비율(환율)은 3,700원/3.20달러 = 1,156원/달러가 된다. 이를 환율의 **구매력평가**(purchasing power parity)라고 하며 이자율평가와 더불어 미래 환율을 예측하는 중요한 도구로 사용된다.

예를 들어, 정부에서 실업을 구제하기 위해 시중에 많은 통화를 방출하는 정책을 실시했다고 하자. 통화의 증가는 시중자금을 풍부하게 하므로 시장금리를 하락시킨다. 시장금리하락은 기업투자와 가계소비심리를 부추기고 자본재와 소비재 소비를 증가시킨다. 이러한 소비와 투자의 증가는 물가를 상승시키게 되는데 물가상승은 원화의 구매력(원화가치)을 떨어뜨리게 된다. 물가가 상승하고 원화구매력이 감소하면 맥도날드 햄버거의 원화가격은 상승하고 환율 또한 상승하게 된다. 다음 달에 정부가 경기부양책으로 통화량을 증가시키겠다고 오늘 발표했다고 가정하자. 미래 통화량증가는 미래에 물가를 상승시키게 되고 미래 환율이 상승하게 된다. 따라서 오늘 정부의 통화량증가 발표는 미래 환율을 상승시킨다.

원/달러 환율의 상승률 = 한국의 물가상승률 − 미국의 물가상승률

환율과 금리, 물가

달러선물의 헤징과 투기

오늘 금리가 상승하거나 미래 통화량이 상승할 것으로 예상되면 미래에 환율이 상승할 것이다. 따라서 수입업자는 수입대금을 결제할 때 환율상승으로 수입비용이 증가하게 되므로 환차손을 입게 된다. 따라서 오늘 미리 달러를 선물로 매입하면 환율상승으로 인한 환차손을 회피할 수 있다. 반대로 수출업자는 미래에 환율이 하락할 것으로 예상되면 미리 달러선물을 매도함으로써 환율하락으로 인한 손실을 회피할 수 있다. 수출 · 수입업자 이외에도 금리와 물가를 미리 예측할 수 있다면 달러선물의 가격변동을 이용하여 투기이익을 얻을 수도 있다. 즉, 금리상승과 통화량의 증가가 예상되면 미래 환율이 상승할 것이므로 달러선물을 미리 매입하면 투기이익을 얻을 수 있으며, 반대로 금리하락과 통화량감소가 예상되면 달러선물을 매도함으로써 투기이익을 얻을 수 있다.

미국달러선물

한국거래소에서 거래되는 통화선물은 미국달러, 엔, 유로선물이며, 이 중 미국달러선물의 거래가 가장 활발하다. 미국달러선물의 가격은 1달러당 원화가치인 환율로 표시된다. 미국달러의 환율은 주로 달러시장에서 달러의 수요와 공급에 의해 결정되며 외국자본의 유입이 많을수록, 경상수지의 흑자가 클수록 달러의 공급이 늘어나게 되며 환율은 하락한다. 반대로 외국자본유출과 경상수지 적자가 심할수록 달러의 수요는 증가하고 환율은 상승하게 된다.

제2절 금융옵션의 이해

옵션거래는 특정한 금융상품을 일정기간에 특정한 행사가격으로 사거나 팔 수 있는 권리에 대한 거래이다. 따라서 옵션가격은 그 권리에 대한 가격이며 이를 옵션프리미엄이라고 한다. 옵션프리미엄은 내재적 가치(intrinsic value)와 시간적 가치(time value)로 구분되며, 내재적 가치는 현재가격과 행사가격의 차이를 나타내고 시간적 가치는 만기까지 잔여기간에 대한 가치이다.

1. 주가지수옵션

주가지수옵션의 내재적 가치

예를 들어, 오늘 KOSPI 200 주가지수가 292.00이며 2023년 12월 만기, 행사가격이 290.00인 주가지수콜옵션이 4.00의 프리미엄으로 거래되고 있다고 가정하자. 오늘 이 콜옵션을 구입하자마자 권리를 행사한다면 주가지수를 행사가격인 290.00에 구입할 수 있다. 콜옵션의 행사가격인 290.00에 주가지수를 구입해서 다시 시장에 되판다면 시장가격이 292.00이므로 2.00포인트(= 292.00 − 290.00)의 차익을 얻는다. 옵션행사이익은 현재시장가격과 옵션행사가격의 차이이므로, 이를 옵션의 **내재적 가치**(intrinsic value)라고 한다. 2023년 12월 만기 주가지수콜옵션의 내재적 가치는 2.00이다. 따라서 콜옵션프리미엄은 권리를 행사해서 얻을 수 있는 이익 또는 내재적 가치 2.00보다 커야 한다.

주의해야 할 것은 옵션의 내재적 가치가 0보다 작을 수 있다는 것이다. 가령, 현재 주가지수가격이 287.00이라면 2023년 12월 만기, 행사가격이 290.00인 주가지수콜옵션의 내재적 가치는 −3.00이다. 이렇게 내재적 가치가 0보다 작을 때도 옵션의 프리미엄은 존재할까? 결론부터 말하자면 내재적 가치가 0보다 작더라도 시간적 가치 때문에 옵션프리미엄은 0보다 크다.

콜옵션에서 현재시장가격이 행사가격보다 커서 내재적 가치가 0보다 큰 경우를 내가격(In The Money: ITM)이라고 하며 반대로 시장가격이 행사가격보다 작아서 내재적 가치가 0보다 작은 경우를 외가격(Out of The Money: OTM)이라고 한다. 만약 현재시장가격과 행사가격이 같다면 내재적 가치가 0이며 이를 등가격(At The Money: ATM)이라고 한다.

풋옵션의 내재적 가치는 콜옵션과 반대로 행사가격에서 현재시장가격을 빼 준 값이다. 예를 들어, 현재 주가지수가 292.00이며 2023년 12월 만기, 행사가격이 290.00인 주가지수풋옵션이 2.00의 프리미엄으로 거래되고 있다고 가정하자. 오늘 이 풋옵션을 구입하자마자 권리를 행사한다면 주가지수를 행사가격인 290.00에 매도할 수 있다. 하지만 290.00의 행사가격은 오늘 주가지수인 292.00보다 낮아서 풋옵션을 행사하면 오히려 −2.00의 손실을 본다. 여기서 행사가격과 현재가격 간의 차이 때문에 발생하는 손실은 −2.00이나 상품의 가치가 음수가 될 수 없으므로 2023년 12월 만기 주가지수풋옵션의 내재적 가치는 0이다.

풋옵션에서 행사가격이 현재시장가격보다 커서 내재적 가치가 0보다 큰 경우를

행사가격 290.00의 콜옵션과 풋옵션의 사례

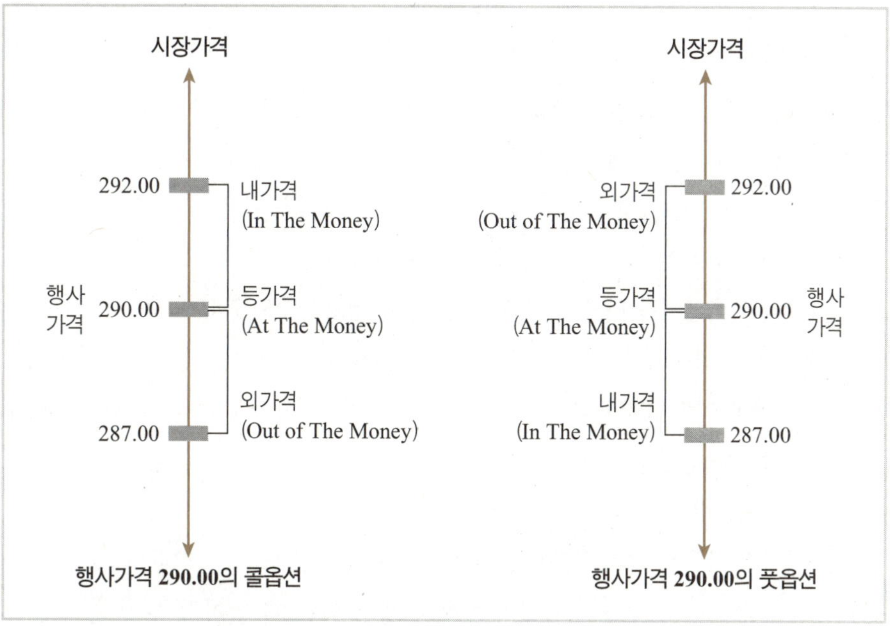

내가격(ITM)이라고 하며 반대로 행사가격이 현재가격보다 작아서 내재적 가치가 0보다 작은 경우를 외가격(OTM)이라고 한다. 만약 현재가격과 행사가격이 같다면 내재적 가치가 0이며 이를 등가격(ATM)이라고 한다.

풋옵션의 내재적 가치가 내가격(ITM)이라면 동일한 행사가격을 가진 콜옵션의 내재적 가치는 외가격(OTM)이 된다. 왜냐하면 풋옵션의 내재적 가치는 행사가격에 현재가격을 빼 준 값인데 콜옵션은 현재가격에 행사가격을 빼 준 값이기 때문이다.

주가지수옵션의 시간적 가치

앞의 주가지수콜옵션을 다시 살펴보자. 현재 KOSPI 200 주가지수가 292.00이며 2023년 12월 만기, 행사가격이 290.00인 주가지수콜옵션의 프리미엄이 4.00이라고 하자. 여기에서 이 콜옵션의 내재적 가치는 2.00이며 이는 옵션프리미엄에 반영되어 있다. 콜옵션프리미엄 4.00에서 내재적 가치(= 2.00)를 빼 준 값이 바로 시간적 가치(time value)이며 2.00(= 4.00 − 2.00)이다.

내재적 가치가 0인 경우를 살펴보자. 현재 주가지수가 287.00이고 2023년 12월 만기, 행사가격이 290.00인 주가지수콜옵션의 프리미엄이 1.00이라고 하자. 이 콜옵션의 내재적 가치는 현재가격과 행사가격의 차이가 음수(−)이므로 0이며 프리미엄 1.00에서 내재적 가치 0을 빼 준 값 1.00이 이 콜옵션의 시간적 가치이다.

옵션의 시간적 가치는 항상 0보다 클까? 그렇다. 옵션거래에서 시간적 가치가 가지고 있는 의미를 살펴보자. 오늘 주가지수가 287.00이고 행사가격이 290.00인 콜옵션에서 내재적 가치는 0이다. 하지만 2023년 12월 만기까지 주가지수는 지속적으로 변화되고 내일이나 다음 주 또는 다음 달에 행사가격인 290.00보다 높아질 수 있다. 옵션의 잔여만기가 길수록 주가지수가 행사가격보다 높아질 확률은 커지고 따라서 이 콜옵션의 내재적 가치가 커질 확률이 높다. 시간에 따라 내재적 가치가 높아질 확률이 커진다는 것은 옵션프리미엄이 크다는 것이고 이러한 확률이 바로 프리미엄의 시간적 가치이다.

또한 시간적 가치는 잔여기간이 길수록, 가격변동성이 클수록 커지는데 가격변동성이 크다는 것은 앞으로 가격변화가 심해서 행사가격보다 높아질 수 있는 확률이 크다는 것과 같다. 옵션의 잔여기간과 가격변동성을 이용하여 옵션프리미엄을 구하는 공식은 블랙-숄즈(Black-Scholes)에 의해 계량화되었으며 이를 블랙-숄즈모형(Black-Scholes model)이라고 한다. 블랙-숄즈모형에 관한 이론적 내용은 제11장에 자세하게 제시되어 있다.

옵션의 만기와 시간적 가치

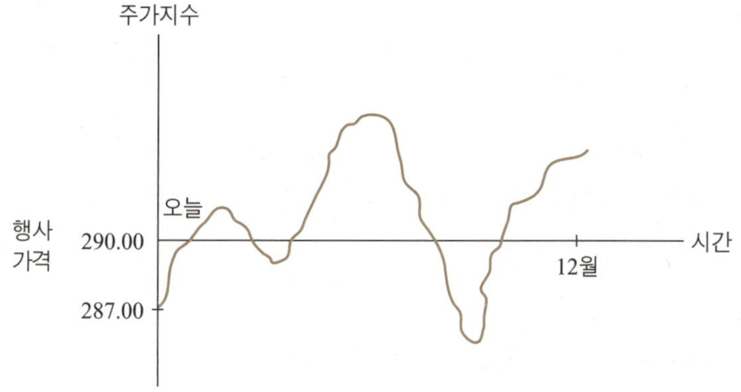

옵션의 내가격, 외가격, 등가격

옵션의 내재적 가치가 0보다 큰 경우를 내가격(In The Money: ITM), 내재적 가치가 0보다 작은 경우를 외가격(Out of The Money: OTM), 내재적 가치가 0일 때 등가격(At The Money: ATM)이라고 한다.

2. 달러옵션

오늘 원/달러 환율이 1,200원/달러일 때 2023년 12월 만기, 행사가격이 1,215원인 달러풋옵션이 50.0의 프리미엄으로 거래되고 있다고 하자. 달러옵션은 1계약이 10,000달러이므로 풋옵션 1계약의 프리미엄금액은 500,000원(= 50.0 × 10,000달러)이다. 이 달러풋옵션의 내재적 가치는 행사가격과 현재가격의 차이인 15.0이며 시간적 가치는 옵션프리미엄 50.0에서 내재적 가치를 빼 준 35원/달러(= 50.0 − 15.0)이다.

동일한 만기에 달러풋옵션의 행사가격이 높아질수록 시간적 가치는 변화가 없으나 내재적 가치는 상승하며 프리미엄은 증가한다. 또한 만기와 행사가격이 동일한 풋옵션프리미엄은 달러시장이 불안정할수록 증가하는데 이는 달러의 가격변동성이 클수록 시간적 가치가 증가하고 따라서 옵션프리미엄이 높아지기 때문이다.

3. 개별 주식옵션

우리나라에서 KOSPI 200 주가지수 옵션시장이 개설된 후 2002년 1월 28일에 개별 주식옵션시장을 개설하였다. 개설 당시 개인과 외국인을 중심으로 거래되었으나, 현재 거래가 미미한 실정이다.

개별 주식옵션시장은 유가증권본부에 상장되어 있고 유통주식수가 1,000만주 이상, 소액주주수가 10,000명 이상, 1년간 총거래대금이 5,000억원 이상인 보통주식 중에서 시가총액과 재무상태 등을 감안하여 선정한 30개 기업이 발행한 주식을 거래대상으로 하는 상품이다. 주식옵션의 대상종목으로 삼성전자, SK텔레콤, KT(한국통신), 한국전력공사, POSCO(포항종합제철), 국민은행, 현대자동차 등이 있다. 옵션의 결제월은 현재시점에서 연속하는 3개월 및 3월, 6월, 9월, 12월 중 가장 가까운 결제월 1개로 총 4결제월로 한다. 따라서 최장거래기간은 KOSPI 200 주가지수옵션과 동일하게 3월, 6월, 9월, 12월물은 6개월이고, 기타 월물은 3개월이 된다. 주식옵션과 KOSPI 200 주가지수의 선물 · 옵션 결제월과 중복되도록 함으로써 연계거래기회를 확대하고 투자자에게 편의를 도모하기 위한 것이다. 주식옵션은 1계약당 주식수, 즉 거래단위는 10주로 하였다. 옵션거래는 주식거래와 달리 가격제한폭이 없으며, KOSPI 200 주가지수옵션과는 달리 호가한도가격도 없다.

4. 국채선물옵션

우리나라 거래소에서 거래되는 3년 국채선물옵션은 3년 국채선물을 특정 가격(행사가격)에 매입할 수 있는 권리 또는 매입할 수 있는 권리를 옵션매수자에게 부여하고 그 대가로 옵션매도자는 매수자로부터 프리미엄을 받는 거래를 말한다. 3년 국채선물옵션은 3년 국채선물 1계약을 거래대상으로 한다. 권리행사에 따른 결제는 실물인수도(physical delivery)로 이루어지며, 권리행사 시 국채선물로 전환된다.

3년 국채선물옵션은 등가격(ATM)옵션을 중심으로 내가격(ITM)옵션 4개, 외가격(OTM)옵션 4개 등 총 9개를 최초 상장 시에 행사가격수로 설정하며 항상 내가격(ATM)옵션 및 외가격(OTM)옵션의 개수가 각각 4개 이상 유지될 수 있도록 행사가격을 추가로 설정한다. 행사가격의 간격은 0.5포인트단위로 설정한다.

연습문제

〈설명형〉

01 한국의 선물옵션시장에서 개장, 거래되고 있는 선물, 옵션상품을 제시 · 설명하라.

02 한국에서 거래되는 3개월 만기 CD금리와 3년 만기 국채선물가격 간의 관계를 설명하라.

03 한국금융파생상품시장에서 거래되고 있는 대표적인 주가지수 선물상품인 KOSPI 200 지수산출의 방법을 설명하라.

04 주가지수 선물거래의 완전헤징(perfect hedging)과 교차헤징(cross hedging)을 설명하라.

05 헤지비율(hedging ratio)의 의미를 말하고, 어떻게 산출되는지 설명하라.

〈선택형〉

※진위형

01 듀레이션은 채권의 만기개념으로서 각 기간에 발생하는 현금흐름의 현재가치로 가중하여 더한 가중평균 만기를 말하는 것으로 항상 채권의 만기까지의 기간보다 길거나 같다.

① 그렇다　　② 아니다

02 헤지모형은 헤지에 필요한 적절한 선물계약수를 구하는데 이용된다. 특히 단기금리선물일 경우 듀레이션 모형이 가장 적절하다.

① 그렇다　　② 아니다

03 스트립헤지는 미래 인도될 선물을 연속적으로 거래하는 스택헤지와는 달리 최근월에 인도될 선물을 중심으로 거래함으로써 금리변동위험을 헤지한다.

① 그렇다　　② 아니다

04 외환시장에서는 통화선도거래가 선물거래를 압도한다.
① 그렇다 ② 아니다

05 환율의 매도율은 매수율보다 항상 크다.
① 그렇다 ② 아니다

06 주가지수선물거래는 장외시장에서도 거래가능하다.
① 그렇다 ② 아니다

07 주가지수선물거래는 추상물을 거래하므로 현금결제로 종결된다.
① 그렇다 ② 아니다

08 주가지수선물거래의 일일 정산과정은 고객의 미결제 약정을 매일 최종가격으로 재평가하여 결제이행을 보증하는 것이다.
① 그렇다 ② 아니다

09 주가지수선물거래는 여러 종목으로 구성된 지수를 거래하는 경우에는 그 종목들을 거래하는 것과 같은 경제적 효과가 있다.
① 그렇다 ② 아니다

10 KOSPI 지수는 시가총액식에 의해 산출된다.
① 그렇다 ② 아니다

11 헤지는 현물주식의 보유 없이도 가능하다.
① 그렇다 ② 아니다

12 주가지수선물거래에서 인도월(결제월) 간 스프레드가 존재한다.
① 그렇다 ② 아니다

13 매도차익거래란 이론가격이 선물시장가격보다 높은 선물매도와 동시에 현물주식매도를 하는 것을 일컫는다.
① 그렇다 ② 아니다

14 주가지수선물을 거래하는 거래소의 규칙상 마지막 거래일까지 청산되지 않은 주가지수선물 포지션은 현금으로 청산된다.
① 그렇다 ② 아니다

※4지 선다형

15 듀레이션과 면역화에 관해 틀리게 기술하고 있는 것은?

① 듀레이션은 잔존만기, 표면금리, 만기수익률 등의 함수이다.

② 듀레이션은 원리금이 상환되는데 걸리는 가중평균기간이다.

③ 듀레이션은 채권가격의 이자율탄력성과 상관이 없다.

④ 면역화는 듀레이션을 사용하여 이자율위험을 제거하는 것이다.

16 T-bond 선물의 매매조건에서 거래단위는?

① 액면금액 $1,000,000 ② 액면금액 $100,000

③ 액면금액 $10,000 ④ 액면금액 $1,000

17 다음 중 장기금리선물에 해당하는 것은?

① T-bill 선물 ② 유로달러금리 선물

③ T-bond 선물 ④ 스털링금리 선물

18 언제 선물매도자는 선물매수자에게 해당 채권을 인도하고 선물매수자는 선물매도자에게 해당 금액을 지급하는가?

① 고지일(notice of intention day)

② 포지션일(position day)

③ 인도일(delivery day)

④ 첫 포지션일(first position day)

19 유로달러선물과 관련이 없는 것은?

① 유로달러선물의 기초상품은 런던에서 은행 간에 거래되는 정기예금의 이자율이다.

② 유로달러선물계약은 위험회피용으로 많이 이용된다.

③ 현금결제 방식을 취하고 있다.

④ IMM 지수방식을 채택하고 있으며 금리가 하락하면 선물가격도 하락한다.

20 헤지거래자(hedger)가 직면할 수 있는 위험상황에 따라 선물거래를 통한 헤지전략으로 틀린 것은?

① 현재 채권에 투자하며 향후 금리상승에 처할 경우 선물매도포지션을 취한다.

② 현재 채권에 투자하며 향후 가격하락이 예상될 경우 선물매도포지션을 취한다.

③ 미래 채권에 투자하고자 하며 향후 투자수익률 하락이 예상될 경우 선물매수포

지션을 취한다.

④ 미래 채권에 투자하고자 하며 향후 금리하락이 예상될 경우 선물매도포지션을 취한다.

21 헤지대상물인 표면금리 6%, 만기 20년 채권에 대한 전환계수가 0.8021이고, 헤지수단인 T-bond의 전환계수가 1이고, 시장가치등가모형에 의한 헤지선물계약수가 60계약이라면 전환계수 모형을 이용할 경우 헤지를 하기 위해 몇 개의 선물계약수가 필요한가?

① 48계약 ② 70계약 ③ 75계약 ④ 80계약

22 단기수익률보다 장기수익률이 더 많이 상승하게 되는 경우에 어떤 스프레드를 취함으로써 이익을 얻을 수 있는가?

① 약세 스프레드 ② 나비형 스프레드
③ 강세 스프레드 ④ TED 스프레드

23 T-bond 선물의 매수헤저는 현물시장가격이 89-00이고 선물가격이 88-08일 때 포지션에 들어갔다(계약당 $100,000). 헤지를 해제했을 때 현물시장가격이 93-00이고 선물가격이 92-08이다. 베이시스의 변화는?

① +$0-24 ② -$4-00 ③ -$0-24 ④ 위의 세 가지 모두 아니다.

24 미국에서 통화선물의 대상이 아닌 통화는?

① $ ② Euro ③ ¥ ④ C$

25 대부분의 경우에 유가(油價)는 달러화로 표시된다. 당신이 6개월에 원유 420,000배럴을 수입하기를 원하는 프랑스회사의 통화에 대한 위험을 헤지하는 방법은?

① 프랑스 프랑선물을 매수한다. ② 프랑스 프랑선물을 매도한다.
③ 달러선물을 매수한다. ④ 달러선물을 매도한다.

26 통화선물의 가격에 직접적으로 영향이 미치지 않는 변수는?

① 이자율 ② 인플레이션
③ 현물가격 ④ 고객들의 외환수요

27 통화선물거래 중 위험이 가장 낮은 거래는?

① 투기거래 ② 헤지거래
③ 스프레드거래 ④ 차익거래

28 캐나다달러의 통화선물의 근월물이 현물환율보다 가격이 높다는 것은?
① 앞으로 캐나다달러가 달러에 비하여 강세를 보일 것이다.
② 앞으로 미국달러가 캐나다달러에 비하여 강세를 보일 것이다.
③ ① 또는 ②
④ 정답 없음

29 투자자가 $0.7820에 캐나다달러 선물 1계약(계약당 100,000 캐나다달러)을 매도한 후 캐나다달러 가치가 $0.8065 일때 포지션을 청산한다면 거래 총손실은?
① $3,062.50 ② $2,450.00 ③ $1,225.00 ④ $612.50

30 주가지수선물거래를 설명한 다음 중 틀린 것은?
① 미국의 캔사스시티 상업거래소에서 1982년에 거래가 최초로 시작되었다.
② 지수선물은 시장위험의 헤지에 유용하다.
③ 지수선물은 포트폴리오 고유위험 헤지의 중요한 역할을 한다.
④ 현금결제로 거래가 완료된다.

31 KOSPI 200 지수의 산출방식은?
① 시가총액식 ② 산술평균식 ③ 가격가중식 ④ 수정주가평균식

32 주가지수선물거래의 특징이 아닌 것은?
① 낮은 거래비용 ② 높은 레버리지 효과
③ 풍부한 유동성 ④ 장외거래

33 주가지수선물가격을 결정하는 요소가 아닌 것은?
① 현물주가지수 ② 배당수익률
③ 자본조달비용 ④ 보관비용

34 주가지수선물거래의 특징이 아닌 것은?
① 추상물 대상으로 매매 ② 증거금 거래
③ 현물 주식인도 ④ 주식거래의 대체역할

35 주가지수선물의 경제적 기능이 아닌 것은?
① 주식시장의 거래활성화
② 주식시장의 장래가격예측 기능
③ 주식시장 전체에 대한 투자수단

④ 개별 주식의 투자와 흡사함

36 주가지수의 특징에 대한 설명 중 틀린 것은?

① 산술평균에 의해 산출된 지수가 기하평균에 의해 산출된 지수보다 변동속도가 빠르다.

② 주가지수 산정에 소형주(대형주)의 비중이 높을수록 주가가 불안정(안정)적이다.

③ 주가지수 산정에 소형주의 비중이 높을수록 주가의 성장성이 낮다.

④ 주가지수를 산출하는 종목수가 증가할수록 주가는 안정적이다.

37 투자자가 9월 KOSPI 200 지수선물 2계약을 105.05에 매수하여 2주 후에 107.00에 매도하였다면 수익은?

① 1,950,000원 이익　　② 975,000원 이익

③ −975,000원(손실)　　④ −1,950,000원(손실)

(38~41) 현재 투자자가 보유하고 있는 3억원 상당의 주식포트폴리오는 다음과 같다. 보유한 포트폴리오의 가격하락위험을 주가지수선물 시장의 6월물을 이용해 헤지 하고자 한다(편의상 거래비용은 무시).

종목	수량(주)	매수단가(원)	종목베타
BB전자	1,500	40,000	1.35
SS텔레컴	900	100,000	1.15
TT철강	6,600	10,000	1.20
ZZ은행	2,500	30,000	1.05
현 금	9,000,000		

38 단순모형에 의한 선물헤지 계약수는?

① 6계약　② 7계약　③ 8계약　④ 9계약

39 그런데 실제로는 단순모형에 의한 헤지계약 수보다 2계약을 많게 헤지하였다. 그런데 헤지 1개월 후 KOSPI 200 지수가 100.15가 되었다면 헤지 결과는?

① 주가상승으로 추가이익 500,000원

② 주가하락으로 추가손실 500,000원

③ 현물손실 중 800,000원 손실 감소

④ 현물이익에 800,000원 이익 추가

40 최소분산모형에 의한 선물헤지 계약수는?

① 6계약 ② 7계약 ③ 8계약 ④ 9계약

41 그런데 향후 주식시장이 호전될 것으로 전망되어 β를 1.5로 유지하려고 한다. 이 경우의 적정계약수는?

① 4계약 ② 5계약 ③ 6계약 ④ 7계약

CHAPTER 08

미국 금융선물의 이해

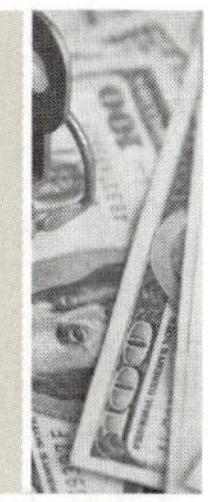

제1절 미국 금융선물의 종류와 계약단위

미국에서 사용되고 있는 금융선물은 한국에서와 같이 금리선물, 통화선물, 그리고 주가지수를 포함한 지수선물이 있다. 금리선물은 장기와 단기의 금리선물상품으로 구별되며, 통화선물은 주로 국제거래에서 자주 사용되는 통화를 중심으로 거래되고 있다. 국제적인 거래에 사용되는 통화를 기축통화(key currency)라고 하며 기축통화의 기준은 다른 나라 통화와 교환될 수 있는 태환성이 있어야 한다. 기축통화는 일본엔화, 유로화, 스위스프랑, 영국파운드, 캐나다달러 등이 있다.

주가지수는 지수에 포함되는 주식의 범위와 종류에 따라 S&P 500, VLA, NYSEC, MMI 등이 있으며 주가지수 이외에 물가를 지수화한 물가지수와 달러가치를 지수화한 달러지수가 있다. 주가지수선물은 1970년대에 미국 주식가격이 급격하게 변동함으로써 발생할 수 있는 자산가치의 손실을 회피하기 위해 사용되었다. 주가지수는 기준연도를 100으로 하여 기준연도 대비 현재주식가격이 얼마나 변했는가를 보여 주는 수치이며 주식시장의 일반적인 추세를 나타내기도 한다. 다음은 미국 금융선물상품의 종류와 각 금융상품별 계약단위를 설명한다.

1. 금리선물

단기금리선물

3개월 만기 단기금리선물로는 Treasury-Bills(또는 T-Bills)와 Euro-dollar 예금증서가 있다. Treasury-Bills는 미국 재무성(Treasury of the U.S.)에서 발행하는 단기채권이며 Euro-dollar 예금증서는 미국달러예금을 예치하고 있는 유럽계 상업은행에서 발행하는 단기채권상품이다. 두 금리상품 모두 액면가격이 1,000,000미국달러($)이며 1포인트의 가격은 $25.00이다.

미국 단기금리선물의 1포인트가격을 계산하는 기준은 한국의 CD금리에서 포인트를 계산하는 방식과 같다. 즉, T-Bills와 Euro-dollar 예금증서의 액면가는 $1,000,000이고 이때 기준지수는 100.00이다. 시장금리가 상승하면 T-Bills 와 Euro-dollar 예금증서의 시장가격은 액면가($1,000,000)보다 낮아지게 되고 따라서 T-Bills와 Euro-dollar 예금증서의 지수도 100.00보다 낮아지게 된다. T-Bills 지수가 100.00일 때 이에 해당하는 금액이 $1,000,000이므로 T-Bills 지수 1.00에 해당하는 금액은 $1,000,000/100 = $10,000이며 0.01(= 1베이시스포인트)에 해당하는 금액은 $100이다.

하지만 모든 금리는 연리로 표시되므로 이를 3개월 만기 T-Bills 가격으로 전환시키기 위해서는 T-Bills 가격을 4로 나눠야 한다. 즉, 3개월 T-Bills 지수 100.00 = $250,000 = $1,000,000/4이며, 3개월 T-Bills 지수 1.00에 해당하는 금액은 $2,500이다. 또한 3개월 만기 T-Bills 지수 0.01(= 1베이시스포인트)에 해당하는 금액은 0.01 = $2,500/100 = $25.00이다. 오늘 T-Bills 지수가 90.00일 때 T-Bills 선물 1계약을 샀다고 하자. 내일 T-Bills 지수가 90.00에서 92.00으로 상승했다면 (92.00 − 90.00) × $25.00 × 1계약 = $5,000의 이익을 볼 수 있다.

장기금리선물

1년 이상의 만기를 가진 장기금리선물로는 만기가 10년인 Treasury-Notes, 만기가 15년인 Treasury-Bonds, 그리고 만기가 30년인 GNMA가 있다. Treasury-

Notes와 Treasury-Bonds는 미국 재무성에서 발행한 장기금리채권이며 GNMA는 부동산저당채권이다. 장기금리선물은 모두 액면가격이 100,000미국달러($)이며 1포인트의 가격은 $31.25이다. 장기금리선물지수는 10진법을 사용하는 앞의 T-Bills와 Euro-dollar 예금증서와 달리 32진법을 사용하기 때문에 T-Notes나 T-Bonds의 지수 1포인트의 가격을 계산하는 방법은 조금 복잡하다.

예를 들어, T-notes의 경우 T-Notes의 액면가격이 $100,000일 때 기준이 되는 T-Notes 지수는 100 – 00이다. 32진법을 이용하면 1 – 00 = 0 – 32이며 100 – 00 = 99 – 32이다. T-Notes는 액면가격이 $100,000이므로 T-Notes 지수 1 – 00에 해당하는 금액은 $100,000/100 = $1,000이며 T-Notes 지수 0 – 01에 해당하는 금액은 $1,000/32 = $31.25이다. 오늘 T-Notes 지수가 90 – 00일 때 T-Notes 선물을 1계약을 샀다고 하자. 내일 T-Notes 지수가 90 – 00에서 90 – 06으로 상승했다면 {(90 – 06) – (90 – 00)} × $31.25 = $187.5의 이익을 볼 수 있다. T-Bonds와 GNMA도 T-Notes와 같이 32진법을 사용하여 가격을 계산한다.

2. 주가지수선물

S&P 500 주가지수선물

S&P 500 주가지수선물은 대표적인 미국 주가지수선물로서 1941~1943년을 기준연도로 하여 뉴욕 주식시장에서 거래되고 있는 대표적인 주식 500개의 가격을 지수화한 값이다. 지수에 포함되는 500개의 주식가격을 하나의 수치로 나타내기 위해 주식의 시장가치 가중평균방법을 사용하였다. 개별 주식의 시장가치 가중치는 총시장주식 거래가치에서 개별 주식의 거래액이 차지하는 비중으로 계산하였다. 주식시장에 영향을 많이 미치는 대형 우량주의 경우 가중치가 크고, 작게 영향을 미치는 소형 주식은 가중치를 작게 두었다.

S&P 500 주가지수선물은 주가지수 1포인트당 $500이다. 오늘 S&P 500 주가지수선물의 가격이 450.00이라면 주가지수선물 1계약에 해당하는 금액은 $225,000이다. S&P 500 주가지수선물을 매입한 후에 S&P 500 주가지수가 460.00으로 상

승했다면 (460.00 − 450.00) × \$500 × 1계약 = \$5,000의 이익을 얻게 된다.

MMI 주가지수선물

MMI(Major Market Index)는 20개 대형 우량주의 가격을 가중평균한 주가지수로서 이 중 16개의 주식은 다우존스(Dow Jones) 주가지수에 포함되는 것들이다. 가격의 가중평균방법은 개별 주식의 시장가격을 모두 더한 다음 일정한 상수로 나누어 준 값으로 계산하였다. MMI 주가지수선물은 주가지수 1포인트당 \$250이며 오늘 만약 MMI 주가지수선물의 가격이 410.00이라면 주가지수선물 1계약에 해당하는 금액은 \$102,500이다. MMI 주가지수선물을 매입한 후에 MMI 주가지수가 425.00으로 상승한다면 투자이익은 주가지수 상승분 15.00에 1포인트금액인 \$250를 곱한 값(425.00 − 410.00) × \$250 × 1계약 = \$3,750이 된다.

미국 주가지수선물의 계약단위

	S&P 500	MMI	NYSEC	VLA
거래단위	지수 100.00	지수 100.00	지수 100.00	지수 100.00
가격표시	1포인트당 \$500	1포인트당 \$250	1포인트당 \$500	1포인트당 \$500
호가단위	0.05	0.05	0.05	0.05
결제월	만기일 셋째 목요일	만기일 셋째 금요일	만기일 셋째 목요일	만기일 셋째 금요일

NYSEC(New York Stock Exchange Composite)는 뉴욕증권시장에서 일반적으로 거래되고 있는 1,520개의 주식을 시장가치로 가중평균한 주가지수로서 1포인트당 가격이 S&P 500지수와 같은 \$500이다. VLA(Value Line Average)는 시장에서 거래되고 있는 1,700개의 주식을 가중평균한 값으로 1포인트당 가격이 \$500이다. 이들 주가지수를 계산하는 방법도 S&P 500지수와 MMI 지수를 계산하는 방법과 동일하다. 예를 들어, NYSEC지수가 오늘 450.00이었다면 NYSEC지수선물 1계약에 해당하는 금액은 225,000미국달러이다.

3. 통화선물

미국에서 거래되고 있는 통화선물은 주요 선진국 통화들로서 유로화, 일본엔화, 스위스프랑, 영국파운드, 캐나다달러와 호주달러 등이 있다. 환율은 외국통화 한 단위당 미국달러로서 표시되며 최소 호가단위는 통화별로 조금씩 다르지만 통상 외국통화 한 단위당 0.01센트이다.

통화선물 1계약에 포함되는 통화액수는 유로화의 경우 1계약당 125,000유로, 일본엔화의 경우 1계약당 12,500,000엔이다. 영국파운드선물의 경우 1계약당 62,500파운드이며, 호주달러와 캐나다달러선물의 경우 선물 1계약당 100,000호주달러와 캐나다달러이다. 예를 들어, 오늘 유로화당 1.5000달러의 환율로 유로화선물 1계약을 매입했다고 하자. 유로화선물 1계약에 해당하는 금액은 달러표시로 \$187,500(= 1.5000 × 125,000유로 × 1계약)이다. 내일 유로화 환율이 하락해서 1유로당 1.6000달러가 되었다면 (1.6000 − 1.5000) × 125,000유로 × 1계약 = \$12,500의 손실을 보게 된다.

제2절 미국 금융선물의 헤징거래와 활용

1. 금리선물 헤징거래

T-Bonds의 헤징거래 사례

Mackay 씨는 채권을 사고파는 딜러인데 채권금리(coupon rate)가 8%인 T-bonds를 400만달러어치를 보유하고 있다. 오늘(9월 15일) T-Bonds의 시장가격이 93 − 26이다. 한 달 뒤에 이자율이 상승해서 채권가격이 떨어질 것 같아서 보유채권의 가치를 보호하기 위해 금리채권선물로 헤징을 한다고 하자. 오늘 12월 만기 T-Bonds선물가격이 94 − 18이었다. 한 달 뒤(10월 15일)에 Mackay 씨는 보유하고 있는 T-Bonds 현물을 88 – 26에 매도하는데 그에 따라 선물포지션도 반대매매를 통하여 정리하였다. 이때 12월 만기 T-Bonds 선물은 89 – 10이었다.

Mackay 씨가 보유하고 있는 T-Bonds 채권에 대해 위험을 회피하기 위해 헤징을 하는 경우 현물 T-Bonds가 'long position'이므로 T-Bonds 선물을 매도해야 한다. $4,000,000에 해당하는 현물 T-Bonds를 헤징하기 위해 매도하는 선물계약수는 T-Bonds의 액면가격이 $100,000이므로 40계약이 된다. 한 달 뒤에 보유채권을 현물로 매도할 때 실제 이자율이 상승해서 현물채권의 가격은 하락하여 손실을 보게 되나 T-Bonds 선물의 경우 미리 팔아 놓은 선물매도포지션으로 인해 선물거래이익을 볼 수 있다. 헤징으로 인한 총거래손익은 현물포지션의 손실과 선물거래이익을 합한 값이 된다.

T-Bonds 선물의 계약단위

시카고선물시장에서 거래되는 T-Bonds의 액면가격은 $100,000이다. T-Bonds의 시장가격은 32진법을 이용하여 나타내며 1포인트당 가격은 $31.25이다.

T-Bonds 헤징거래내용

	T-Bonds 현물	T-Bonds 선물
9월 15일	$400만어치 T-Bonds 보유 (오늘 시장가격 = 93 – 26)	오늘 보유채권의 헤징을 위해 12월 만기 T-Bonds 40계약 매도(선물가격 = 94 – 18)
10월 15일	보유 T-Bonds를 88 – 26에 매도	T-Bonds 선물을 89 – 10에 반대매매
순손익	T-Bonds당 – 5 – 00 손해	T-Bonds당 + 5 – 08 이익

Mackay 씨는 보유하고 있던 T-Bonds 현물을 매도해서 T-Bonds의 1계약당 5 – 00의 손해를 입었는데 1 – 00에 $1,000이므로 이는 $5,000의 손실에 해당한다. 보유하고 있는 T-Bonds가 40계약이므로 총 T-Bonds 현물매도손실은 $5,000 × 40계약 = $200,000이다. 하지만 선물거래로 인해 T-Bonds 1계약당 + 5 – 08의 이익을 얻었는데 T-Bonds 1포인트당 $31.25이므로 5 × $1,000 + 8 × $31.25 = $5,250의 이익을 얻게 된다. 선물 1계약당 헤징거래로 인한 순손익은 선물거래이익 $5,250

에서 현물거래손실 $5,000를 빼 준 $250의 이익을 얻는다.

T-Bills의 헤징거래 사례

Gore 씨는 3개월 뒤인 12월에 회사운영자금으로 $3,000,000을 단기로 빌려야 한다. 3개월 뒤에 금리가 상승해서 회사가 발행할 채권의 가격이 하락할 것 같아서 미리 3개월 만기 T-Bills를 이용하여 헤징하기로 하였다. 오늘(9월 15일) T-Bills의 시장가격이 95.43이고 3개월 만기 T-Bills 선물가격은 94.25였다. 3개월 뒤에 Gore 씨는 T-Bills의 현물시장가격이 94.13일 때 T-Bills 선물포지션도 반대매매를 통하여 정리하였다. 이때 T-Bills 선물가격은 92.85였다.

Gore 씨가 미래에 회사가 발행할 채권에 대해 위험을 회피하기 위해 헤징을 하는 경우 현물채권포지션이 'long' 이므로 T-Bills 선물을 매도해야 한다. $3,000,000에 해당하는 미래현물채권을 헤징하기 위해 매도해야 하는 T-Bills 선물계약수는 T-Bills의 액면가격이 $1,000,000이므로 3계약이 된다. 3개월 뒤에 채권을 발행할 때 실제 이자율이 상승할 경우 현물채권의 가격은 하락해서 기회손실을 보게 되나 T-Bills선물의 경우 미리 팔아 놓은 선물포지션으로 인해 선물거래이익을 볼 수 있다.

T-Bills 선물의 계약단위

시카고선물시장에서 거래되는 T-Bills의 액면가격은 $1,000,000이다. T-Bills의 시장가격은 10진법을 이용하여 나타내며 1포인트당 가격은 $25.00이다.

T-Bills 헤징거래내용

	T-Bills 현물	T-Bills 선물
9월 15일	3개월 뒤에 $300만어치 채권발행 예정 (T-Bills 시장가격 = 95.43)	미래 채권의 발행가격하락에 대한 헤징으로 T-Bills 선물 3계약 매도 (T-Bills 선물가격 = 94.25)
12월 15일	채권을 발행 (T-Bills 시장가격 = 94.13)	T-Bills 선물을 92.85에 반대매매
순손익	T-Bills당 −1.30 손해	T-Bills당 +1.40 이익

헤징으로 인한 총거래손익은 현물포지션의 손실과 선물거래이익을 합한 값이 된다.

Gore 씨는 채권을 3개월 뒤에 발행해서 금리상승으로 인한 손실이 T-Bills당 1.30의 손해를 입었는데 1포인트(= 0.01)당 $25이므로 현물채권발행으로 인한 기회손실은 130 × $25 × 3계약 = $9.750이다. 하지만 선물거래로 인해 T-Bills당 +1.40의 이익을 얻었는데 이로 인한 이익금액은 140 × $25 × 3계약 = $10,500이다. 따라서 헤징거래로 인한 순손익은 선물거래이익 $10,500에서 현물거래손실 $9,750을 빼 준 $750의 순이익을 얻는다.

2. 주가지수 헤징거래

S&P 500 주가지수의 헤징거래 사례

펀드매니저인 Bush 씨가 한 달 뒤(10월 15일)에 투자이익금 $135,000를 받게 될 예정이다. 한 달 뒤에 투자할 곳을 물색하던 Bush 씨는 뮤추얼 펀드에 투자하기로 결정했다. 하지만 한 달 뒤에 뮤추얼 펀드를 매입하려 할 때 가격이 상승할 것 같아서 오늘 미리 헤징하기로 했다. 뮤추얼 펀드는 선물상품이 없어서 뮤추얼 펀드가격과 유사하게 움직이는 S&P 500 주가지수선물을 대신 매입하였다.

오늘 S&P 500 주가지수의 현물가격이 268.80이었고 3개월짜리 선물가격은 270.35였다. S&P 500 주가지수선물 1계약에 해당하는 금액은 270.35 × $500 = $135,175이므로 한 달 뒤에 받게 될 투자이익금 $135,000의 금액에 해당하는 S&P 500 주가지수선물을 1계약 매입하였다. 한 달 뒤에 시장이 활황세를 보이면서 예측과 같이 모든 펀드와 주식의 가격이 상승했고, 특히 S&P 500 주가지수의 경우 현물가격이 278.65이고 선물가격이 283.90으로 상승하였다. 이때 매입한 S&P 500 주가지수선물을 반대매매를 통해 정리하였는데 현물거래에서 S&P 500 주가지수 1계약당 −9.85의 손실을 본 반면, 선물거래에서 13.55의 이익을 보았다. 따라서 주가지수 헤징거래로 인한 순이익은 선물거래이익 13.55에서 현물거래손실 9.85를 빼 준 3.70의 이익이 발생한다. S&P 500 주가지수는 1포인트당 $500이므로 헤징순이익은 3.70 × $500 × 1계약 = $1,850이다.

S&P 500 주가지수선물의 계약단위

S&P 500 주가지수선물은 미국에서 거래되는 주식 중에서 산업별로 거래량이나 거래금액의 비중이 큰 종목 500개를 선정하여 이들 주가의 시장가치 가중평균치로 주가지수를 산출한 것이다. 주가지수의 변화는 1941~1943년에 계산된 주가지수를 100으로 하여 현재의 주가지수를 비교하는 것이며 주가지수 1포인트당 가격은 $500이다.

S&P 500 주가지수의 헤징거래내용

	S&P 500 주가지수현물	S&P 500 주가지수선물
9월 15일	1개월 뒤에 $135,000 투자 예정 (S&P 500 주가지수시장가격 = 268.80)	미래 주식가격 상승에 대한 헤징으로 S&P 500 주가지수선물 1계약 매입 (S&P 500 주가지수선물가격 = 270.35)
10월 15일	$135,000 뮤츄얼 펀드 매입 (S&P 500 주가지수시장가격 = 278.65)	S&P 500 주가지수선물 매도 (S&P 500 주가지수선물가격 = 283.90)
순손익	주가지수 1계약당 −9.85 손해	주가지수 1계약당 +13.55 이익

MMI 지수선물의 헤징거래 사례

20일 동안 미국 연금관리공단이 연금으로 지급해야 하는 돈은 $400,000이다. 이 돈은 연금관리공단이 보유하고 있는 주식을 팔아서 마련해야 하는데 주식을 한꺼번에 매도하는 경우 공급물량 증가로 주식가격이 하락해서 손실을 볼 수도 있다. 따라서 공단은 보유주식을 두 번에 나누어 처분하기로 하였다. 하지만 보유주식을 나누어서 처분할 경우 주식가격이 급격히 떨어져 손실을 볼 우려가 있어서 미리 MMI(Major Market Index) 지수선물을 이용하여 헤징하기로 했다.

공단이 보유하고 있는 보유주식의 자산가치는 현재가치로 $1,179,000이며 베타값은 1.42였다. 오늘 MMI 지수의 현물가격은 415.80이고 MMI 지수의 선물가격은 416.95였다. 따라서 MMI 지수는 1포인트당 $250이므로 MMI 지수선물 1계약의 금액은 416.95 × $250 = $104,237.50이었다. 공단이 보유 중인 주식의 자산가치인 $1,179,000를 MMI 지수선물로 헤징하기 위해서는 베타값 1.42에서 MMI 지수선물을 16계약 매도하기로 했다.

예상과 같이 10일 뒤에 MMI 지수의 현물가격은 392.30, 선물가격은 390.25로 떨어졌다. 10일 사이에 공단은 보유주식을 $182,000어치 팔았고 이제 보유주식잔고는 $868,625이다. 보유주식의 잔고가치에 맞는 MMI 지수선물은 선물가격이 390.25이고 베타값이 1.24일 때 11계약이므로 처음에 매도한 지수선물 16계약 중에서 5계약을 반대매매를 통해 정리하였다. MMI 지수선물 1포인트당 금액은 $250이므로 MMI 지수선물 5계약을 반대매매해서 얻은 이익은 (416.95 − 390.25) × $250 × 5계약 = $33,375였다.

다시 10일 뒤에 공단은 보유주식을 $163,200어치 팔았고 그때 잔고주식의 가치는 $659,750이며 베타값은 1.11이었다. 이에 따라 보유주식의 잔고가치에 필요한 MMI 지수선물은 8계약이므로 매도한 MMI 지수선물 11계약 중에서 3계약을 다시 반대매매를 통해 정리하였다. 이때 MMI 지수의 현물가격은 358.10이고 선물가

MMI 지수선물의 계약단위

MMI(Major Market Index) 주가지수선물은 미국에서 거래되는 주식 중에서 산업별로 거래량이나 거래금액의 비중이 큰 대형 우량주 20개를 선정하여 이들 주가의 가격 가중평균치로 주가지수를 산출한 것이다. 20개 주식 중에서 16개가 Dow Jones 지수에 포함되며 MMI 지수 1포인트당 가격은 $250이다.

MMI 지수선물의 헤징거래내용

	Basis	MMI 지수현물	MMI 지수선물
오늘	−1.15	보유주식가치 $1,179,000 (MMI 지수가격 = 415.80)	미래 주식가격 하락에 대한 헤징으로 MMI 지수선물 16계약 매도 (MMI 지수선물가격 = 416.95)
10일 뒤	−2.05	• 보유주식 $182,000 처분 • $868,625의 보유주식 잔고가치 (MMI 지수가격 = 392.30)	MMI 지수선물 5계약 재매입 (MMI 지수선물가격 = 390.25)
순손익	−3.20	−23.50	26.70
20일 뒤	−5.45	• 보유주식 $163,200 처분 • $659,750의 보유주식 잔고가치 (MMI 지수가격 = 358.10)	MMI 지수선물 3계약 재매입 (MMI 지수선물가격 = 352.65)
순손익	−6.60	−57.70	64.30

격은 352.65였다. MMI 지수선물 3계약을 반대매매해서 얻은 이익은 (416.95 − 352.65) × $250 × 3계약 = $48,225였다.

연금관리공단이 MMI 지수선물의 헤징거래로부터 발생하는 순이익은 다음과 같다. 먼저 10일 동안 MMI 지수선물 16계약을 매도하고 5계약을 반대매매해서 발생하는 선물거래의 이익은 (416.95 − 390.25) × $250 × 5계약 = $33,375였으나 주가하락으로 보유주식현물의 손실이 발생하며 손실액은 (392.30 − 415.80) × $250 × 5계약 = −$29,375이다. 따라서 10일 동안 발생한 헤징거래의 순손익은 선물거래이익 $33,375에서 현물거래손실 $29,375를 빼 준 $4,000이다.

20일 후에 두 번째 헤징거래로 인한 순손익은 선물거래이익 (416.95 − 352.65) × $250 × 3계약 = $48,225와 주가하락으로 인한 보유주식의 손실 (358.10 − 415.80) × $250 × 3계약 = $43,275이다. 따라서 20일 동안 헤징거래로 인한 순이익은 선물거래이익 $48,225에서 현물거래손실액 $43,275를 뺀 $4,950이다.

마지막으로 헤징거래로부터 발생하는 이익은 16계약을 처음에 매도한 후에 반대매매를 통해 정리되지 못한 MMI 지수선물 8계약에 대한 평가이익과 이에 대응하는 보유주식현물의 평가손실이다. 즉, 처음에 416.95에 MMI 지수선물을 16계약 매도한 후에 10일 후와 20일 후에 각각 5계약, 3계약을 반대매매하고 나머지 MMI 선물 8계약은 그대로 남아 있는데 20일 후에 MMI 지수선물가격이 352.65이므로 나머지 MMI 지수선물 8계약에 대한 평가이익은 (416.95 − 352.65) × $250 × 8계약 = $128,600이다. 하지만 정리되지 못한 보유주식현물의 자산가치하락으로 (358.10 − 415.80) × $250 × 8계약 = $115,400의 손해가 발생한다. 따라서 매도한 MMI 지수선물 8계약의 평가이익 $128,600에서 현물평가손실 $115,400을 빼 준 헤징거래의 순이익은 $13,200이다.

3. 통화선물 헤징거래

통화선물의 헤징거래 사례

통화선물은 환율변화에 따라 발생할 수 있는 환위험을 회피하기 위한 수단으로 사용된다. 미국 Ford 자동차회사가 독일에 자동차를 수출하기로 하고 수출대금은 선적이 끝나는 3개월 후에 500,000유로화로 결제하기로 했다. 오늘(9월 15일) 환율이 1유로당 1.5000달러였다. 3개월 후에 대금을 결제받을 때 환율이 하락한다면 환손실이 발생하므로 이를 회피하기 위해 Ford회사는 3개월 뒤에 받을 유로화를 선물로 미리 매도하기로 하였다. 오늘 선물 환율은 유로화당 $1.6000였으며 유로선물 1계약당 125,000유로화이므로 유로통화선물을 4계약 매도하였다.

3개월 뒤에 대금이 결제될 때 유로화의 현물 환율은 $1.4500였고 선물 환율은 $1.5500였다. 이 경우 Ford회사는 현재 환율($1.4500)이 수출계약을 할 당시 환율($1.5000)보다 낮아서 유로화당 $0.05의 환차손을 입게 된다. 하지만 수출계약 당시 매도한 유로화선물 환율($1.6000)이 현재 선물 환율($1.5500)보다 높아서 선물이익이 유로화당 $0.05의 환차익이 발생한다. 따라서 유로화선물을 이용한 헤징거래에서 수출대금의 현물환차손은 유로화당 $0.05, 선물계약의 환차익으로 유로화당 $0.05의 이익이 발생하며, 순손익은 0이다.

유로화선물의 계약단위

시카고선물거래소에서 거래되는 유로화는 통화선물 1계약이 125,000유로화이다.

유로선물의 헤징거래내용

	Basis	유로현물	유로선물
9월 15일	−$0.1000	• 수출대금으로 50만 유로를 3개월 후 수취 예정 • 오늘 환율 = $1.5000	50만 유로화를 3개월 선물로 $1.6000에 매도
12월 15일	−$0.1000	• 환율이 $1.4500로 하락 • 수출업자는 50만 유로를 매도	50만 유로선물을 $1.5500에 반대매매
순손익		1유로당 $0.05 환차손	1유로당 $0.05 환차익

제3절 미국 금융선물의 투기거래와 활용

미국 금융선물상품을 이용하여 가격변화에 따르는 투기이익을 얻기 위해 투기거래가 활발히 이루어지고 있다. 이러한 투기거래는 전체 선물거래의 약 90% 이상을 차지하고 있다. 다음은 미국 금융선물상품을 이용한 투기거래의 사례들이며 상품별로 활용전략이 구분되어 있다.

1. Euro-dollar와 T-Notes 금리선물의 투기거래

Euro-dollar 예금선물의 투기거래 사례

O'sborn 씨는 앞으로 한 달 뒤에 금리가 하락하고 채권가격이 상승할 것으로 예상하고 있다. 그녀는 오늘 Euro-dollar 예금선물 10계약을 91.67에 매입하였다. 한 달 뒤에 그녀의 예상대로 Euro-dollar 예금선물의 가격이 91.69로 상승하였는데 가격상승으로 인한 투기이익은 2포인트 × $25 × 10계약 = $500이다. 여기서 Euro-dollar 예금선물의 1포인트당 가격은 $25이다.

선물상품을 이용한 투기거래는 위험을 회피하는 목적을 가진 헤징과 달리 스스로 가격변화를 이용한 수익이 중요한 목적이 된다. 이 경우 다른 금융상품에 투자할 경우 얻을 수 있는 이익과 비교하여 투기수익률의 개념이 중요한데 선물계약금액에 대비한 수익률과 선물증거금에 대한 수익률, 두 가지 수익률의 개념이 있다.

먼저 수익률을 계산하기 위해 앞의 Euro-dollar 예금선물의 사례를 이용하자. 오늘 매입한 Euro-dollar 예금선물의 시장가치는 액면가치 $1,000,000보다 낮다. 왜냐하면 Euro-dollar 예금선물의 지수가 기준지수인 100.00보다 낮기 때문에 Euro-dollar 예금의 채권금리보다 시장금리가 높아서 Euro-dollar 예금선물이 할인되었음을 알 수 있다. 할인된 채권지수는 8.31(= 100 − 91.67)로서 이에 해당하는 할인금액은 831베이시스포인트 × $25 = $20,775이다. 따라서 Euro-dollar 예금선물지수가 91.67에 해당하는 Euro-dollar 예금선물의 시장가치는 액면가치($1,000,000)에서 시장에서 할인된 금액($20,775)을 빼 준 값($979,225)이다. O'sborn 씨의 투기거래에서 매입한 선물계약수가 10계약이므로 총선물계약금액은 $979,225 × 10계약 = $9,792,250이고 그에 따르는 투기이익은 $500이므로 선물계약금액에 대비한 투기수익률은 $500/$9,792,225 = 0.01%의 수익률을 보이고 있다.

Euro-dollar 예금선물의 계약단위

시카고선물시장에서 거래되는 Euro-dollar 예금선물의 액면가격은 $1,000,000이며 1베이시스포인트당 가격은 $25.00이다.

T-Notes 선물의 투기거래 사례

Mac 씨는 앞으로 통화량이 감소하면서 금리가 상승하고 채권가격은 하락할 것이라고 예상하고 있다. 오늘 T-Notes 선물가격이 86 – 05일 때 그는 T-Notes 선물을 2계약 매도하였으며 이때 증거금은 $2,000이다. 한 달 뒤에 이자가 예상과는 달리 하락하여 채권가격이 상승하였고 T-Notes의 선물가격은 87 – 07이 되었다. 더 이상의 손실을 회피하기 위해 T-Notes 매도포지션을 다시 반대매매를 통해 정리하였는데 한 계약당 손실은 {(86 – 05) – (87 – 07)} = – (1 – 02)이다. T-Notes의 1포인트당 가격이 $31.25이므로 선물 1계약당 손실 – (1 – 02)에 해당하는 손실금액은 $1062.5이며 T-Notes 선물 2계약에 대한 총투기손실금액은 $2,125이다.

이때 선물증거금에 대한 T-Notes 선물 2계약의 수익률(손실률)은 –$2,125/$2,000 = –106.25%이다.

T-Notes 선물의 계약단위

시카고선물시장에서 거래되는 T-Notes 선물의 액면가격은 $100,000이며 1포인트당 가격은 $31.25이다.

2. 엔통화선물의 투기거래

김 씨는 일본경기가 침체에서 벗어나면서 일본엔화가 강세를 보일 것으로 예상하고 있다. 오늘 6개월 만기 엔(Yen)통화선물을 1계약 매입하였는데 엔화당 미국달러 환율이 0.4758이었고 증거금은 $2,000였다. 한 달 뒤 예상과 달리 엔화당 달러 환율이 반대로 하락하면서 0.3905로 하락하였고 이에 매입한 엔화선물을 반대매매를 통하여 정리하였다.

미국 선물시장에서 고시되는 엔화선물은 1계약당 12,500,000엔이며 엔화 환율은 통상 100엔당 미국달러를 나타낸다. 따라서 매입할 때 선물 환율 0.4758은 $0.4758/100Yen을 의미하며 반대매매를 할 때 환율 0.3905는 $0.3905/100Yen을 나타낸다. 따라서 김 씨의 엔화선물 투기거래에 따르는 손익은 ($0.3905 − $0.4758) × 0.01 × 12,500,000Yen = −$10,662.5의 손실이다. 증거금에 대한 수익률(손실률)은 −$10,662.5/$2,000 = −533.125%이다.

엔통화선물의 계약단위

시카고선물시장에서 거래되는 엔(Yen)통화선물 1계약은 12,500,000Yen이다.

3. VLA 주가지수선물의 투기거래

Sam 씨는 앞으로 주식시장이 침체될 것이라고 예상하면서 3개월 만기 VLA 주가지수선물을 289.90에 3계약 매도하였다. 이때 VLA 주가지수선물의 증거금은 1계약당 $3,000였다. 며칠 뒤에 시장상황이 안 좋아지면서 VLA 주가지수선물가격이 286.75로 하락하였다. Sam 씨는 이 가격에서 매도한 VLA 선물을 반대매매를 통해서 정리했는데 VLA 주가지수선물을 이용한 투기이익은 (289.90 − 286.75) × $500 × 3계약 = $4,725이다. VLA 주가지수선물의 증거금 대비 투기거래수익률은 $4,725/$9,000 = 52.5%이다.

VLA 주가지수선물의 계약단위
VLA(Value Line Average) 주가지수선물은 시장에서 거래되고 있는 1,700개의 주식을 시장가치로 가중평균한 값으로 1포인트당 가격이 $500이다.

제4절 미국 금융옵션의 활용

옵션계약은 일정하게 주어진 만기 이내에 어떤 상품을 특정한 행사가격에 사겠다(call) 또는 팔겠다(put)는 약속이다. 옵션은 권리를 매매하는 것이므로 옵션매입자는 그 권리에 대해 값을 지불하며 이것이 옵션프리미엄이다. 옵션매입자는 상황이 유리할 때 그 권리를 행사할 수 있으며 불리한 상황에서 권리를 포기할 수 있다. 옵션매도자는 프리미엄을 받고 권리를 매도하며 옵션매입자가 권리를 행사하면 그 권리에 해당하는 의무를 이행해야 한다. 옵션은 선물과 같이 헤징(hedging), 투기(speculating), 스프레딩(spreading) 등 여러 가지 목적으로 사용될 수 있다. 여기서는 미국 금융선물상품을 이용한 옵션거래전략을 살펴본다.

1. T-Bills 선물옵션의 헤징거래

박 씨는 시그마회사의 자금관리부장이다. 두 달 뒤에 $2,000,000의 투자이익금이 회수될 예정이다. 적당한 투자대상을 검토하던 중에 그는 앞으로 두 달 이내에 미국의 이자율이 하락하고 채권가격이 상승할 것이라는 예상을 하고 있다. 따라서 채권가격상승으로 인해서 발생하는 투자기회손실을 회피하기 위해 단기금리선물상품인 T-Bills 선물콜옵션으로 헤징하기로 하였다. 오늘(9월 15일) T-Bills 채권의 현물가격이 99.02이고 선물가격이 98.12일 때 그는 12월 만기, 행사가격이 97.00인

T-Bills 콜옵션을 프리미엄 1.00에 2계약 매입하였다. 여기서 T-Bills 선물의 액면가격은 $1,000,000이므로 $2,000,000의 투자이익금에 대한 T-Bills 선물의 계약건수는 2계약이다.

두 달 뒤에 예상한 것처럼 이자가 하락하고 채권가격이 상승해서 T-Bills의 현물가격과 선물가격은 각각 99.52와 99.62로 상승하였고 12월 만기, 행사가격이 97.00인 T-Bills 선물콜옵션의 프리미엄은 2.62로 상승하였다. 이 경우 박 씨는 T-Bills 채권현물에서 발생하는 투자기회손실로부터 100포인트{= (99.02 − 99.52) × 2계약}의 손실이 발생하며 손실금액은 50 × 2계약 × $25 = $2,500이다. 하지만 박 씨는 T-Bills 선물콜옵션에 대해 권리를 행사하여 97.00의 행사가격에 선물을 매입한 다음 반대매매를 통해 오늘 선물가격인 99.62에 매도하였다. T-Bills의 콜옵션행사이익은 524포인트{= (99.62 − 97.00) × 2계약}이며 이에 대한 이익금액은 262 × $25 × 2계약 = $13,100이나 프리미엄비용 $5,000(= 100포인트 × $25 × 2계약)를 빼고 난 순행사이익은 $8,100이다. 따라서 T-Bills 선물 콜옵션을 통한 헤징순이익은 옵션행사이익 $8,100에서 현물포지션손실인 $2,500를 빼 준 $5,600의 순이익이 발생한다.

박 씨가 T-Bills 콜옵션을 행사하지 않고 프리미엄 2.62를 받고 매입한 T-Bills콜옵션을 반대매매하는 경우 프리미엄순이익은 2.62 − 1.00 = 1.62이다. 여기에 해당하는 순이익금액은 162 × $25 × 2계약 = $8,100이며 이는 T-Bills 콜옵션을 직접적으로 행사해서 얻을 수 있는 행사순이익금액과 동일하게 된다. 따라서 T-Bills 콜옵션을 이용한 헤징순이익은 옵션의 반대매매이익 $8,100에서 현물포지션손실인 $2,500를 빼 준 $5,600의 순이익이 발생한다.

만약 두 달 뒤에 박 씨가 예상한 것과 달리 이자율이 상승해서 T-Bills의 현물가격과 선물가격이 97.18과 96.02로 하락하였고 12월 만기, 행사가격이 97.00인 T-Bills 선물콜옵션의 프리미엄은 0.45로 하락했다고 하자. 박 씨의 현물포지션에서 (99.02 − 97.18) × $25 × 2계약 = $9,200의 이익이 발생한다. 하지만 12월 만기, 97.00의 행사가격을 가진 T-Bills 콜옵션은 행사가격보다 시장선물가격이 더 낮아서 행사되지 못한다. 대신 박 씨는 T-Bills 콜옵션을 0.45의 프리미엄에 되팔아서 옵션거래로부터 (0.45 − 1.00) = −0.55의 손실이 발생하며 옵션거래의 손실금액은 55베이시스포인트 × $25 × 2계약 = $2,750이다. 따라서 T-Bills 선물콜옵션의 헤징거래에서 발생하는 순손익은 현물거래이익 $9,200에서 옵션거래손실 $2,750를 빼 준 $6,450의 순이익이 발생한다.

T-Bills 콜옵션의 헤징거래 사례

	선물가격	T-Bills 현물	T-Bills 선물콜옵션
9월 15일	98.12	99.02에 $2,000,000의 채권매입 예정	콜옵션 매입프리미엄 = 100 × $25 × 2계약 = $5,000
11월 15일	99.62	99.52에 $2,000,000의 채권매입	• 콜옵션을 97.00에 행사 • 콜옵션행사이익 = (99.62 − 97.00) × $25 × 2계약 = $13,100
순손익		(99.02 − 99.52) × $25 × 2계약 = $2,500 손실	콜옵션순이익 = $13,100 − $5,000 = $8,100

2. T-Bonds 선물옵션의 투기거래

미국의 경제호조로 미국의 이자율이 상승할 것이라고 예측하고 있는 Joe 씨는 오늘(9월 15일) 96 Dec. US T-Bonds의 선물풋옵션을 2 − 20의 프리미엄을 주고 한 계약 매입하였다. 오늘 12월 만기, T-Bonds 선물가격은 97 − 24였다. T-Bonds 선물옵션에서 주의해야 할 점은 T-Bonds 선물옵션의 프리미엄은 32진법이 아닌 64진법으로 표시된다는 점이다. 즉, 1 − 00 = 0 − 64이다. 따라서 T-Bonds의 옵션프리미엄은 1포인트당 $15.625(= $31.25/2)이며 2 − 20에 해당하는 프리미엄금액은 2 × $1,000 + 20 × $15.625 = $2,312.5이다. 이 풋옵션에서 '96'은 행사가격, 'Dec.'는 만기월이며 US T-Bonds는 옵션대상이 되는 선물상품을 의미한다. 따라서 이 풋옵션은 행사가격이 96이고 만기가 12월인 T-Bonds 풋옵션이다.

한 달 뒤에 Joe 씨의 예상과 달리 이자가 하락하였고 12월 만기, T-Bonds의 가격이 올라서 98 − 16이었고 96 Dec. US T-Bonds의 선물풋옵션의 프리미엄은 1 − 40이었다. 시장이 호전될 기미가 없어서 Joe 씨는 매입한 T-Bond 선물풋옵션을 1 − 40의 프리미엄을 받고 매도하였다. Joe 씨의 투기거래순손실은 {(1 − 40) − (2 − 20)} = − (0 − 44)이며 손실금액은 44 × $15.625 = $687.50의 손실이 발생한다.

만약 이자율이 Joe 씨의 예측과 같이 상승해서 12월 만기, T-Bonds 선물의 가격이 92 – 18로 하락했다면 Joe 씨는 T-Bonds 풋옵션에 대한 권리를 행사할 것이다. 즉, Joe 씨는 행사가격인 96에서 T-Bonds 선물을 매도하게 되므로 풋옵션행사이익은 {(96 – 00) – (92 – 18)} = 3 – 14이며 여기에 해당하는 행사이익금액은 3 × $1,000 + 14 × $31.25 = $3,437.50이다. 하지만 풋옵션을 매입할 때 지불한 옵션프리미엄은 순비용이므로 옵션행사이익($3,437.50)에서 프리미엄비용 $2,312.5를 뺀 $1,125가 T-Bonds 풋옵션의 투기거래에서 발생하는 순이익금액이다.

3. S&P 500 주가지수옵션의 스프레드거래

Mary 씨는 앞으로 경제가 호전되면서 주식시장이 급격히 좋아질 것으로 전망하고 있다. 오늘 S&P 500 주가지수선물의 가격이 280.00인데 12월 만기, 280.00의 행사가격을 가진 S&P 500 주가지수선물 콜옵션을 $1,150의 프리미엄을 주고 1계약 매입하고 12월 만기, 284.00의 행사가격을 가진 S&P 500 주가지수선물 콜옵션을 $425에 1계약 매도하였다. 이 매입콜스프레드(bull call spread)에서 행사가격이 낮은 콜옵션프리미엄이 행사가격이 높은 콜옵션프리미엄보다 높기 때문에 콜옵션매입으로 지불한 프리미엄이 콜옵션매도로 받은 프리미엄보다 크다. 따라서 지불한 프리미엄과 받은 프리미엄의 차이($725 = $1,150 – $425)만큼 프리미엄손실이 발생하며 이것이 매입콜스프레드로부터 발생할 수 있는 최대의 손실이다.

한 달 뒤에 S&P 500 주가지수 선물가격이 상승해서 283.00이 되면 Mary 씨는 매입한 S&P 주가지수선물 콜옵션을 행사하여 주가지수를 행사가격 280.00에 매입하고 반대매매를 하면 3.00(= 283.00 – 280.00)의 이익을 얻는다. 하지만 매도한 콜옵션은 행사가격(284.00)이 시장가격보다 높아서 행사되지 못한다. 따라서 S&P 500 주가지수를 이용한 Mary 씨의 매입콜스프레드는 3.00 × $500 = $1,500의 이익을 얻게 된다. 그러나 매입콜스프레드에서 들어가는 비용은 매입콜스프레드로부터 발생하는 최대의 손실액인 $725(= $1,150 – $425)와 같다. 따라서 가격이 280.00에서 283.00으로 소폭 상승했을 때 S&P 500 주가지수선물의 매입콜스프레드의 순이익은 매입콜스프레드의 행사이익($1,500)에서 매입콜스프레드에 들어가는 비용 $725를 뺀 나머지 $775이다.

한 달 뒤에 S&P 500 주가지수가 286.00으로 상승한 경우 매입한 콜옵션으로 주가지수를 행사가격 280.00에서 매입하여 반대매매를 하면 6.00(= 286.00 − 280.00)의 이익을 얻는다. 하지만 매도한 콜옵션 또한 행사가격 284.00에서 행사되어 2.00(= 286.00 − 284.00)의 손실이 발생한다. 따라서 S&P 500 주가지수의 매입콜스프레드의 행사이익은 매입한 콜옵션의 행사이익(6.00)에서 매도한 콜옵션의 행사손실(2.00)을 빼 준 4.00이 매입콜스프레드의 이익이 되며 이에 해당하는 이익금액은 4.00 × $500 = $2,000가 된다. 매입콜스프레드의 순이익은 매입콜스프레드의 이익 $2,000에서 매입콜스프레드의 비용인 $725를 빼 준 값으로 $1,275의 순이익이 발생한다.

제5절 미국 금융선물상품의 가격고시

1. 미국 금융선물상품의 계약단위

미국에서 거래되고 있는 금융선물은 금리선물, 통화선물, 지수선물이 있다. 금리선물은 단기금리선물상품인 T-Bills과 Euro-dollar 예금증서가 있고 장기금리선물상품은 T-Notes와 T-Bonds, GNMA가 있다. 단기금리선물인 T-Bills과 Euro-dollar 예금증서는 1계약 액면금액이 $1,000,000이며 1포인트당 가격이 $25이다. 장기금리선물은 T-Notes와 T-Bonds, GNMA 모두 1계약 액면금액이 $100,000이며 1포인트당 가격이 $31.25이다. 금리선물상품의 최소 호가단위는 단기금리선물상품의 경우 0.01 = $25이며 장기금리선물상품의 경우 32진법에서 1/32 = $32.25이다.

주가지수선물은 주가지수에 포함되는 주식의 범위와 성격에 따라 S&P 500지수, MMI지수, VLA지수, NYSEC지수가 있으며 S&P 500지수, VLA지수와 NYSEC

지수는 주가지수 1포인트당 $500이며 MMI 지수는 1포인트당 $250이다. 주가지수선물상품의 최소 호가단위는 0.01이다.

통화선물은 거래소마다 조금씩 다르지만 시카고선물시장에서 유로화선물상품은 1계약에 125,000유로, 일본엔화선물은 1계약당 12,500,000엔, 그리고 영국파운드화는 62,500파운드이다. 캐나다달러와 호주달러는 선물계약당 100,000달러이다. 모든 통화선물에서 최소 호가단위는 일반적으로 각국 통화 한 단위당 0.01센트이며 일본엔화의 경우 엔화당 0.0001센트, 파운드의 경우 0.02센트이다.

2. 미국 금융선물상품의 가격고시

미국 금융선물상품의 가격고시도 한국 증권선물거래소에서 발표하는 선물가격고시와 유사하다. 여기서는 미국 금융선물상품 중에서 특이한 금융선물인 T-Bonds 금리선물의 가격고시표를 사례로 살펴본다. 다음은 「*Wall Street Journal*」 신문에 수록된 미국 재무성 채권인 T-Bonds의 선물가격고시표이다. 먼저 선물상품 옆의 괄호 안에 있는 것은 선물상품이 거래되는 거래소의 이름이며 CBT는 Chicago Board of Trade의 약어이고 시카고선물시장을 말한다. 선물상품 옆의 단위는 T-Bonds의 액면금액과 호가단위이며 T-Bonds의 액면단위는 $100,000이고 호가단위는 1/32을 사용한다.

선물상품 밑에 있는 표 안의 첫 번째 칸에는 T-Bonds 선물의 만기가 기록된다. 첫째 칸, 첫째 줄에 'Mar.'은 3월 만기, 'June'은 6월, 'Sept.'는 9월, 'Dec.'는 12월 만기를 나타낸다. T-Bonds의 만기는 보통 3개월단위로 기록되며 3월, 6월, 9월, 12월 등이다.

둘째 칸(Open)은 T-Bonds의 시가를 나타내며, 셋째 칸(High)은 오늘 거래 최고가, 넷째 칸(Low)은 최저가, 그리고 다섯 번째 칸(Settle)은 종가를 나타낸다. 여섯 번째 칸(Chg)은 전일 종가 대비 오늘 종가의 변화를 나타내며, 일곱 번째 칸(Discount Settle)과 여덟 번째 칸(Discount Chg)은 종가기준으로 액면금액에서 할인되는 T-Bonds 포인트와 전일 대비 할인포인트의 변화이다. 마지막 아홉 번째 칸(Open Interest)은 미결약정 수량이다.

Treasury Bonds(CBT) – $100,000: pts. 32nds of 100%

	Open	High	Low	Settle	Chg	Discount Settle	Discount Chg	Open Interest
Mar.	99 – 12	99 – 22	99 – 08	99 – 18	+10	8.044	−0.032	227,274
June	98 – 13	98 – 23	98 – 10	98 – 19	+9	8.144	−0.029	41,292
Sept.	97 – 19	97 – 24	97 – 12	97 – 20	+8	8.244	−0.027	9,811
Dec.	96 – 23	96 – 26	96 – 15	96 – 22	+7	8.343	−0.024	3,389
Mar.	95 – 25	95 – 29	95 – 20	95 – 25	+7	8.440	−0.024	3,072
June	94 – 27	94 – 30	94 – 24	94 – 29	+7	8.535	−0.024	1,750
Est. vol 164,000; vol Tues. 177,324; open int 289,317, −1,652								

예를 들어, 2023년 3월 만기, T-Bonds 선물의 가격을 살펴보자. T-Bonds의 시가는 99 – 12였으며 최고가는 99 – 22, 그리고 장중 한때 99 – 08로 최저가를 형성하였다. 주가지수의 종가는 99 – 18이며 전일 대비 +10포인트 증가되었다. 오늘 미결약정 수량은 227,274계약이었다. 오늘 거래된 거래량은 T-Bonds 고시표 제일 아래에 나타나 있다. 추정거래량(Est. vol)은 164,000계약이었으며 어제(Tues.) 거래량은 177,324계약이고 총미결약정 수량은 289,317계약으로 어제 대비 1,652계약 감소하였다.

	Open	High	Low	Settle	Chg	Disct. Settle	Disct. Chg	Open Interest
Mar	99 – 12	99 – 22	99 – 08	99 – 18	+10	8.044	−0.032	227,274

미국의 주가지수선물이나 통화선물은 우리나라의 선물가격고시표와 유사하다. 또한 금융선물옵션상품의 경우에도 만기와 행사가격, 그리고 옵션의 종류(콜–풋)에 따라 금융선물옵션가격을 고시하므로 우리나라 옵션가격고시표와 유사하다.

연습문제

〈설명형〉

01 미국선물시장에서 개장, 거래되는 대표적인 단기금리 상품인 3개월 만기 Treasury-Bills(T-Bills)과 Euro dolloar 예금증서에 대해 아래 표에서 제시되는 주요 내용을 채워라.

	T-Bills	Euro dollar 예금증서
발행주체		
액면가격		
1포인트 계산방식		

02 미국선물시장에서 거래되는 주요 주가지수선물들에 대해 아래 표에서 제시되는 내용을 채워라.

	S&P	MMI	NYSEC	VLA
거래단위				
가격표시				
호가단위				
결제월				

03 미국통화선물시장에서 거래되는 주요 상품인 유로선물의 거래장소와 계약단위를 설명하라.

〈계산형〉

01 앞으로 미국금리가 하락할 것 같다. 선물투자자 이조선 씨는 투자목적으로 미국 T-Note을 매입하였다. 오늘 T-Note 가격은 103-31이고, 11월 만기 T-Note 선물가격은 105-02이다. 한 달 뒤 금리가 하락해서 T-Note 현물가격이 112-01이고, 11월 만기 T-Note 선물가격이 114-30이었다.

a. 이조선 씨의 T-Note(현물) 투자손익을 구하라.

b. T-Note 선물을 이용하여 헤징을 한 경우에 헤징의 순손익을 계산하라.

02 미래에 세계금리가 상승할 것 같다. 펀드매니저인 김복현 씨는 미국 T-bond 선물을 이용하여 여러 가지 자금운용전략을 세우고 있다. 오늘 T-bond 가격은 110-21이고, 12월 만기 T-bond 선물가격은 108-30이었다. 한 달 뒤 예상대로 금리가 하락해서 T-bond 현물가격이 112-01이고, 12월 만기 T-bond의 가격이 112-02이었다. 다음에 답하라.

a. 헤징의 손익을 계산하라.

b. 투기(speculation)의 손익을 계산하라.

03 앞으로 미국 금리가 상승할 것으로 예상된다. 선물투자자 이갑부 씨는 US$1,000,000를 가지고 있는데 T-Bond에 투자하려고 한다. 오늘 T-Bond 가격은 93-26이고 T-Bond의 3개월 선물가격은 94-18이다.

a. 이익을 보기 위해 이갑부 씨는 T-Bond 선물거래를 어떻게 해야 하나?

b. 한 달 뒤 현물가격이 88-00이고 선물가격이 89-00이라면 A 씨의 이익과 손실은 얼마인가?

04 앞으로 미국 주가가 상승할 것으로 예상된다. 김재벌 씨는 US$1,000.000를 가지고 있는데 S&P 500에 투자하려고 한다. 오늘 현물가격은 268.80이고 선물가격은 270.35이다.

a. 이익을 보기 위해 김 씨는 선물거래를 어떻게 해야 하나?

b. 한 달 뒤 현물가격이 278.65이고 선물가격이 283.90이라면 김 씨의 이익과 손실은 얼마인가?

PART 04

FINANCIAL FUTURES AND OPTIONS

금융선물옵션의 가격결정이론

CHAPTER

09 금융상품의 가격결정이론

제1절 포트폴리오이론과 CAPM

이 책의 앞에서 금융선물상품의 가격이 어떻게 결정되는지를 이론적으로 간략하게 설명을 하였다. 금리선물상품에서 시장금리는 위험요소, 물가 등에 따라 결정된다. 시장금리의 상승은 CD채권을 할인하게 만들고 CD채권의 가격을 하락시킨다. 주가지수는 경제 전체의 위험인 시스템적인 위험에 대비해서 사용되는 금융선물상품이며 보유자산가치와 주가지수의 관계를 나타내는 요인이 베타이다.

통화선물의 가격인 환율은 국제 간의 자본이동에 상당히 영향을 받게 되며 따라서 국제 간 실질수익률의 차이에 의해 결정된다. 또한 환율은 두 나라 통화 간의 교환비율로서 교환되는 비율의 근거는 그 나라 통화의 구매력, 즉 물가수준에 따라 결정되기도 한다.

여기서는 금융상품가격이 어떻게 결정되는가를 구체적으로 알아보고자 한다. 이를 위해 각 금융자산에 관한 기본적인 이론과 수학적 증명을 사용하여 모형을 설정하고 금융자산의 가격결정에 대해 설명하고자 한다. 먼저 포트폴리오이론과 주식가격결정이론(CAPM) 등에 대해 알아보고 채권가격과 환율결정에 대한 이론을 차례로 제시한다.

1. 수익률과 위험

기대수익률

투자의 성과를 평가하는 데 있어서 투자수익률과 증권가격에 대하여 혼동하는 경우가 종종 있다. 증권을 낮은 가격에 매입하여 높은 가격으로 매도를 하면 투자수익이 높아지고 수익률도 높다. 따라서 매도가격이 높을수록 혹은 매입가격이 낮을수록 수익률은 향상된다. 예를 들어, 포스코 주식 10주를 1년 전에 180,000원에 매입하여 200,000원에 매도하였다면 수익률은 11.11%{=(200,000 − 180,000)/180,000}가 된다. 만약 150,000원에 매입하였다면 수익률은 33.33%{=(200,000 − 150,000)/150,000}로 향상된다.

수익률이 과거 혹은 현재까지의 투자성과를 측정하는 반면에, 기대수익률은 미래에 발생할 수 있는 수익률에 대한 기대값으로 이해할 수 있다. 수익률이 10%라는 말은 투자원금의 10%에 해당하는 이익을 이미 실현시켰다는 뜻이다. 그러나 기대수익률이 10%라는 뜻은 투자원금의 10%에 해당하는 이익이 미래에 실현될 것으로 기대한다는 뜻이다. 어떤 주식의 기대수익률이 높다는 뜻은 그 주식의 가격상승이 높을 것으로 기대된다는 것이다. 기대수익률은 미래에 발생할 수 있는 수익률의 기대치이기 때문에 기간이 경과하여 실제 실현되는 수익률은 기대수익률과 상이한 것이 일반적이다. 따라서 기대수익률이 10%라고 해도 만기에 실현되는 수익률이 5%, 8%, 혹은 20%가 될 수 있다. 기대수익률은 미래 실현가능한 수익률들의 평균이라고 볼 수 있다.

기대수익률과 위험

앞에서 설명하였듯이 기대수익률은 미래 실현가능한 수익률의 평균이라고 정의하였다. 따라서 투자만기에 실현되는 수익률이 기대수익률과 다를 가능성은 항상 존재하며, 그 가능성이 클수록 투자위험은 크다고 볼 수 있다. 즉, 위험은 미래실현수익률이 기대수익률을 빗나갈 가능성을 의미한다. 빗나가는 폭이 클수록, 그리고 확률이 높을수록 위험은 증가한다. 이러한 위험을 정규분포도로 설명하면 다음 그림과 같다.

위험이 다른 두 주식의 수익률 정규분포

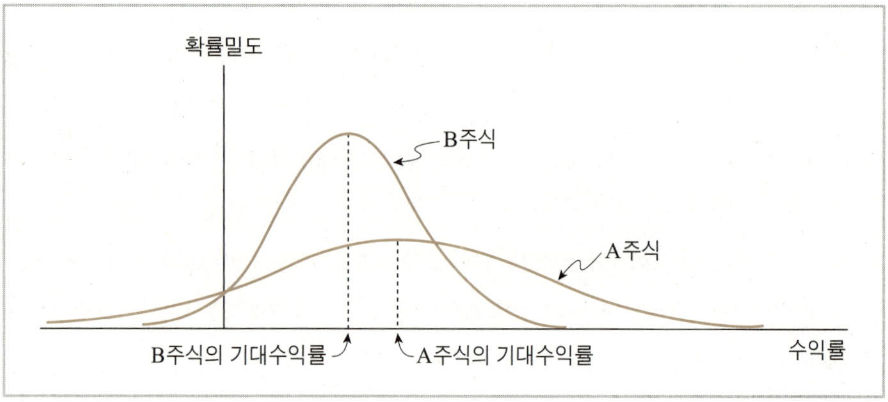

A주식은 기대수익률이 높은 반면에 위험도 상대적으로 크다. 기대수익률은 정규분포도의 중심점의 위치가 X축상 어디에 있는가에 따라 결정되고, 위험은 정규분포도의 폭으로 결정된다. 정규분포도의 폭이 넓을수록(따라서 정규분포도의 키가 작을수록) 위험이 증가한다. 그리고 정규분포도의 폭의 넓이를 표준편차 혹은 분산으로 표시하기 때문에 위험을 표준편차 혹은 분산으로 표시한다.

기대수익률과 위험의 상반관계

예를 들어, A주식은 20%의 기대수익률이 예상되고 B주식은 10%의 기대수익률이 예상된다고 하자. 그러면 모든 투자자들은 A주식을 매입하지 누가 B주식을 매입할 것인가? 그리고 주식시장에는 기대수익률이 가장 높은 주식만이 거래되지 않을까? 이러한 염려는 하지 않아도 된다. 왜냐하면 주식투자에는 위험이 동반되고 기대수익률 외에 위험이 크고 작음에 따라서도 투자의 선호도가 달라지기 때문이다.

일반적으로 투자자는 위험을 싫어하는 위험회피형 투자자이다. 동일한 기대수익률을 제공하는 증권 중에서 위험이 가장 낮은 증권을 선택하기 마련이다. 따라서 위험이 높은 증권이 거래되기 위해서는 투자자들이 매입하도록 인센티브를 제공하여야 한다. 이러한 인센티브를 위험프리미엄이라고 한다. 위험이 높은 증권일수록 더 높은 위험프리미엄을 제공하여야 그 증권이 시장에서 거래될 수 있다. 위험프리미엄은 기대수익률에 포함되므로 위험이 높은 증권일수록 기대수익률이 높으며, 이를 기대수익률과 위험의 상반관계라고 한다.

앞의 예로 돌아가서, B주식의 기대수익률이 10%로서 A주식의 기대수익률 20%보다 낮음에도 불구하고 B주식이 시장에서 거래될 수 있는 이유는 B주식의 위험이 A주식에 비하여 낮기 때문일 것이다. 즉, A주식의 위험이 상대적으로 높기 때문에 높은 위험에 상응하는 위험프리미엄이 기대수익률에 포함되어서 기대수익률이 상대적으로 높게 된 것이다.

기대수익률과 위험

기대수익률은 선물거래로 인해 미래에 실현가능한 수익률의 평균이며, 위험은 미래 실현수익률이 기대수익률을 빗나갈 가능성을 의미한다. 가격변동성이 클수록, 빗나가는 폭이 클수록 그리고 확률이 높을수록 위험은 증가한다.

2. 포트폴리오의 기대수익률과 위험

기대수익률과 위험

일반적으로 투자자는 어떤 하나의 증권에 자신이 가진 모든 재산을 투자하지는 않는다. 자신의 재산을 여러 종류의 증권에 나누어 투자하는데, 이때 두 가지 이상의 증권에 투자한 자산의 집합을 포트폴리오라고 한다. 그러므로 포트폴리오를 구성하는 개별 증권의 기대수익률과 위험보다는 포트폴리오의 기대수익률과 위험에 의해서 투자성과가 결정된다. 그런데 포트폴리오의 기대수익률과 위험은 구성된 개별 증권의 기대수익률과 위험, 그리고 개별 증권의 투자비율에 의하여 좌우되기 때문에, 결국 '어떤 증권을 얼마의 투자비중으로 포트폴리오에 포함시키는가?' 라는 의사결정에 의하여 포트폴리오의 투자성과가 결정된다고 할 수 있다.

그러면 포트폴리오의 기대수익률과 위험의 개념을 예를 들어 이해해보자. 우선 가장 간단한 두 개의 증권 A와 B로 구성된 포트폴리오 P를 생각해보자. α를 증권 A의 투자비중이라고 한다면 증권 B의 투자비중은 $(1 - \alpha)$가 된다. 따라서 포트폴리오 P의 기대수익률은 다음과 같이 표시된다.

$$E(R_P) = \alpha E(R_A) + (1 - \alpha)E(R_B)$$

여기서, $E(R_P)$, $E(R_A)$, $E(R_B)$는 각각 포트폴리오 P, 그리고 증권 A와 B의 기대수익률이다. 이 식에서 포트폴리오의 기대수익률은 개별 증권의 기대수익률을 가중평균한 값임을 알 수 있다. 그리고 포트폴리오의 위험을 나타내는 분산은 다음과 같이 표시된다.

$$\sigma_P^2 = \alpha^2\sigma_A^2 + (1 - \alpha)^2\sigma_B^2 + 2\alpha(1 - \alpha)Cov(A, B)$$

여기서, σ_P^2, σ_A^2, σ_B^2는 포트폴리오 P, 그리고 증권 A와 B의 분산이며, $Cov(A, B)$는 증권 A와 B의 공분산이다. 여기서 포트폴리오의 분산(위험)은 개별 증권의 분산과 투자비중, 그리고 증권 A와 B의 공분산에 의하여 좌우됨을 알 수 있다. 특히 구성증권의 수가 많은 포트폴리오의 경우, 개별 증권의 분산보다는 개별 증권 간의 공분산에 의하여 포트폴리오의 위험이 크게 좌우된다. 나중에 설명하겠지만, 위험을 감소시키는 포트폴리오 분산의 원리도 포트폴리오를 구성하는 증권 간의 공분산을 감소시킴으로써 포트폴리오 위험을 감소시킬 수 있다는 것이다.

예를 들어, 총 1,000만원의 투자자금 중에서 600만원을 현대자동차 보통주에, 그리고 나머지 400만원을 삼성전자 보통주에 투자하였다면, 포트폴리오의 기대수익률은 얼마가 되겠는가? 증권분석자료에 의하면, 현대자동차와 삼성전자 보통주의 기대수익률은 각각 20%와 18%라고 한다. 현대자동차와 삼성전자 보통주의 투자비중은 각각 60%(600만원/1,000만원), 40%(400만원/1,000만원)이다. 따라서 포트폴리오의 기대수익률은 다음과 같이 19.2%이다.

$$E(R_P) = 0.6 \times 20\% + 0.4 \times 18\% = 19.2\%$$

그리고 증권 A의 B의 분산이 각각 5.73%, 4.98%이고 공분산이 3.67%로 추정되었다면, 포트폴리오의 분산은 다음과 같이 4.02%로 계산된다.

$$\sigma_P^2 = 0.6^2 \times 0.0573 + 0.4^2 \times 0.0498 + 2 \times 0.6 \times 0.4 \times 0.0367 = 4.02\%$$

포트폴리오 분산

투자자금을 하나의 증권이 아닌 여러 증권에 나누어 투자한 투자집합을 포트폴리오라고 정의하였다. 투자자가 포트폴리오를 구성하게 되면 자연히 포트폴리오 분산효과가 발생한다. 포트폴리오 분산효과란 투자자금을 여러 증권에 나누어 투자함으로써 투자위험이 감소되는 현상이라고 정의할 수 있다. 다음 그림에서 가로축은 구성증권수를, 세로축은 투자위험을 나타낸다. 그림에서 그래프가 우하향하고 있는데, 이는 포트폴리오를 구성하는 증권의 수를 늘릴수록 투자위험이 감소하고 있음을 보여주고 있다. 그러나 구성증권수가 일정한 수준을 초과하면 위험은 더 이상 감소하지 않고 있다. 한국증권거래소 등록 주식의 경우 약 18~20개의 증권을 구성하면 투자위험을 더 이상 줄일 수 없는 것으로 실증적으로 분석되었다.

포트폴리오 분산효과의 원인을 수학적으로 분석하면 포트폴리오를 구성하는 구

포트폴리오 분산효과

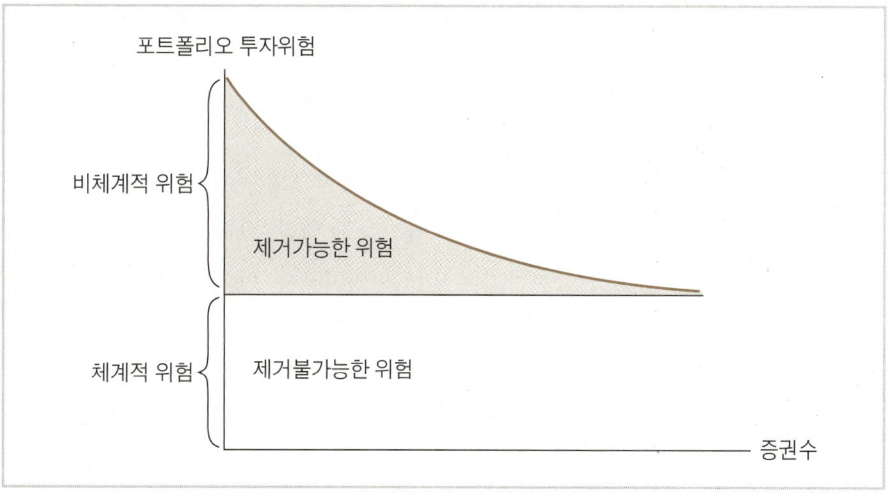

성증권 간의 공분산에 있음을 알 수 있다. 즉, 구성증권의 공분산이 작을수록(음수의 값도 가능함) 포트폴리오 분산효과는 향상된다. 앞의 예에서 증권 A의 분산은 0.0573이고 증권 B의 분산은 0.0498이다. 두 증권으로 구성된 포트폴리오의 분산은 0.0402로 계산되었는데, 이 값은 두 구성증권의 분산보다 작음을 알 수 있다. 즉, 포트폴리오의 분산효과가 나타난 것이다. 이러한 결과는 두 증권 간의 공분산이 상대적으로 작기 때문에 가능하였다.

공분산은 두 증권 간의 상관계수와 표준편차의 곱으로 정의된다. 즉, $Cov(A, B) = \rho \times \sigma_A \times \sigma_B$이다. 여기서, ρ는 증권 A와 B의 상관계수로서 1과 −1 사이의 값을 가진다. σ_A, σ_B는 증권 A와 B의 표준편차이다. 그런데 두 증권의 표준편차는 주어진 값인 반면에 상관계수는 포트폴리오를 어떻게 구성하느냐에 의해서 결정된다. 예를 들어, 상관계수가 작은 증권들을 포트폴리오로 구성한다면 포트폴리오의 분산효과가 향상된다는 것이다. 따라서 실무적으로 포트폴리오를 구성하는 데 있어서 구성증권들 간의 상관계수는 매우 중요한 구성증권의 선택요인이 된다.

상관계수가 −1에 가까울수록 포트폴리오 분산효과는 향상된다. 만약 두 증권 간의 상관계수가 1이라면, 두 증권으로 구성한 포트폴리오의 분산효과는 전혀 없다. 반면에 두 증권 간의 상관계수가 −1이라면 두 증권으로 구성한 포트폴리오의 분산효과는 극대화되고 이론적으로 분산이 제로인 포트폴리오를 구성할 수 있다. 상관계수가 제로(0)인 두 증권은 서로 가격변동에 있어 아무런 연관이 없다는 뜻으로서, 두 증권의 가격변동이 독립적이라고 말한다.

체계적 위험과 비체계적 위험

포트폴리오의 위험을 체계적 위험과 비체계적 위험으로 분류할 수 있다. 체계적 위험은 포트폴리오 분산효과에 의하여 제거불가능한 위험, 그리고 비체계적 위험은 포트폴리오 분산효과에 의하여 제거되는 위험을 의미한다. 앞의 포트폴리오 분산효과를 설명하는 그림에서 구성증권수를 아무리 증가시켜도 더 이상 줄어들지 않는 위험이 체계적 위험이다. 그리고 구성증권수를 증가시킴에 따라 계속 줄어드는 위험이 비체계적 위험이다.

포트폴리오 투자위험 = 체계적 위험 + 비체계적 위험

포트폴리오뿐만 아니라 개별 증권의 총위험도 체계적 위험과 비체계적 위험으로 분류할 수 있다. 개별 증권의 체계적 위험은 포트폴리오의 체계적 위험에 영향을 미치는 위험인 반면에, 비체계적 위험은 포트폴리오의 체계적 위험에 아무런 영향을 미치지 못하는 위험이다. 따라서 완전히 분산된 포트폴리오의 위험에 영향을 미치는 구성증권의 위험은 체계적 위험인 것이다. 따라서 포트폴리오 분산효과는 구성증권의 비체계적 위험이 제거되면서 나타나는 현상으로 볼 수 있다.

체계적 위험과 비체계적 위험

포트폴리오의 체계적 위험은 포트폴리오의 위험분산에 의하여 제거할 수 없는 위험이며, 거시경제 전반에 영향을 미치는 위험이다. 한편, 비체계적 위험은 포트폴리오 분산효과에 의하여 제거될 수 있는 개별 기업의 위험이다.

3. CAPM과 주가지수

주식가격결정

주식가격결정이론은 배당평가모형, 자본자산가격결정모형(CAPM), 그리고 재정가격결정모형(APT) 등이 있다. 여기서는 선물 · 옵션을 이해하는 데 반드시 필요한 CAPM에 대하여 공부하기로 한다. CAPM은 위험자산의 체계적 위험수준에 따라 시장평형수익률을 산정하여 주는 모형이다. 여기서 시장평형수익률은 기대수익률로 이해하여도 무방하다. 그리고 개별 증권이나 포트폴리오는 위험자산이기 때문에 CAPM을 이용하여 기대수익률을 추정할 수 있다.

앞의 체계적 위험과 비체계적 위험에서 설명하였듯이, 비체계적 위험은 포트폴리오 분산으로 쉽게 제거가능한 위험이기 때문에 비체계적 위험에 대하여 투자자들이 위험프리미엄을 요구하지는 않는다. 투자자들이 위험프리미엄을 요구하는 대상은 체계적 위험이다. 체계적 위험은 포트폴리오 분산으로 쉽게 제거되지 않기 때문에 투자자들이 감수할 수밖에 없다. 따라서 투자자들은 포트폴리오의 위험 중에서 체계적 위험에 대하여만 위험프리미엄을 요구하는 것이다. CAPM에서 증권의 체계적 위험을 측정하는 단위는 베타이다. 증권의 베타가 클수록 증권의 체계적 위험이 크다는 의미이다. 즉, 증권의 기대수익률은 무위험자산수익률에 증권의 체계적 위험에 해당하는 위험프리미엄을 합한 값이 된다는 것이 CAPM이다. 여기서 체계적 위험에 해당하는 위험프리미엄은 베타와 시장 위험프리미엄의 곱으로 정의된다. CAPM을 식으로 나타내면 다음과 같다.

$$E(R_i) = r_f + \{E(R_m) - r_f\} \times \beta_i$$

여기서, $E(R_i)$: 증권 i의 기대수익률
r_f: 무위험자산수익률
$E(R_m)$: 시장 포트폴리오
$E(R_m) - r_f$: 시장 위험프리미엄
β_i: 증권 i의 베타

시장 위험프리미엄은 시장 포트폴리오의 기대수익률과 무위험자산수익률의 차이로 정의된다. 무위험자산수익률은 이론적으로 위험이 전혀 없는 자산의 수익률인데, 현실적으로 중앙정부가 발행한 국채수익률 혹은 초우량은행이 보증한 채권수익률로 대체할 수 있다. 시장 포트폴리오는 이론적으로 모든 증권으로 구성된 포트폴리오로서 체계적 위험뿐이다. 그리고 시장 포트폴리오의 베타는 1이고, 현실적으로 한국종합주가지수가 시장 포트폴리오와 가장 유사하다고 볼 수 있다.

CAPM을 그래프로 표시하면 다음 그림과 같다. 가로축은 베타를 그리고 세로축은 기대수익률을 표시한다. 우상향하는 직선을 증권시장선이라고 한다. CAPM에 의하여 증권시장선의 기대수익률축의 절편이 무위험자산수익률이고 기울기가 시장 위험프리미엄이다. 증권시장선은 증권의 베타에 대응하는 기대수익률을 제시하고 있다. 그리고 기대수익률은 무위험자산수익률과 베타 × 시장 위험프리미엄으로 구성된다.

예를 들어, 베타가 2.2로 추정된 현대자동차 보통주의 기대수익률은 얼마가 되어야 타당한가? 단, 한국종합주가지수의 기대수익률이 24%, 그리고 중앙정부가 발행

증권시장선

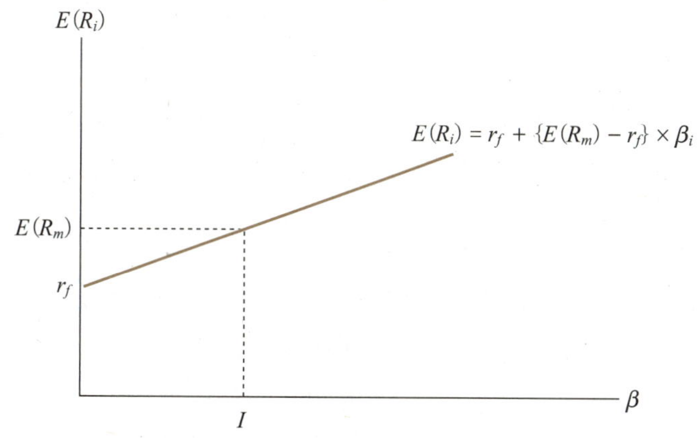

한 채권수익률이 9%로 추정되었다고 하자. 그렇다면 현대자동차 보통주의 기대수익률은 다음과 같은 식으로 나타낼 수 있으며, 28.8%가 된다.

$$E(R_i) = r_f + \{E(R_m) - r_f\} \times \beta_i = 9\% + \{18\% - 9\%\} \times 2.2 = 28.8\%$$

CAPM에서 가장 중요한 것은 증권의 베타이다. 베타를 정확히 이해하여야만 CAPM을 제대로 응용할 수 있다. 앞의 체계적 위험과 비체계적 위험에서 증권의 체계적 위험은 완전분산된 포트폴리오의 체계적 위험에 영향을 미치는 위험이라고 설명하였다. 즉, 증권의 체계적 위험은 시장 포트폴리오 위험에 영향을 미치는 위험이다. 이를 수학적으로 표시하면 다음과 같다.

$$\beta_i = \frac{Cov(m, i)}{\sigma_m^2} = \frac{\rho \times \sigma_i}{\sigma_m}$$

여기서, σ_m^2, $Cov(m, i)$는 시장 포트폴리오 분산과 시장 포트폴리오와 증권 i의 공분산이다. 즉, 증권 i의 베타는 시장 포트폴리오와 증권 i의 공분산을 시장 포트폴리오 분산으로 표준화한 값이다. 베타는 KOSPI 200 주가지수선물 헤지거래에서 최적헤지비율을 산정하는 데 응용되고 있다.

주가지수가격결정

증권시장에는 매우 다양한 종류의 증권들이 거래되고 있으며, 증권들마다 거래되는 가격은 제각각이다. 일정기간 동안 특정 주식의 가격변화는 그 기간 동안의 가격차이로써 평가할 수 있으나, 시장 전체의 주가수준이 얼마나 변하였는지는 개별 주식의 가격변화로 평가할 수가 없다. 따라서 주가지수는 증권시장 전반적인 동향을 나타내는 증권시장지표로 활용된다. 주가지수의 종류는 주가지수에 포함되는 구성증권, 주가평균 산출방법에 따라 매우 다양하나 기준시점의 주가지수를 100으로 하여 비교시점의 주가수준과 비교한다는 의미에서는 공통점이 있다.

주가지수는 각 나라마다 2개 내지 3개의 지수가 통용되고 있다. 예를 들어, 미국에서는 S&P 500, NYSEC, Dow Jones Industrial Average 등이 있으며, 한국에는 한국종합주가지수(KOSPI), 한경다우지수, 한국종합주가지수 200(KOSPI 200) 등이 있다. 여기서는 KOSPI와 KOSPI 200을 소개하고자 한다.

KOSPI는 한국증권거래소에서 개발한 주가지수로서, 한국증권거래소에 등록된 모든 종목을 포함하고 있다. 기준연도인 1990년 1월 3일의 모든 종목의 시가총액을 100으로 기준하였다. KOSPI는 다음과 같이 계산된다.

$$\text{종합주가지수} = \frac{\text{현재의 시가총액}}{\text{1990년 1월 3일의 시가총액}} \times 100$$

예를 들어, 2023년 7월 11일 현재의 종합주가지수가 2,000이라고 한다면, 현재 한국증권거래소에 등록된 모든 종목의 시가총액이 1990년 1월 3일의 시가총액의 2,000%에 해당한다는 의미이다. KOSPI 200 주가지수는 한국증권거래소에 등록된 종목 200개를 시가총액으로 가중평균하여 산출한 주가지수이다. 200개 종목의 선택기준은 시장대표성, 업종대표성, 안정성, 그리고 유동성을 고려하여 주식시장의 동향을 정확히 나타내는 데 있다. 기준시점은 1990년 1월 3일이다. 산출방식은 다음 식과 같다.

$$\text{KOSPI 200} = \frac{\text{현재의 200종목 시가총액}}{\text{1990년 1월 3일 200종목 시가총액}} \times 100$$

특히 KOSPI 200 주가지수는 1996년부터 시작된 주가지수선물거래와 1997년부터 시작된 주가지수옵션거래의 대상이 되는 지수이다.

자본자산가격결정모형(CAPM)
CAPM은 위험자산의 체계적 위험수준에 따라 개별 주식의 평균수익률을 산정하는 주식가격결정모형이다.

제2절 이자율과 채권가격이론

1. 이자율의 개념

이자율의 정의와 구성요소

금융파생상품의 가치평가의 중요 요인인 이자율(interest rate)은 돈을 빌리거나 빌려주는 비용, 즉 자본의 비용이다. 보다 엄격하게 말하자면, 이자율이란 불확실한 미래의 소비를 위해 확실한 현재의 소비를 포기한 데 대한 대가이다. 대부분 사람들은 전체소득에서 일부만을 현재 소비하고 나머지는 미래의 소비를 위하여 저축을 한다. 이 저축된 자금은 자금을 필요로 하는 기업 등에 대출된다. 자금을 빌린 측(borrower)은 빌린 자금에 대해 빌려준 측(lender)에 보상의 의미인 이자를 지급해야 하는 의무를 진다.

이자율의 정의에서도 알 수 있듯이, 이것의 첫 번째 구성요인은 소비에 대한 시간선호(time preference)이다. 통상 사람들은 필요로 하는 재화나 용역을 가능한 빨리 손에 넣고자 한다. 즉, 사람들은 미래의 소비보다 현재의 소비를 선호한다. 따라서 사람들은 현재의 소비를 희생하고 포기한 데 대하여 합리적인 보상을 요구한다. 이러한 소비의 시간선호성은 사람과 사회에 따라 다를 것이다. 미래소비를 지향하는 사회일수록 저축이 증가하고, 이로 인한 자금의 공급여력이 높아지므로 금리가 낮게 형성될 것이다.

이자율에 영향을 미치는 두 번째 요인은 투자기회(opportunity of investment)이다. 투자기회는 경제의 장기실질성장률의 함수이며, 실질성장률은 통상 노동생산성과 자본생산성의 성장률에 의해서 정해진다. 수익성이 높은 투자기회가 많을수록 자금에 대한 수요가 많아져 금리가 높게 될 것이다. 이와 같이 사회 전체의 시간선호성과 투자기회는 자금의 수요와 공급에 영향을 미쳐 그 사회의 실질무위험이자율을 결정한다.

이자율의 세 번째 요인은 기대인플레이션(expected inflation)이다. 가격이 오를 것으로 예상되면 투자자들은 오를 부분만큼 추가로 보상을 요구할 것이다. 국채의 단기금리로 대변될 수 있는 명목무위험금리는 실질무위험금리에다가 통화정책이나 자금사정 등에 영향을 받는 기대인플레이션율을 더한 값이 된다.

마지막으로 고려되어야 할 이자율의 구성요인은 위험프리미엄(risk premium)이다. 왜냐하면 미래는 불확실하기 때문이다. 앞의 세 요인들이 모든 투자자산의 수익률 결정에 똑같이 영향을 주는 공통적 요인들이라면 위험프리미엄은 개별자산의 위험 정도에 따라 달라진다.

이자율이란 쉽게 말해 돈을 빌리는 비용으로 사회 전체의 자금공급총액과 자금수요총액이 균형을 이루는 점에서 최적이자율이 결정된다. 구체적으로 말하자면, 미래소비보다 현재소비를 선호하는 경향이 강할수록, 경기가 상승국면에 있어 수익성이 높은 투자기회가 많을수록, 물가불안심리가 클수록 자금에 대한 수요는 크고 공급은 적어져 금리가 높은 수준에서 형성된다.

2. 이자율의 종류

단리와 복리

투자자가 돈을 은행에 예금하였을 때 이자를 지급받는 방법은 크게 단리(simple interest rate)와 복리(compounding interest rate), 두 가지의 금리가 있다.

먼저 단리는 1년 단위로 계산되는 원금에 대한 이자를 말한다. 예컨대, 연이자율이 8%라면 1,000원의 자금(원금)은 1년 후 단리 80원이 붙어 1,080원이 되고 2년 후에는 단리 160원이 추가되어 1,160원이 된다.

$$\text{단리} = \text{원금} \times \text{이자율} \times \text{연수}$$

복리는 원금에 대한 이자뿐만 아니라 이자에 대한 이자까지 고려한 이자를 뜻한다. 위의 예에서 1년이 지난 후 2년째에는 이자 80원에 대해서도 이자가 발생하므로 2년째의 총이자는 166.4원(= 1,080 × 0.08)이 되어 2년 후 원리금은 1,166.4원이 된다. 위의 경우와의 차이인 6.4원은 이자 80원에 대한 이자인 것이다.

$$\text{복리} = \text{원금} \times (1 + \text{이자율})^{\text{연수}} - \text{원금}$$

만일 이자가 1년에 몇 번씩 나누어 발생한다면 복리는 더욱 커지게 된다. 위의 예에서 6개월마다 이자가 지급된다고 하면, 6개월 후에 원금의 4%인 40원을 받고 1년 후에는 원리금 1,040원에 대해 4%인 41.6원의 이자가 발생하여 1년간 총이자가 81.6원이 된다. 이 경우 유효이자율(effective interest rate)은 8.16%가 된다. 일반화된 복리 계산식은 아래와 같다.[1)]

$$\text{복리} = \text{원금}\left(1 + \frac{\text{이자율}}{m}\right)^{\text{연수} \times m} - \text{원금}$$

여기서, m: 1년에 이자가 지급되는 횟수

단리와 복리의 관계를 그림으로 표시하면 다음과 같다. 현재가치는 미래의 모든 현금흐름을 현재시점에서의 가치로 환산(할인)한 값을 말하며, 미래가치는 현재와 미래에 발생하게 되는 모든 현금흐름을 미래시점에서의 가치로 환산(할증)한 값이

1) 부분기간의 개수를 무한히 작게 하여 무한대에 가깝게 만들면 다음과 같다(e값은 2.71828⋯). 즉, 연이자율이 8%일 경우 이를 연속 복리로 계산할 경우 유효이자율은 8.33%가 된다.

$$\lim_{m \to \infty}\left(1 + \frac{0.08}{m}\right)^{m} = e^{0.08} = 1.0833$$

다. 즉, 연이자율이 8%인 1,000원의 1년 후 미래가치는 1,080원이고, 1년 후 1,080원은 현재가치로 1,000원이 된다.

단리와 복리

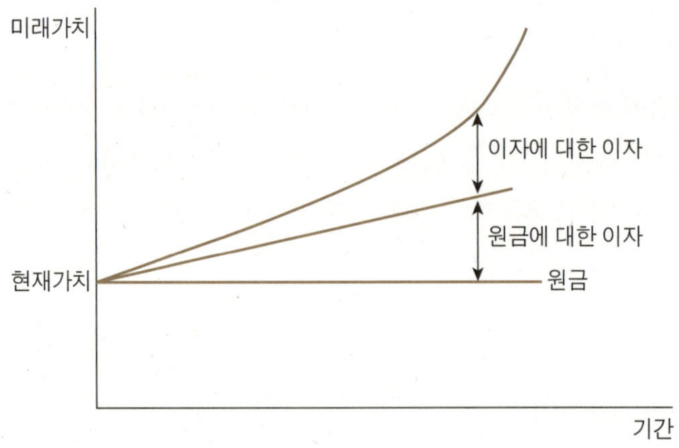

만기수익률, 현물이자율 및 선도이자율

채권가격은 액면금액, 표면금리, 잔존만기, 요구수익률의 함수이다. 따라서 채권가격만을 보고 각종 채권의 투자매력을 올바로 판단하기 어렵다. 액면금액, 표면금리, 만기는 정해져 있으며 채권가격은 시장에서 관찰되므로 채권수익률을 산출함으로써 투자자는 채권상품들의 투자효율을 비교 · 분석할 수 있다.

그런데 채권수익률에는 여러 가지 형태가 있기 때문에, 투자자는 어떤 수익률을 보아야 하는가 하는 문제에 부딪치게 된다. 이와 관련 하여 여기서 우리는 만기수익률, 현물이자율 및 선도이자율 등의 개념을 살펴본다.

만기수익률

만기수익률(yield to maturity) 또는 실효수익률(effective rate)은 채권을 구입하여 만기까지 보유할 때, 그동안에 발생하는 미래현금유입의 현재가치와 채권의 현재가격을 일치시키는 할인율, 즉 채권의 내부수익률(internal rate of return)이다.

따라서 만기수익률은 아래의 식을 만기수익률 y에 대해서 풀면 구해진다.

$$P = \sum_{t=1}^{n} \frac{C}{(1+y)^t} + \frac{F}{(1+y)^n}$$

여기서, P: 채권의 현재가격
C: 이표금액
F: 원금
y: 만기수익률
n: 잔존만기

만기수익률은 만기까지 채권을 보유하고, 약속된 현금흐름이 모두 실현되고, 도중에 받는 모든 표면이자가 만기까지 만기수익률에 재투자된다는 가정하에서 예상되는 수익률이다. 그러므로 채권을 만기일까지 보유하지 않거나 표면이자의 재투자수익률이 달라지면 실제로 얻게 되는 실현수익률은 만기수익률과 역시 달라진다. 만기일 전에 채권을 매각할 경우 상환차손익 대신에 채권매도가격에 따라 매매차손익이 발생하게 된다.

재투자수익률은 미래이자율의 변화에 좌우된다. 투자 당시 예상했던 것보다 이자율이 높아지게 되면 재투자수익률 또한 높아져 사후적인 실현수익률은 당초의 만기수익률보다 커지게 된다. 반대로, 이자율이 떨어지면 실현수익률은 만기수익률보다 작아지게 된다.

그러나 미래의 매도가격과 이자율을 현시점에서 알 수 없기 때문에 만기수익률이 투자결정을 위한 척도로서 보편적으로 쓰이고 있으며 보통 채권수익률이라 할 때는 만기수익률을 지칭하게 된다. 따라서 채권이 발행될 때 형성되는 발행수익률이나 일단 발행된 채권이 유통시장에서 계속 매매되는 과정에서 시장의 여건에 따라 형성되는 유통수익률 모두 이 만기수익률로 표시된다.

예를 들어, 채권의 액면가(F)가 10,000원, 채권이자율(c) = 연 5%인 회사채가 있다고 하자. 현재 그 채권을 시장가격인 8,000원에 매입하여 2년 후 만기일까지 보유하게 되면 만기수익률은 얼마인지 알아보자. 아래 식에서 우변의 현재가치가 8,000원이 되는 할인율을 구하면 만기수익률(r)은 29.06%이다.

$$8,000 = \frac{500}{(1+r)} + \frac{500}{(1+r)^2} + \frac{10,000}{(1+r)^2}$$

현물이자율

미래이자율을 예측한다는 것은 일반투자자, 기업가, 경영자 및 정책당국자 모두에게 대단히 중요한 일이다. 미래이자율의 예측을 위해서 흔히 장기현물이자율 또는 선도이자율이 사용된다.

현물이자율(spot interest rate)은 투자자에게 한 번의 현금흐름을 제공하는 대부에 대한 이자율이다. 다시 말해 이것은 순수할인채, 즉 무이표채의 만기수익률이다. 이를 수식으로 표현하면 다음의 식과 같다.

$$P = \frac{F}{(1+R_n)^n}$$

여기서, R_n: n기간 동안의 현물이자율

만기수익률이 이표수준에 의해서 영향을 받기 때문에 R_n의 n에 대한 궤적, 즉 무이표채의 수익률곡선을 여러 다른 이표채의 수익률곡선과 구별하여 이자율의 기간구조(term structure)라고 하며, 기간에 따른 수익률의 차이를 기간프리미엄(term premium)이라 한다.

선도이자율

선도이자율(forward interest rate)은 거래계약 후 장래시점 또는 일정기간에 인도하는 것을 조건으로 하는 파생상품거래에 사용되는 이자율이다. 선도이자율은 장기현물이자율로부터 계산되어진다. 장기현물이자율은 단기현물이자율과 단기선도이자율들을 기하평균한 이자율이다. 이들 장기현물이자율과 선도이자율과의 관계를 수식으로 표현하면 다음과 같다.

$$(1+R_n)^n = \prod_{t=1}^{n}(1+f_{t-1,\,t})$$

여기서, $f_{t,T}$: t시점에서 T시점까지의 선도이자율 (단, $f_{0,1} = R_1$)

위의 식으로부터 $t-1$시점에서 t시점까지의 선도이자율, 즉 t기의 단기선도이자율은 다음과 같이 계산된다.

$$f_{t-1,\,t} = \frac{(1+R_t)^t}{(1+R_{t-1})^{t-1}} - 1$$

예를 들어 2년 만기 채권의 시장수익률이 10%이고, 3년 만기 채권의 수익률이 11%라고 가정하자. 2년 후 1년간의 선도이자율은 위의 식에 의해서 다음과 같이 계산되어 13%가 된다.

$$f_{2,\,3} = \frac{(1+R_3)^3}{(1+R_2)^2} - 1 = \frac{(1.11)^3}{(1.10)^2} - 1 = 13\%$$

3. 채권의 가격결정

증권의 가격이 일반적으로 보유기간 동안 발생되는 미래의 현금흐름을 적절한 투자수익률로 할인한 현재가치이듯이, 채권의 가격도 이러한 맥락에서 결정 된다. 채권을 보유하면 정기적으로 지급되는 이자율, 만기에 지급되는 액면금액(원금)이라는 현금흐름을 가지므로 채권가격은 채권의 요구수익률, 표면금리, 액면가격, 잔존만기 등에 의하여 결정된다. 다음의 식은 채권의 가격결정원리를 수식으로 표시한 것이다.

$$B = \sum_{t=1}^{n} \frac{C}{(1+r)^t} + \frac{F}{(1+r)^n}$$

여기서, P: 채권의 내재가치
C: 이표금액
F: 액면금액
r: 요구수익률
n: 잔존만기

예를 들어, 액면금액이 100만원, 액면이자율이 연 12%, 이자지급기간이 6개월, 만기가 3년인 채권이 있다면 이 채권은 6개월마다 이자 6만원(= 100만원 × 12%/2)

을 3년간 지불하고 3년 후 만기에 액면금액 100만원을 지불한다. 만약 할인율이 10%라고 한다면 채권가격은 다음과 같이 계산된다.

$$P_0 = \frac{6만원}{(1.05)} + \frac{6만원}{(1.05)^2} + \frac{6만원}{(1.05)^3} + \frac{6만원}{(1.05)^4} + \frac{6만원}{(1.05)^5}$$

$$+ \frac{6만원 + 100만원}{(1.05)^6} = 1,050,757만원$$

위 채권의 가격은 액면금액 100만원보다 높게 나타났는데, 이를 할증채권이라고 한다. 할증채권은 할인율이 액면이자율보다 낮은 것이 특징이다. 반면에 채권가격이 액면금액보다 낮게 나타났다면, 이를 할인채권이라고 한다. 할인채권은 할인율이 액면이자율보다 높은 것이 특징이다.

4. 이자율과 채권가격과의 관계

채권가격은 통상적으로 요구수익률, 표면금리, 잔존만기, 액면가 등에 의해 결정된다. 하지만, 이 중에서 가장 중요한 결정요인은 요구수익률이며 채권의 요구수익률은 그 채권의 투자위험에 의해 결정된다. 본 절은 이자율과 채권가격과의 관계를 Burton Malkiel(1962)[2]이 밝힌 채권가격의 다섯 가지 정리를 중심으로 살펴본다.

채권가격은 이자율과 반비례한다

채권가격은 요구수익률, 즉 시장이자율과 반대방향으로 움직인다. 다시 말해 시장이자율이 하락하면 채권가격은 상승하고, 이자율이 오르면 채권가격은 떨어진다. 따라서 채권수익률이 표면금리와 같으면 그 채권은 액면가로 매매되며, 채권수익률이 표면금리보다 클 때는 액면가 미만으로 할인매매가 되고, 반대의 경우 액면가 이상으로 할증거래가 된다.

---

2) B. Malkiel(1962), Expectation, bond prices, and the term structure of interest rates, *Quarterly Journal of Economics*, 79, pp.197-218.

예를 들어 표면금리가 8%, 만기가 5년이고 액면금액이 10,000원인 채권의 가격과 수익률 사이의 관계를 나타내면 다음 그림과 같다.

채권의 수익률과 가격

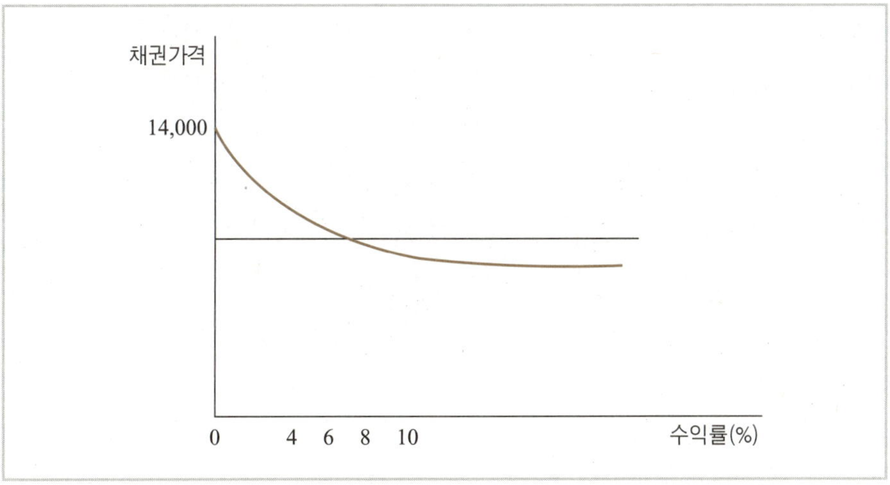

채권의 수익률과 가격

채권수익률	0%	4%	6%	8%	10%
채권가격	14,000원	11,781원	10,842원	10,000원	9,241원

이자율의 하락은 같은 폭의 상승보다 채권가격을 크게 변동시킨다

채권수익률의 하락으로 인한 가격상승폭이 수익률상승으로 인한 가격하락폭보다 더 크다. 이는 같은 폭의 수익률변동을 예상할 경우 기대되는 시세차익의 크기가 시세차손의 크기보다 크다는 것을 의미하게 된다.

위의 예에서 금리가 8%에서 10%로 2%p 상승하면 채권가격은 759원이 떨어지는 반면, 금리가 6%로 2%p 하락하면 채권가격은 842원이 상승하게 되어, 동일한 수익률변동에 대해서 기대되는 시세차익이 기대되는 시세차손보다 83원이 더 크다.

잔존만기가 길수록 이자율변동에 따른 채권가격변동폭이 크다

채권가격의 변화는 채권수익률의 변동뿐만 아니라 채권의 만기까지의 기간과도 관계가 있으며 일정한 수익률변동에 따른 채권가격의 변동폭은 잔존만기가 길어질수록 커진다.

다음의 표는 표면금리가 8%이고 액면금액이 10,000원인 채권의 가격이 잔존만기가 달라짐에 따라 수익률변동에 대해 어떻게 반응하는가를 보여주고 있다. 채권수익률이 표면금리와 같은 경우에는 채권의 가격은 만기에 관계없이 액면금액과 동일하므로 채권의 가격은 10,000원이다. 그러나 투자자들이 요구하는 채권수익률이 8%에서 4%로 4%p 낮아지는 경우 잔존만기가 긴 채권의 가격은 잔존만기가 짧은 채권보다 큰 폭으로 상승하게 된다. 반대로 8%에서 12%로 4%p 높아지는 경우 장기채권의 가격이 단기채권의 가격보다 큰 폭으로 하락하게 된다.

채권의 잔존만기와 가격

만기	1년	3년	5년	7년	10년
채권수익률이 4%일 경우의 채권가격	10,385원	11,110원	11,781원	12,401원	13,244원
채권수익률이 12%일 경우의 채권가격	9,643원	9,039원	8,558원	8,174원	7,740원

따라서 이자율이 전반적으로 하락하는 시기에는 장기채권의 투자비중을 높여 시세차익의 기회를 높이고 이자율이 상승할 때는 단기채권으로 투자하여 시세차손을 최소화하는 것이 바람직하다.

잔존만기가 길어짐에 따라 채권가격변동폭은 체감한다

잔존만기가 길어짐에 따라 수익률변동에 따른 채권가격의 변동률은 체감한다. 위의 표를 보면 채권수익률이 4%일 경우 3년 만기의 채권은 1년 만기의 채권과 비교해서 725원의 추가적인 가격상승을 보이고 있다. 반면, 5년 만기의 채권은 3년 만기의 채권과 비교해서 671원의 추가적인 가격상승에 그치고 있어 가격상승폭이 54원 줄어들어 잔존만기가 길어질수록 가격상승의 폭이 체감함을 알 수 있다.

또한 채권수익률이 12%일 경우 3년 만기의 채권은 1년 만기의 채권과 비교해서 604원의 추가적인 가격하락을 보이고 있다. 반면, 5년 만기의 채권은 3년 만기의 채권과 비교해서 481원의 추가적인 가격하락에 그치고 있어 가격하락폭이 123원 줄어들어 잔존만기가 길어질수록 가격하락의 폭이 체감함을 알 수 있다. 채권의 잔존만기와 가격변동과의 관계를 그림으로 나타내면 다음과 같다.

채권의 잔존만기와 가격

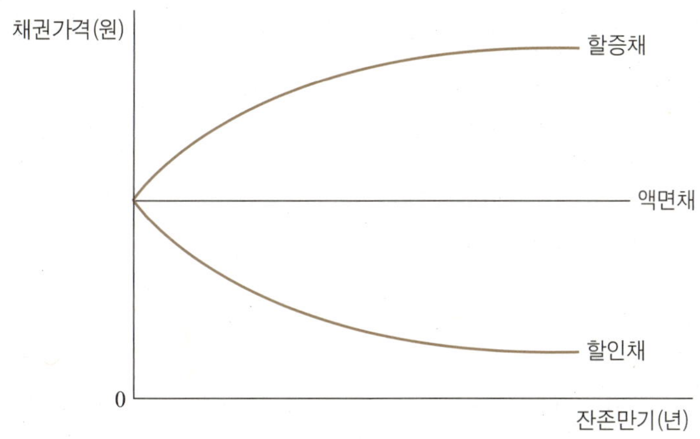

표면금리가 높을수록 이자율변동에 따른 채권가격변동이 작다

일반적으로 채권의 표면금리는 채권의 시장수익률을 기준으로 정해지는데 만기가 되기 전에 시장수익률이 변하게 되면 채권가격에 영향을 미치게 된다. 다음의 표는 시장수익률이 8%에서 4% 또는 12%로 변동할 때 만기가 5년, 액면금액이 10,000원인 채권의 가격이 표면금리의 수준에 따라 어떻게 변동하는가를 보여준다.

시장수익률이 8%에서 4%로 변동할 경우 표면금리가 0%인 채권은 가격변동률이 20.77%이나 표면금리가 10%인 채권은 가격변동률이 17.34%에 그치고 있다. 반면, 시장수익률이 8%에서 12%로 변동할 경우 표면금리가 0%인 채권은 가격변동률이 −16.63%이며 표면금리가 10%인 채권은 가격변동률이 −14.07%에 불과해, 표면금리가 높을수록 채권수익률의 변동에 대한 채권가격의 변동률이 작아짐을 볼 수

채권의 표면금리와 가격

표면금리	시장수익률이 8%인 현재의 채권가격	시장수익률이 4%일 경우		시장수익률이 12%일 경우	
		채권가격	가격변동률	채권가격	가격변동률
0%	6,806원	8,219원	20.77%	5,674원	−16.63%
2%	7,604원	9,110원	19.79%	6,395원	−15.90%
4%	8,403원	10,000원	19.01%	7,116원	−15.31%
6%	9,202원	10,890원	18.35%	7,831원	−14.83%
8%	10,000원	11,781원	17.81%	8,558원	−14.42%
10%	10,799원	12,671원	17.34%	9,279원	−14.07%

있다.

5. 듀레이션

듀레이션의 정의

듀레이션(duration)은 원리금이 상환되는 데 걸리는 가중평균기간, 즉 채권의 현금흐름의 가중평균만기이다. 더 자세히 말하면, 채권투자시 각 시점에 있어 현가로 환산된 현금흐름이 총현금흐름의 현가인 채권가격에서 차지하는 비중을 가중치로 사용, 현금흐름시점에 곱하여 산출한 '현가로 환산된 가중평균만기' 이다. 이는 또한 채권투자 시 각 시점의 현금흐름의 현재가치에 시점을 곱하여 더한 값을 총현금흐름의 현재가치인 채권가격으로 나눈 값이다. 듀레이션의 개념을 처음으로 도입한 Fred Macaulay(1938)에 따르면 듀레이션(D) 계산식은 다음 식과 같다.

$$D = \frac{\sum_{t=1}^{n} t \times t\text{기의 현금흐름}/(1+y)^t}{P}$$

예를 들어 만기가 3년, 표면금리가 8%, 액면금액이 10,000원인 채권이 있다고 가정하자. 시장이자율이 10%라면 이 채권의 듀레이션은 다음과 같이 계산되어 2.8

년이 된다.

⊙ 듀레이션의 계산

시점(t) (1)	t시점의 현금흐름(원) (2)	현재가치계수 (3)	t시점의 현금흐름의 현가(원) (4) = (2) × (3)	가중치 (5) = (4)/P	t시점의 듀레이션 (1) × (5)
1	800	0.9090	727	0.0761	0.0761
2	800	0.8264	661	0.0692	0.1384
3	10,800	0.7513	8,114	0.8499	2.5497
		P = 9,547원	D = 2.7642		

듀레이션의 특징

듀레이션은 항상 채권의 잔존만기보다 짧거나 같다. 듀레이션이 만기까지의 기간과 같을 경우는 모든 현금흐름이 만기일에만 발생하는 순수할인채의 경우이고, 현금흐름이 조기에 많이 회수될수록 듀레이션은 짧아진다.

듀레이션은 잔존만기, 표면금리 및 만기수익률에 의해 결정되는데 잔존만기가 짧을수록, 표면금리가 높을수록, 만기수익률이 높을수록 듀레이션은 짧아진다. 또한 이자지급의 빈도가 증가할수록 듀레이션은 감소한다.

잔존만기가 짧을수록 현금흐름이 더 빨리 발생하며, 표면금리가 높을수록 만기전의 현금흐름이 커지며, 시장이자율이 높을수록 먼 미래의 현금흐름의 현재가치가 더 작아지며, 이자지급의 빈도가 많을수록 유효이자율이 높아지기 때문에 듀레이션은 짧아지게 된다.

만기가 5년 이하인 단기채의 경우 다른 요인보다도 만기가 가장 중요한 듀레이션 결정요인으로 작용하며, 10년 이상인 장기채의 경우 듀레이션에 가장 큰 영향을 미치는 요인은 만기수익률이다. 또한 중기채의 경우에는 만기수익률과 만기가 거의 비슷하게 듀레이션의 결정요인으로 작용하며 표면금리가 가장 적은 영향을 미친다. 다음의 그림은 채권의 잔존만기와 듀레이션의 관계를 나타내는데 이는 다소 복잡하여 채권의 발행형태별로 달라진다.

채권의 잔존만기와 듀레이션

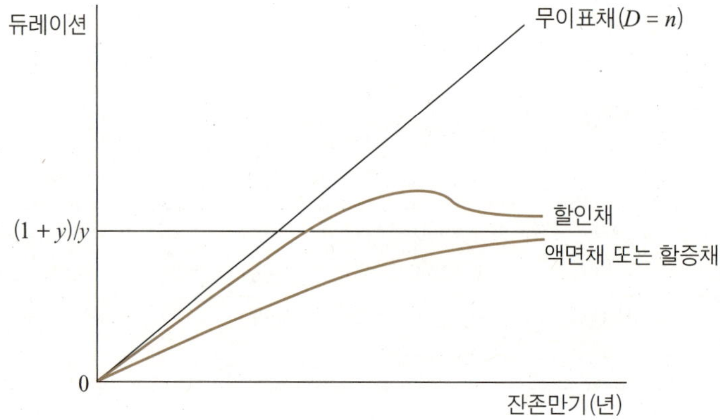

이자율위험은 이자율의 변동에 기인한 채권가격의 변동성으로 정의되므로 채권가격의 이자율탄력성(interest rate elasticity)은 그 채권의 이자율위험을 나타낸다. 채권가격과 이자율은 반대방향으로 움직이기 때문에 이자율탄력성은 부(負)의 값을 갖는데, 이자율탄력성의 부의 값이 바로 듀레이션이다.

$$D = -\frac{\Delta P/P}{\Delta(1+y)/1+y}$$

듀레이션을 정리하면 아래의 식을 구할 수 있다. 현재의 채권가격과 듀레이션을 알고 있으므로 이 식를 이용하면 채권수익률이 변동할 때 채권가격이 얼마나 변동할 것인가를 쉽게 파악할 수 있다.

$$\Delta P = -D\frac{\Delta(1+y)}{1+y} \times P$$

듀레이션은 채권가격에 영향을 미치는 잔존만기, 시장수익률, 표면금리 등을 종합한 변수이므로 듀레이션만으로 채권가격의 변동에 효율적으로 대처할 수 있게 된다. 예컨대, 앞으로 이자율이 하락할 것으로 예상되면 투자자는 듀레이션이 긴 채권을 택함으로써 자본이득(capital gains)을 크게 할 수 있다. 반면, 이자율이 상승할 것으로 예상되면 투자자는 듀레이션이 짧은 채권을 택함으로써 자본손실(capital loss)을 줄일 수 있다.

6. 이자율의 기간구조

보편적으로 채권투자자들이 알고자 하는 정보는 미래의 이자율에 관한 것인데 이를 위해서는 수익률곡선의 형태, 즉 채권의 수익률과 잔존만기와의 사이에는 어떤 관련성을 갖는가를 이해하는 것이 필요하다.

이자율의 기간구조(term structure of interest rates)는 다른 조건은 같고 만기까지의 기간만이 다를 경우 잔존만기와 채권수익률과의 관계를 일컫는다. 기간에 따른 수익률의 차이를 기간프리미엄(term premium)이라 한다.

이자율의 기간구조는 아래 그림과 같이 세 가지 형태로 분류할 수 있다. 첫 번째 그림은 우상향하는 이자율의 기간구조를 보이고 있는데, 이는 만기가 길수록 이자율이 높다는 것을 알 수 있다. 예를 들어, 만기가 1년인 정기예금의 이자율은 9,0%인 데 비하여 만기가 2년인 정기예금의 이자율은 9.2%로 나타났다. 두 번째 그림에서 이자율의 기간구조는 수평하게 나타났다. 이는 이자율이 만기에 상관없이 일정함을 의미한다. 이러한 이자율의 기간구조를 보이는 금융시장에서는 만기가 1년인 정기예금이나 3년인 정기예금의 이자율은 동일하다. 세 번째 그림에서 이자율의 기간구조는 우하향하게 나타났다. 이는 만기가 길어질수록 이자율이 낮아진다는 의미이다. 예를 들어, 만기가 1년인 정기예금의 이자율이 9.0%인 반면에, 만기가 2년인

이자율의 기간구조

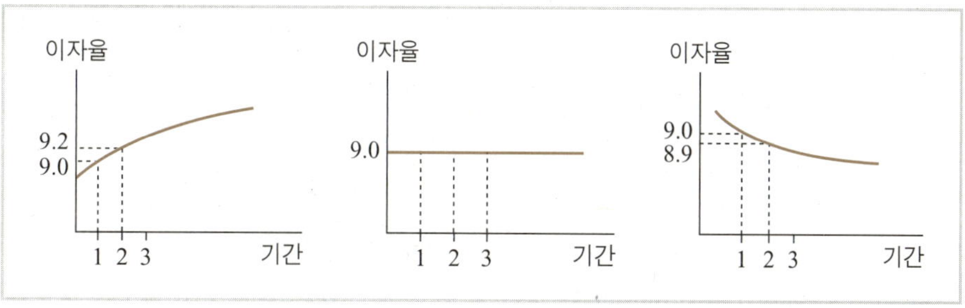

정기예금의 이자율이 8.9%로 나타났다. 일반적으로 세 가지 형태의 이자율기간구조 중에서 첫 번째 형태가 정상적인 경우이다.

다음에서는 이자율의 기간구조에 대한 기존이론으로서 순수기대가설, 유동성선호가설, 시장분할가설을 구분하여 설명한다.

순수기대가설

순수기대가설(pure expections hypothesis)은 이자율의 기간구조가 투자자들의 미래이자율에 대한 예측에 의해 결정된다는 것이다. 다시 말해, 투자자들이 미래의 단기이자율이 상승하리라 예상한다면 수익률곡선은 우상향하는 형태를 가지게 되고, 그와 반대로 현재의 이자율수준이 높아 미래의 이자율수준이 하락하리라 예상한다면 하향하는 기간구조를 가지게 된다는 것이다.

이 가설에 따르면, 장기채가격으로부터 계산되어지는 단기선도이자율이 곧 해당기간의 기대미래이자율이 된다. 그러므로 이 가설은 기간프리미엄은 존재하지 않으며, 보유기간 동안의 기대수익률은 어떤 만기의 채권을 구입하든 동일하다는 것을 뜻한다. 즉, 단기채권과 장기채권은 완전대체관계에 있으며, 만일 장 · 단기채권 간에 수익률의 차이가 발생하면 차익거래에 의해서 곧 균형상태가 이루어진다는 것이다.

유동성선호가설

이자율의 전망이 바뀔 경우 채권의 시장가격이 바뀔 것이기 때문에 미래이자율의 예측치 못한 변동에 의한 위험이 존재한다. 이자율의 변동이 가격에 미치는 영향은 단기채보다 장기채의 경우 더욱 크다. 장기채는 단기채에 비해 미래수익의 불확실성이 클 뿐만 아니라 현금화될 수 있는 유동성도 작은 것이 보통이다.

그러므로 위험을 회피하고 싶어하는 투자자들이 장기채를 보유하기 위해서는 보다 높은 수익률이 제공되어져야 할 것이다. 이러한 추가수익률은 유동성프리미엄이라 불려진다. 이 이론은 유동성선호가설(liquidity preference hypothesis) 또는 유동성프리미엄가설(liquidity premium hypothesis) 등으로 불려진다.

이 가설에 의하면, 단기선도이자율은 해당기간의 기대미래이자율에다가 유동성프리미엄을 가산한 값이 된다. 이는 만기가 서로 다른 채권들은 완전한 대체재가 될 수 없으며, 선도이자율이 미래이자율의 추정치로서 상향편의를 갖는다는 것을 의미한다. 만기가 길수록 이자율변동에 따른 자본손실의 위험이 커지므로 이 가설은 기간프리미엄이 만기에 따라 점증한다는 것을 뜻한다. 그리고 그 증가하는 정도는 체감한다고 한다. 이와 같은 양(+)의 유동성프리미엄으로 인해 수익률곡선은 우상향하는 형태를 보다 많이 가지게 된다고 주장한다.

시장분할가설

시장분할가설(market segmentation hypothesis)은 투자자들이 강한 만기선호(maturity preference)를 가지고 있기 때문에 만기가 서로 다른 자산들 간에는 그다지 대체관계가 존재하지 않는다고 주장한다. 즉, 증권시장의 투자자들은 개인, 은행, 단자회사, 투자신탁회사, 보험회사, 각종 연금 및 기금 등과 같이 여러 가지 이질적인 투자자집단으로 구분될 수 있으며 이러한 각 집단들은 그 집단의 제도적 또는 법률적 여건이나 또 그 집단이 보유하고 있는 자금의 성격이나 운용방식의 차이에 따라 채권투자에 있어서 만기까지의 기간의 장단에 대하여 민감한 선호를 갖고 있다는 것이다.

시장분할가설의 이론적 근거는 금융기관들의 헤징 행태(hedging behaviour)에서 찾아볼 수 있다. 금융기관들은 이자율변동위험을 회피하기 위해 그들의 부채와 만기가 일치하는 자산에 투자한다는 것이다. 따라서 단기부채가 많은 금융기관들은 단기채권에만 투자하고 장기부채가 많은 장기금융기관들은 장기채권에만 투자하게 되기 때문에 장 · 단기채권의 수익률은 양자 간에 아무런 관련이 없이 각각 분할된 시장에서 각각의 수급사정에 따라 결정된다는 것이다. 다시 말해 만기가 서로 다른 채권은 각각의 고유시장에서 따로 거래가 이루어진다고 한다.

따라서 기간구조는 만기별로 체계적인 관련성을 갖지 않고 각 시장 나름대로의 기간구조를 갖게 되어 불규칙한 행태를 보일 수 있다. 그리고 각 만기별 시장에서의 채권에 대한 수요와 공급상태에 따라 단기채권의 수익률이 장기채권의 수익률보다 높을 수도 있고 낮을 수도 있다.

시장분할가설의 보다 유연한 형태인 선호성가설(preferred habitat hypothesis)에 따르면, 투자자는 원칙적으로 시장분할이론에 따라 이자율변동에 대한 헤지를 하려고 하며 개개인의 자금수요기간에 해당하는 만기선호성(preferred maturity habitats)을 가지나, 만기가 다른 채권의 기대수익이 현저하게 클 경우 약간의 위험을 감수하고라도 기대수익률이 큰 채권을 선택하게 된다.

그러나 이러한 시장분할 내지 선호성가설은 자본시장이 비효율적(inefficient)이라는 것을 뜻한다. 만약 투자기간이 유동적인 투자자들이 충분히 있다면 선호성에 의한 장 · 단기이자율의 괴리는 차익거래에 의해서 사라질 것이다.

한편, 일반적으로 채권은 위험수준에 따라 채권수익률이 달라진다. 이러한 채권의 위험과 수익률과의 체계적 관계를 이자율의 위험구조(risk structure of interest rates)라 한다. 위험 정도에 따라 달라지는 채권수익률 간의 차이를 위험프리미엄(risk premium) 또는 수익률스프레드(yield spread)라고 한다. 채권의 위험수준에 대한 평가는 투자자보다는 전문평가기관에 의해 이루어지고 있다. 채권평정(bond rating)이 잘 이루어지고 있는 미국의 경우 대표적인 평가기관으로서 스탠더드앤드푸어스(Standard & Poor)사와 무디스(Moody)사가 있다. 한국에는 한국신용평가(주), 한국기업평가(주), 한국신용정보(주) 등의 평가회사가 있다.

제3절 환율결정이론

환율을 설명하기 위한 이론은 크게 국제수지모형, 이자율평가와 구매력평가모형, 화폐시장모형, 그리고 랜덤워크모형이 있다. 국제수지모형에서 원/달러 환율은 주로 달러시장에서 달러의 수요와 공급에 의해 결정되며 외국자본의 유입이 많을수록, 국제수지의 흑자가 클수록 달러의 공급이 늘어나게 되며 원화가치는 상승하고 원/달러 환율은 하락한다. 반대로 외국자본의 유출과 국제수지의 적자가 심할수록 달러의 수요는 증가하고 원화가치가 떨어지고 원/달러 환율은 상승하게 된다. 여기서 원/달러 환율은 1달러당 원화의 크기이며 환율상승은 원화가치하락을, 환율하락은 원화가치상승을 각각 의미한다. 환율결정이론에서 이자율평가와 구매력평가는 환율이 결정되는 데 필요한 가장 기본적인 두 가지 평가이다.

이자율평가는 주로 국제 간의 자본이동에서 두 나라 간에 실질수익률이 차이가 나면 자본의 차익거래가 발생하고 이에 따라 자본이동이 발생하면 자본시장에서 환율이 결정된다는 이론이다. 한국의 실질수익률이 미국보다 높다면 자본유입이 증가하고 원/달러 환율은 하락한다. 구매력평가는 두 나라 통화의 교환비율로서, 교환되는 비율의 근거는 그 나라 통화의 구매력, 즉 물가수준에 따라 결정된다는 이론으로 균형환율을 결정하는 기본적인 평가이론이다.

구매력평가와 이자율평가를 이용한 환율결정모형인 화폐시장모형은 환율은 기본적으로 화폐의 수요와 공급이 이루어지는 화폐시장에서 결정된다는 이론이다. 다시 말해, 환율은 두 나라 통화 간의 교환비율인데 이 교환비율은 기본적으로 두 나라 통화의 구매력, 즉 두 나라 사이의 물가수준에 따라 결정된다. 여기서 물가변화는 화폐적 현상이며 화폐공급이 늘어나면 물가가 상승하고 자국의 화폐가치가 떨어지면서 환율은 상승한다.

랜덤워크모형에서는 환율이란 이론적으로 설명될 수 없는 것이며 과거의 환율과 미래의 환율에 대한 예측에 따라 무작위적(random)으로 변화되는 것을 말한다. 따라서 환율을 예측하기 위해서는 이론에 근거를 두기보다는 차트분석과 확률에 의해 설명하는 것이 더 적당하다는 이론이다.

1. 외환시장이론(국제수지접근)

환율은 두 국가 간 통화의 교환비율이며, 외환(미국달러)의 가격이다. 환율은 기본적으로 외환의 수요와 공급이 이루어지는 외환시장에서 결정이 된다. 예를 들어, 국제수지 흑자는 수출이 수입을 초과하는 경우이며 벌어들이는 달러가 지불해야 하는 달러보다 많다는 것이다. 이 경우 달러가 국내로 유입되고 유입된 달러의 공급물량은 원화로 바뀌지면서 미국달러의 공급이 증가하고, 원화의 수요가 증가하면서 원화가치는 상승한다. 이 결과 외환시장에서 외환의 공급이 증가하면서 원/달러 환율은 하락한다. 반대로 국제수지 적자는 수입이 수출보다 많아서 미국달러의 수요가 증가하고, 원화의 공급이 증가하는 것으로, 외환시장에서 외환의 수요가 커지면서 원화가치는 하락하며 원/달러 환율은 상승한다. 외환시장에서 결정되는 환율은 국제수지가 균형을 이루고 수출과 수입이 같아질 때 균형 시장 환율이 결정된다.

$$Ex(P, S) = Im(P, S, Y)$$

여기서 S는 오늘 원/달러 환율이며, Ex는 수출, Im은 수입을 나타낸다. 또한 P와 Y는 한국의 물가와 소득수준이다. 국내물가(P)가 상승하면 수출가격이 비싸서 수출경쟁력이 떨어지고 수출이 줄어드는 반면 수입가격은 해외물가가 변하지 않는다 하더라도 국내물가가 상승하면 상대적으로 싸지게 되므로 수입은 증가한다. 국민소득이 증가하면 사람들의 소비가 증가하고 해외소비인 수입도 증가하게 된다. 균형 환율은 국제수지가 균형(수출 = 수입)인 상태에서 결정된다.

국제수지와 환율의 관계를 살펴보기 위해 먼저 환율과 상대가격에 대해 알아보자. 예를 들어, 미국에서 생산되는 사진기는 \$850이며 한국에서 생산되는 삼성 사진기는 880,000원이라고 하자. 국제시장에서 이 두 상품 중에서 어느 것이 더 쌀까? 답은 두 나라 통화 간의 환율, 즉 원/달러 환율에 따라 달라진다.

두 나라 상품이 비교되기 위해서는 환율에 의해 동일한 화폐가치로 전환되어야 한다. 만약 원/달러 환율이 1,100원/달러라면 한국에서 생산되는 사진기의 달러가치는 \$800이다. 따라서 한국 사진기가 더 싸게 생산되므로 한국 사진기의 대외경쟁력이 커지고 미국으로 사진기를 수출하게 된다. 하지만 원/달러 환율이 1,000원/달러라면 한국 사진기의 달러가치는 \$880이며 미국 사진기보다 비싸게 된다. 이 경우 한국 사진기의 대외경쟁력이 낮아지고 미국에서 사진기를 수입하게 된다. 환율이 낮아질수록 수출경쟁력이 낮아지고 따라서 수출이 줄어들고 수입이 늘어나는 반면 환율이 높아질수록 수출경쟁력이 높아지고 수출은 늘고 수입이 줄어든다.

외환(달러)시장은 외환을 사고(수요), 파는(공급) 시장이며 외환시장에서 환율이 결정된다. 외환의 공급은 수출이 많을수록 수출대금이 국내로 유입되어 증가한다. 환율이 상승할수록 수출은 증가하고 외환(달러)의 공급은 증가한다. 환율이 하락할수록 수입이 증가하고 외환의 수요가 증가하는 반면 수출은 감소하고 외환의 공급은 줄어든다. 다음 그림에서 환율은 S라고 표시하며 Y축에 그려져 있고 외환의 수요와 공급은 X축에 그려져 있다.

외환시장, 외환공급과 수요

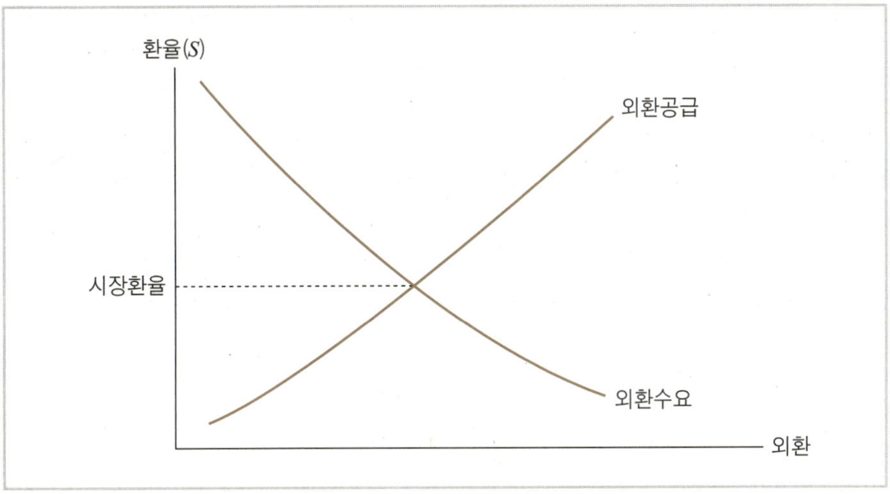

세계경제에서 갑자기 원유가격이 상승하면서 수출상품의 제조원가가 상승하고 따라서 수출경쟁력이 악화되었다고 하자. 국내물가(*P*)가 상승하면 수출이 줄어들고 수입이 늘어난다. 이 경우 외환의 공급은 감소하고 외환수요는 증가하므로 원/달러 환율은 상승하게 된다. 환율의 상승은 다시 수출증가와 수입감소를 가져와 새로운 국제수지균형을 나타낸다. 즉, 자유변동환율제도하에서 환율변화가 국제수지를 자동적으로 조정시켜 주는 기능을 하게 된다.

환율이 상승하면 수출이 증가하고 수입이 감소해서 외환의 공급이 수요보다 많아지고 외환시장에서 달러의 초과공급이 발생한다. 외환시장에서 달러의 초과공급은 달러(원화)의 가치를 하락(상승)시키고 따라서 원/달러 환율은 다시 하락하게 된다. 이 경우 외환시장이 안정적이라고 한다. 안정적인 외환시장에서 반대로 환율이 하락하면 수출이 줄어들고 수입이 늘어나 외환의 초과수요가 발생해서 환율은 다시 상승하게 된다. 하지만 환율이 상승할 때 수출이 오히려 줄어들고 수입이 늘어나서 달러의 초과수요가 생기고 달러의 초과수요는 달러(원화)의 가치를 상승(하락)시키고 따라서 원/달러 환율은 다시 상승하게 된다.

외환시장이 안정적일 때 원/달러 환율이 상승하게 되면 수출이 늘어나고 수입이 줄어들어서 달러의 초과공급이 발생하고 다시 원/달러 환율은 균형으로 되돌아오는 성질이 있다. 하지만 이에 반해 시장이 불안정적일 때 환율의 상승은 달러의 초과수요를 더욱 부채질해서 오히려 원/달러 환율이 더욱 급격히 상승하는 경우가 있다. 이 경우 외환시장을 불안정적이라고 하며 주로 외환위기나 물가가 급격히 상승하고 경제가 불안할 때 형성되는 외환시장이다.

외환시장의 안정성

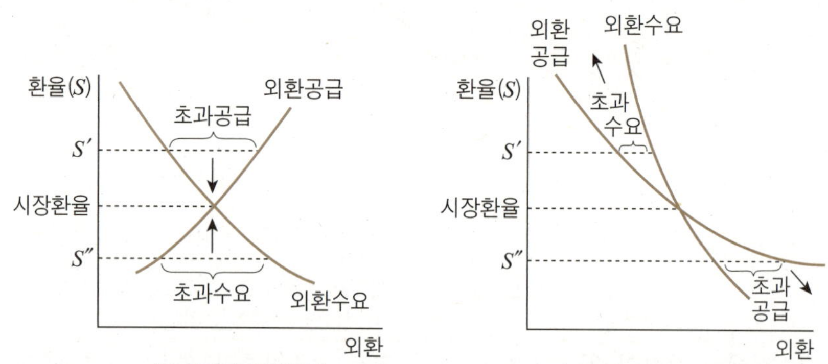

(a) 안정적 외환시장 (b) 불안정적 외환시장

환율과 외환시장

원/달러 환율은 주로 달러시장에서 달러의 수요와 공급에 의해 결정되며 외국자본의 유입이 많을수록, 국제수지의 흑자가 클수록 달러의 공급이 늘어나게 되며 원화가치는 상승하고 원/달러 환율은 하락한다. 반대로 외국자본의 유출과 국제수지의 적자가 심할수록 달러의 수요는 증가하고 원화가치가 떨어지고 원/달러 환율은 상승하게 된다. 여기서 원/달러 환율은 1달러당 원화의 크기이며 환율상승은 원화가치하락을, 환율하락은 원화가치 상승을 각각 의미한다.

2. 국제자본이동과 이자율평가

이자율평가에 의한 환율결정이론은 환율이 국제 간의 자본이동이나 국제자산시장에서 결정된다는 이론이다. 국제 간의 자본이동은 두 나라 사이에 실질수익률(또는 실질이자율)에 따라 일어나며 한국의 수익률이 미국의 수익률보다 높으면 미국에서 한국으로 자본이 유입된다. 이 결과 달러의 공급과 원화의 수요가 증가해서 원/달러 환율이 하락하게 된다. 반면 미국의 수익률이 한국의 수익률보다 크다면 한국에서 미국으로 자본이 유출되고 따라서 달러의 수요와 원화의 공급이 늘게 되므로 원/달러 환율은 상승한다.

이러한 국제 간의 자본이동이 수익률이 낮은 나라에서 높은 나라로 계속해서 일어나면 수익률이 높은 나라는 자본의 유입으로 자본의 가격인 이자율 또는 수익률이 감소하게 되고 반면 수익률이 낮은 나라는 자본의 유출로 이자율이 높아지게 된다. 국제 간의 자본이동은 금리차익거래를 통해 두 나라 간의 수익률차이가 같아질 때까지 지속적으로 일어난다. 국제 간 자본이동의 결과 두 나라 사이에 실질수익률이 같아지게 되는 것을 '**이자율평가**(interest parity)가 성립한다' 라고 한다.

이자율평가를 좀 더 자세히 살펴보기 위해 미국 금리(i^*)과 한국 금리(i)를 비교해 보자. 즉, 한국의 금리가 미국의 금리보다 높다면 미국에서 돈을 빌려서 한국에 투자하면 양국의 금리차이만큼 투자이익을 볼 수 있다. 이때 달러를 국내로 유입한 다음 국내투자를 위해 달러를 오늘 원/달러 환율(S)에 따라 원화로 바꿔야 한다. 문제는 일정기간 동안 한국에서 원화로 투자한 다음 다시 투자원금과 이익을 달러로 바꿔야 하는데 일정기간 후의 미래 환율(S^e)이 상승하면 환율변동으로 인한 손실이 발생한다.

따라서 이를 회피하기 위해 오늘 달러자금을 국내로 유입한 후에 미리 일정한 투자기간 후에 다시 정해진 원/달러 선물 환율(F)로 달러를 매입하는 선물계약을 맺을 수 있다. 이를 외환위험이 커버된 이자율평가(covered interest parity)라고 한다. 미리 달러선물을 매입하지 않고 미래 환율변화에 대해 그대로 방치하는 이자율평가를 외환위험이 커버되지 않은 이자율평가(uncovered interest parity)라고 한다.

외환위험이 커버된 이자율평가(covered interest parity)

$$1 + i^* = (1 + i)S/F$$

외환위험이 커버되지 않은 이자율평가(uncovered interest parity)

$$1 + i^* = (1 + i)S/S^e$$

여기서 S는 오늘 원/달러 환율, S^e은 미래 환율, F는 선물 환율이다.

오늘 한국의 시장금리가 상승했다고 하자. 미국에서 달러자금이 한국으로 유입되고 유입된 달러는 오늘 원화로 바뀌지면서 오늘 환율(S)을 하락시킨다. 하지만 일정 기간이 지난 다음 유입된 외국자본은 투자이익금을 다시 원화에서 달러로 바꿔서 외국으로 유출하게 되므로 달러수요가 증가하고 원화가치가 하락하여 미래 환율(S^e)은 상승한다. 따라서 오늘 한국의 시장금리가 상승하면 오늘 환율은 하락하고 미래 환율은 상승할 것으로 예측할 수 있다. 반대로 한국의 시장금리가 하락하면 오늘 환율은 상승하고 미래 환율은 하락한다.

이자율평가를 사용하여 3개월 후의 환율(S^e)이나 3개월 만기의 선물 환율(F)의 변화를 예측하는 방법은 다음과 같다. 먼저 오늘 한국과 미국의 3개월 만기의 금리를 비교하여 금리차이를 계산한다. 여기서 한국과 미국의 금리차이는 외환을 선물로 미리 사는 데 들어가는 기회적인 금융비용이며 정확히 선물과 현물 환율의 차이인 선물프리미엄 또는 베이시스와 같다. 선물프리미엄에 오늘 환율을 더해 주면 3개월 후 환율(S^e)이나 3개월 만기의 선물 환율(F)이 된다. 오늘 한국 금리가 하락한다면 미래 환율이나 선물 환율은 하락하며, 금리가 상승하면 미래 환율과 선물 환율은 상승한다.

$$\frac{S^e(\text{또는 } F) - S}{S} = \frac{i - i^*}{1 + i^*} \fallingdotseq i - i^*$$

3. 선물프리미엄

위험이 커버된 이자율평가를 잘 이용하면 선물 환율과 현물 환율의 차이, 즉 선물프리미엄(forward premium)을 계산할 수 있다. 예를 들어, 오늘 우리나라 외환시장에서 원/달러 환율이 1,100원이었고 우리나라 시장금리(i)는 연 12%, 미국 금리(i^*)는 연 6%라고 하자. 이자율평가를 이용하면 선물 환율과 현물 환율의 차이인 선물프리미엄은 (0.12 − 0.06) × 1,100원/달러 = 66원이며 선물 환율은 선물프리미엄에 현물 환율을 더해 준 값인 1,166원/달러이다. 하지만 외환시장에서 외환을 매매하는 과정에서 들어가는 수수료를 감안하면 선물프리미엄은 이보다 약간 높거나 낮을 수 있다.

또한 이자율평가를 이용하면 이자율이 시간에 따라 변화될 때 이자율의 기간구조에 대해 선물프리미엄의 기간구조를 계산할 수 있다. 오늘 우리나라 금리는 12%에서 앞으로 상승할 것이라고 예상되고 있고 미국 금리는 6%에서 앞으로 하락할 것이라고 예상되고 있다. 선물프리미엄은 우리나라 금리와 미국 금리의 차이이므로 앞으로 선물프리미엄이 66원에서 더욱 오를 것으로 예상된다.

선물프리미엄의 기간구조

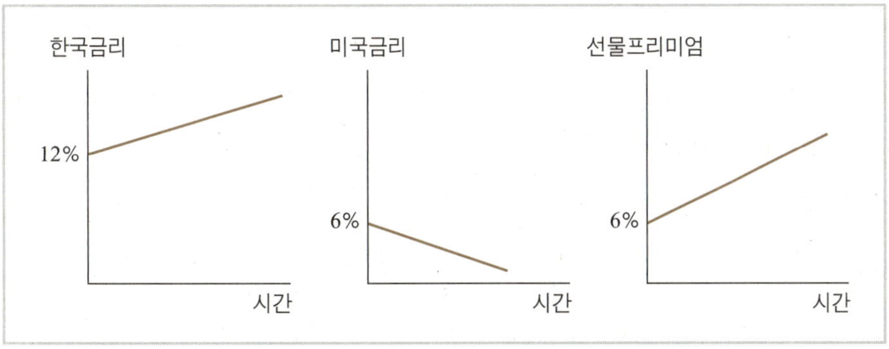

4. Fisher 방정식과 실질이자율평가

Fisher 방정식

명목시장이자율은 자본의 명목가격이며 일반적으로 자본의 명목수익률과 같다. 이러한 명목이자율은 크게 실질이자율과 물가상승률(인플레이션율)을 합한 것과 같다.

자본에 대한 투자는 두 가지 수익을 발생시키는데, 첫 번째 수익이 자본투자로부터 직접적으로 발생하는 생산판매수익이다. 자본의 직접적인 수익은 자본을 투자해서 생산한 생산물에 생산물의 가격을 곱한 판매수입 증가분이다. 이를 자본의 한계생산물가치(marginal value of capital) 또는 자본의 한계생산성(marginal productivity of capital)이라고 한다. 이윤을 극대화시키는 기업의 경우 자본의 생산성은 곧 실질이자율의 크기와 같다. 두 번째, 자본을 투자해서 얻을 수 있는 간접적인 수익은 바로 자본재가격의 상승이며 통상 자본이득(capital gain)이라고 한다. 이 같은 자본이득은 자본재를 구입하여 생산에 사용할 때 물가가 상승한다면 자본재의 가격이 따라서 상승하면서 발생하는 이익이다. 두 번째의 자본투자수익은 이러한 자본이익 또는 물가상승이익을 나타낸다.

결국, 자본의 수익률은 두 가지 수익인 자본의 생산성을 나타내는 실질이자율과 자본이익을 나타내는 물가상승률을 합한 값과 같다. 이러한 물가상승률로부터 발생하는 자본수익률은 한편으로 자본투자에 대한 기회비용을 의미하기도 한다. 즉, 자본투자의 기회비용은 자본을 생산에 투자하지 않고 은행에 예치할 때 얻을 수 있는 이자수익률의 크기와 같다. 물가가 상승할수록 은행예금으로 얻을 수 있는 명목이자수익률은 최소한 물가상승률을 커버하고 남아야만 사람들이 돈을 은행에 예금하게 된다.

Fisher 방정식은 이와 같이 명목이자율과 실질이자율, 물가상승률 간의 관계를 나타낸 것으로, 식으로 표현하면 다음과 같다.

$$i = r + \pi$$

여기서 i는 명목이자율을 나타내며, r은 실질이자율이고, π는 물가상승률이다. 물가가 상승하면 π가 상승하고 따라서 명목이자율인 i도 상승하게 된다. 또한 실질이자율인 자본의 생산성(r)이 증가할 경우에도 명목이자율은 증가한다.

실질이자율평가

구매력평가에 의하면 국내통화 환율의 상승률은 정확하게 국내물가상승률에서 외국물가상승률을 빼 준 값과 같다. 국내물가가 상승하면 국내통화가치가 떨어져서 원/달러 환율이 상승하며 반대로 외국물가가 상승하면 달러가치가 떨어져서 원/달러 환율은 하락하게 된다. 다음과 같이 원/달러 환율의 상승률은 정확하게 국내물가상승률에서 외국물가상승률을 빼 준 값과 같다.

$$\frac{S^e - S}{S} = \left(\frac{P^e - P}{P}\right) - \left(\frac{P^{*e} - P^*}{P^*}\right) = \pi + \pi^*$$

여기서 S^e와 S는 미래와 현재의 원/달러 환율이며 P^e와 P는 미래와 현재의 국내물가이다. P^{*e}와 P^*은 미래와 현재의 외국물가이다. 미래와 현재의 물가차이(변화)는 곧 물가상승률과 같으며 π는 한국의 물가상승률, π^*은 외국의 물가상승률이다.

앞의 이자율평가에서 환율변화 대신에 두 나라 간의 물가상승률의 차이를 사용하면 다음과 같이 실질이자율평가를 얻게 된다.

$$\pi - \pi^* = i - i^* \quad \text{또는} \quad i - \pi = r = r^* = i^* - \pi^*$$

따라서 이자율평가와 구매력평가가 성립된다면 국제자본이동은 두 나라 사이의 실질이자율을 같게 한다. 국제 간 자본이동에 제약을 두거나 아니면 자본이동에 특별한 세금을 두게 되는 경우 이러한 실질이자율평가는 성립되지 못한다. 따라서 국제 간에 자본이동이 자유롭다면 두 나라 사이에 실질이자율이 같아진다는 실질이자율평가는 국가별 자본이동성을 측정하는 데 사용되기도 한다. 두 나라 간 실질이자율이 서로 다른 정도만큼 자본이동이 자유롭지 못하다는 것이다.

환율과 이자율

환율은 국제수지 이외에 두 나라 사이의 실질수익률(또는 실질이자율)에 따라 변화하며, 우리나라 수익률이 미국 수익률보다 높으면 미국에서 한국으로 자본이 유입된다. 이 결과 달러의 공급과 원화의 수요가 증가해서 원/달러 환율이 하락하게 된다.

5. 화폐시장모형

화폐시장모형은 환율이 기본적으로 화폐시장에서 결정되며 환율의 변화는 화폐적인 현상이라는 것이다. 우리나라에서 화폐공급이 늘어나면 시중에 원화 화폐의 가치가 떨어지고 따라서 국내물가와 환율은 상승한다. 화폐공급의 변화가 환율에 영향을 미치는 경로는 주로 물가변화를 통해서 발생한다.

환율과 구매력평가

두 나라 사이에 이루어지는 통화의 교환비율이 환율이다. 1달러에 얼마만큼의 원화가 교환되어야 하나? 이러한 통화의 교환비율은 바로 두 나라의 통화가 가지고 있는 구매력의 비율이다. 만약 뉴욕에서 맥도날드 햄버거를 3.20달러에 사먹을 수 있고 부산에서 같은 햄버거를 3,700원에 사먹을 수 있다면 달러와 원화의 교환비율(환율)은 3,700원/3.20달러 = 1,156원/달러가 된다. 이를 환율의 **구매력평가**(purchasing power parity)라고 하며 이자율평가와 더불어 미래 환율을 예측하는 중요한 도구로 사용된다. 여기서 한국의 물가를 P, 미국의 물가를 P^*, 그리고 원/달러 환율을 S라고 하자. 구매력평가는 다음과 같은 식으로 나타낼 수 있다.

$$S = \frac{P}{P^*}$$

예를 들어, 정부에서 실업을 구제하기 위해 시중에 많은 통화를 방출하는 정책을 실행했다고 하자. 시중의 통화증가는 시중자금을 풍부하게 하므로 시장금리를 하락시킨다. 시장금리하락은 기업의 투자와 가계의 소비심리를 부추기고 자본재와 소비재의 소비를 증가시킨다. 이러한 소비와 투자의 증가는 물가를 상승시키게 되는데 물가상승은 원화의 구매력(원화가치)을 떨어뜨리게 된다. 물가가 상승하고 원화의 구매력이 감소하면 환율은 상승하게 된다. 다음 달에 정부가 경기부양책으로 통화량을 증가시키겠다고 오늘 발표했다고 가정하자. 미래 통화량증가는 미래에 물가를 상승시키게 되고 미래 환율은 상승하게 된다.

한편 국민소득이 증가하면 거래량이 늘어나서 사람들이 화폐의 수요를 증가시킨다. 화폐수요가 증가하면 주어진 화폐량에서 물가가 감소하게 되는데 이는 환율의 하락으로 나타난다. 이자율의 증가는 화폐를 보유하는 데 따르는 기회비용을 증가시키므로 사람들로 하여금 화폐수요를 감소시킨다. 화폐수요의 감소는 주어진 통화량에서 물가를 증가시키게 되므로 환율을 상승시킨다. 다음 식은 화폐시장에서 화폐의 실질공급(M)과 실질수요(h)를 나타낸다. y와 i는 국내의 소득수준과 이자율이다. 여기서 화폐공급(M)이 늘어나면 주어진 화폐수요(h)에서 물가가 상승하나 화폐수요가 증가하면 주어진 통화량에서 물가가 하락한다. 소득증가와 이자율감소는 화폐수요를 증가시켜서 물가를 하락시키며 결국 환율을 하락시킨다.

$$\frac{M}{P} = h(y, i)$$

환율의 화폐시장모형

M 상승 → 화폐공급 상승 → P 상승 → S 상승
y 상승 → 화폐수요 상승 → P 하락 → S 하락
i 상승 → 화폐수요 감소 → P 상승 → S 상승

다음 그림은 화폐시장에서 화폐량의 공급증가가 물가와 환율에 미치는 효과를 나타낸 것이다. 통화량이 M_0에서 M_1로 증가하면 물가는 P_0에서 P_1로 증가하고 원화가치의 하락과 더불어 원/달러 환율은 S_0에서 S_1로 증가한다. 이때 환율증가율은 물가와 통화량증가율과 동일하다.

화폐시장모형에서의 통화, 물가, 환율의 변화

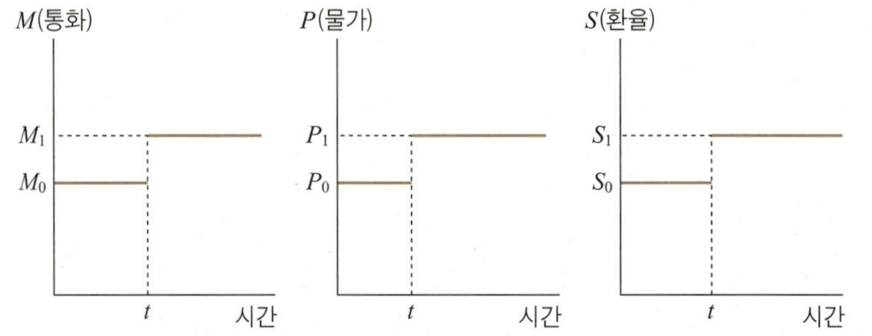

오버슈팅모형: 경직적인 가격모형

한편 통화량이 시중에 많아지면 물가가 상승하는데 과연 현실에서 물가가 금방 상승하게 될까 아니면 물가가 상승할 때까지 시간이 걸릴까? 어제저녁 서울 시내에 정부가 헬리콥터를 타고 화폐 10조원을 하늘에서 살포했다고 하자. 오늘 아침에 600원 하던 버스요금이 1,000원이 될까? 그렇지 않다. 물가의 변화는 상당한 시간이 걸린다. 즉, 오늘 통화량이 늘어나면 시중에 자금이 풍부해지므로 시장금리가 단기적으로 먼저 하락한다. 이를 **유동성효과**(liquidity effect)라고 한다.

시장금리가 하락하면 투자비용이 낮아져서 투자가 늘어나고 가계의 소비심리를 부추기고 따라서 자본재와 소비재의 소비를 증가시킨다. 이러한 소비와 투자의 증가는 물가를 서서히 상승시키게 되는데 물가가 상승하면서 환율 또한 상승하게 된다. 결국 물가변화가 느리게 나타날 경우 환율변화 또한 느리게 나타나며 오늘 통화량증가는 오늘 환율을 증가시키기보다는 미래의 환율을 상승시키게 된다.

여기서 문제는 오늘 통화량이 늘어나면 물가가 나중에 서서히 상승하면서 환율이 미래에 상승하는데 당장 오늘 환율은 어떻게 될까? 결론부터 말하자면 오늘 환율은 미래의 환율상승폭보다 훨씬 빠르게 상승한다. 이것이 오버슈팅(overshooting)모형이다. 오늘 통화량이 증가하면 유동성효과에 의해 시장금리가 하락하게 된다. 물가가 상승하기 전에 시장금리하락은 국내수익률을 낮추게 되므로 국제 간 자본이동을 통해 오늘 자본이 대량유출된다. 이러한 자본유출은 달러의 수요와 원화의 공급증가를 가져와 오늘 원/달러 환율을 급격히 상승시킨다. 이자율평가에 따르면 오늘 통화량증가는 국내시장의 이자율을 떨어뜨리고 미래의 환율을 증가시키므로 오늘 국내수익률이 급속히 감소한다. 따라서 이자율평가가 다시 성립되려면 국내수익률이 상승해야 하는데 이를 위해 오늘 환율이 급격히 증가해야 한다.

$$S^e\uparrow - S\uparrow\uparrow \fallingdotseq i\downarrow - i^*$$

통화량이 증가한 후에 시간이 흐르면서 이자율하락은 소비재와 자본재의 수요증가와 물가상승을 가져오고 물가가 상승함에 따라 시장이자율은 서서히 다시 상승하기 시작한다. 물가상승으로 환율은 서서히 상승하기 시작하고 국내수익률 또한 서서히 상승한다. 따라서 오늘 환율은 급격히 상승한 후에 서서히 하락해서 물가상승폭만큼 정확하게 상승하게 된다.

다음 그림에서 오늘(t) 통화량이 증가한 후에 물가가 서서히 증가하므로 이러한 물가조정은 내일(t + 1) 환율을 증가시킨다. 하지만 오늘 물가변화가 없는 대신에 통화량증가는 이자율을 떨어뜨리고 그에 따라 자본유출과 오늘 환율을 급격히 상승시킨다. 서서히 물가가 오르면서 이자율은 다시 예전 수준으로 회복되고 자본유출이 줄어들고 다시 환율도 서서히 떨어지기 시작해서 물가상승률만큼 정확하게 환율이 오르게 된다.

오버슈팅모형에서의 환율변화

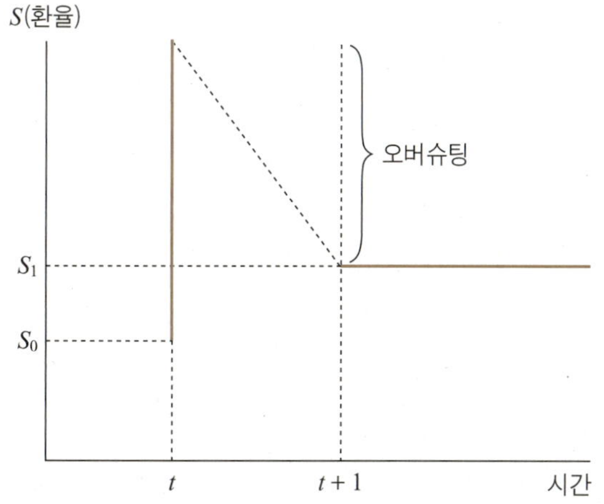

오버슈팅모형에서의 통화, 물가, 이자율의 변화

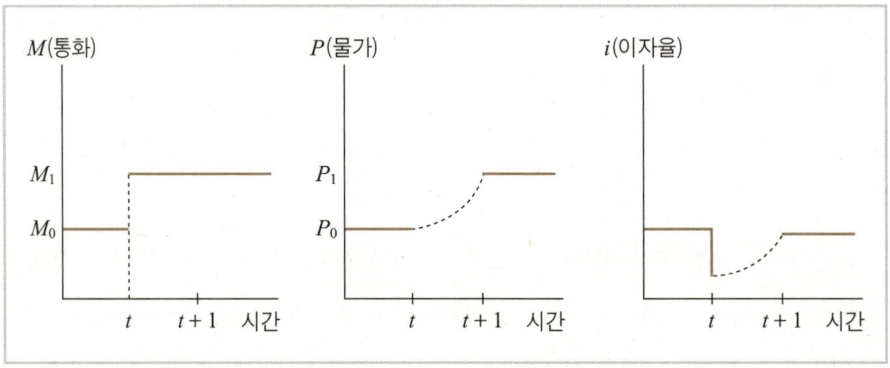

6. 랜덤워크모형

랜덤워크모형은 기본적으로 환율이 어떤 특정한 이론에 따라 결정되는 것이 아니라 과거와 현재의 정보를 바탕으로 무작위적으로 변화하는 하나의 자산가격이라고 본다. 따라서 화폐량변화와 국민소득, 이자율과 국제수지의 거시경제변수들을 가지고 환율을 예측한다면 그만큼 정확도가 떨어지게 된다. 이 랜덤워크모형은 환율이론보다는 외환시장에서 과거와 현재의 정보를 이용하여 미래 환율을 예측하는 차트

랜덤워크모형

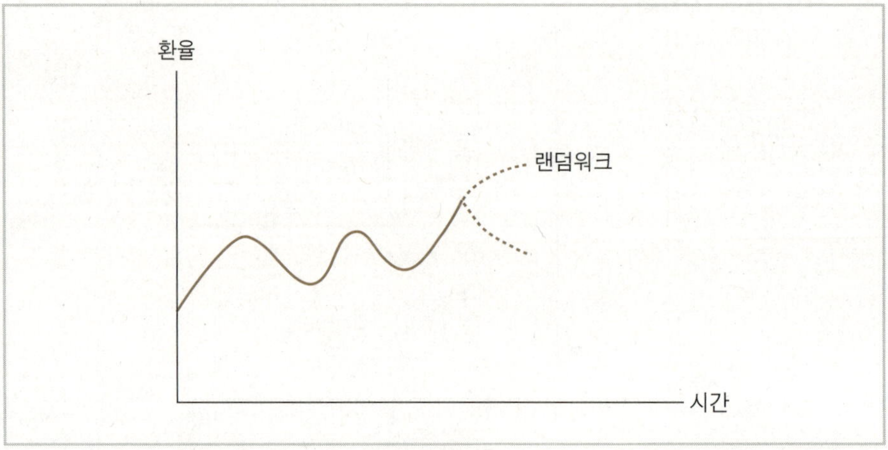

분석이나 기술적 분석기법에 오히려 가깝다. 따라서 정확한 환율모형을 찾기 위해서 과거의 환율자료를 이용하여 현재의 환율을 잘 설명하는 모형을 시험적으로 시도한다. 이러한 시도는 상당히 선험적이므로 시뮬레이션기법이나 확률분포기법이 사용되기도 하고 혼돈(chaos)모형이라고도 한다.

7. 외환시장의 효율성과 정보

지금까지 환율결정이론에 대해 알아보았는데 이는 묵시적으로 외환시장이 효율적이라는 가정을 하고 있다. 시장이 효율적인가 하는 기준은 시장가격이 그날의 모든 정보를 반영하고 있는가에 달려 있다. 효율적 시장에서 가격이 오를 것이라는 정보가 있다면 이는 이미 가격에 다 반영되어 있다는 것이다. 효율적 시장이 가지는 중요한 의미는 특정한 정보를 가지고 작전이나 가격차이를 이용하여 초과이익을 얻을 수 없다는 점이다. 왜냐하면 효율적인 시장에서는 모든 사람들이 모든 정보를 공유하고 있기 때문에 작전이나 가격변화에 대한 정보도 이미 시장가격에 포함되어 있기 때문이다. 따라서 효율적 시장에서 수익을 얻는다는 것은 우연한 것이다. 초과이익을 얻을 수 있다면 이미 그 시장은 효율적 시장이 아닌 것이다. 우리나라 주식시장에서 작전세력들이 작전과 정보를 이용하여 막대한 이익을 얻었다는 소문이 자주 나돌고 있다. 이는 우리나라 주식시장이 비효율적인 시장이라는 것이다.

효율적인 시장에서 일반사람들이 얻을 수 있는 정보를 이용해서 이익을 얻는 것은 불가능하다. 보통 인터넷에는 환율과 주식, 선물, 채권시장에 대해 고급정보를 제공해 주는 유료 사이트가 있다. 이들 유료 사이트에서 얻은 정보를 가지고 주식투자를 해서 돈을 많이 벌었다는 사람들은 거의 없다. 왜냐하면 시장이 효율적이라면 이들 정보를 포함한 모든 정보가 이미 가격에 반영되어 있기 때문에 일반사람들이 아는 정보는 더 이상 가격을 변화시킬 만한 가치가 없다는 것이다.

여기서 중요한 것은 정보의 형태이다. 정보는 통상 세 가지 형태의 정보로 구분된다. 정보의 첫 번째 형태는 과거의 정보이다. 이것을 **약형 정보**(weak form information)라고 하며 환율이나 주가를 예측할 때 과거의 물가, 금리, 자본이동을 고려해서 예측하는 것이다. 정보의 두 번째 형태는 **반강형 정보**(semi-strong form information)라 하며 과거정보에 오늘 알려진 공공정보를 포함한 정보이며 약형 정보보다 그 범위가 넓다. 환율이나 주가예측은 주로 오늘의 공공부문정보를 이용해서 예측한다. 정보의 마지막 형태는 **강형 정보**(strong form information)이며 과거정보와 공공정보에 개인적인 정보를 합한 정보이며 정보력이 가장 크다. 개별 기업의 정보를 가장 잘 아는 사람들은 기업 내부의 임직원들이며 이들은 기업 내부의 정보를 이용하여 주식거래를 하는 경우 막대한 이익을 얻을 수 있기 때문에 법으로 이들의 주식거래를 금하게 된다. 환율의 경우에도 외환시장에 직접적인 관련이 있는 정부, 수출자금을 결제하려는 대기업체 임직원, 외환시장의 개입을 주도하는 한국은행 임직원들은 외환시장에 대한 개인적인 정보를 가지고 있어서 이들 개인적인 정보를 이용하여 이익을 얻는 것을 법으로 금하고 있다.

외환시장이 효율적이라면 오늘 얻을 수 있는 모든 정보를 이용하여 내일의 환율을 예측하는 경우 실제 내일의 환율과 오늘 예측한 내일의 환율이 거의 동일해야 한다. 만약 실제 내일 환율과 예측된 내일 환율이 다르다면 이것을 예측오차라고 하며 예측오차는 효율적인 시장에서는 평균적으로 제로(0)이다.

$$S_{t+1} = E_t(S_{t+1} \mid I_t) + e_t$$

여기서, S_{t+1}은 실제 내일 환율이며, $E_t(S_{t+1} \mid I_t)$는 오늘 정보(I_t)를 이용하여 예측한 내일의 기대 환율이다. e_t는 예측오차이며 예측오차의 평균값은 제로(0)이다.

현실적으로 외환시장에서 오늘 모든 정보를 가지고 내일의 환율을 예측한다면 예측 환율과 실제 환율이 차이가 많다는 것을 가끔 발견하곤 한다. 이것은 시장이 비효율적이기보다는 효율적인 시장에서도 정보의 비대칭성이 존재하거나 위험프리미엄이 존재하면 실제 환율과 예측 환율 사이에 차이가 발생한다. 정보의 비대칭성은 시장에 참가하고 있는 일반투자자와 특정 부문, 예를 들어 정부의 공무원들이 가지고 있는 정보가 서로 상이해서 발생하며 시장이 효율적인 경우에도 이러한 정보의 비대칭성은 발생할 수 있다.

정보의 비대칭성은 특히 외환시장개입에서 자주 나타나고 있다. 예를 들어, 오늘 시장에 알려진 정보는 결제할 달러공급물량이 너무 많아서 원/달러 환율이 하락할 것으로 예측하고 있는데 한국은행에서 내일 아침에 외환시장에 개입해서 달러를 매입하여 원/달러 환율을 올리려는 계획을 가지고 있다고 가정하자. 환율을 상승시키려는 정부의 목적은 보통 환율을 안정적으로 운용하려는 측면도 있고 다른 한편으로는 환율의 상승을 통해 수출경쟁력을 높여서 경상수지를 개선하려는 의도가 있다. 이 경우 내일 예측 환율은 오늘보다 낮게 되는데, 내일 실제 환율은 오늘 환율보다 더 높을 수 있다.

한편 내일 실제 환율과 내일 예측된 환율의 차이가 발생하는 또 다른 이유는 **위험프리미엄** 때문이다. 위험프리미엄이란 불확실성 때문에 나타나는 불확실성의 값이다. 내일 예측된 환율은 불확실성을 가지고 있으며 예측된 내일 환율이 실제 내일 환율과 같을 수도 있고 그렇지 않을 수도 있다. 이렇게 예측은 항상 불확실하기 때문에 불확실성의 값이 예측 환율에 포함되어야 한다. 하지만 내일 실제 환율은 확실성의 환율이므로 위험프리미엄이 필요 없게 된다. 따라서 내일 예측 환율과 내일 실제 환율은 시장이 효율적이라도 위험프리미엄만큼 차이가 발생할 수 있다.

$$F_{t|t+1} = E_t(S_{t+1} \mid I_t) + RP_t$$

여기서 $F_{t|t+1}$은 선물 환율이며, RP_t는 위험프리미엄을 나타낸다. 내일 실제 환율은 오늘 선물 환율로 확실하게 정할 수 있으므로, 선물 환율과 위험프리미엄과의 관계는 위 식과 같다. 내일의 기대 환율은 오늘 시점에서 불확실하며 불확실한 기대

효율적인 시장

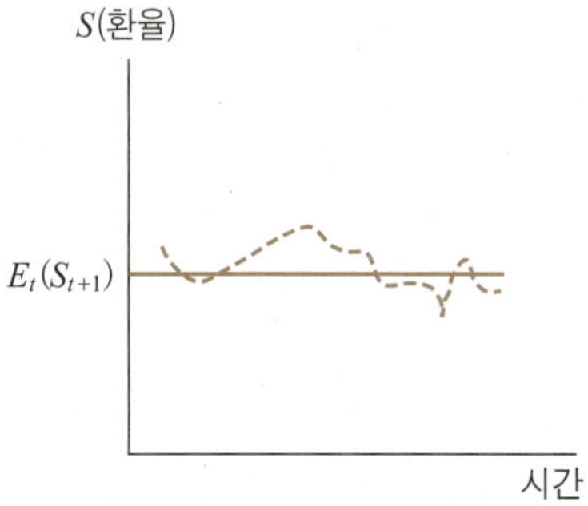

(a) 효율적인 시장: 추세가 없을 때

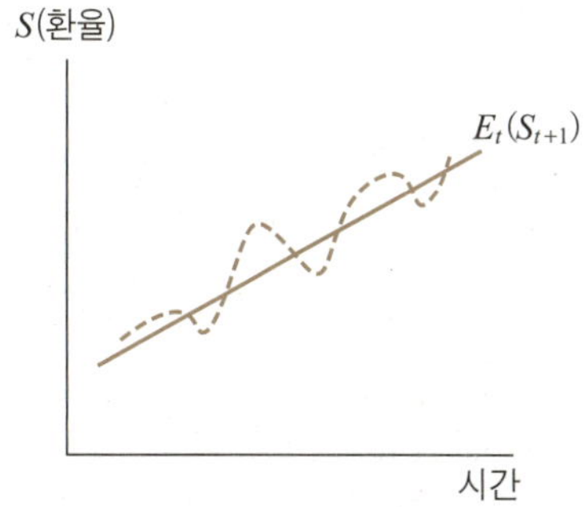

(b) 효율적인 시장: 추세가 있을 때

환율이 확실한 선물 환율(또는 내일 실제 환율)과 같게 되기 위해서는 위험프리미엄(RP_t)이 필요하다. 실제 환율과 예측 환율 간의 괴리는 불확실성에서 나타나는 위험프리미엄 때문에 발생한다.

8. 외환위기

1994년 남미 국가들의 외환위기와 1997년 아시아 국가들의 외환위기에서 환율이 급격히 상승(평가절하)하고 있는 것을 볼 수 있었다. 이러한 자국통화 환율의 급격한 상승은 많은 외국투자자들이나 자국투자자들이 보유하고 있던 자국통화를 팔고 미국달러를 매입하면서 환율이 급격히 상승하는 현상이다. 환율의 급격한 상승은 주로 외환시장에서 자국통화에 대한 신뢰가 사라지면서 앞으로 자국통화가치가 떨어질 것이라는 예측에서 시작된다.

외환위기를 가져오는 원인으로는 크게 세 가지가 있다. 첫 번째 원인은 통상 **1세대 모형**(first generation model)이라는 외환위기를 설명하는 모형에서 찾을 수 있다. 1세대 모형은 현재 자국이 시행하고 있는 재정금융정책의 방향과 실제 환율수준이 맞지 않게 되면서 발생하는 외환위기이다. 즉, 투기자들이 현재 정부의 정책방향에 기초해서 환율의 변동방향을 예측하고 이러한 환율예측과 현재 환율수준이 괴리가 벌어지면 환율이 변화될 방향으로 달러를 매매하기 때문에 환율이 급격히 상승하고 외환위기가 발생한다.

예를 들어, 정부가 경기침체에 대한 방안으로 과도하게 재정지출을 늘이고 재정적자를 유지할 경우 이러한 과도한 재정적자는 곧 화폐발행이나 국공채발행으로 자금을 조달할 수밖에 없다. 화폐가 증가하면서 통화가치는 떨어지고 환율은 곧 상승할 것이라는 예상을 할 수 있다. 따라서 투기자들은 미리 환율이 상승하기 전에 달러를 매입하고 원화를 매도함으로써 나중에 환율이 오르게 되면 시세차익을 얻게 된다. 문제는 이렇게 원화를 매도하고 달러를 매입하는 사람들이 한두 명이 아니라 많은 사람들이 같은 방향으로 원화매도/달러매입의 전략을 가지고 있다면 외환시장에서 달러공급부족과 원화초과공급 사태가 벌어지고 결국 달러의 투매현상으로까지 발전하게 되는 것이다. 이것이 원/달러 환율의 급격한 상승과 외환위기를 가져오게 된다.

두 번째 원인은 2세대 모형(second generation model)으로 외환위기를 자기실현적 외환위기(self fulfilling crisis)로 설명하는 모형이다. 자기실현적 외환위기는 경상수지의 적자 또는 경제성장률 둔화 등으로 자국의 경제사정이 악화되면서 사람들이 자국통화가 약세(환율상승)가 될 것으로 예상한다는 가정에서 출발한다. 단순히 이러한 예상은 실제 사람들로 하여금 자국통화를 매도하고 달러를 매입하게 함으로써 실제 환율을 사람들이 예측하는 방향으로 변화시키게 된다. 모든 투기자들이 같은 방향으로 예측하게 된다면 환율은 급격히 상승하고 외환위기가 발생하게 된다.

2세대 모형이 1세대 모형과 차이를 보이는 점은 단순히 예측에서 시작된 환율변화방향이 실제로 그렇게 되어 버린다는 점에 있다. 1세대 모형은 자국의 경제정책과 펀더멘털에 기초한 환율과 현재의 시장 환율의 차이를 이용하여 이익을 얻기 위한 움직임에서 발생하는 외환위기이다. 그러나 2세대 모형은 기대에 의해 환율이 변화할 방향을 예측하고 이에 따라 자기실현적으로 발생하는 외환위기이다.

2세대 모형은 자기실현적이기 때문에 자국통화 환율이 앞으로 상승할 것으로 예상한다면 외국투자자들은 자국에 투자를 줄이게 된다. 왜냐하면 이자율평가에 의하면 자국에 투자할 때 발생하는 실효수익률은 두 나라 간의 금리차이에서 환율상승률을 빼 준 값이다. 따라서 미래에 환율이 상승할 것으로 예상된다면 자국에 투자하는 외국투자자는 환율상승률만큼 실효수익률의 손실을 보게 된다. 따라서 외국투자자는 미래에 예상되는 환율상승률만큼 투자에 대한 수익률을 보전해 달라는 요구를 하게 되는데 이것이 외국투자자들이 자국에 투자할 때 위험프리미엄의 상승으로 나타난다.

자국통화의 환율상승가능성이 높아질수록 외국투자자는 더욱 높은 위험프리미엄을 요구하게 되고 결국 외화자금을 유치하려는 국내정부나 기업들은 높은 위험프리미엄만큼 높은 외화차입비용을 부담해야 한다. 환율상승에 대한 기대가 지속될수록 정부가 환율을 일정한 수준에서 유지하기 힘들어지고 외화유치비용은 더욱 증가하게 된다. 이 경우 정부는 어느 시점에서 환율상승에 대한 기대를 줄이는 방안으로 실제 환율을 상승시키게 된다.

세 번째 외환위기모형은 도덕적 해이(moral hazard) 모형이다. 아시아 국가들은 정부가 두 가지 측면에서 외국투자자들에게 지급보증을 해왔다. 기업이나 금융기관의 지급불능에 대해 정부가 지급을 보증하는 것과 환율을 안정적인 수준에서 유지하는 것이 바로 그것이다. 이러한 정부의 지급보증에 대해 금융기관들은 기업의 파산가능성을 낮게 평가하게 되고 위험을 고려하지 않고 기대수익이 높은 곳에 투자를 계속해 왔다. 하지만 원래 고수익은 항상 고위험을 수반하기 때문에 수익이 높을수록 잠재적인 위험이 높다는 것이다. 이러한 위험을 도외시한 투자는 기업의 자산가치를 급격히 높게 올려놓았고 기업의 자산을 담보로 금융기관들은 과잉투자와 중복투자를 하게 된다. 금융위기가 발생할 경우 기업의 잠재적인 위험이 그대로 노출되면서 기업의 자산가치는 떨어지고 금융기관들의 담보가치 또한 붕괴되면서 부실채권이 급격히 증가하게 된다. 기업의 자산가치하락과 부실채권의 기하학적 증가는 금융권을 붕괴시키고 결국 금융위기로 이어지게 된다. 여기서 금융위기란 부실채권 증가로 대부와 차입 등 금융행위가 불가능한 상태를 말하며 이 경우 금융시장과 자본시장의 마비와 경제침체가 발생한다. 이러한 금융위기에서 벗어나기 위해 정부가 금융기관에 공적자금을 투입해 부실채권을 해소(bailout)시키는데, 이러한 공적자금의 증가는 곧 화폐발행의 증가와 자국통화가치의 하락(환율상승)을 가져오고 외환위기로 이어지는 것이다.

기타 외환위기를 가져오는 여러 가지 요인이 연구되고 있다. 차입금리와 대출금리의 불일치(mismatch) 때문에 발생하는 일시적인 금융위기요인, 환율의 과대평가로 인해 국제수지의 누적적인 적자누증으로 인한 환율상승요인, 이웃나라의 금융위기나 외환위기가 자국으로 파급되는 전염효과(contagion effect) 등 여러 가지 요인이 있다.

연습문제

〈설명형〉

01 포트폴리오이론에서 기대수익률과 위험을 정의하라.

02 포트폴리오 투자위험에서 체계적 위험과 비체계적 위험을 비교 · 설명하라.

03 주식의 이론가격을 결정하는 배당평가모형, 자본자산가격결정모형 및 재정가격결정모형(APT)을 개략적으로 설명하라.

04 시장이자율과 채권가격 간의 관계를 설명하라.

05 채권의 만기수익률의 의미와 결정요인을 제시하라.

06 채권의 기간구조와 위험구조이론에 대하여 비교 · 설명하라.

07 채권의 만기와 듀레이션(duration)의 차이점을 설명하라.

08 환율결정을 설명하는 화폐시장모형인 구매력평가이론을 구체적으로 설명하라.

09 주요 환율결정이론인 국제피셔이론을 도출하고, 이자율평가이론과 구매력평가이론 간의 상호 관계성을 설명하라.

〈선택형〉

※4지 선다형

01 CML과 SML과의 관계에 대한 서술 중 바른 것은?(이재하 · 한덕희, 2020)

① 동일한 β를 가지고 있는 자산이면 SML상에서 동일한 위치에 놓이게 된다.
② CML과 SML은 기대수익률과 총위험 간의 선형관계를 설명하고 있다는 점에서 공통점을 가지고 있다.
③ 어떤 자산과 시장포트폴리오 간의 상관계수가 1이면 CML과 SML은 동일한 식이 된다.
④ SML상에 있는 자산이라고 해서 모두 다 CML상에 위치하지는 않는다.

02 채권의 수익률에 대한 설명이 적절하지 않은 것은?(이재하 · 한덕희, 2020)

① 기대이론에 따르면 시장에서 향후 이자율이 상승할 것이라고 기대될 때에만 우상향하는 수익률곡선(yield curve)이 나타난다.

② 유동성선호이론은 수익률곡선이 항상 우상향 모양을 띠게 된다고 주장한다.

③ 국채의 수익률곡선이 평평할 때 회사채의 수익률곡선은 우상향할 수 있다.

④ 기대이론에 의하면 선도이자율이 미래의 각 기간별 기대현물이자율과 일치한다.

03 KOSPI의 기대수익률이 12%, 국공채 수익률이 6%이고 (주)대한항공의 베타(β) 값이 2일 때 (주)대한항공의 기대수익률을 계산하라.(이재하 · 한덕희, 2020)

① 18% ② 19% ③ 20% ④ 21%

04 현재 채권시장에서 (주)한국의 1년 만기 액면가 1,000원의 순수할인채권은 909.09원, 2년 만기 액면가 1,000원의 순수할인채권은 783.15에 거래되고 있다. (주)한국이 액면가 1,000원, 만기 2년, 액면이자율 10%(이자는 연 1회 후급)인 회사채를 발행하려 한다면, 이 회사채의 발행가격과 가장 가까운 금액은?

① 952.32 ② 966.21 ③ 967.83 ④ 983.23

〈계산형〉

01 액면가액(F) 1,000원, 연 10% 이자후지급, 만기(n) 5년, 채권투자자의 요구수익률(r) 8%인 채권이 있다. 다음 물음에 답하시오.(이재하 · 한덕희, 2020)

a. 1년마다 이자가 지급 될 경우 채권가격을 계산하라.

b. 반년마다 이자가 지급 될 경우 채권가격을 계산하라.

02 대표적인 자본자산가격모형(CAPM)인 증권시장선(SML)을 이용하여 아래의 조건하에서 주식의 이론가격을 구하라. (주)조선기업주식, (주)경북기업주식과 시장주식수익률 자료는 다음과 같다.

- 시장포트폴리오의 기대수익률 $E(R_m) = 11\%$
- 시장포트폴리오의 표준편차 $\sigma_m = 12\%$
- 무위험이자율 $r_f = 12\%$

	베타(β_i)	수익률의 표준편차(σ_i)	분산(σ^2)
(주)조선기업	1.3	23%	0.06
(주)경북기업	1.3	15%	0.03

a. 위 두 기업 주식의 체계적 위험과 비체계적 위험을 구하라.

b. 각 기업주식의 균형이론가격을 구하라.

c. 각 주식의 SML을 도시하라.

03 1,000만원으로 (주)경북기업과 ㈜조선물산에 각각 500만원씩 투자하기로 하였다. (주)포철의 기대수익률과 위험(분산)은 10%, 4%이고 (주)한통의 기대수익률과 위험(분산)은 8%, 9%이다. (주)경북기업과 ㈜조선물산의 공분산은 5%라고 가정한다면 앞의 1,000만원 포트폴리오 투자에 대한 기대수익률과 위험도를 계산하라.

04 KOSPI의 기대수익률이 10%, 국공채 수익률이 5%이고 (주)포철의 기대수익률이 12%일 때 (주)포철의 베타(β) 값을 구하라.

05 아래와 같은 정보가 주어질 때 상대적 구매력평가설을 이용하여 연도말의 원화와 달러 간의 기대환율을 구하라.

현재 한국의 물가지수 110, 현재 미국의 물가지수 110,

연말의 한국의 기대물가지수 120, 연말의 미국의 기대물가지수 115

현재 환율은 1,200원/1$

CHAPTER

10 선물가격결정이론

제1절 현물보유비용모형

1. 개념

선물거래는 특정 기초상품을 일정한 선물가격으로 만기에 인수 · 인도하는 계약이다. 이때 선물가격은 실제 만기일에 계약이 이루어지는 시점에서 적용되는 가격이다. 선물매입자에게 있어서 선물계약은 미래에 필요한 (기초)상품을 사전에 매입해 놓은 결과이다. 만약 선물계약을 체결하지 않는다면, 현물을 현물가격으로 매입하여 필요한 날(만기)까지 보관하여야 할 것이다. 따라서 선물매입자는 선물계약을 체결할 때 선물가격으로 현물가격에다 보유비용을 합한 금액을 기꺼이 지불하려고 할 것이다.

반면에 선물매도자는 만기에 기초상품을 선물가격으로 인도하여야 할 의무가 있다. 기초상품을 보유하고 있지 못한 선물매도자는 자금을 융자받아 현물을 구입하여 만기까지 보관하여야 한다. 이때 현물을 구입하여 만기까지 보관하는 데 소요되는 비용을 보유비용(cost of carry)이라 하며, 금융비용, 창고비용, 운송비용, 그리고 보험료 등 제비용을 포함하고 있다.

여기서 금융비용은 현물가격에 대한 만기까지의 이자비용으로서, 현물가격에 만기 동안의 이자율을 곱한 값이다. 결국, 현물보유비용모형은 선물가격이 최소한 현물가격과 보유비용을 합한 금액보다는 커야 한다는 것이다. 현물보유비용모형의 개념을 수식화하면 다음의 식으로 표시된다.

$$F_{t,T} = S_t + C$$

여기서, $F_{t,T}$: 만기가 T인 선물의 t시점에서의 선물가격
S_t: t시점에서 기초상품의 현물가격
C: 만기 동안 현물보유비용

2. 현물보유비용

상품선물

6개월 후 금 1온스가 필요한 금세공업자가 금값 상승을 우려하여 선물계약을 체결하고자 한다. 금 1온스의 현물가격은 $180이고 시중금리는 10%이다. 그리고 금 1온스를 6개월간 보관하는 데 $2가 소요되는데, 이 비용은 6개월 후에 지불된다. 이때 6개월 만기 금 1온스 선물계약의 이론적 가격은 다음과 같이 계산할 수 있다.

현물구입비용 = $180
보유비용 = 금융비용 + 보관비용 = $9 + $2 = $11
금융비용 = $180 × 10% × 1/2 = $9
이론적 선물가격 = 현물가격 + 보유비용 = $180 + $11 = $191

금융선물

금융선물의 경우 상품선물과는 달리 보유기간 동안 수입이 발생한다. 예를 들어, 기초상품이 채권이라면 채권이자수입이 발생한다. 만약 주가지수를 기초상품으로 한다면 배당수익이 발생한다. 그리고 금융선물은 상품선물과 달리 보관비용이 필요치 않다. 따라서 이들 금융선물에 적용될 현물보유비용모형은 기본모형에서 약간의

수정이 필요하다.

$$\text{이론적 선물가격} = \text{현물가격} + \text{금융비용} - \text{수입}$$

$$F_{t,T} = S_t + S_t r(T-t)/365 - S_t d(T-t)/365$$
$$= S_t\{1 + (r-d)(T-t)/365\}$$

여기서, r: 시중금리(연간)
d: 이자수입 혹은 배당수입(연간)
$T-t$: 잔존만기
$r(T-t)/365$: 잔존만기 동안의 금융비용
$d(T-t)/365$: 잔존만기 동안의 수입

예를 들어, 현재 KOSPI 200 주가지수가 267.00이며, 주가지수의 연간 배당률은 5%라고 한다. 만약 시중금리가 10%라고 할 때 6개월 만기 KOSPI 200 주가지수선물의 이론적 가격은 얼마가 되어야 하는가? 금융비용은 시장금리 10%에서 배당수익률 5%를 빼 준 값이 된다.

$$F_{t,T} = 267.00\{1 + (0.1 - 0.05) \times 1/2\} = 273.675$$

3. 차익거래의 기회

선물시장에서 현물보유비용모형이 실제 시장에서 선물가격이 결정되는 데 정확히 적용되고 있는지 아닌지는 학자들이 연구해 보아야 할 것이다. 그리고 이에 관한 논문들이 많이 발표되었다. 여하튼 만약 선물시장에서 현물보유비용모형이 적용되고 있다고 가정한다면, 시장상황에 따라 현물보유비용모형을 이용하여 차익거래를 실행할 수 있다. 예를 들어, 선물가격이 현물가격에 비하여 과대평가되어 있다면, 선물매도와 동시에 자금을 융자받아 현물을 매입함으로써 만기에 차익거래이익을 추구할 수 있다. 반대로 선물가격이 현물가격에 비하여 과소평가되어 있다면, 선물매입과 동시에 현물을 매도하고 매도자금을 은행에 예금함으로써 만기에 차익거래이익을 실현할 수 있다.

앞의 상품선물 사례를 이용하여 차익거래의 예를 들어보기로 하자. 사례에서 밝혀졌듯이, 6개월 잔존만기 금 1온스의 이론적 선물가격은 \$191이다. 금 1온스의 현물가격은 \$180이고 시중금리는 10%이다. 그리고 금 1온스의 6개월간 보관비용은 \$2이다. 그러나 만약 6개월 잔존만기 금 1온스 선물가격이 \$195에 거래되고 있다고 하자. 이는 선물가격이 현물가격에 비하여 과대평가되어 있음을 의미한다. 따라서 차익거래기회가 존재한다. 즉, 과대평가된 선물을 매도하고 동시에 자금을 차입하여 현물을 매입함으로써 만기에 차익거래이익을 실현할 수 있다. 구체적인 차익거래내역은 다음과 같다.

현재의 차익거래전략: 6개월 금 1온스 선물을 \$195에 매도계약체결
\$180를 연 10%에 차입하여 금 1온스 현물매입

6개월 후(만기): 선물매도계약이행(+\$195)
차입자금 \$180의 원리금{= \$180(1 + 0.05)} 지불(−\$189)
보관비용 지불(−\$2)

차익거래이익 = \$195 − \$189 − \$2 = \$4

만기에 실현된 차익거래이익 \$4는 만기 때의 현물가격수준과는 아무런 상관없이 얻어지는 이익으로서 무위험이라고 볼 수 있다.

선물가격의 결정: 현물보유비용

선물가격은 현물을 구입해서 미래 만기까지 보관하는 데 소요되는 보유비용(cost of carry)을 포함하는 가격이다. 보유비용은 금융비용, 창고비용, 운송비용, 그리고 보험료 등이다.

제2절 선물가격과 미래기대현물가격

선물가격과 미래기대현물가격은 어떠한 관계가 있을까? 선물가격이 곧 미래기대현물가격이 아닐까? 선물계약은 만기에 계약이 이행되기 때문에, 선물가격은 만기 때의 현물가격에 가능한 한 일치되어야 하지 않는가? 그러나 현실적으로 선물가격은 미래기대현물가격과 일치하지 않는다. 왜냐하면 투자자들의 위험성향이 제각각이기 때문이다. 즉, 선물시장참여자들의 위험선호도가 서로 다르기 때문에 선물가격이 미래기대현물가격으로 수렴되지 못하는 것이다. 선물가격과 미래기대현물가격의 수준차이에 따라 선물시장상황을 노멀 백워데이션 혹은 콘탱고라고 지칭한다.

노멀 백워데이션과 콘탱고

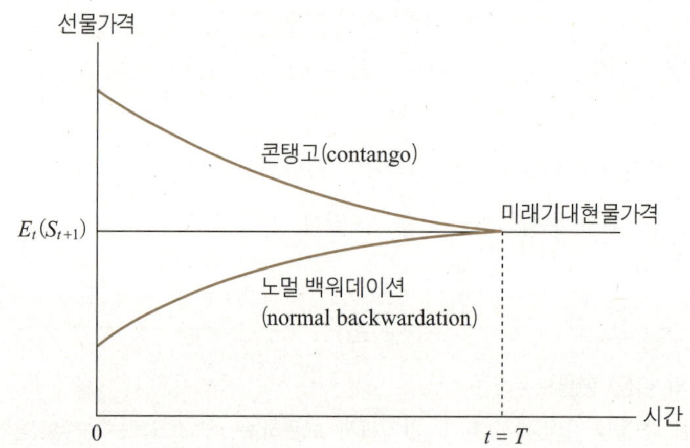

1. 노멀 백워데이션

선물가격이 미래의 현물가격기대치보다 낮은 상황을 노멀 백워데이션(normal backwardation)이라 한다. 노멀 백워데이션 상황은 헤저(hedger)들이 선물매도포지션을 취하고 투기자들이 선물매입포지션을 취하는 시장에서 발생한다. 투기자들은 본질적으로 위험을 감수하면서 선물매입포지션을 취하기 때문에 적절한 위험프리미엄이 선물가격에 포함되어 있지 않다면 선물매입포지션을 취하지 않을 것이다. 따라서 선물가격은 미래현물가격의 기대치보다는 낮아야 위험프리미엄을 기대할 수 있다. 즉, 투기자들은 미래현물가격이 선물가격보다 높게 예상될 경우에 선물매입포지션을 취한다.

따라서 앞의 그림에서 보듯이 노멀 백워데이션에서는 선물가격이 미래기대현물가격보다 낮게 거래되고 있고, 만기가 다가올수록 선물가격은 현물가격에 수렴한다. 그러므로 만약 미래의 현물가격에 대한 예상이 맞다면 노멀 백워데이션에서 선물가격은 만기가 다가올수록 미래기대현물가격으로 수렴 · 상승한다.

2. 콘탱고

선물가격이 미래기대현물가격보다 높은 선물시장상황을 콘탱고(contango)라고 한다. 노멀 백워데이션과는 반대로 선물콘탱고에서는 헤저들이 선물매입포지션을 취하고 투기자들이 선물매도포지션을 취한다. 즉, 투기자들은 선물가격위험을 부담하는 대가로 선물가격이 최소한 미래기대현물가격보다는 높아야 매도포지션을 취할 것이다.

따라서 앞의 그림에서 보듯이 콘탱고에서는 선물가격이 미래기대현물가격보다 높게 거래되고 있다. 그리고 만약 미래의 현물가격에 대한 예상이 정확하다면, 콘탱고선물시장에서는 만기가 다가올수록 선물가격이 하락하여 미래기대현물가격에 수렴하는 현상이 나타난다.

제3절 베이시스

1. 베이시스의 개념

베이시스(basis)는 현물가격과 선물가격의 차이, 보다 정확히 이야기하면 현물가격에서 선물가격을 뺀 값이다. 따라서 베이시스는 보유비용과 그 크기가 같고 다만 부호만 다를 뿐이다. 동일상품에 대해서 여러 선물이 존재할 수 있는데, 이 경우 베이시스는 현물가격과 가장 만기가 짧은 근월물가격의 차이를 일컫는다. 베이시스를 식으로 나타내면 다음과 같다.

$$\text{베이시스} = \text{현물가격} - \text{선물가격} = S_t - F_{t,\,T}$$

동일기초자산에 대해 만기가 다른 여러 선물이 존재할 경우 이들 선물 간에도 가격관계가 성립된다. 이때 근월물과 원월물의 가격차를 스프레드(spread)라 한다. 다시 말해, 근월물가격에서 원월물가격을 뺀 값이 스프레드이다. 이를 식으로 나타내면 다음과 같다.

$$\text{스프레드} = \text{근월물가격} - \text{원월물가격} = F_{t,\,T} - F_{t,\,T'}$$

앞에서 본 바와 같이 일반적으로 선물가격이 현물가격보다 보유비용만큼 크므로 그러한 정상시장에서는 베이시스가 음(−)이 된다. 반면, 선물가격이 현물가격을 하회하여 베이시스가 양(+)이 되는 시장은 역조시장이 된다. 마찬가지로 스프레드가 음이면 정상시장이고 스프레드가 양이면 역조시장이 된다.

베이시스는 선물만기에 근접할수록 0에 수렴하게 되는데, 이는 선물의 보유비용이 점차 줄어들기 때문이다. 이러한 현물가격과 선물가격의 관계를 그림으로 나타내면 다음과 같다. 현물가격과 선물가격은 그림에서 보는 바와 같이 상관관계가 매우 높으나 두 가격은 계속해서 변동하며 그 변동폭이 항상 일정한 것은 아니다.

베이시스: 현물가격과 선물가격의 수렴

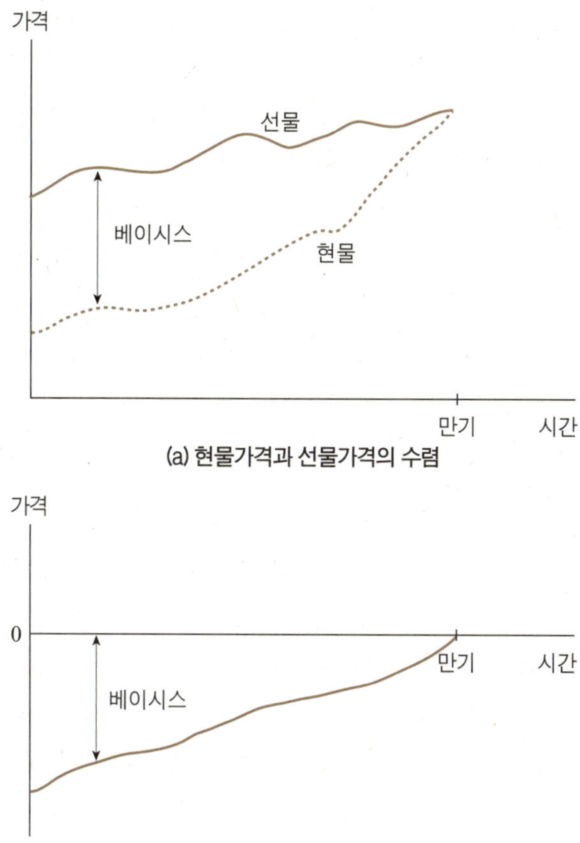

(a) 현물가격과 선물가격의 수렴

(b) 베이시스수렴

2. 베이시스위험

현물시장과 선물시장의 수급관계가 다르기 때문에 현물가격과 선물가격의 차이인 베이시스가 변동하는데, 이를 베이시스위험(basis risk)이라 한다. 헤지거래는 자산의 가격변동위험을 베이시스변동이라는 보다 작은 위험으로 바꾸는 셈이 된다.

일반적으로 현물포지션의 가격과 선물포지션의 가격 간의 절대적인 차이가 시간이 지남에 따라 작아져서, 현물가격과 선물가격 간의 차이인 베이시스가 좁아져 0

에 가까이 움직이는 경우를 베이시스축소(narrowed basis)라고 하며, 현물포지션의 가격과 선물포지션의 가격 간의 절대적인 차이가 증가하여 베이시스가 0에서 멀어지는 것을 베이시스확대(widened basis)라고 한다.

따라서 헤지형태와 시장상황에 관련하여 현물가격과 선물가격이 다르게 변동함에 따라 베이시스의 형태가 베이시스축소(감소)인가 혹은 베이시스확대(증가)인가를 판단하는 것이 매우 중요하다. 선물가격이 현물가격을 초과하는 정상적인 시장에서는 베이시스의 크기가 감소하는, 즉 베이시스가 더욱 큰 음(−)의 값을 갖는 경우가 베이시스확대가 되고, 베이시스의 크기가 증가하는, 즉 보다 작은 음(−)의 값을 갖는 경우가 베이시스축소가 된다. 그러나 선물가격이 현물가격에 비하여 낮은 역조시장에서는 베이시스의 크기가 증가하는, 즉 베이시스가 더욱 큰 양(+)의 값을 갖는 경우가 베이시스확대가 되고, 베이시스의 크기가 감소하는, 즉 보다 작은 양(+)의 값을 갖는 경우가 베이시스축소가 된다.

베이시스의 변동은 헤지의 효과에 상당한 영향을 미친다. 이를 살펴보기 위해 선물가격(290.00)이 현물가격(288.00)보다 높은 정상시장에서 매수헤지를 행하고 있었다고 하자. 현물가격이 상승하면(291.00) 현물시장에서는 기회손실이 생기는데, 선물가격도 상승하고(292.00) 있으므로 선물시장에서는 매도차익이 생긴다. 이때 현물가격의 상승폭(3.00)이 선물가격의 상승폭(2.00)보다 커 베이시스가 당초보다 축소되어(기초: −2.00, 기말: −1.00) 있었다고 하면, 선물에서의 이익은 현물에서의 기회손실을 충분히 보전할 수 없게 되어 전체적으로는 순손실(1.00)이 발생한다. 이 경우에 순손실의 크기는 헤지를 하지 않았을 때 발생하는 손실(3.00)보다는 훨씬 작다. 그러나 베이시스위험이 존재하기 때문에 순손익이 0인 완전헤지가 되는 것은 매우 드문 일이다. 정상시장에서의 베이시스변동과 헤지효과는 다음 표에 제시되어 있다. 역조시장에서의 베이시스변동에 의한 헤지효과의 경우, 현물과 선물의 손익의 부호는 다음 표에 나타난 정상시장과 같으나 순손익의 부호는 반대로 된다.

이와 같이 시장상황이 정상이냐 역조이냐, 베이시스의 형태가 확대인가 축소인가, 그리고 헤지거래자들의 헤지포지션이 매도이냐 매수이냐에 따라 선물거래의 손익 결과는 달라지게 된다. 그러므로 투자자의 입장에서는 보다 알기 쉽고 일관된 원칙이 필요하다. 이러한 이유로 베이시스를 이용한 거래전략에서는 베이시스의 강화(strengthened) 또는 약화(weakened)의 개념이 사용된다.

정상시장에서의 베이시스변동과 헤지효과

가격	베이시스	매수헤지			매도헤지		
		현물	선물	순손익	현물	선물	순손익
상승	확대	−	+	+	+	−	−
	축소	−	+	−	+	−	+
하락	확대	+	−	+	−	+	−
	축소	+	−	−	−	+	+

주: 1) +는 이익, −는 손실을 표시
2) 베이시스 = 현물가격 − 선물가격

베이시스의 강화는 기말베이시스에서 기초베이시스를 차감한 값이 양의 값을 가지는 것을 일컬으며, 베이시스의 약화는 기말베이시스에서 기초베이시스를 차감한 값이 음의 값을 가지는 것을 말한다. 다시 말해, 양의 베이시스가 더욱 확대되거나 음의 베이시스가 축소되는 것은 베이시스가 강화되는 것이다. 반면, 양의 베이시스가 축소되거나 음의 베이시스가 더욱 확대되는 것을 베이시스가 약화된다고 한다.

현물을 매수하고 선물을 매도하는 매수베이시스의 경우 베이시스가 강화되면 이익이 발생하고 베이시스가 약화되면 손실이 발생한다. 그와 반대로 현물을 매도하고 선물을 매수하는 매도베이시스의 경우 베이시스가 약화되면 이익이 발생하고 베이시스가 강화되면 손실이 발생한다. 즉, 베이시스가 강화되면 시장상황과 가격변동에 상관없이 매도헤지거래자가 항상 순이익을 실현하게 되며, 베이시스가 약화되면 매수헤지거래자가 순이익을 실현하게 된다.

이와 같이 헤지의 결과를 좌우하는 것은 현물가격의 등락 그 자체가 아니라 베이시스의 변동인 것이다. 따라서 효율적인 헤지를 행하기 위해서는 베이시스에 영향을 주는 다양한 요인에 주의를 기울이지 않으면 안 된다. 베이시스를 변동시키는 요인 가운데 가장 기본적인 것은, 현물을 만기일까지 보유했을 경우에 생기는 보유비용이다. 선물가격은 현물가격에 보유비용을 더한 것이어야 하므로, 결국 베이시스는 보유비용의 마이너스값이 된다.

보유비용은 현물의 투자비용에서 현물보유에 따른 투자수익을 공제한 금액이 되는데 자금조달금리의 변동과 배당수익률 등 운용수익률에 대한 기대의 변화가 현물가격과 보유비용을 변화시키고, 베이시스의 변동을 초래하게 된다. 이 베이시스는 시간이 경과하여 선물만기일에 가까워짐에 따라 영(0)이 되어 간다. 이것은 기대요인도, 보유비용도 만기일에는 소멸되기 때문이다.

베이시스

베이시스(basis)는 현물가격에서 선물가격을 뺀 값이다.

연습문제

〈설명형〉

01 금융선물 가격결정을 설명하는 보유비용모형을 제시하고, 이 모형에서의 선물가격결정의 주요 요인들을 밝혀라.

02 선물가격과 미래기대현물가격 간의 관계를 설명하라.

03 노멀백워데이션(normal backwardation)과 콘탱고(contango)를 비교 · 설명하라.

04 선물거래에서 베이시스의 개념과 이것의 위험이란?

05 정상시장에서의 베이시스변동과 헤지효과 간의 관계성을 밝혀라.

〈선택형〉

※진위형

01 보유비용(carrying charge)이란 현물가격과 선물가격의 차이 혹은 만기가 다른 선물가격 간의 차이를 말한다.
① 그렇다 ② 아니다

02 결제월이 멀수록 선물가격이 높아지는데 이는 보유비용 때문이다.
① 그렇다 ② 아니다

03 정상시장에서는 선물가격이 현물가격보다 높으며 보유비용이 음의 값을 가진다.
① 그렇다 ② 아니다

04 헤지효과는 베이시스위험과 가격위험을 비교하는 것으로 이 두 위험의 비율이 1:1인 경우 헤지효과가 가장 크다.
① 그렇다 ② 아니다

05 정상시장에서 베이시스의 축소는 매도헤지거래자에게 유리하고, 확대는 매수헤지거래자에게 유리하다.
① 그렇다 ② 아니다

06 현물가격이 선물가격보다 높을 때 베이시스는 0보다 크다.

① 그렇다 ② 아니다

07 만기가 되어 현물가격이 선물가격과 일치하더라도 베이시스는 0에 수렴하지 않는다.

① 그렇다 ② 아니다

※4지 선다형

08 보유비용에 관한 다음 내용 중 틀린 것은?

① 보유비용은 저장비용, 보험료 및 금융비용을 포함한다.
② 금융비용은 상품 자체의 매수비용을 가리킨다.
③ 저장비용은 상품을 적절한 시설에 보관하는 비용을 의미한다.
④ 대부분의 상품은 창고에 보관되어 있는 동안 보험에 들어야 한다.

09 차익거래에 관한 다음 설명 중 옳은 것은?

① 차익거래자는 선물가격이 보유비용보다 클 때 차익거래를 한다.
② 차익거래자는 선물가격이 보유비용보다 적을 때 차익거래를 한다.
③ 선물가격이 현물가격보다 비싸면 선물을 매수하고 현물을 매각한다.
④ 선물가격이 현물가격보다 비싸면 현물을 매수하고 선물을 매각한다.

10 베이시스(basis)와 관련된 다음 내용 중 틀린 것은?

① 베이시스란 현물가격에서 선물가격을 뺀 것이다.
② 베이시스가 양(+)의 값을 갖게 되면 우리는 이를 정상시장이라고 한다.
③ 만기가 다가올수록 베이시스는 점점 작아져 현물가격과 선물가격이 동일하게 된다.
④ 베이시스는 basis point와 전혀 다른 개념이다.

11 헤지거래에서 다음의 어느 경우에 베이시스가 약화되는가?

① 현물가격 하락과 선물가격 불변
② 현물가격 불변과 선물가격 상승
③ 현물가격 하락과 선물가격 상승
④ 위의 모두

12 매수헤지포지션을 취하고 있는 헤지거래자가 베이시스가 어떻게 변할 경우 이익을 얻을 수 있는가?

① 약화

② 강화

③ 불변

④ 베이시스의 변화는 헤지거래자의 손익과 관계가 없다.

13 매도헤지포지션을 취하고 있는 헤지거래자가 베이시스가 어떻게 변할 경우 이익을 얻을 수 있는가?

① 약화

② 강화

③ 불변 베이시스의 변화는 헤지거래자의 손익과 관계가 없다.

14 선물시장에서 공급이 수요를 초과하는 현상은?

① 가격지지를 의미한다.　② 매도압력을 의미한다.

③ 매수압력을 의미한다.　④ 밀집지역을 의미한다.

15 선물의 인도시기가 다가올수록 베이시스는 0에 가까워진다. 그 이유는?

① 인도일이 다가올수록 현물가격이 오르거나 선물가격이 하락하기 때문이다.

② 근월선물과 원월선물의 수반되는 비용이 다르기 때문이다.

③ 현물과 선물의 차이가 존재하는 한, 차이가 없어질 때까지 거래자는 저가에 매수하여 고가에 매도할 것이기 때문이다.

④ 현물과 선물은 상품의 과다 또는 과소공급의 어느 경우에서도 수렴하기 때문이다.

16 선물로 헤지를 할 경우 가격이 불리하게 변동하여 완전한 헤지가 가능하지 않는 경우가 발생한다. 다음 중 그 원인이 될 수 없는 것은?

① 현물과 선물가격은 같은 폭으로 변동하지 않을 수 있으므로

② 시장층이 얇을 수 있으므로

③ 베이시스가 변동하므로

④ 현물과 선물가격이 같은 방향으로 움직이지 않으므로

17 3월 10일부터 4월 15일까지 매도헤지의 베이시스변동은?

날짜	현물	3월 선물
3월 10일	165.25	170.50
4월 25일	168.15	171.15

① −5.25 ② +2.25 ③ −2.25 ④ +5.25

CHAPTER

11 옵션가격결정이론

제1절 옵션가격의 범위

1. 콜옵션의 가격범위

콜옵션의 가격범위는 0보다 크나 어떠한 상황에서도 기초자산가격을 초과할 수 없으며 다음 식과 같다.

$$Max\{0, S - K(1 + r)^{-T}\} \leq C \leq S$$

현재의 기초자산가격이 S, 이자율이 r인 경우, 행사가격이 K, 잔존만기가 T인 콜옵션가격 C는 위의 식과 같은 범위를 가진다. 우선 쉬운 부분인 부등식의 오른쪽부터 설명해보자. 부등식의 오른쪽은 콜옵션가격이 기초자산가격보다 작거나 같다는 뜻이다. 즉, 콜옵션가격은 어떠한 상황에서도 기초자산가격을 초과할 수 없다. 왜냐하면 콜옵션은 기초자산을 일정한 가격(행사가격)으로 매입할 수 있는 권리인데, 그 권리의 가치가 기초자산가격을 초과한다는 것은 기초자산을 기초자산가격 이상으로 매입한다는 의미이기 때문이다.

부등식의 왼쪽은 콜옵션가격이 0 혹은 $S - K(1 + r)^{-T}$의 값 중에서 큰 것이 된다는 뜻이다. 이 식을 달리 설명하면, 콜옵션의 가격은 최소한 0보다는 크다는 뜻이다. 왜냐하면 콜옵션은 기초자산을 행사가격으로 매입할 수 있는 권리이기 때문에 유리한 상황(기초자산가격이 행사가격을 초과하는 경우)에서만 행사한다. 따라서 옵션은 항상 양의 가치를 가지고 있다. 만약 기초자산가격이 행사가격보다 낮은 상황이라고 하더라도 옵션의 만기 동안에 기초자산가격이 행사가격보다 상승할 수 있는 가능성은 언제나 존재하기 때문에 옵션가격은 0보다 크다. 이러한 가치를 옵션의 시간가치라고 앞에서 설명한 바 있다. 그리고 만약 기초자산가격이 행사가격보다 클 경우에 지금 당장 콜옵션을 행사한다면, 콜옵션은 $S - K$의 이익을 보장해준다.

그러나 유럽식 옵션과 같이 만기에 그 권리를 행사한다면, $S - K(1 + r)^{-T}$의 이익을 얻을 수 있기 때문에 콜옵션가격은 이러한 이익보다는 크다는 것이다. 유럽식과 달리 미국식 콜옵션은 만기 이전 언제나 행사가 가능하지만, 결국 만기에 행사하는 것이 가장 유리하다. 왜냐하면 지금(만기 이전) 행사할 경우의 이익($S - K$)이 만기에 행사하여 얻을 이익보다 적기 때문이다. 그러므로 결론적으로 콜옵션가격은 0 혹은 $S - K(1 + r)^{-T}$의 값 중에서 큰 값보다는 항상 크거나 같다는 것이다. 그러므로 콜옵션의 가격범위를 나타내는 앞의 부등식을 그림으로 설명하면 다음의 그림과 같다. 콜옵션가격의 범위는 색칠한 부분에 해당한다. 콜옵션가격이 기초자산가격보

콜옵션의 가격범위

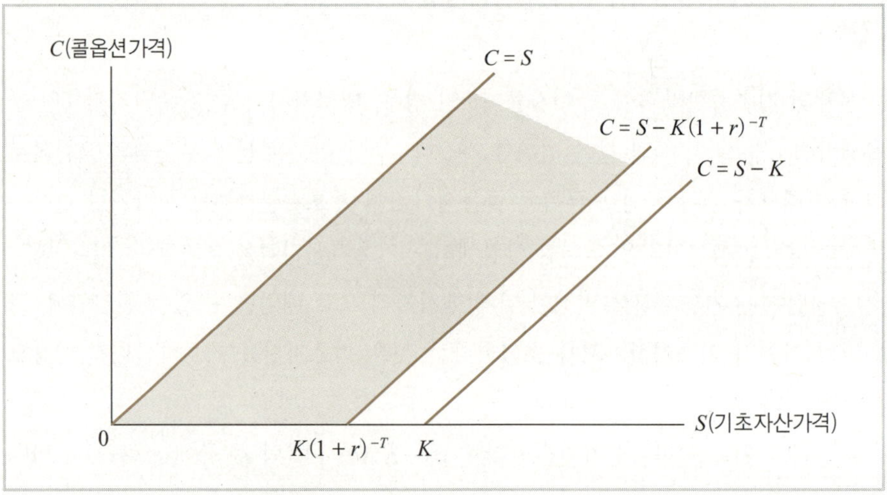

다는 낮기 때문에, $C = S$ 직선이 콜옵션가격의 최고한계선이 된다. 그리고 다음의 직선이 콜옵션가격의 최저한계선이 된다.

$$C = S - K(1 + r)^{-T}$$

예를 들어, 현재 KOSPI 200 주가지수가 258.00이라고 하자. 잔존만기가 1년이고 시장금리가 2%, 그리고 행사가격이 255.00인 KOSPI 200 주가지수 콜옵션프리미엄의 최저한계선은 8.00(= 258.00 − 255.00/1.02)포인트가 된다. 그리고 이 콜옵션프리미엄의 최고한계선은 기초자산가격인 258.00포인트이다.

2. 풋옵션의 가격범위

풋옵션가격(P)의 범위는 만기에만 행사할 수 있는 유럽식 풋옵션과 만기 이전에 언제든지 행사할 수 있는 미국식 풋옵션에서 서로 차이가 있다. 만기 이전 언제든지 행사할 수 있는 미국식 풋옵션의 범위와 만기에만 행사할 수 있는 유럽식 풋옵션의 범위는 각각 다음의 부등식과 같다.

$$\text{미국식 풋옵션의 가격범위: } Max\{0,\ K - S\} \leq P \leq K$$
$$\text{유럽식 풋옵션의 가격범위: } Max\{0,\ K(1 + r)^{-T} - S\} \leq P \leq K(1 + r)^{-T}$$

우선 이 두 부등식의 오른쪽 부분부터 설명하기로 하자. 앞에서 설명하였듯이, 콜옵션가격이 기초자산가격을 초과할 수 없는 반면에, 풋옵션가격은 행사가격을 초과할 수 없다. 왜냐하면 만약 행사가격보다 비싼 풋옵션을 매입한다면 풋옵션매입자는 항상 손해를 볼 것이기 때문이다. 풋옵션은 기초자산을 행사가격으로 매도할 수 있는 권리이다. 따라서 만약 만기에 기초자산가격이 행사가격보다 높으면 풋옵션은 휴지조각이 되어 버려 풋옵션매입자는 풋옵션가격만큼의 금전적인 손실을 볼 것이다.

반면에 기초자산가격이 행사가격보다 낮은 경우에는 풋옵션매입자는 풋옵션을 행사하여 기초자산을 행사가격으로 매입할 것이다. 이때 풋옵션매입자가 얻은 수익은 $K - S$로서 기초자산가격 S가 제로(0)가 아닌 이상 항상 행사가격 K보다는 작다. 따라서 행사가격보다 비싼 풋옵션을 매입한 투자자는 수익($K - S$)보다 비용(P)이 많기 때문에 항상 손실을 본다. 그러므로 결과적으로 풋옵션가격은 행사가격을 초과할 수 없다. 그리고 유럽식 풋옵션은 만기에 행사할 수 있으므로 행사가격의 현재가치인 $K(1 + r)^{-T}$보다는 풋옵션가격이 높을 수 없다.

풋옵션 역시 행사가격으로 기초자산을 매도할 수 있는 권리이기 때문에 가격이 0보다는 크다는 것은 당연한 논리이다. 그리고 만약 만기에 기초자산가격이 행사가격보다 낮을 경우 풋옵션을 지금 당장 행사하여 $K - S$의 이익을 실현할 수 있다. 따라서 풋옵션가격은 최소한 0 혹은 $K - S$보다는 커야 한다. 이를 달리 설명하면, 풋옵션가격은 내재가치와 시간가치의 합인데 시간가치는 음수가 될 수 없으므로 풋옵션가격은 내재가치인 $K - S$보다는 높다는 뜻이다. 따라서 풋옵션가격은 0 혹은 $K - S$값 중에서 큰 값보다 커야 된다. 유럽식 풋옵션일 경우 만기에 행사할 수 있으므로 행사가치 K를 현재가치로 할인하여야 한다. 따라서 K를 $K(1 + r)^{-T}$으로 대체하여야 한다. 위의 설명을 그림으로 나타내면 다음과 같다.

미국식 풋옵션범위(좌하향 빗금친 부분)와 유럽식 풋옵션범위(우하향 빗금친 부분)

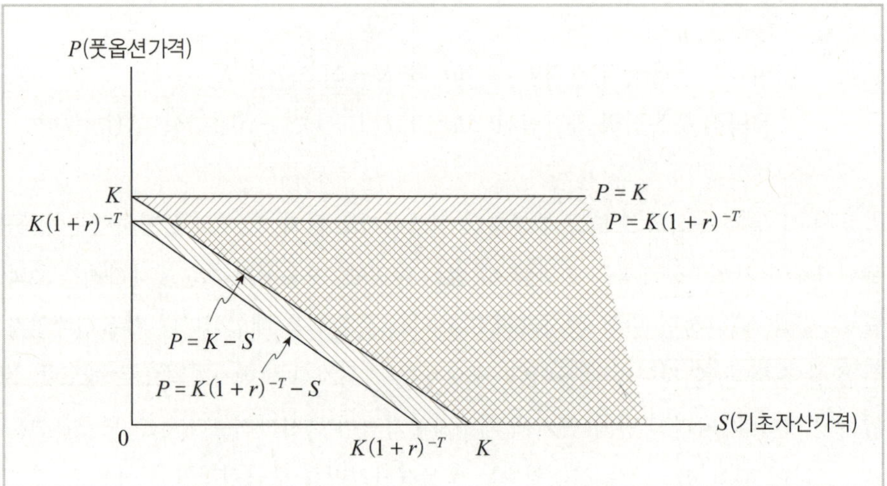

미국식 풋옵션범위는 좌하향 빗금친 부분이 된다. 앞에서 설명하였듯이 미국식 풋옵션가격은 행사가격 K보다는 낮아야 하기 때문에 직선 $P = K$가 미국식 풋옵션가격 최고한계선이 된다. 그리고 미국식 풋옵션은 만기 이전 언제든지 행사가능하기 때문에 직선 $P = K - S$가 최저한계선이 된다. 반면에 유럽식 풋옵션은 만기에만 행사가 가능하므로 최고한계선이 $P = K(1 + r)^{-T}$가 되고 최저한계선은 $P = K(1 + r)^{-T} - S$가 된다. 따라서 유럽식 풋옵션가격의 범위는 우하향하는 빗금친 부분이 된다.

예를 들어, 현재 주가가 $45, 금리 10%, 잔존만기가 3개월, 행사가격이 $50인 유럽식 풋옵션의 프리미엄은 최저한계선인 $3.78(= $50/1.025 − $45)보다는 높아야 하며 최고한계선인 $48.78(= $50/1.025)보다는 낮아야 한다.

제2절 옵션가격에 영향을 미치는 요인

1. 기초자산가격과 옵션가격의 관계

기초자산의 시장가격이 올라갈수록 콜옵션가격은 상승한다. 콜옵션은 행사가격으로 기초자산을 매입할 수 있는 권리이기 때문에 기초자산가격이 상승하면, 권리를 행사할 가능성이 높아지는 동시에 행사이익도 증가할 것이다. 따라서 콜옵션의 가치가 상승하게 된다.

다음 그림은 기초자산가격의 변화에 따른 콜옵션가치의 변화를 내재가치와 시간가치로 분리하여 제시하고 있다. 기초자산가격이 행사가격보다 낮은 상태(외가격옵션)에서는 기초자산가격이 상승할수록 시간가치가 증가하여 옵션가격이 상승하고 있다. 이때 콜옵션의 내재가치는 제로(0)이다. 그러나 기초자산가격이 행사가격보다 높은 상태(내가격옵션)에 이르러서는 기초자산가격이 상승할수록 내재가치가 증가하여 콜옵션의 가격이 상승한다. 이때 시간가치는 오히려 하락하고 있음을 알 수

기초자산가격의 변화에 따른 콜옵션의 내재가치와 시간가치의 변화

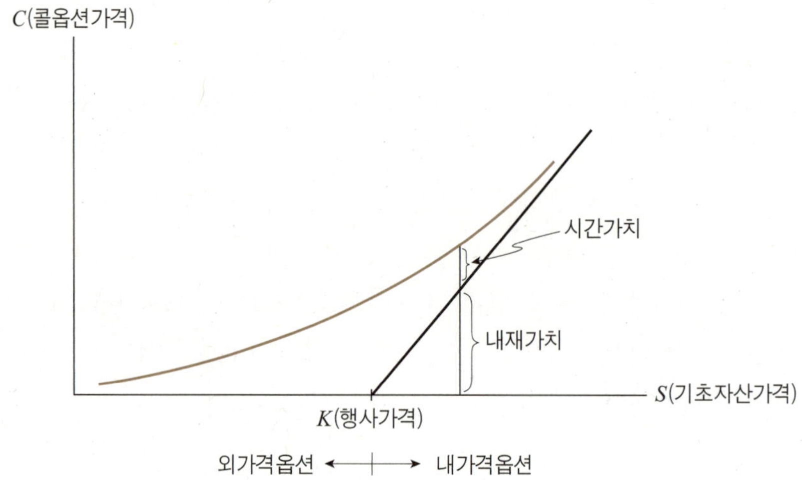

있다.

풋옵션가격은 기초자산가격이 상승할수록 오히려 감소한다. 왜냐하면 풋옵션은 기초자산을 행사가격으로 매도할 수 있는 권리이기 때문에 기초자산가격이 상승할수록 풋옵션을 행사할 가능성은 줄어들고 행사이익 역시 감소하기 때문이다.

다음 그림은 기초자산가격이 상승할수록 풋옵션가격이 하락하는 것을 시간가치와 내재가치로 구분하여 설명하고 있다. 기초자산가격이 행사가격보다 낮은 상태(내가격옵션)에서는 기초자산가격이 상승할수록 내재가치가 감소하므로 풋옵션가격이 하락한다. 이때 시간가치는 오히려 상승하고 있다. 기초자산가격이 행사가격보다 높은 상태(외가격옵션)에서는 내재가치가 제로(0)이다. 그리고 기초자산가격이 상승할수록 풋옵션을 행사할 가능성이 줄어들므로 시간가치는 감소하고 따라서 풋옵션가격도 동반하락한다.

기초자산가격의 변화에 따른 풋옵션의 내재가치와 시간가치의 변화

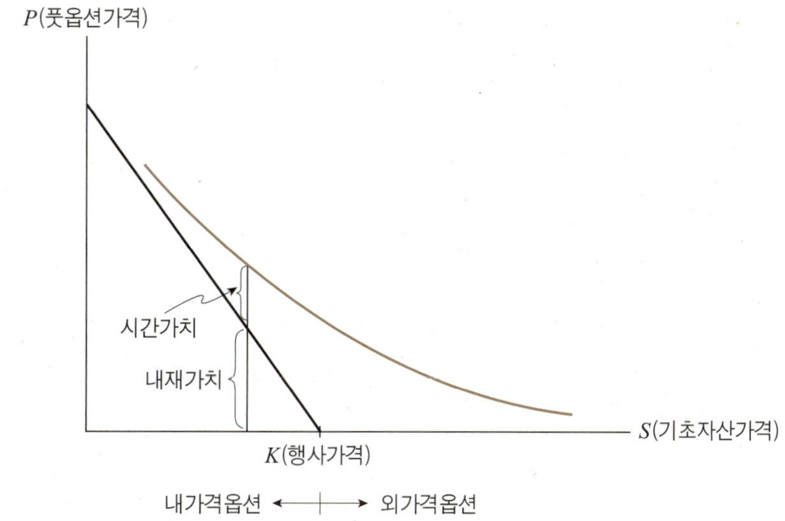

2. 기초자산의 가격변동성과 옵션가격의 관계

기초자산의 가격변동성은 기초자산의 가격이 향후 상승하거나 혹은 하락할 가능성을 의미한다. 따라서 가격변동성이 크다는 의미는 가격이 변화할 가능성이 크거나 변화폭이 크다는 뜻이다. 기초자산의 가격변동성이 클수록 풋옵션이든 콜옵션이든 상관없이 옵션가격은 상승한다. 옵션은 상황이 유리한 경우에만 행사하는 권리이다. 따라서 기초자산의 가격변동성이 커지면, 유리한 상황이 전개될 가능성이 커지고, 옵션을 행사할 가능성도 동반하여 커진다. 이론적으로 기초자산의 변동성이 무한대로 커지면, 콜옵션은 기초자산가격에, 그리고 풋옵션은 행사가격에 접근한다. 반대로 기초자산의 가격변동성이 제로(0)에 가까우면, 콜옵션과 풋옵션의 가격은 제로(0)에 접근한다.

3. 행사가격과 옵션가격의 관계

행사가격이 높을수록 콜옵션가격은 하락한다. 왜냐하면 행사가격이 높을수록 콜옵션을 행사할 가능성은 줄어들고 동시에 행사이익도 줄어들기 때문이다. 따라서 콜옵션의 가치도 하락한다. 반면에 행사가격이 높을수록 풋옵션가격은 상승한다. 왜냐하면 행사가격이 높을수록 풋옵션을 행사할 가능성이 높을 뿐만 아니라 행사이익도 증가하기 때문이다.

4. 잔존만기와 옵션가격의 관계

잔존만기가 많이 남아 있을수록 옵션가격은 상승한다. 반대로 잔존만기가 짧을수록 옵션가격은 하락한다. 왜냐하면 잔존만기가 많이 남아 있을수록 기초자산가격의 변화폭이 커지게 되고 옵션을 행사하여 이익을 얻을 수 있는 유리한 상황이 전개될 가능성이 높기 때문이다. 따라서 잔존만기가 긴 옵션일수록 행사될 가능성이 높고 옵션가격, 특히 시간가치가 상승한다. 이론적으로 잔존만기가 무한대로 남아 있다면 콜옵션가격은 기초자산가격에, 그리고 풋옵션은 행사가격에 접근한다. 잔존만기가 제로가 되면 옵션가치는 외가격옵션(OTM)의 경우 제로(0)가 되고, 내가격옵션의 경우 내재가치가 된다.

다음의 그림은 잔존만기와 옵션가격의 관계를 내가격옵션(ITM), 등가격옵션(ATM), 그리고 외가격옵션(OTM)으로 구분하여 나타내고 있다. 그림에서 보듯이, 잔존만기와 옵션가격은 비례관계를 가지고 있는 것으로 보이나 정비례하지는 않는다. 오히려 제곱근의 관계와 유사하다. 그 이유는 잔존만기가 짧은 상태와 긴 상태에서 단위시간의 가치가 서로 다르기 때문이다. 예를 들어, 잔존만기가 1년 남아 있는 상태에서 하루는 옵션가격에 별다른 영향을 미치지 못할 것이다. 반면에, 잔존만기가 일주일 남아 있는 옵션의 경우 하루는 옵션가격에 상대적으로 커다란 영향을 미칠 것이다. 따라서 만기가 가까운 옵션일수록 옵션가격은 시간의 흐름에 큰 영향을 받는다. 실제로 만기가 다가올수록 옵션가격은 급격히 감소하여 내가격옵션은

잔존만기와 옵션가격의 관계

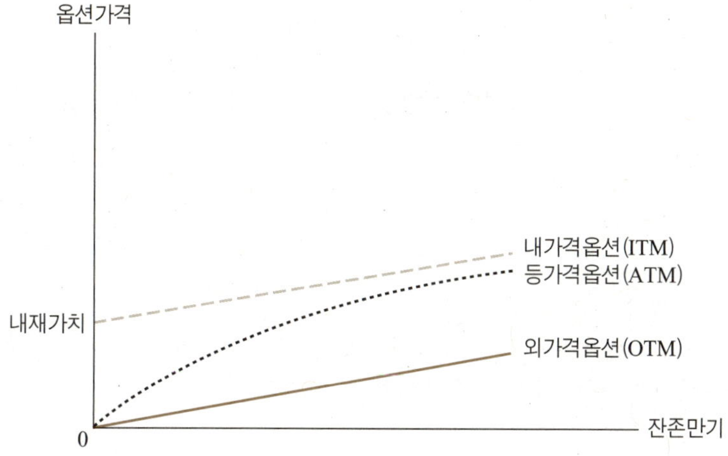

내재가치에, 그리고 외가격옵션은 제로(0)에 접근한다.

5. 시중금리와 옵션가격의 관계

시중금리의 변동은 옵션가격에 직접 영향을 미칠 수 있는 동시에 기초자산의 가격에도 영향을 미칠 수 있으므로 시중금리와 옵션가격의 관계는 다른 요인들과는 달리 상당히 애매하다고 볼 수 있다. 왜냐하면 기초자산의 가격이 옵션가격에 직접적인 영향을 미치므로 복합된 영향이 옵션가격에 어떠한 결과를 초래하는지는 상황에 따라 다르기 때문이다.

예를 들어, 시장금리가 상승하면 주식시장이 상대적으로 위축되어 주가지수가 하락하는 것이 일반적이다. 따라서 시장금리가 상승하면 주가지수의 콜옵션가격은 하락한다. 그러나 시중금리가 상승하면 주가지수를 현물로 매입하는 것보다 콜옵션으로 매입하고 자금을 융통하는 것이 상대적으로 유리하므로 콜옵션가격이 상승한다. 따라서 시중금리가 상승할 때 주가지수콜옵션이 상승하는지 혹은 하락하는지 결론을 내리기가 곤란하다. 통화옵션의 경우 시중금리와 옵션가치의 관계는 명확하다.

예를 들어, 미국 내 시중금리가 상승하면 달러가치가 상승하여 달러콜옵션가격은 상승한다. 반면에 달러풋옵션은 하락한다.

채권옵션의 경우 시장금리가 상승하면 채권의 시장가치는 하락한다. 따라서 채권의 콜옵션가치는 시장금리에 반비례하여 떨어지는 반면에 채권의 풋옵션가격은 시장금리에 비례하여 상승하게 된다.

옵션가격의 결정

옵션가격은 내재적 가치와 시간적 가치로 구분되며, 기초자산의 시장가격, 가격변동성, 만기까지의 기간, 행사가격과 시장금리 등에 의해 영향을 받는다.

제3절 풋-콜 등가식

1. 개념

풋-콜 등가식(put-call parity)은 콜옵션가격과 풋옵션가격의 연관성을 설명하고 있다. 즉, 기초자산과 행사가격 그리고 만기가 동일한 콜옵션과 풋옵션은 일정한 관계가 있다. 풋-콜 등가식을 유도하기 위해 다음 투자전략의 투자수익과 투자비용을 생각해보자.

투자전략(1): 주식을 S에 매입하고 동시에 이 주식을 기초자산으로 행사가격이 K인 풋옵션을 P에 매입

투자전략(2): 채권을 $K(1+r)^{-T}$에 매입하고 동시에 풋옵션과 동일한 주식을 기초자산으로 하는 행사가격이 K인 콜옵션을 C에 매입(여기서, r은 채권수익률이고, T는 옵션의 만기)

우선 두 가지 투자전략의 수익을 예측해보자. 전략(1)에서 만약 만기에 주식가격 S가 행사가격 K 이하로 떨어진다면, 투자자는 풋옵션을 행사하여 주식을 행사가격 K로 매도한다. 따라서 투자자는 수익 K를 얻을 것이다. 반면에 만약 주식가격이 행사가격 이상으로 상승한다면, 투자자는 풋옵션을 폐기처분하고 보유한 주식을 S에 매도할 것이다. 따라서 투자자는 S의 수익을 얻을 것이다. 결국 주식가격이 행사가격 이하로 하락하면 투자자는 행사가격을 수익으로 취하고, 반면에 주식가격이 행사가격 이상으로 상승하면 주식가격을 수익으로 취한다. 이를 수식화하면 $Max\{S, K\}$가 된다.

전략(2)에서 예상되는 수익도 전략(1)과 동일하다. 만약 주식가격이 행사가격 이하로 하락하면, 투자자는 콜옵션을 폐기처분하고 채권투자수익만 얻을 것이다. 이때 채권의 투자기간은 콜옵션의 만기와 같으므로 투자수익은 $K[\{K/(1 + r)^T\} \times (1 + r)^T = K]$가 된다. 반면에, 만약 주식가격이 행사가격 이상으로 상승한다면, 투자자는 콜옵션을 행사하여 $S - K$의 수익을 얻을 것이다. 따라서 채권투자수익 K와 합한 수익은 S가 된다. 결국 전략(1)의 투자결과와 같이 주식가격이 행사가격 이하로 하락하면 투자자는 행사가격을 수익으로 취하고, 반면에 주식가격이 행사가격 이상으로 상승하면 주식가격을 수익으로 취한다. 즉, 전략(2)의 예상수익도 $Max\{S, K\}$가 된다.

두 가지 투자전략의 예상수익이 같으므로 투자비용도 같아야 한다. 전략(1)의 주식 + 풋옵션의 투자비용은 $S + P$ 그리고 전략(2)의 채권 + 콜옵션의 투자비용은 $K/(1 + r)^T + C$이다. 따라서 다음과 같은 풋-콜 등가식이 성립된다.

$$S + P = (1 + r)^{-T}K + C$$

만약 채권의 이자를 연속적으로 지급한다면 $S + P = e^{-rT}K + C$가 되고, 위의 식을 풋옵션가격으로 정리하면 다음과 같다.

$$P = C - S + (1 + r)^{-T}K$$

즉 풋옵션은 기초자산과 행사가격, 그리고 만기가 동일한 콜옵션프리미엄에서 기초자산가격을 빼고 행사가격 현가만큼의 채권을 투자한 포트폴리오와 같다. 위의 식을 콜옵션가격으로 정리하면 다음과 같다.

$$C = P + S - (1 + r)^{-T}K$$

콜옵션가격은 만기가 동일한 풋옵션가격과 기초자산가치에서 행사가격만큼의 채권매입비용을 빼 준 값과 같다.

2. 풋-콜 등가식을 이용한 KOSPI 200 지수 옵션차익거래

2023년 11월 2일 KOSPI 200 지수는 267.30이고 만기가 12월 14일(잔존만기일: 42일)인 옵션의 프리미엄은 다음과 같다. 그리고 시중금리는 현재 9%이다.

267.50 Call = 3.24	270.00 Call = 2.15
267.50 Put = 2.75	270.00 Put = 4.05

위의 풋옵션과 콜옵션가격이 균형상태를 유지하고 있는가를 알아보기 위하여 풋-콜 등가식을 이용해보자. 행사가격이 267.50인 옵션의 경우,

$$P - C = 2.75 - 3.24 = -0.49$$

$$-S + K(1 + r)^{-T} = -267.30 + 267.50(1 + 0.09)^{-42/365} = -2.44$$

이며, $P - C = -0.49 > -2.44$이므로 풋옵션가격이 콜옵션가격에 비하여 상대적으로 과대평가되어 있고, 콜옵션은 상대적으로 과소평가되어 있다. 이러한 풋-콜옵션 프리미엄 불균형상태를 이용하여 옵션차익거래가 가능하다. 차익거래전략은 첫째, 과소평가된 콜옵션을 매입하고 과대평가된 풋옵션을 매도한다. 그리고 둘째, 옵션 포지션헤지를 위하여 첫 번째 전략의 반대포지션을 취한다. 따라서 행사가격 267.50인 콜옵션을 매입하고 동시에 행사가격 267.50인 풋옵션을 매도한다. 그리

고 다시 위의 옵션포지션을 헤지하기 위하여 행사가격 270.00인 콜옵션을 매도하고 풋옵션을 매입한다.

한편, 행사가격이 270.00인 옵션의 경우,

$$P - C = 4.05 - 2.15 = 1.9$$
$$-S + K(1 + r)^{-T} = -267.30 + 270.00 \times (1 + 0.09)^{-42/365} = 0.03582$$

이며, $P - C = 1.9 > 0.02$이므로 풋옵션가격이 콜옵션가격에 비하여 상대적으로 과대평가되어 있고, 콜옵션은 상대적으로 과소평가되어 있다. 이러한 풋-콜옵션프리미엄 불균형상태를 이용하여 차익거래를 하기 위해서는 콜옵션을 매입하고 풋옵션을 매도한다.

제4절 옵션거래의 지표(민감도)

옵션은 다른 금융상품과 달리 옵션가격에 영향을 미치는 요인들이 매우 다양하고 복잡하다. 따라서 옵션가격의 특성을 나타내는 옵션거래지표는 옵션투자결정에 있어서 중요한 투자분석자료로 활용된다. 옵션가격의 민감도를 나타내는 지표는 그리스문자로 표현되므로, 그릭옵션(Greek options)이라고도 한다.

1. 델타

옵션가격은 기초자산가격의 변화에 가장 큰 영향을 받는데, 델타(delta: δ)는 기초자산가격이 변화할 때 옵션가격이 얼마나 민감하게 변화하는가를 나타내는 지표이다. 델타의 정의는 다음 식과 같다.

$$\text{델타}(\delta) = \frac{\text{옵션가격변화}}{\text{기초자산가격변화}}$$

예를 들어, 델타가 0.7인 콜옵션의 경우 기초자산이 100원 상승하면 콜옵션가격은 70원 상승한다. 그러나 풋옵션은 기초자산가격이 상승하면 프리미엄이 하락하므로 풋옵션의 델타는 음(−)의 값을 가진다. 예를 들어, 델타가 −0.7인 풋옵션의 기초자산이 100원 상승하면 풋옵션의 프리미엄은 70원 하락한다. 그러나 옵션델타는 콜옵션이든 풋옵션이든 상관없이 일반적으로 양(+)의 값으로 표시한다. 콜옵션의 델타는 1 이상의 값을 가질 수 없는 반면에 풋옵션의 델타는 −1 이하의 값을 가질 수 없다. 참고로 선물매입포지션의 델타는 1이며, 반면에 선물매도포지션의 델타는 −1이다.

옵션델타는 옵션이 내가격옵션(ITM) 혹은 외가격옵션(OTM)이 될 가능성을 판단하는 데 이용되기도 한다. 예를 들어, 델타가 0.3인 콜옵션은 내가격옵션이 될 가능성이 30%이다. 일반적으로 내가격옵션의 경우 델타는 0.5보다 크고, 외가격옵션의 경우 델타는 0.5보다 작다. 그리고 등가격옵션(ATM)의 델타는 0.5이다.

그림에서는 기초자산가격이 변화할 때 콜옵션델타가 어떻게 변화하는가를 보여주고 있다.

기초자산가격변화와 콜옵션델타의 관계

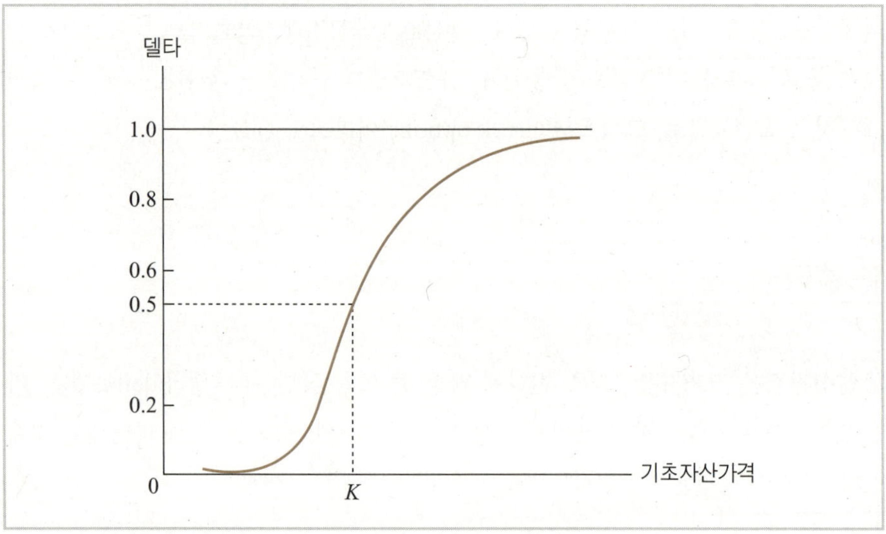

2. 감마

옵션의 델타는 기초자산가격이 변화하면서 고정되어 있지 않고 변화한다. 앞에서도 설명하였듯이, 기초자산가격이 행사가격 이하인 상태에서는 콜옵션델타도 변화하여 0.5 이하의 값을 가지다가 기초자산가격이 행사가격 이상으로 상승하면 델타가 0.5 이상의 값을 가진다. 이와 같이 델타는 기초자산가격이 변화함에 따라 변화하는데, 감마(gamma: γ)는 주어진 기초자산가격에서 델타의 변화속도를 나타내는 옵션거래지표이다. 감마를 수학적으로 정의하면 다음과 같다.

$$감마(\gamma) = \frac{델타변화}{기초자산가격변화} = \frac{옵션가격변화속도}{기초자산가격변화}$$

예를 들어, 현재 IBM 주식가격이 $38이다. 그리고 행사가격이 $40인 IBM의 콜옵션가격은 $1.4이고 델타가 0.4라고 하자. 만약 IBM 주식이 $1 상승하면 콜옵션가격은 얼마가 될까? 델타가 0.4이므로 콜옵션가격은 $1.8(= $1.4 + 0.4 × $1)가 된다. 그러나 만약 콜옵션의 감마가 0.02라고 한다면 콜옵션가격은 얼마가 될까? 감마가 0.02이므로 기초자산가격이 $1 상승할 때 델타는 0.02 상승한다. 따라서 델타는 0.42(= 0.4 + 0.02 × 1)가 되어 콜옵션가격은 $1.82(= $1.4 + 0.42 × 1)가 된다. 반대로, 만약 IBM 주가가 $37로 하락한다면, 콜옵션가격은 어떻게 될까? 감마가 0.02이므로 새로운 델타는 0.38{= 0.4 + 0.02 × (−$1)}이 된다. 따라서 콜옵션가격은 $1.02{= $1.4 + 0.38 × (−$1)}가 된다.

여기서 흥미로운 점은 감마가 '+' 이면 기초자산가격이 상승할수록 델타가 증가한다는 것이다. 그리고 기초자산가격이 하락할수록 델타는 감소한다. 즉, 기초자산의 단위가격이 하락하여 하락하는 콜옵션가격폭보다 기초자산의 단위가격이 상승하여 상승하는 콜옵션가격폭이 더 큰 것이다.

감마는 옵션의 종류와 포지션에 따라 부호가 다른데, 위의 예에서와 같이 콜매입포지션의 감마는 '+' 인 반면, 콜매도포지션은 '−' 이다. 그리고 풋매입포지션의 감마는 '−' 이고 풋매도포지션의 감마는 '+' 이다. 그리고 선물의 감마는 포지션에 상관없이 '0' 이다. 왜냐하면 선물가격과 기초자산가격의 관계는 항상 1 : 1 대응하기 때문에 기초자산가격 변화에 따른 선물가격 변화속도는 변동이 없이 고정적이다.

또한 감마는 기초자산가격에 따라 변화하는데, 기초자산가격이 행사가격에서 멀수록 감마는 '0' 으로 접근한다. 반면에, 기초자산가격이 행사가격에 가까울수록 감마는 최댓값을 가진다. 그림은 기초자산가격 변화에 따른 콜옵션감마의 변화를 나타내고 있다. 콜옵션이 외가격옵션과 내가격옵션인 상태에서는 감마가 '0' 에 접근하고 있으며, 등가격옵션에서 최댓값을 가진다.

기초자산가격 변화와 콜옵션감마의 변화

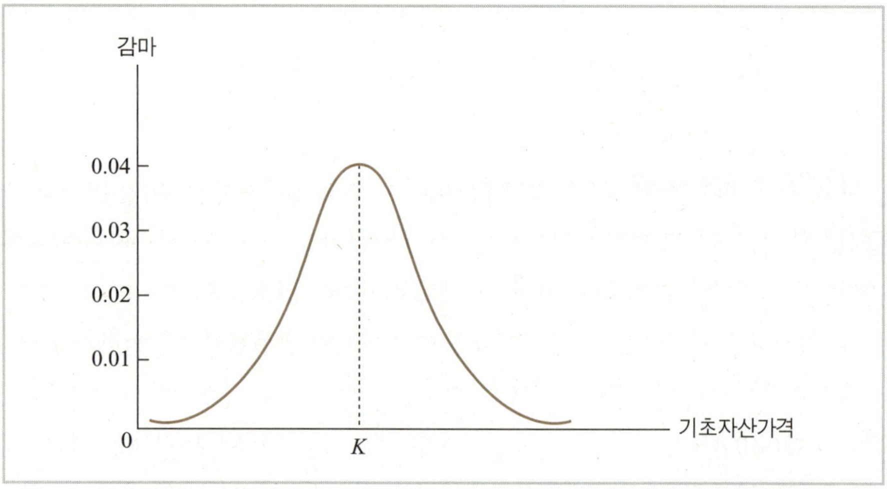

3. 세타

델타와 감마는 기초자산의 가격이 변동함에 따라 옵션의 가격이 어떻게 변동하는가를 살펴보는 지표이다. 그러나 옵션은 기초자산의 가격이 변화하지 않고 잔존만기만 줄더라도 가격이 하락하거나 상승할 수 있다. 즉, 세타(theta: θ)는 만기일이 다가옴으로써 옵션가격이 어떻게 변화하는가를 알아보는 지표이다.

$$세타(\theta) = \frac{옵션가격변화}{잔존만기의\ 변화}$$

일반적으로 옵션세타는 음(−)의 값을 가지는데, 이는 만기일이 다가올수록 콜옵션이든 풋옵션이든 그 가격이 하락하기 때문이다. 즉, 시간가치가 감소하기 때문이다. 옵션세타가 크다는 의미는 단위시간의 경과에 따라 옵션의 가치가 급격히 하락한다는 것이다. 내가격옵션(ITM) 혹은 외가격옵션(OTM)보다 등가격옵션(ATM)에서 옵션세타가 가장 큰 값을 가지는데, 이는 만기일이 다가옴에 따라 등가격옵션의 가격이 가장 급격히 하락한다는 의미이다. 왜냐하면 옵션은 등가격옵션(ATM)에서 시간가치의 잠식속도가 가장 크기 때문이다.

4. 베가

앞에서 설명하였듯이 옵션가치는 기초자산의 변동성에 의해서도 영향을 받는다. 즉, 기초자산의 가격변동성이 클수록 옵션가치는 상승한다. 왜냐하면 기초자산의 가격변동성이 크다는 것은 옵션을 행사할 가능성이 크다는 것을 의미하기 때문이다. 그러나 옵션에 따라서 가격이 상승하는 정도가 다른데, 옵션베가는 기초자산의 가격변동성이 변화할 때 옵션가치가 변화하는 수준을 측정하는 지표이다. 베가(vega: ν)가 크다는 의미는 기초자산의 가격변동성의 작은 변화에도 옵션가치가 크게 상승한다는 뜻이다.

$$\text{베가}(\nu) = \frac{\text{옵션가격변화}}{\text{기초자산의 가격변동성변화}}$$

제5절 블랙-숄즈 옵션가격결정모형

1. 개념 및 모형

1973년 Fischer Black과 Myron Scholes는 시장에서 관찰가능한 변수를 사용하여 옵션가격을 계산할 수 있는 모형(블랙-숄즈모형 또는 B-S모형)을 개발하였다. 이들은 옵션의 가치를 기초자산가격과 시간의 함수로 가정하고 기초자산과 옵션을 적절히 배합하여 무위험포트폴리오를 구성할 수 있었다. 그리고 이 무위험포트폴리오의 수익률을 무위험채권수익률과 동일하게 설정하여 미분방정식을 도출하였는데, 물리학의 열교환방정식과 매우 유사한 이 미분방정식의 해답이 곧 블랙-숄즈 옵션가격결정모형이다. 이 책에서는 블랙-숄즈모형의 결과만을 제시하고 도출하는 과정은 수학적으로 매우 복잡하므로 생략하기로 한다. 다음의 식은 블랙-숄즈 옵션 가격결정 기본모형이다.

$$C = S \times N(d_1) - Ke^{-rT} \times N(d_2)$$

$$d_1 = \left\{ \ln S/K + \left(r + \frac{\sigma^2}{2} \right) T \right\} / \sigma \sqrt{T}$$

$$d_2 = d_1 - \sigma \sqrt{T}$$

여기서, C: 콜옵션가격
S: 기초자산인 주식가격
K: 행사가격
$N(d)$: 누적 표준정규분포함수
r: 무위험자산수익률
σ: 주가변동성
Ke^{-rT}: 만기(T) 행사가격의 현재가치
$\ln S/K$: S/K의 자연대수

풋옵션가격모형은 풋-콜 등가식을 이용하여 도출할 수 있다.

$$P = S \times \{N(d_1) - 1\} - Ke^{-rT} \times \{N(d_2) - 1\}$$

블랙-숄즈모형은 만기에만 행사하는 유럽식 옵션에 있어서 유효하고 만기 이전 언제나 행사가 가능한 미국식 옵션에 대하여는 적용하기가 곤란한 단점이 있다. 그리고 중도에 배당금을 지불하거나 어떤 돌발적인 주가변화가 발생하는 경우에도 블랙-숄즈모형을 적용하기가 어렵다.

그러나 시장에서 관찰가능한 몇 가지 변수만 가지고 옵션의 가격을 측정할 수 있고, 궁극적으로는 채권과 주식을 포함한 모든 금융자산의 가격을 블랙-숄즈모형으

로 측정가능하다는 점에서 획기적인 가격결정모형임에는 분명하다. 뿐만 아니라 초기 발표된 블랙-숄즈 기본모형 이후 많은 학자들이 이 블랙-숄즈 기본모형의 단점을 보완시키는 새로운 모형을 개발하여 왔다. 예를 들어, 1973년 Merton은 배당금을 지불할 경우의 블랙-숄즈모형을 개발하였다.

2. 블랙-숄즈모형의 사례

블랙-숄즈 옵션가격결정모형을 이용하여 옵션가격을 계산해보자. 현재 A주식의 가격은 $53이고 무위험자산수익률은 10%이다. A주식이 기초자산이고 행사가격은 $50, 그리고 잔존만기가 3개월인 유럽식 콜옵션이 있다. 그리고 A주식의 가격변동성은 23%로 추정되었다. 따라서 앞의 식을 이용하여 다음의 값을 구할 수 있다.

$$d_1 = \left\{\ln 53/50 + \left(0.1 + \frac{0.23^2}{2}\right) \times 0.25\right\} / 0.23 \times \sqrt{0.25} = 0.78157$$

$$d_2 = d_1 - 0.23 \times \sqrt{0.25} = 0.66657$$

또한 표준 누적정규분포표를 참고하여 다음의 값을 구할 수 있다.

$$N(0.78157) = 0.7827$$
$$N(0.66657) = 0.7471$$

앞의 식을 이용하면, $C = 53 \times 0.7827 - 50 \times e^{-0.1 \times 0.25} \times 0.7471 = 5.05$이다. 또한 풋-콜 등가식을 이용하여 풋옵션의 프리미엄을 계산하면 다음과 같다.

$$P = C - S + (1 + r)^{-T}K = 5.05 - 53 + 1.1^{-0.25} \times 50 = 0.87$$

여기에서 콜옵션가격은 $5.05인데, 이 가운데 내재가치는 $3, 시간가치는 $2.05이다. 이 콜옵션의 사례에서 내재가치 = 기초자산가격($53) - 행사가격($50), 시간가치 = 콜옵션가격($5.05) − 내재가치($3)이다. 풋옵션의 경우 내재가치는 전혀 없으며, 시간가치와 옵션가격이 일치한다.

제6절 이항옵션가격결정모형

이항옵션가격결정모형은 블랙-숄즈 옵션가격결정모형이 개발된 6년 후인 1979년 John Cox, Stephen Ross, Mark Rubinstein, 이들 3인의 교수들에 의하여 개발되었다. 블랙-숄즈모형이 복잡한 미분방정식을 도출하여 이 방정식의 해답을 찾음으로써 개발된 해석모형인 반면에, 이항옵션가격결정모형은 수치모형으로서 옵션가격을 구하기 위하여 수치제어(numerical control) 접근방법을 사용하고 있다. 수치모형은 최적근사치를 얻을 때까지 계산을 반복한다.

1. 개념 및 모형

이항옵션가격결정모형은 기초자산인 주가가 한 기간 동안 $u\%$ 상승하거나 $d\%$ 하락한다는 단순한 가정에서 출발한다. 그리고 주식매입과 콜옵션매도를 동시에 하는 무위험헤지 포트폴리오를 구성하여 이 포트폴리오의 수익률이 무위험채권수익률과 동일하다는 가정을 하여 콜옵션가격을 도출한다.

현재 0시점에서 주가는 S이고 1기간 후의 주가는 $u\%$ 상승하거나 $d\%$ 하락한다고 가정한다. 즉, 1기간 후 주가는 $(1 + u)S$이거나 $(1 + d)S$가 될 것이다. 그리고 행사가격이 K인 콜옵션의 가격은 현시점에서 C이며, 1기간 후 주가의 변화에 따라 콜옵션의 가치는 달라진다. 즉, 주가가 $u\%$ 상승하면 콜옵션가치는 C_u가 되고 주가가 $d\%$ 하락하면, C_d가 된다.

주가와 콜옵션의 이항가격

$t=0$		$t=1$
S	<	$(1+u)S$
		$(1+d)S$
C	<	$C_u = Max\{(1+u)S-K, 0\}$
		$C_d = Max\{(1+d)S-K, 0\}$

그리고 기초자산인 주식을 한 단위 매입하고 콜옵션 m단위를 매도하여 무위험헤지 포트폴리오를 구성한다. 이 헤지 포트폴리오의 현재($t=0$)가치는 $S-mC$로 표시된다. 만약 1기간($t=1$) 후 주가가 $u\%$ 상승한다면, 포트폴리오의 가치는 $(1+u)S - mC_u$가 된다. 만약 주가가 $d\%$ 하락한다면, 포트폴리오의 가치는 $(1+d)S - mC_d$가 될 것이다.

무위험헤지 포트폴리오

$t=0$		$t=1$
$S-mC$	<	$(1+u)S-mC_u$
		$(1+d)S-mC_d$

이 포트폴리오가 무위험헤지 포트폴리오가 되기 위해서는 주가의 상승 혹은 하락에 상관없이 1기간 후의 가치가 일정하여야 한다. 따라서 다음의 식이 성립된다.

$$(1+u)S - mC_u = (1+d)S - mC_d$$

위의 식을 만족시키는 헤지비율 m의 값을 결정하면 다음과 같다.

$$m = \frac{(u-d)S}{C_u - C_d}$$

무위험헤지 포트폴리오는 위험이 없으므로 수익률이 무위험채권수익률과 동일하여야 한다. 따라서 1기간 무위험채권수익률을 r_f라고 한다면, 다음의 식이 성립된다.

$$(1 + r_f)(S - mC) = (1 + u)S - mC_u = (1 + d)S - mC_d$$

위 식을 이용하여, 콜옵션(C)의 가격을 구하면 다음과 같다.

$$C = \frac{pC_u + (1-p)\,C_d}{(1 + r_f)}$$

여기서,

$$p = \frac{r_f - d}{u - d}$$

$$1 - p = \frac{u - r_f}{u - d}$$

이다. 이 식에서 보듯이, 이항옵션가격결정모형은 주가의 상승률이나 하락률을 알고 있어야 옵션가격을 구할 수 있다. 그러나 상승 혹은 하락에 관한 확률은 전혀 필요가 없다. 따라서 투자자의 위험성향에 대한 가정 또한 필요가 없다. 그리고 이항옵션가격결정모형에서 주가는 단지 $u\%$ 상승하거나 $d\%$ 하락한다는 두 가지 경우만이 존재한다. 즉, 주가가 이산확률분포(discrete probability distribution)를 따른다고 가정한다. 이 모형의 명칭이 이항옵션가격결정모형인 이유가 여기에 있다. 풋옵션가격은 풋-콜 등가식에서 구할 수 있다.

2. 이항옵션의 사례

이항옵션가격결정모형을 이용하여 옵션가격을 측정하기로 하자. 현재 주가지수가 68이라고 하자. 1개월 후 지수는 5% 상승하거나 10% 하락할 것으로 예상된다. 그리고 1개월 동안의 무위험채권수익률은 0.8%이다. 행사가격이 65인 콜옵션의 가격을 C라고 한다.

○ 콜옵션의 이항가격결정 사례

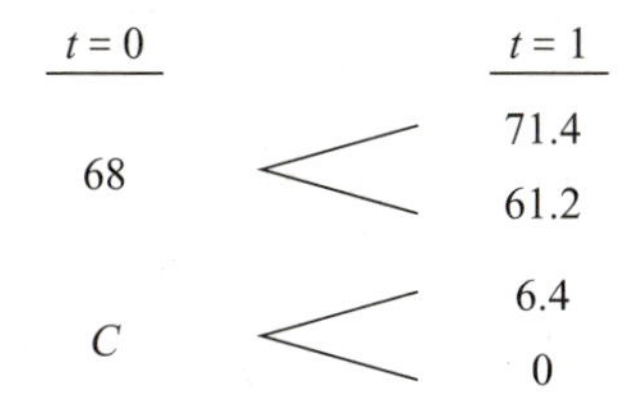

$$m = \frac{(u-d)S}{C_u - C_d} = \frac{(0.05+0.1)\times 68}{6.4} = 1.59$$

따라서 무위험헤지 포트폴리오는 주가지수 한 단위를 매입하고 콜옵션 1.59단위를 매도하여 구성할 수 있다. 그리고 콜옵션프리미엄은 4.571이다.

$$p = \frac{r_f - d}{u - d} = \frac{0.008+0.1}{0.05+0.1} = 0.72$$

$$C = \frac{pC_u + (1-p)C_d}{1+r_f} = \frac{0.72\times 6.4}{1+0.008} = 4.571$$

3. 2기간 모형과 n기간 모형

이항옵션가격결정모형의 기본형에서 기간을 2기간, 그리고 n기간으로 연장하여 도출시키는 과정은 기본모형을 도출시키는 과정에서 약간의 수학적 기술(수열)이 포함된다. 여기서는 자세한 내용은 생략하고 결과만을 소개하기로 한다. 이항옵션가격결정모형의 기본모형에서 1기간을 2기간으로 연장하면 주가의 변화는 다음과 같다.

2기간 모형에서 주가의 이항가격

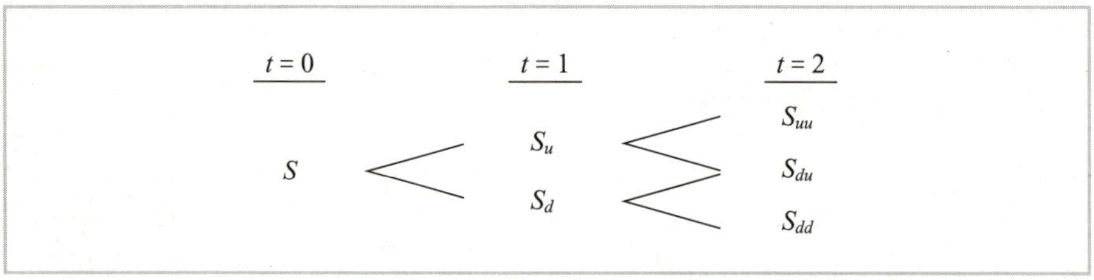

그리고 이때 콜옵션가치는 다음과 같이 변화할 것이다.

2기간 모형에서 콜옵션의 이항가격

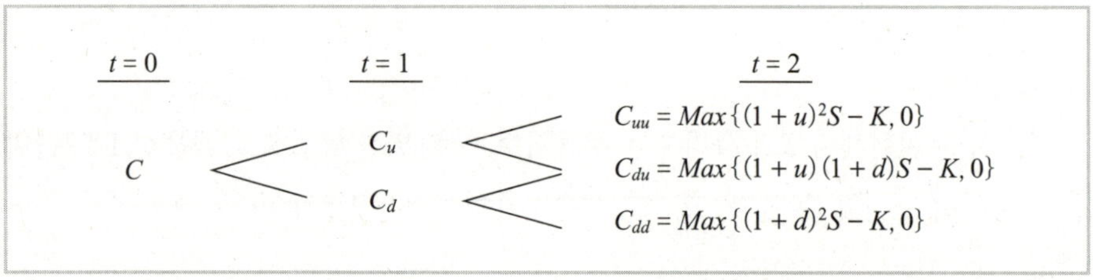

위의 주가와 콜옵션가치의 변화를 근거로 하여 기본모형을 유도하는 동일한 방법으로 2기간 이항옵션가격결정모형은 다음과 같이 도출된다.

$$C = \frac{p^2 C_{uu} + 2p(1-p)C_{ud} + (1-p)^2 C_{dd}}{(1+r_f)^2}$$

그리고 기간을 n으로 연장하면 이항옵션가격결정모형은 다음과 같이 일반식 형태로 나타낼 수 있다.

$$C = \frac{\sum_{i=0}^{n} \frac{n!}{i!(n-i)!} p^i (1-p)^{n-i} Max(u^i d^{n-i} S - K, 0)}{(1+r_f)^n}$$

연습문제

〈설명형〉

01 선물거래와 옵션거래 간의 유사점과 차이점을 밝혀라.

02 콜옵션과 풋옵션의 차이점을 제시하고, 각 옵션의 가격범위를 그래프를 도시하여 설명하라.

03 풋-콜패러티(put-call parity) 식을 도출하고, 이것의 유용성을 설명하라.

04 유러피언옵션(European option)과 아메리칸옵션(American option)의 주요 차이점은 무엇인가?

05 옵션민감도를 나타내는 지표인 그릭(Greeks)을 사용하여, 옵션가격결정에 영향을 미치는 각 요인(예: 기초자산가격, 만기, 기초자산의 변동성, 무위험이자율)들의 변화에 따른 옵션가치의 변화를 구체적으로 설명하라.

06 블랙-숄즈 옵션가격결정모형의 기본가정을 제시하고, 콜옵션가격결정모형을 도출하라.

07 이항옵션가격결정모형의 주요 특성과 블랙-숄즈 옵션가격결정모형과의 주요 차이점을 설명하라.

〈선택형〉

※진위형

01 콜옵션과 풋옵션에서 옵션매수자는 실물상품의 보유자다.
① 그렇다 ② 아니다

02 옵션거래의 대상은 선택권이다.
① 그렇다 ② 아니다

03 옵션매도자는 매수자보다 항상 불리한 위치에 있다.
① 그렇다 ② 아니다

04 옵션매도자나 매수자의 경우 권리행사에 의한 손익은 상품현물가격과 권리행사가격의 차이이다.

① 그렇다　　② 아니다

05 옵션거래는 선물거래보다 레버리지 효과가 높은 거래여서 옵션매도자나 매수자가 모두 증거금이 요구된다.

① 그렇다　　② 아니다

06 행사가격의 수는 기초자산의 가격변화에 관계없이 정해진다.

① 그렇다　　② 아니다

07 옵션가격의 최소거래단위는 선물거래 최소단위보다 낮다.

① 그렇다　　② 아니다

08 내재가치와 외재가치는 같은 개념이다.

① 그렇다　　② 아니다

09 콜옵션에서 동일 기초자산에 대해 행사가격이 하나 추가되면 옵션시리즈는 만기월 개수 만큼 늘어난다.

① 그렇다　　② 아니다

10 아메리칸옵션의 프리미엄이 유러피언옵션의 프리미엄보다 높은 것이 보통이다.

① 그렇다　　② 아니다

11 유러피언옵션의 매수자는 만기일까지 보유포지션을 청산할 수 없다.

① 그렇다　　② 아니다

12 옵션매수자가 옵션을 행사하지 않으면 프리미엄 전액이 매도자의 이익이 된다.

① 그렇다　　② 아니다

13 옵션을 소모자산이라고도 한다. 이유는 옵션가치가 만기일에 0이 되기 때문이다.

① 그렇다　　② 아니다

14 옵션매수자는 프리미엄 지불 이외의 아무런 의무도 지지 않는다.

① 그렇다　　② 아니다

15 옵션거래는 위험이 한정되어 있다.
① 그렇다 ② 아니다

16 선물옵션이란 계약매수자가 특정 기간 내에 특정 가격으로 선물을 매도 또는 매수할 수 있는 권리를 부여하는 거래이다.
① 그렇다 ② 아니다

17 선물옵션의 풋옵션매수는 선물계약을 팔 수 있는 권리이지 의무는 아니다.
① 그렇다 ② 아니다

18 고객이 선물옵션만을 매도 및 매수할 경우 증거금을 예치할 필요가 없다.
① 그렇다 ② 아니다

19 기준선물가격이 옵션의 행사가격보다 높을 때 풋옵션은 ITM에 있다.
① 그렇다 ② 아니다

20 만기일까지 남은 기간이 줄어들수록 옵션 프리미엄은 그 증가하는 속도가 줄어든다.
① 그렇다 ② 아니다

※4지 선다형

21 다음 중 틀린 것은?
① 콜옵션의 경우 매도자는 의무를 진다.
② 콜옵션의 경우 매도자의 이익은 프리미엄에 한정된다.
③ 콜옵션의 경우 매도자는 증거금을 납부해야 한다.
④ 콜옵션의 경우 매도자의 손실도 프리미엄에 한정된다.

22 콜옵션에서 현물가격 S는 12달러이고, 행사가격 K는 15달러이라면 이 옵션은?
① ITM ② ATM ③ OTM ④ NTM

23 풋옵션에서 현물가격 S는 15달러이고, 행사가격 K는 18달러이라면 이 옵션은?
① ITM ② ATM ③ OTM ④ NTM

24 다음 거래 중 유동성이 가장 풍부한 것은?
① 선물거래 ② 옵션거래
③ 선물옵션거래 ④ 선도거래

25 다음 중 결제일 경과시 의무를 이행해야 하는 것은?

① 선물거래 ② 옵션거래

③ 선물옵션거래 ④ 스왑거래

26 다음 중 거래위험을 한정시킬 수 있는 것은?

① 옵션거래 ② 선물거래 ③ 선도거래 ④ 현물거래

27 옵션매도자가 권리와 의무관계를 해소할 수 있는 방법은?

① 권리포기 ② 환매 ③ 전매 ④ 방법이 없다

28 선물옵션계약은 소모성 자산이다. 가격의 변화가 없는 시장(flat market) 상황에서 콜 매도자는?

① 콜매수자로부터 받은 프리미엄을 잃게 된다.

② 콜매수자로부터 받은 프리미엄을 유지하게 된다.

③ 추가증거금 요구(margin call)를 당하게 된다.

④ 콜에 대한 권리행사를 당하게 된다.

29 선물 및 선물옵션의 차이점이 아닌 것은?

① 소모성 ② 위험성

③ 제한된 만기일 ④ 인도일자

30 T-bond 이자율이 하락할 것으로 기대할 때 가장 유리한 거래는?

① 콜매수 ② 풋매수

③ 콜 수직강세 스프레드 ④ 콜매도

31 옵션의 일일정산 및 청산시 손익은 무엇의 변화 값으로 계산되는가?

① 권리행사가격 ② 프리미엄

③ 기준선물가격 ④ 프리미엄 및 기준선물가격

32 한국선물거래소(KOFEX)의 3년국채선물 콜옵션을 보유한 투자자가 만기일에 권리를 행사하면?

① 현금결제 ② 3년 만기 국채를 실물로 인수

③ 3년국채선물 매수포지션 인수 ④ 3년국채선물 매도포지션을 인수

33 옵션가격 결정요인 중 내재가치 결정에 영향을 미치는 요인은?

① 기초자산의 가격변동성 ② 기초자산의 현물시장가격

③ 잔존기간 ④ 이자율

34 옵션이 행사될 가능성이 가장 큰 경우는?

① ITM ② Deep ITM

③ OTM ④ Deep OTM

35 옵션의 시간가치에 대한 설명 중 틀린 것은?

① ATM에서 최대

② ITM에서 옵션가치는 기초자산가격과 비례해서 증가

③ ATM에서 멀어질수록 시간가치는 체감

④ Deep OTM과 Deep ITM에서도 만기일 이전에는 시간가치가 존재

36 내재가치란?

① 선물가격과 OTM 옵션의 행사가격과의 차이

② 선물가격과 ITM 옵션의 행사가격과의 차이

③ 옵션 행사가격과 ITM 옵션의 프리미엄 차이

④ 옵션 행사가격과 OTM 옵션의 프리미엄 차이

37~38 다음 표를 보고 문제에 답하시오.

현 · 선물가격	행사가격(K)	콜 프리미엄	풋 프리미엄
S=101.64 F=100.95	107.50	0.95	7.80
	105.00	1.62	6.05
	102.50	2.42	4.15
	100.00	3.65	2.90
	97.50	5.15	1.91

37 콜 102.50과 100.00의 시간가치와 내재가치는?

① (0, 2.42) 및 (0, 2.01) ② (2.42, 0) 및 (2.01, 1.64)

③ (0, 1.42) 및 (1.64, 0) ④ (1.42, 0) 및 (1.64, 2.01)

38 풋 107.50과 97.50의 시간가치와 내재가치는?

① (7.80, 0) 및 (1.64, 1.94) ② (1.94, 5.86) 및 (1.91, 0)

③ (7.80, 1.94) 및 (1.91, 0) ④ (1.94, 2.42) 및 (0, 1.91)

39 프랑스 프랑화 선물옵션에서 다음 헤징전략 중 프랑스 프랑화 환율 급상승에 대한 가장 안전한 전략은?

① 콜매도 ② 풋매수 ③ 콜매수 ④ 풋매도

40 옵션을 이용한 일본 엔화선물 헤지전략 중 일본엔화 환율급락에 대한 보호책으로 가장 적당한 것은?

① 콜매도 ② 콜매수 ③ 풋매수 ④ 풋매도

41 다음 중 T-Bill 풋옵션 매수가 헤지전략으로 적용되어야 할 경우는?

① 기업어음을 매도하는 법인이 시장이자율 상승에 대비한 헤지수단의 경우
② 포트폴리오 구성을 위해 T-Bill 매수를 계획하고 있는 보험회사의 경우
③ 주택저당대출을 한 은행이 이자율 하락에 대비한 경우
④ 지방채 투자를 계획하고 있는 투신이 이자율 하락에 대비한 경우

42 어느 투자자는 7월물 풋옵션 92.50을 3.30에 5계약을 매도하였다. 옵션만기일에 주가지수선물(F)은 90.12, KOSPI 200 지수(S)는 90.72로 마감되었다. 이때 투자자의 투자결과는?

① 330,000원 이익 ② 760,000원 손실
③ 760,000원 손실 ④ 760,000원 이익

43 투자자 A는 6월 10일 Tripple-witching-day 14:47에 풋옵션 102.50을 0.65에 10계약을 매수하였다. 그런데 이날 예상과 KOSPI 200이 100.58로 끝났다. 반면에 투자자 B는 풋옵션 102.50을 0.65에 10계약을 매도하였다. 투자자 A와 B의 매매 결과는?

① (1,270,000원 이익, 1,270,000원 손실)
② (1,270,000원 손실, 1,270,000원 이익)
③ (65,000원 손실, 65,000원 이익)
④ (65,000원 이익, 65,000원 손실)

PART 05

FINANCIAL FUTURES AND OPTIONS

금융선물옵션시장의 발전과 구조

CHAPTER 12 금융선물옵션시장의 발전과 구조

CHAPTER

12 금융선물옵션시장의 발전과 구조

제1절 금융선물시장의 발전

1. 우리나라 선물시장의 발전

한국에서는 1974년 12월 '조달기금법' 및 '주요물자해외선물거래관리규정' 이 제정 · 공포되어 이듬해부터 해외의 선물거래소를 이용한 원자재의 선물거래가 이루어졌다. 해외의 선물거래소를 통한 선물거래가 이루어졌으나 국제화와 개방화가 진행됨에 따라 환율, 주가, 금리 등이 국내적 요인은 물론 해외적 요인에 의해서도 영향을 받게 되어 그만큼 가격변동위험 등 불확실한 환경을 가지게 되었다. 이에 정부는 증대되는 위험에 대한 관리수단으로서 파생상품시장의 국내 개설의 필요성을 인식하여 '신경제 5개년 계획(1993년)' 에서 우선 금융선물 도입에 관한 계획을 발표하였다. 금융선물 중에서 먼저 KOSPI 200 선물을 도입하고, 금리와 외환자유화의 추이를 보아 가며 금리선물시장 및 통화선물시장의 개설을 추진하기로 하였다.

그러나 관련법을 제정함에 있어서 상품선물을 별도로 분리할 것인가, KOSPI 200 선물을 금융선물에 포함할 것인가를 두고 논란이 벌어져 별다른 진전을 못 보고 있었다. 다행히 1994년 12월의 정부조직개편에 따라 그동안 상품선물을 관리해 오던 경제기획원과 금융선물시장을 준비해 오던 재무부가 재정경제부로 통합되어 원내 금융정책실이 상품 및 금융선물거래관련 업무를 전담하게 되자, 금융선물과 상품선물을 통합하여 '선물거래법'을 제정하고 종합적으로 선물거래제도를 정비하자는 논의가 전개되었다. 마침내 1995년 12월 29일 '선물거래법'이 제정되고 이듬해인 1996년 7월 1일 동 법령이 발효되면서 국내 선물거래소 설립작업이 본격적으로 추진되었다.

이 작업이 진행되는 동안 증권시장에서 주식의 가격변동위험을 관리할 수 있는 수단의 필요성이 꾸준히 제기됨에 따라 앞서 본 바와 같이 대통령령에 의해 한시적으로 한국증권거래소에서 KOSPI 200 선물, KOSPI 200 옵션을 먼저 거래하게 되었다. KOSPI 200 선물의 경우 '증권거래법'에서 이미 이를 유가증권에 포함시켜 기존의 거래제도하에서 KOSPI 200 선물을 거래할 수 있도록 하였다. 이에 한국증권거래소는 1996년 5월 3일 처음으로 KOSPI 200 선물시장을 개설하였고, 1997년 7월 7일에는 KOSPI 200 옵션시장을 개설하게 되었다.

1996년 말에 선물거래협의회와 한국금융선물협회가 통합하여 한국선물협회가 창립되고, 선물거래소 설립준비단이 구성되어 통화선물과 금리선물의 도입을 준비

한국증권선물거래소의 설립추진 경과

연도	내용
	한국선물거래소 설립이전단계
1974. 12.	조달기금법 및 동법 시행령, 주요물자해외선물거래관리규정 공포
1987. 12.	외국환관리규정에 해외금융선물거래 이용 근거규정 마련
	한국선물거래소 설립준비단계
1995. 12.	선물거래법 제정
1996. 7.	선물거래법 시행령 및 해외선물거래에 관한 규정 제정
1996. 12.	한국선물거래소설립준비단 구성 및 한국선물협회 설립
1997. 7.	선물회사에 대한 선물거래업 본허가, 시스템 선정작업 시작
1998. 4.	선물거래법 시행령 및 해외선물거래에 관한 규정 개정, 선물거래업자의 회계처리규정 제정
	한국선물거래소 개설단계
1998. 12.	거래소 전산시스템 설치 완료
1999. 1.	한국선물거래소 창립총회 및 법인설립등기
1999. 2.~4.	시스템 시험시장 운영
1999. 4.	한국선물거래소 거래 개시

하였다. 선물거래소 추진과정에서 선물거래소의 입지문제가 논란의 대상이 되었으나 지역경제의 균형적 발전을 꾀하려는 정부정책과 부산지역을 무역 · 금융의 중심지로 육성하려는 부산시민들의 열망에 부응하여 마침내 1998년 10월 선물거래소의 입지가 부산으로 확정되었으며 1999년 4월 부산에 국내 최초의 종합선물거래소가 개설되었다.

개장 당시 CD(양도성 예금증서)금리선물, 미국달러선물, 금선물 및 미국달러옵션의 네 가지 상품을 도입하였다. 그 후 1999년 9월 29일 3년 국채선물(KTB), 2001년 1월 KOSDAQ 50 선물, 12월 KOSDAQ 50 옵션, 2002년 5월 3년 국채선물옵션, 2002년 12월 통안증권금리선물, 2003년 8월에는 5년 국채선물을 새롭게 상장하였다.

선물거래법 제정을 계기로 선물거래업에 대한 관심이 고조되면서 1996년 35개에 달했던 회원사가 IMF체제 이후의 구조조정과정에서 급격히 감소하여 현재 정회원 10개사와 준회원 2개사만 남아 있다. 이들 중 10개사는 선물거래소에 출자하여 창립회원이 되었으며 선물계약의 청산을 담당하는 정회원의 자격을 획득하였다. 한국선물거래소 정관에 의하면 자본금 100억원 이상인 회사에 정회원의 자격을 부여한다. 그러나 자기거래 및 위탁거래의 중개만을 목적으로 하는 회사는 30억원의 자본금으로 준회원에 가입할 수 있다.

2004년 1월 29일, 각각 독립적으로 운영되어 왔던 선물거래소, 증권거래소 및 KOSDAQ 등을 통합하는 '한국증권선물거래소법'이 제정됨에 따라, 2005년 1월 27일부터 통합조직인 '한국거래소(www.krx.co.kr)'가 출범하였다. 통합조직이 출범하면서 주요 업무를 경영지원, 유가증권시장, 코스닥시장, 선물시장, 시장감시 등의 부문으로 나누어 운영하고 있다. 따라서 과거 선물거래소에서 취급하던 모든 업무는 이제 한국거래소에서 관리하고 있다.

2. 국제금융시장의 발전과 변화

국제금융시장은 2000년대에 들어서 상당히 빠른 속도로 변화되기 시작한다. 국제금융시장의 빠른 변화는 다양한 금융상품과 거래기법의 발달을 가져옴으로써 국제 선물과 옵션의 파생시장을 급격하게 증가시키게 된다. 국제금융시장에서 가장 중요한 변화는 먼저, 국제자본이동의 규모가 급속도로 확대되고 있다는 것이다. 국제자본이동으로는 은행 간 외화차입, 외국인 직접 · 간접투자, 그리고 파생상품거래가 있다. 특히 2000년 우리나라를 포함해서 각국의 자본시장자유화와 금융규제완화 조치 이후 아시아 지역으로 국제자본유입이 대규모로 증가하였다. 특별히 중국으로의 자본이동은 1998년 7억 6천4백만달러에서 2012년 300억달러로 증가하였고, 우리나라의 경우 같은 기간 동안 39억달러에서 169억달러로 증가하였다(세계은행, 2013년 자료). 금융자유화 이후 투자자들은 이익을 극대화시키기 위해 투자자산을 국제적으로 분산투자하게 되었다. 이에 따라 국제 포트폴리오의 범위와 대상이 확대되고 다양한 금융상품이 개발되어 왔다.

정보통신기술의 발달도 국제자본이동의 규모를 증가시키는 계기를 가져왔다. 정보통신기술의 발달은 투자자들이 국제금융자산에 대한 위험과 가격정보를 정확하게 얻을 수 있는 계기를 만들었다. 정확한 정보는 국제투자에 대한 거래비용을 대폭 감소시켜서 국제자본이동을 확대하였다. 또한 국제 포트폴리오 투자의 확대로 인해 다양한 금융상품이 개발되기도 하지만 국제 포트폴리오 투자에서 필연적으로 발생하는 각종 환율과 금리리스크를 헤징할 수 있는 거래기법이 개발되기에 이른다. 이러한 다양한 거래기법의 개발 또한 국제자본이동에 따르는 위험을 줄이고 이윤을 극대화시키는 방법을 확대시키면서 국제자본이동을 촉진시켰다.

둘째, 각국의 금융시장이 국제적으로 통합화되고 있다. 이러한 국제금융시장의 통합화와 단일화는 각국의 금융시장자유화 조치에 기인하지만 국제결제/청산제도의 발달과 단일화에 크게 기인한다. 우리나라 사람들이 해외에 가서 한국의 신용카드를 가지고 물건을 사거나 현금인출기에서 돈을 빌릴 수도 있다. 또한 기업이나 금융기관 간에 국제결제시스템인 SWIFT(Society of Worldwide Interbank Financial Telecommunication)의 도입, 그리고 각국의 금융제도의 표준화작업들이 금융시장의 통합화를 앞당기고 있다. 통신과 정보기술의 발달은 금융시장 간의 거래비용을 대폭 절감시키게 되어 금융시장의 통합화에 커다란 진전을 이루어 내고 있다.

셋째, 이러한 금융시장의 국제적인 통합화 현상은 각국의 금융기관 간 경쟁을 심화시키고 은행의 역할을 축소시키게 된다. 각국의 금융시장이 통합되면서 비효율적인 금융기간들은 도태되고 효율적으로 특화된 작은 은행이나 아니면 금융거래에서 비교우위를 지킬 수 있는 대형 우량은행만이 살아남게 된다. 더구나 금융기관 간의 물리적 통합 이외에 금융기관 간의 고유 금융업무나 고유 금융상품 간의 영역도 통합되고 있다. 금융기관의 고유 업무영역이나 고유 상품이 사라지고 보험회사에서도 증권을 팔고 은행에서 보험을 판매하는 업무영역의 부분들이 서로 통합되고 있다.

넷째, 국제자본이동의 규모확대는 국제 포트폴리오의 범위와 대상을 확대시키고 새로운 금융상품이나 거래기법을 확산시키는 역할을 해왔다. 국제자본이동의 규모확대와 국제 포트폴리오의 범위확대는 각국의 금리와 환율의 위험에 항상 투자자산을 노출시키는 결과를 갖는다. 그러므로 이러한 금융자산의 위험증가에 대응하고 동시에 이윤을 극대화시킬 수 있는 다양한 금융상품의 개발이 필수적이었다.

더욱이 금융기관의 국제적 통합화는 환율과 금리의 변동성을 확대시키고 금융위기를 동시에 전 세계적으로 확산시키는 결과를 가져왔다. 이러한 금융상품의 위험증대와 금융위기의 전 세계적인 확산은 금융거래의 불확실성을 확대시키고 각국 정부의 금융정책이 잘 작동하지 못하는 정책의 비효율성을 가져오기도 했다. 이러한 불확실한 금융거래와 금융정책의 비효율성은 금융상품의 가격인 금리와 환율의 변동성을 더욱 확대시키는 순환고리의 역할을 가져온다. 이러한 금융자산가격의 불확실성으로 위험을 회피하고자 하는 여러 가지 거래기법이 개발되었고 선물과 옵션 같은 파생상품의 시장이 급속히 확대되고 있다.

국제선물옵션시장은 각국의 금융규제완화, 그에 따른 금융기관 간의 경쟁격화, 금융상품의 가격변동성 심화, 정보통신기술의 발달로 인한 거래정보비용의 축소 등으로 1980년대 이후 급속히 발달하였다. 파생상품시장은 다른 금융시장인 자본시장과 외환시장보다 증거금제도로 인해 레버리지효과(leverage effect)가 커서 수익률이 상당히 크고 그에 비해 자금의 차입비용이 작을 뿐 아니라 가격변동에 따르는 위험을 헤지할 수 있다는 점에서 다른 금융시장에 비해 장점이 많다. 뿐만 아니라 파생상품시장에는 투기거래, 차익거래, 스프레딩과 기타 합성거래를 통해 여러 가지 포트폴리오 조정이 가능하다. 파생상품시장의 또 다른 장점은 다른 금융자산보다 매도포지션이 가능하고 유동성도 뛰어나서 여러 거래에 사용될 수 있다는 데 있다. 하지만 최근 다양한 파생상품의 개발로 파생상품의 위험과 수익이 명확하게 정의되지 못하는 상품이 증가하고 있다. 이 경우 회계장부상에서 이들 위험이 평가되지 못하고 이들 파생상품의 위험을 감시할 수 있는 체계를 갖추기 힘들다. 더욱이 금융시장 간 통합화가 이루어지면서 금융위험의 파급효과가 엄청나게 증가하고 있다.

국제금융시장의 국제화와 규제완화로 국제 간 자본이동의 규모가 확대되고 이에 따라 금융위험이 증대되고 있다. 하지만 국내에서는 금융산업의 구조가 취약해서 이러한 금융위험을 관리하는 수단이 부족한 실정이었다. 선물시장은 이러한 금융위험(금리, 환율 등)을 회피함으로써 안정적인 자본/외환시장의 활성화를 유도하는 역할을 해왔다. 또한 국내금융시장을 단순한 대차관계의 금융시장에서 종합금융시장으로 확대시킴으로써 궁극적으로 금융산업의 발전을 도모할 수 있게 되었다. 또한 외환시장의 자유화와 더불어 금융위험을 회피하는 수단을 제공함으로써 외국인의 국내 직접 · 간접투자를 유도할 것으로 기대되고 있다.

한편, 이러한 국제금융시장의 변화와 더불어 우리나라 금융시장, 특히 선물옵션시장이 향후 국제적인 선물시장으로 발전해 나가기 위해서는 여러 가지 개선해야 할 문제점이 많이 있다. 먼저, 기업들의 선물거래에 대한 인식이 부족하다. 국내선물거래는 IMF 이후 국내기업과 금융기업의 외화자금 조달규모가 크게 감소한 데다, 파생상품거래로 인한 국내외 금융기관의 소송사건 및 국내금융시장의 불안으로 인해 거래가 활발하지 못한 실정이다. 이러한 문제는 기업들이나 금융기관들이 선물거래를 위험회피를 위한 수단으로 보지 않고 투기목적의 거래로 인식하기 때문이다.

또 다른 문제점은 우리나라 선물거래의 유동성이 부족하다는 점에 있다. 선물시장에서 유동성의 부족은 팔고 싶을 때 팔지 못하거나 사고 싶을 때 사지 못하는 중요한 시장기능이 마비되는 것과 같다. 유동성의 부족은 일반투자자로 하여금 선물거래에 참가를 꺼리게 하는 원인이 될 뿐 아니라 선물시장의 효율성을 감소시키는 결정적인 악영향을 미치게 된다.

실제 한국선물거래소에서 중요한 중개역할을 하고 있는 선물회사의 경우 청산과 결제가 가능한 선물회사의 최저자본금은 100억원인데 이 중 30억원을 선물거래소에 공동출자하고 있고 18억원은 선물거래소 손해배상공동기금으로 조성되고 있으므로 실제 영업을 위한 순자본금은 50억원에 그치고 있어서 유동성이 크게 부족한 실정이다. 이러한 유동성의 부족은 선물시장의 안정성과 경쟁력을 크게 떨어뜨리고 있다.

세 번째 문제점은 일관되고 표준화된 선물거래에 관련된 회계제도가 마련되어 있지 못하다는 것이다. 최근 다양한 파생상품의 개발로 파생상품의 위험과 수익이 명확하게 정의되지 못하는 상품이 증가하고 있다. 이 경우 회계장부상에서 이들 위험이 평가되지 못하고 이들 파생상품의 위험을 감시할 수 있는 체계를 갖추기가 더욱 힘들다.

마지막으로 선물거래소 정산시스템을 완비하는 것이 필요하다. 선물거래규모가 작을 때는 정산시스템이 그다지 중요하지 않았으나 거래규모가 커지고 경매방식도 컴퓨터매칭방식을 사용하는 우리나라 선물거래소는 안정적이고 효율적인 정산시스템을 완비할 필요가 있다.

제2절 선물시장의 구조

선물시장의 중추기관은 거래소(exchange), 거래소회원(member), 청산소(clearing house), 선물거래중개인으로 구성된다. 각 기관들의 주요 기능과 목적은 다음과 같다.

1. 거래소

선물거래소는 선물계약을 상장시켜 매매가 체결되도록 하는 시스템을 구축하고 있으며, 선물거래관련사업을 영위하는 회원들에 의하여 운영되고 있다. 선물거래소의 가장 중요한 기능은 선물거래를 위한 규칙을 제정하고 선물의 대상이 되는 표준화된 계약을 선정할 뿐만 아니라 선물계약이 효율적으로 거래가 이행될 수 있도록 설비와 서비스를 제공하여 선물시장을 조직화하는 것이다.

선물시장의 위험헤지기능, 가격예시기능, 투자수단기능으로 인해 선물거래는 금융자산의 포트폴리오관리에서 매우 중요한 수단이 되고 있다. 이러한 경제적인 기능에 필수불가결한 것은 선물시장의 유동성이 풍부해야 한다는 점이다. 즉, 선물가격이 현재의 시장정보를 잘 반영하여 정보에 기인하지 않는 거래도 정보에 바탕을 둔 가격과 근접한 수준에서 계속 거래할 수 있게 하여야 하는 것이다. 청산소와 거래소의 역할은 선물시장의 유동성을 향상시키는 제도적인 장치로서 선물시장의 유동성을 더욱 풍부하게 해준다.

이상과 같은 선물시장의 기능을 수행하는 데 있어 중추적인 기관이 선물거래소이며 선물거래소는 다음과 같은 설비와 서비스가 필요하다.

① 거래가 형성되는 장소
② 거래소의 장내와 장외를 연결하는 정보통신시스템
③ 거래소 내에서 발생하는 거래를 신속하고도 정확하게 인식할 수 있는 거래절차
④ 거래이행을 보장할 수 있는 효과적인 청산제도와 보증금제도
⑤ 이해관계자에게 공정한 거래임을 확신시킬 수 있는 법규 및 규정
⑥ 시장성 있는 새로운 선물계약의 설계 및 상장

기업조직과 마찬가지로 선물거래소는 주주, 이사회, 집행기구가 있다. 선물거래소의 가장 핵심적인 기구는 거래소회원이며 회원은 기업조직의 주주에 해당한다. 거래소의 영업은 회원으로 구성된 위원회와 스탭의 자문과 조언을 통하여 집행된다. 따라서 개별 회원들이 납부한 분담금과 거래수수료가 거래소수입의 주요 원천이 된다. 거래소회원의 자격은 개인으로 국한하고 있지만 개인자격의 회원은 선물거래회사, 투자은행, 상품딜러나 생산기업의 이익을 위하여 활동한다.

세계에서 가장 오래되고 가장 큰 시카고선물거래소(CBOT)의 구조는 선물거래소의 전형적인 예가 되고 있다. 오늘날 북미주에는 수많은 상품선물거래소가 있으며, 각 거래소는 회원권(seat)을 보유한 제한된 개인회원들로 구성되어 있다. 다른 금융자산과 마찬가지로 선물회원권도 시장에서 거래되고 있는데, 주식거래회원권과는 달리 선물회원권은 비회원에게 임대가 가능하다.

거래소회원은 거래소에서 거래할 권리를 보유하고 거래소 내의 행정업무에 발언

권이 있으며, 회원권, 거래규칙, 홍보 및 업무수행에 관한 정책을 수립하고 감독하는 위원회의 위원이 될 수 있다.

선물거래제도는 공개호가제도(open outcry system)와 전산매매제도(electronic trading system)로 구분된다. 공개호가에 의한 거래는 'pits'라 불리는 지정된 거래구역 내에서 이루어지는데, 거래하기 위해서는 전통적으로 공개호가에 의한 경매방식이 사용되고 있으며 그렇게 함으로써 매매제의가 'pits'에 있는 모든 거래자에게 전달된다. 비록 강제사항은 아니지만 매수 혹은 매도의사를 표현하기 위하여 거래자들은 매우 효과적인 수신호를 사용하기도 한다. 역사가 오래된 선물거래소는 대부분 공개호가에 의한 거래방식을 채택하고 있다.

한편 전산매매에 의한 거래는 매수·매도주문이 전산시스템을 통하여 접수되고 가장 경쟁적인 가격으로 계약이 체결되는 거래방식이다. 후발 선물거래소는 대부분 전산매매시스템을 이용하여 거래를 수행한다. 선물거래소의 경영에 관련한 최고의 사결정기구는 이사회(board of directors)이며, 이사회에서는 정책, 규정 등을 결정한다. 그리고 이사회에 상정시키기 위한 안건은 위원회가 준비하며, 거래소마다 조금씩 다르기는 하지만 주로 다음과 같은 위원회제도가 있다.

입회위원회(committee on admission)는 신규회원 가입자가 제출한 회원지원서를 검토하고 지원자와 면접을 함으로써 거래소회원으로서 적합한 자격요건을 갖추었는지 평가한다. 그 결과에 따라 입회위원회는 이사회에 추천서를 제출하고, 이사회에서 입회 여부를 결정한다. 따라서 입회위원회를 회원권위원회(membership committee)라고도 한다. 중재위원회(arbitration conduct committee)는 회원 간 혹은 회원과 비회원 간의 선물거래와 관련된 분쟁을 중재하는 기능을 갖는다. 업무집행위원회(business conduct committee)는 거래소의 업무집행과 관련한 내부통제기구이다. 업무집행위원회는 거래소의 규정이나 조항을 위반하였는지 여부를 조사하여 위반사항에 대해서는 감독위원회(supervisory committee)에 상정시킨다.

통제위원회(control committee)는 부적절한 포지션의 집중, 시장조작 등을 방지하기 위해 거래행위, 미청산계약, 선물계약의 만기, 기타 선물거래소에서 발생하는 제반행위를 감시한다. 신상품위원회(new products committee)는 새로운 선물계약을 상장시키기 위하여 선물계약을 설계하고 수요 및 적법성 등을 연구한다. 감독위원회(supervisory committee)는 업무집행위원회가 상정시킨 안건에 대해 규정위반이 발생했는지를 결정한다. 장내위원회(floor committee)는 장내중개인과 장내거래인의 행위를 감독하여 불법행위를 예방하며, 부정행위를 하였다고 간주될 경우 장내위원회 자체의 재량에 따라 규제조치를 취한다.

2. 청산소

청산소(clearing house)의 근본적인 목적은 시장 내의 모든 참가자에게 계약이행을 보장하는 것이다. 즉 모든 매도자에게는 매수자의 입장을, 모든 매수자에게는 매도자의 입장을 취함으로써 그러한 역할을 수행한다. 선물시장에서의 모든 거래당사자는 오직 청산소에 대해서만 의무가 있으며 청산소가 거래를 이행시켜 줄 것을 기대한다. 따라서 청산소는 시장에서 적극적인 포지션(active position)을 취하지 않지만 모든 거래의 당사자 사이에서 중간적인 입장을 취하고, 처음에 약정된 만기와 가격대로 인도할 것을 매수자에게 보장함으로써 선물거래에 대한 신뢰를 확립한다.

현물인도의 경우에 청산소는 그 상품이나 혹은 증권을 수령할 매수자를 배정할 책임이 있는데, 현재의 관행은 기록상 가장 오래된 매수자에게 인도하는 것이다. 청산소의 존재 때문에 두 매매당사자는 상호 간에 관심을 가질 필요가 없고 오직 청산소 자체의 신뢰성에만 신경을 쓰면 된다.

미국 내의 모든 선물거래소는 부수적으로 청산기능을 갖고 있어 거래소에서 이루어진 선물거래를 청산한다. 이 중 몇몇 청산소는 거래소 내의 하나의 부서로 존재하기도 하고, 일부는 별도의 비영리기업으로 조직되거나 또는 주식회사형태로 존재하기도 한다. 그러나 별도 법인으로 조직된 모든 청산소는 회계연도 말 이전에 초과수입(혹은 청산수수료)을 반환해 주므로 유보자산을 보유하고 있지 않게 된다.

어느 경우에 있어서든 청산소에서 실질적으로 수행하는 청산회사의 자격은 청산기능을 위탁한 거래소의 회원자격보다 더욱 엄격한 재무적 자격요건을 충족시켜야 한다. 따라서 청산소는 관련선물거래소의 회원에 한하여 그 회원이 될 수 있도록 자격을 제한한다.

현재 미국에는 13개 선물거래소를 위한 9개의 청산소가 존재하고 5개의 옵션거래소와 미국증권협회(National Association of Securities Dealers: NASD)를 위한

1개의 청산소(Options Clearing Corporation: OCC)가 있으며 주식시장에는 6개의 거래소와 NASD를 위한 3개의 청산소가 있다. 여기에서는 이들 중 선물시장의 청산소에 주안점을 두지만 기본적인 원칙은 다른 시장에서도 마찬가지임을 밝혀둔다.

청산소회원은 두 가지 측면에서의 특전(청산회원이라는 특전과 수익원)을 보유하게 된다. 선물시장에서 이루어진 모든 거래는 '청산(cleared)' 되어야 하므로 청산소의 회원이 아닌 거래소회원은 청산소회원을 통하여 청산하여야 한다. 따라서 거래소회원이면서 청산소의 비회원이 행한 거래를 청산하는 데 있어서 청산회원은 다음과 같은 특권이 부여된다.

① 비회원의 거래를 청산해 줄 때 받는 수수료 수입
② 청산수수료를 지불하지 않는 특전
③ 거래활동에 대한 완벽한 익명성
④ 비청산회원의 고객이 적립한 증거금에 대한 투자 수입

청산회원들은 이러한 특전과 회원으로서 부담해야 하는 비용을 저울질해야 하는데 주요 비용으로서 재무적 의무, 보고의무 및 회원을 구속하는 규제 등이 있다.

일반적으로 청산소는 관련거래소로부터 독립되어 운영된다. 그러나 경영진은 청산소회원들이 선출한 청산소이사회에 대하여 책임을 지고 이사회회원은 공식적으로 혹은 비공식적으로 관련거래소의 다양한 이해집단, 즉 장내 청산중개인, 거래인, 중개인, 헤지거래자 등의 의견을 반영시킨다. 청산소의 정책과 절차를 수립하는 것은 이사회의 책임이고 그러한 정책을 실행하는 것은 경영진의 의무이다.

청산소가 책임지고 감독하는 청산 및 정산과정은 관리부문과 금융부문으로 분류할 수 있다. 관리부문은 다시 ① 거래의 기록, ② 거래의 비교, ③ 거래의 청산(등록)으로 분류된다. 거래의 기록이라 함은 거래자료를 매장에서 받아 중앙관리소로 옮기는 과정을 말하며, 거래의 비교는 매수 및 매도주문의 가격과 양이 일치하는지 여부를 확인하고 이를 조화시키는 과정이다. 청산단계에서는 매수(long)와 매도(short)포지션거래를 파악하여 각 청산회원이 보유한 새로운 미청산(open)포지션의 수를 산출한다.

청산소의 결정적인 역할은 바로 이러한 청산(등록)단계에서 발휘된다. 이 단계에

서 청산소는 모든 매수자에게는 매도자가 되어 주고, 모든 매도자에게는 매수자가 되어 줌으로써 모든 거래의 공식적인 당사자가 된다. 청산소는 이러한 방법으로 자신의 위치를 설정함으로써, 만일 어느 청산회원이 계약을 이행하지 않을 경우 그 계약의 상대방인 다른 청산회원에게 계약이행을 보증하는 법률상의 의무를 떠맡게 되며, 이와 같은 청산소의 계약이행보증은 선물계약을 완전무결하게 해주는 요체가 되고 있다. 청산소의 목적은 모든 투자자로 하여금 그들이 거래하는 상대방의 신용을 걱정하지 않고 거래할 수 있게 해주는 데 있다. 또한 이와 같이 청산소로 하여금 모든 거래에 대하여 당사자가 되도록 하는 제도적 장치는 청산소에 '반대매매(offset)'를 통하여 거래를 종결할 수 있는 매우 편리한 권한을 부여한다. 청산소는 이러한 반대매매를 이용하여 투자자의 의무를 소멸시킬 수 있다.

청산소의 두 번째 책임은 정산절차상의 금융부문에 있다. 이는 커다란 가격변동이 발생하여 특정 고객이 막대한 투자손실로 인하여 계약을 이행할 수 없는 상황이 발생하지 않도록 예방을 하며 설령 극한적인 상황이 발생하더라도 청산소가 계약이행의무를 다할 수 있도록 취하는 행위를 일컫는데, 이러한 기능에는 또한 두 가지 측면이 있다.

첫째, 청산소는 청산회원의 계약불이행위험을 줄이려고 노력한다. 이러한 목적을 위하여 청산소는 회원에게 최저자본금, 포지션한도 및 다른 재무상의 기준 등을 부과하고, 미청산포지션에 대한 증거금을 징수하는 한편, 회원사의 재무적 능력과 회원사가 보유한 포트폴리오 포지션을 계속하여 감독한다.

둘째, 청산소는 청산회원이 계약이행을 하지 않는 경우, 보증의무를 이행하기 위한 규정을 정한다. 예를 들면, 청산소는 회원들로부터 계약이행을 보증하기 위한 기금을 징수하여 적립하고 계약불이행사태에 대비하여 회원들에 대한 지급능력을 평가할 수 있는 규칙을 정할 수 있다.

증거금

사실상 거래의 이행을 확보하기 위한 가장 중요한 제도적 장치는 증거금 징수이다. 주식시장에서의 증거금은 주식매수대금의 일부를 지불(down payment)한 것인 반면, 선물시장과 옵션시장에서의 증거금은 '계약이행보증금(performance bond)'

의 성격을 띄고 있다. 증거금의 목적은 가격이 큰 폭으로 변동하는 경우 투자자로 하여금 자신의 포지션을 보호할 수 있도록 하는 데 있다.

거래를 개시하기 전에 투자자는 개시증거금(initial or original margin)을 적립하여야 하는데, 투자자별 개시증거금은 거래소가 정한 최저수준을 감안하여 선물회사(Futures Commission Merchant: FCM)가 결정한다. 증거금 범위를 결정하는 방법에는 개별 선물계약에 대하여 고정증거금을 부과하는 단순한 방법에서부터 각 투자자의 모든 포트폴리오 포지션을 분석하는 복잡한 방법에 이르기까지 매우 다양하다. 모든 투자자의 포지션은 매일 1회 이상 정산되며(marking to market), 가격이 불리하게 변동되었을 경우 투자자는 개시증거금 수준으로 증거금을 보충하여야 하는데, 이를 변동증거금(variation or additional margin)이라 한다. 증거금은 현금이나 정부채권으로 납입하여야 하며 때에 따라서 개시증거금(변동증거금 제외)은 은행의 Standby L/C로 충당할 수도 있다.

청산소의 보증범위

증거금 징수는 피라미드구조로 집행된다. 선물회사는 자기 고객과 청산회원이 아닌 선물회사로부터 증거금을 징수한다. 비회원 선물회사로부터의 증거금 징수는 총계방식(gross basis)으로 이루어지므로 징수된 금액은 비회원 선물회사와 고객이 거래한 모든 계약수에 비례한다. 실제로 비회원 선물회사가 징수한 모든 증거금은 청산회원사에 송금되어 관리된다.

다음에 청산회원은 청산소에 증거금을 적립하는데 이때에는 일반적으로 순계방식(net basis)으로 이루어진다. 즉, 증거금은 회원사의 미청산포지션수에 달려 있다. 다시 말하면, 고객들의 매수포지션과 매도포지션의 수가 일치하는 경우, 회원사는 청산소에 증거금을 적립하지 않지만 고객의 증거금은 자기 계좌에 적립 · 보관한다. 한편, 청산소의 순계포지션은 항상 영이다(zero net position). 왜냐하면 어느 청산회원의 매수초과포지션(net long: 매수포지션수가 매도포지션수를 초과)은 다른 청산회원의 매도초과포지션(net short: 매도포지션수가 매수포지션수를 초과)으로 상계되기 때문이다. 대부분의 거래소들은 순계방식으로 운영되는 데 반하여 CME와 NYME는 총계방식으로 운영되고 있다.

선물계약의 가격변동은 증거금의 변동을 초래한다. 가령, 가격이 하락하면 청산소는 매수초과포지션의 회원사에게 추가증거금의 적립을 요구할 것이고, 이러한 자금은 매도초과포지션의 회원사 계좌에 이체되며, 매도포지션의 회원사는 원하는 경우 이 금액을 인출할 수 있다. 마찬가지로 청산회원은 비회원사로부터 변동증거금을 징수하고 모든 선물회사는 다시 그들의 고객으로부터 변동증거금을 징수한다.

가격변동으로부터 발생하는 손실이 적립된 증거금보다 적은 경우에는 계약이행이 자동적으로 보장된다. 청산소는 단지 손해를 본 투자자의 계좌로부터 이익을 본 투자자의 계좌로 자금을 이체시키면 되므로 그 자신은 아무런 위험부담이 없다. 그러나 만일 손실이 매우 커서 증거금이 충분하지 못할 경우, 그리고 손해를 본 투자자가 계약을 이행하지 않기로 결정하거나 계약이행능력이 없는 경우, 청산소가 이러한 계약을 이행하여야 하는 위험에 처하게 된다.

이때 계약이행에 대한 청산소의 보장이 어디까지인가 하는 흥미로운 의문이 제기된다. 순계증거금제도하에서의 청산소는 청산회원으로부터 순포지션(청산소와의 net long 혹은 net short)에 대해서만 증거금을 징수한다. 이는 청산소의 목적이 모든 선물계약을 보장하는 데 있는 것이 아니라 오직 다른 청산회원의 계약불이행으로부터 청산회원을 보호하는 데 있다는 점을 시사한다. 따라서 청산소뿐만 아니라 청산회원의 지급능력이 모든 선물계약을 완전무결하게 만드는 필수적인 조건임을 알 수 있다.

청산소와 은행권의 연계

제도적 구조상 주목할 점은 청산 및 정산제도와 은행권의 연계이다.

첫째, 은행은 운영상 청산절차의 일부분을 구성하고 있다. 청산소는 통상 여러 '청산은행(clearing banks)' 에 계좌를 보유하며 청산회원도 이들 은행에 각기 최소한도 한 계좌 이상을 보유하여 청산소의 지시에 따라 은행이 자금을 이체할 수 있도록 하여야 한다. 이렇게 함으로써 각 계좌의 정산과 증거금의 적립이 용이하게 이루어진다. 이때 청산회원의 계좌에 당좌대월(overdraft)을 허용하여야 할 것인지 여부를 결정하여야 하는 경우, 은행의 역할은 단순한 회계차원을 넘어선다는 사실을 주목할 필요가 있다.

둘째, 은행은 고객과 청산회원뿐만 아니라 청산소 자체를 포함한 모든 당사자에게 신용, 특히 단기신용공여의 주요 공급원이다. 전술했듯이, 은행 L/C가 때로는 개시증거금으로 쓰일 수도 있다. 고객이나 청산회원은 변동증거금의 조속한 적립을 위하여 종종 은행의 신용대출에 의존하게 되며 청산회원은 고객이 계약을 이행하지 않거나 납입이 늦어질 경우 은행이 필요한 자금을 지급하도록 은행에 의뢰하여야 한다.

마지막으로, 대부분의 증거금 적립과 정산금액의 지급이 전통적인 용어상 '현금'으로 이루어진다고 말하지만 이러한 회계처리는 실제로 현금으로 이루어지는 것이 아니라, 은행예금의 이체로 이루어진다는 점을 주목할 필요가 있다. 따라서 금융시장의 청산 및 정산제도의 원활한 운영은 은행권이 견실하고 자금인출요구에 언제든지 응할 수 있다는 가정에 토대를 두고 있다.

3. 중개인

투자자가 선물거래에 참가한다고 해서 선물거래소나 청산소와 직접 접촉하는 것이 아니라 선물거래중개인의 중개를 통해야 한다. 이는 증권투자를 하는 경우 고객이 직접 증권거래소에서 주식을 매매하는 것이 아니고 매매를 중개하는 증권회사에 계좌를 개설하고 이 증권회사를 통해 거래소의 매매절차에 참여할 수 있는 것과 같은 이치이다.

미국 선물거래중개인은 형태에 따라 그 기능이 다양하게 분류되어 있으므로 실질적으로 선물거래에 참여하기 위해서는 이들 중개인들의 기능을 정확하게 알아둘 필요가 있다.

선물거래중개인은 여러 가지 회사형태를 취할 수도 있고 개인일 수도 있다. 대표적인 선물거래중개인은 FCM(Futures Commission Merchant)인데, 주로 회사의 형태로 존재하며 그 외에도 IB(Introducing Broker), CPO(Commodity Pool Operator), CTA(Commodities Trading Advisor), AP(Associated Person) 등이 있다. 그러나 같은 중개인이라 하더라도 업무내용에 따라 수행하는 기능이 다르다. 예를 들면, 같은 FCM이라 하더라도 청산회원이냐 아니냐에 따라 중개기능이 구분되며 기타의 중개인들도 상호 필요에 의해 FCM에 고용되기도 하고 서로 독립성을 유지하면서 계약을 맺고 업무를 수행하기도 한다. FCM은 선물시장에서 가장 핵심적인 선물거래중개기관으로 고객의 주문을 처리하는 데 필요한 서비스를 제공함은 물론 고객이 보유하고 있는 미청산포지션에 대한 기록, 유지, 증거금 등의 예탁자금관리 등 거래계좌의 개설부터 매매종결까지 모든 중개 및 관리업무를 수행하고 이에 대한 대가로 일정한 수수료를 받는 회사로서 일반적으로 선물중개회사라 함은 이를 가리킨다.

FCM의 조직은 개인회사의 형태는 물론 주식회사, 합자회사, 협회 등 어떠한 형태로도 가능한데, 합명 또는 합자회사 형태인 경우에는 파트너 전부가 해당 선물거래소의 회원이어야 하고, 주식회사의 경우에는 최고경영자를 포함한 두 명의 경영자가 거래소의 회원이어야 한다.

선물거래회사 중 FCM이 가장 많은 중개기능을 담당하고 있어 고객의 주문 및 자금을 처리하는 데 따른 법적 의무규정 또한 가장 까다로운 제한을 받고 있다. 선물중개회사는 거래소회원이 아닌 FCM, 거래소회원인 FCM, 청산회원인 FCM으로 구분된다.

거래소에서의 주문체결은 회원만이 가능하기 때문에 거래소회원이 아닌 FCM은 주문을 체결시키기 위하여 회원인 FCM에게 그 주문을 전달하여야 한다. 선물거래는 거래소의 청산회사가, 선물거래에 따른 자금결제는 청산회원인 FCM만이 가능하다. 청산회원인 FCM을 Clearing FCM이라 하며 선물중개회사 중에서 가장 규모가 크고 취급업무도 다양하다. 고객의 주문은 IB(Introducing Broker) 또는 장내중개인(floor broker)에 의해서도 접수될 수 있으나 이들은 고객의 계정을 개설할 수 없다. 왜냐하면 FCM으로 등록된 선물중개회사만이 고객의 계정을 개설할 수 있고 증거금 등의 자금을 예탁하거나 지급할 수 있기 때문이다.

IB(Introducing Broker)는 독립사업자이다. IB는 계약을 맺은 FCM과의 관계를 계속 유지하기 위해 선물거래에 참여할 고객을 유치하며 그들의 자금을 FCM에 예탁하도록 권유함은 물론 자금의 운용을 위해 거래주문을 대행하기도 한다. 그러나 IB는 FCM과는 달리 고객으로부터 고객의 거래와 관련된 증거금 등 일체의 현금이나 유가증권 등을 받을 수가 없다. 그러므로 IB가 고객으로부터 현금이나 수표 등을 받았을 경우에는 이 자금을 즉시 FCM에 송금하여야 한다. 즉, IB는 FCM에 고객을 소개하고 자금을 유치시켜 주며 이 자금을 사용한 거래가 이루어졌을 때 수수료를 받는다.

CTA(Commodities Trading Advisor)는 선물거래의 가치나 거래의 적정 여부 등에 관하여 직접 또는 출판물을 통해 조언하고 상담해 주는 업무에 종사하는 회사로서 상담에 대한 일정수수료를 받거나 또는 상담을 통한 거래결과로 발생한 이익의 일정분을 보상으로 받는다. 그러나 상담 및 조언에 대한 한계를 규정짓는 것이 매우 애매하고 CTA가 다른 업무와 겸업하는 경우 CTA로서의 등록 및 감독에 있어 어려움이 있다.

CPO(Commodity Pool Operator)는 거래소에서 거래되고 있는 선물상품에 투자할 목적으로 자금이나 유가증권 등을 모집 · 권유하는 업무에 종사하는 회사를 말한다. 즉, 일반투자자들로부터 소규모의 자금을 조성하여 일정한 규모의 자금을 만든 후 다양한 투자기법을 통해 이 자금을 투자하는 투자신탁이나 신디케이트의 일종으로 생각할 수 있다. 이러한 CPO에 대한 등록, 행위규제, 자금운용내용에 대한 공시 등의 구체적인 내용은 CFTC에 규정되어 있다.

AP(Associated Person)는 선물중개인으로서 등록대리인(registered representative) 또는 고객계좌관리인(account executive)이라고도 하며 선물거래중개회사에서 고객을 상대로 하는 업무를 수행한다. 즉, AP의 주요 업무를 살펴보면 ① 신규계좌개설에 필요한 서류구비(서명확인), ② 고객에게 매매절차 및 규정 등의 설명, ③ 고객에게 시장정보 및 가격보고, ④ 주문 및 접수, ⑤ 가격 및 매매체결 내용보고 등이다.

이 밖에도 '고객인지규정(Know Your Customer Rule)' 에 의해 고객의 평판, 재무상태, 책임감 등을 파악하며 변동증거금의 납부통지업무도 수행한다.

AP는 이와 같은 중요한 업무를 수행하기 때문에 전국선물협회(National Futures Association: NFA)에서 주관하고 전국증권협회(National Association of Securities Dealers: NASD)가 출제 및 관리하는 소정의 시험인 'National Commodity Futures Examination' 또는 'AP Series Ⅲ' 에 합격한 후 NFA에 등록하고 승인을 받아야 개인자격으로 선물거래중개업무를 수행할 수 있다.

연습문제

〈설명형〉

01 한국증권선물거래소의 설립, 운영 및 발전과정을 연대기적으로 설명하라.

02 최근 30년간 국제금융시장에서 금융파생상품 거래는 비약적인 성장과 발전을 보여주고 있다. 이러한 현상의 원인과 배경을 제시하고, 향후 금융파생상품의 발전방향에 대해 독자의 의견을 피력하라.

〈선택형〉

※4지 선다형

01 다음 중 선물거래소의 중요한 기능이 아닌 것은?
① 거래소 회원들 사이의 분쟁해결
② 선물계약을 체결함에 있어서 거래소 회원들에게 편의제공
③ 선물계약에 있어서의 규제기능
④ 고객의 비용으로 거래소 회원들의 이익을 도모하기 위한 규칙과 규제의 설정 기능

02 시카고상품거래소는 다음 중 어느 이유에서 설립되었는가?
① 계절적인 공급과잉과 공급부족으로 인한 가격변동을 최소화하기 위해서
② 투기자들이 시장에 영향을 미치는 것을 가능하게 하기 위해서
③ 선물거래를 위한 시장을 제공하기 위해서
④ 현물상품계약을 표준화하기 위해서

03 CBT 상품선물거래의 거래량과 미청산계약수를 보고하는 기관은?
① CBT ② CFTC ③ USDA ④ 통제위원회

04 선물계약의 인도월, 기간, 계약규모, 거래제한과 등급 그리고 인도장소 같은 세부적인 사항을 결정하는 기관은?
① CFTC ② 청산소 ③ USDA ④ 거래가 이루어지는 거래소

05 아래 중 최소증거금을 설정하는 곳은?

① 이사회(Board of Directors)

② 장내감독위원회(Floor Practice Committee)

③ 업무집행위원회(Business Conduct Committee)

④ 청산위원회(Clearinghouse Committee)

06 CFTC의 규정에 따르면 거래소 장내의 중개인이 할 수 없는 업무는?

① FCM으로서보다는 모집인(주선인)으로서 운영한다.

② 일임매매계좌(discretionary accounts)를 취급한다.

③ 선물투자자문(CTA)의 역할을 한다.

④ 전화로 고객을 권유한다.

07 다음의 AP에 관한 정의 중에서 적절한 것은?

① FCM, IB, CPO 등을 대신해서 고객을 유치하고, 고객의 자금을 유치하여 주문을 하며, 이들 회사들을 위하여 일하는 영업사원을 감독하는 개인

② 선물계약을 매수 혹은 매도하기 위한 주문을 권유하고 수락하지만 고객들의 자금을 관리하지 않는 개인이나 혹은 조직

③ 선물계약을 매수 혹은 매도하기 위한 주문을 권유하고 수락하고 고객으로부터 그러한 주문을 수행하기 위한 자금을 관리하는 개인이나 혹은 조직

④ 선물계약을 거래할 목적으로 불특정 다수로부터 투자신탁자금을 모으는 개인이나 혹은 조직

08 Exchange Floor Committee의 기능은 다음 중 어느 것인가?

① 선물주문의 집행으로부터 발생하는 모든 불만들을 조사한다.

② 대중에게 어떤 것도 숨기지 않고 공개시장을 유지한다.

③ 장내거래자들 사이의 결탁거래 혹은 비밀협정을 방지한다.

④ 위의 모두 다.

09 다음 중 일임매매계좌(discretionary account)에 대한 설명 중 맞는 것은?

① '일임' 이라는 말은 AP가 주문이 실행되어야 하는 타이밍과 가격을 개인적 판단으로 실행함을 말한다.

② 일임매매계좌는 고객이 AP에게 자신의 사전승인 없이 거래를 선택하고 실행하도록 위임권을 부여하는 것을 승낙한 계좌이다.

③ 일임매매계좌는 AP에 의해서 개설될 수가 있는데, 이것은 그 회사의 대표가 AP

를 감독하여 일임매매계좌를 사전승인하였기 때문이다.

④ 위의 모두 다 아니다.

10 선물거래소는 중재행위를 하는데 이에 해당하는 것은?

① IB의 고객은 강제로 중재에 개입될 수 있다.

② 중재행위에 대한 동의 없이 고객은 강제로 중재에 개입되지 않는다.

③ 고객은 상고를 포기하는 각서에 서명하여야 한다.

④ 고객은 중재행위와 관련된 어떠한 서류에도 서명할 수 없다.

11 중개회사와 고객과의 거래분쟁을 해결하는 위원회는 어느 것인가?

① 중재위원회 ② 장내운영위원회

③ 공정운영위원회 ④ 일괄처리위원회

12 FCM의 성격을 잘 표현한 것은?

① 고객으로부터 선물계약을 매도 또는 매수하는 주문이나 이를 집행하는데 필요한 자금을 수취하는 개인이나 단체

② 고객으로부터 선물계약을 매도 또는 매수하는 주문이나 이를 집행하나 고객들로부터 직접 자금을 수취할 수 없는 개인이나 단체

③ 선물에 투자할 목적으로 고객들로부터 자금을 조달하는 개인이나 단체

④ 선물계약을 매매하는데 필요한 영업직원을 감독하는 개인

13 청산소가 폐장 후 그날의 가격변동에 의한 선물계약의 이익 또는 손실을 조정하는 과정을 의미하는 것은?

① 청산 ② 정산 ③ 행사 ④ 상쇄

부 록

- ◆ 세계 주요 선물거래소 사이트
- ◆ 선물거래 용어해설

◆ 세계 주요 선물거래소 사이트

거래소명	홈페이지 주소(URL)	소재지
BM&F BOVESPA(Brazilian Futures Exchange)	www.bmfbovespa.com.br	브라질 상파울루
Chicago Board of Trade	www.cbot.com	미국 시카고
Chicago Board Options Exchange (CBOE)	www.cboe.com	미국 시카고
Chicago Mercantile Exchange (CME)	www.cme.com	미국 시카고
Eurex(European Exchange)	www.eurexchange.com	독일 프랑크푸르트
Hong Kong Exchanges & Clearing	www.hkex.com.hk	홍콩
ICE(Inter-continental Exchange)	www.theice.com	영국 런던
LIFFE (London International Financial Futures Exchange)	www.liffe.com	영국 런던
London Stock Exchange	www.londonstockexchange.com	영국 런던
ICE Futures US	www.theice.com	미국 뉴욕
New York Stock Exchange	www.nyse.com	미국 뉴욕
Shanghai Futures Exchange	www.shfe.com.cn	중국 상하이
Shanghai Stock Exchange	www.sse.com.cn	중국 상하이
Singapore Exchange(SIMEX)	www.sgx.com	싱가포르
Sydney Futures Exchange	www.sfe.com.au	호주 시드니
TIFFE(Tokyo International Financial Futures Exchange)	www.tfx.co.jp	일본 동경
Tokyo Stock Exchange	www.tse.or.jp	일본 동경

◆ 선물거래 용어해설

간접헤지(Cross hedge)

헤지하는 현물상품을 대상으로 하는 선물계약이 존재하지 않을 경우 현물상품과 유사한 가격변동패턴을 갖는 선물을 이용하여 헤지하는 것을 말한다.

감마(Gamma)

옵션가격은 기초자산가격의 변화에 가장 큰 영향을 받는데, 델타는 기초자산가격이 변화할 때 옵션가격이 얼마나 민감하게 변화하는가를 나타내는 지표이다. 델타는 기초자산가격이 변화함에 따라 변화하는데, 감마는 주어진 기초자산가격에서 델타의 변화속도를 나타내는 옵션거래지표이다.

개시증거금(Initial margin)

고객이 새로운 선물이나 옵션거래를 위해 선물회사에 납부하는 증거금이다. 거래소가 선물상품의 가격변동성, 고객유형 등을 고려하여 개시증거금 수준을 정한다.

결제수수료(Clearing fee)

결제회사가 결제를 대가로 투자자로부터 징수하는 금액이다.

권리행사(Exercise)

옵션매입자가 매도자에게 대상자산의 거래이행을 요구하는 것을 말한다.

권리(행사)포기

옵션매입자가 만기일까지 권리를 행사하지 않는 것을 말한다. 옵션매도자 입장에서 보면 옵션매도로 인한 의무를 벗는 것을 의미한다.

구매력평가(Purchasing power parity)

두 나라 사이의 통화의 교환비율인 환율은 두 나라의 통화가 가지고 있는 구매력의 비율이라는 이론이다. 환율의 구매력평가는 이자율평가와 더불어 미래 환율을 예측하는 중요한 도구로 사용된다.

금리스왑(Interest swap)

금리스왑이란 두 거래당사자가 일정한 계약기간 동안 동일통화의 일정한 명목원금에 대해 서로 다른 이자기준에 따라 정해지는 이자지급을 주기적으로 교환하는 것을 말한다. 금리스왑은 동일통화의 일정명목원금에 대한 이자지급을 교환하는 것이고 원금의 교환은 일어나지 않는다. 따라서 계약원금은 이동되지 않는 명목상의 금액으로 통상 동일통화로 표시되며, 계약기간 중에는 약정시점마다 서로 상대방의 이자를 청산하게 된다. 통화스왑은 서로 다른 이종통화 간 변동금리와 고정금리의 교환인 데 반해, 금리스왑은 동일한 통화 간 변동금리와 고정금리의 교환이다.

금리칼라옵션 또는 코리도옵션(Interest rate collar or corridor option)

행사가격이 높은 금리캡을 매입하고 행사가격이 낮은 금리플로어를 매도하는 금리옵션이다.

금리캡과 금리플로어

자금을 차입하거나 대부해 주는 경우 금리변동으로 손익이 발생할 수 있다. 자금을 차입하게 되는 경우 금리가 상승하면 손실이 발생하는데 금리의 상한을 정해서 매 이자지급기간마다 정해진 금리상한 이상으로 시장금리가 상승하면 옵션으로 상한 이상 금리가 올라가는 것을 막아주는 옵션상품이 금리캡(interest rate cap)이다. 반대로 변동금리로 돈을 빌려주거나 특정한 상품에 투자한 사람에게 기간별 금리결정시점에서 일정한 금리 이하로 금리가 내려가면 옵션으로 하한 이하로 금리가 내려가는 것을 막아주는 옵션상품이 금리플로어(interest rate floor)이다. 금리캡이나 금리플로어는 각 이자지급기간마다 행사할 수 있는 개별 옵션을 결합한 옵션합성거래이다.

기대수익률

수익률이 과거 혹은 현재까지의 투자성과를 측정하는 반면에, 기대수익률은 미래에 발생할 수 있는 수익률에 대한 기대값이다.

기술적 분석(Technical analysis)

차트분석을 통해 과거 가격변화의 행태를 분석하여 미래의 가격을 예측하는 기법이다.

기초자산(Underlying asset)

옵션거래의 대상이 되는 자산을 말한다. 예를 들어, KOSPI 200 주가지수옵션에서 KOSPI 200 주가지수가 기초자산이다.

내가격(In The Money: ITM)

옵션행사가격과 기초자산의 현재가격의 차이를 나타내는 용어이다. 콜옵션은 기초자산의 시장가격이 옵션행사가격보다 높은 경우, 풋옵션은 기초자산의 시장가격이 행사가격보다 낮은 경우를 내가격이라고 한다. 즉, 기초자산의 시장가격에 비하여 권리행사가격이 유리한 상태인 경우를 말한다.

내재적 가치(Intrinsic value)

현시점에서 옵션이 행사될 경우 실현될 수 있는 이익의 크기이다. 콜옵션은 행사가격이 해당 기초자산가격보다 낮으면 내재적 가치가 있고 풋옵션은 행사가격이 기초자산가격보다 높으면 내재적 가치가 있다.

노멀 백워데이션과 콘탱고

노멀 백워데이션 혹은 콘탱고는 미래기대현물가격과 선물가격 간의 상관관계를 말한다. 선물시장참여자들의 위험선호도가 서로 다르기 때문에 선물가격이 미래기대현물가격으로 수렴되지 못하는데 이러한 선물가격과 미래기대현물가격의 수준차이를 노멀 백워데이션 혹은 콘탱고라고 한다. 선물가격이 미래기대현물가격보다 크다면 노멀 백워데이션이라고 하며 그 반대의 경우 콘탱고라 한다.

당일주문(Day order)

주문받은 당일에 계약이 체결되지 않으면 선물매매주문의 효력이 상실되는 주문을 말한다.

대각선스프레드(Diagonal spread)

대각선스프레드는 만기가 서로 다르고 행사가격도 다른 옵션을 동시에 사고파는 스프레드이다. 대각선스프레드는 만기와 행사가격의 서로 다른 변화를 이용해서 이익을 얻거나 또는 저렴한 비용으로 원하는 선물포지션을 유지하려고 할 때 사용된다.

대용증권(Securities On Deposit: SOD)

개시증거금으로 현금 대신 고객이 예치한 유가증권을 말하는데 약어로 SOD라고 한다. 이러한 증권의 종류와 가치는 거래소의 규정에 따라 결정된다.

더블베리어옵션(Double barrier option)

더블베리어옵션은 가장 흔하게 사용되고 있는 특이옵션 중의 하나이며 헤징에 주로 사용되고 있다. 더블베리어는 시장가격이 미리 정한 상한가격과 하한가격을 지나가게 되면 옵션이 소멸되거나(knock-out), 옵션이 효력을 발생하는(knock-in) 옵션이다. 더블베리어옵션은 가격의 상한과 하한 모두에서 기대이익을 포기함으로써 싱글베리어보다 이익가능성이 줄어들어서 프리미엄비용이 적게 드는 이점이 있으며 동일한 프리미엄으로 싱글베리어보다 행사가격을 유리하게 할 수 있는 이점이 있다.

델타(Delta)

옵션가격은 기초자산가격의 변화에 가장 큰 영향을 받는데, 델타는 기초자산가격이 변화할 때 옵션가격이 얼마나 민감하게 변화하는가를 나타내는 지표이다.

듀레이션(Duration)

1932년에 Frederick Macaulay에 의해 채권의 이자율민감도를 정확하게 측정할 수 있는 척도로서 듀레이션이 개발되었다. 듀레이션은 만기뿐만 아니라 액면이자율, 액면금액, 이자지급빈도, 시장금리 등을 종합적으로 고려하여 개발된 가중평균만기라고 할 수 있다. 기술적으로 설명하면 각 시점에서 발생하는 현금흐름(액면이자와 액면금액)의 현재가치를 총현재가치(채권가격)로 나누어 그 값을 가중치로 사용하여 각 현금흐름이 발생하는 시점을 곱하여 모두 합한 값이 듀레이션이다.

등가격(At The Money: ATM)

옵션행사가격과 기초자산의 현재가격이 같은 경우를 말한다.

디지털옵션(Digital option)

투자자들이 앞으로 가격이 일정한 방향으로 변화할 것이라는 예상을 가지고 있다면 이를 이용하여 이익을 얻기 위해 사용하는 옵션이다. 디지털옵션은 만기에 가서 시장가격이 미리 정한 가격보다 위에서 형성되면 일정한 금액을 보상으로 지급하는 옵션이며 이를 매입옵션(bull option)이라고 한다. 한편 만기에 가서 시장가격이 미리 정한 가격보다 아래에서 형성되면 일정한 금액을 보상으로 지급하는 옵션을 매도옵션(bear option)이라고 한다.

랜덤워크(Random walk)

랜덤워크모형은 기본적으로 환율이나 주가지수가 어떤 특정한 이론에 따라 결정되는 것이 아니라 과거와 현재의 정보를 바탕으로 무작위적으로 변화한다는 이론이다. 랜덤워크모형은 이론보다는 시장에서 과거와 현재의 정보를 이용하여 미래의 가격을 예측하는 차트분석이나 기술적 분석기법에 오히려 가깝다. 이러한 기법은 상당히 선험적이므로 시뮬레이션기법이나 확률분포기법이 사용되기도 하고 혼돈(chaos)모형이라고도 한다.

록-인옵션(Lock-in option)

록-인옵션은 시장가격의 변화가 적어서 옵션행사이익이 크지 않을 때 최소한의 옵션행사이익을 보장해 주는 옵션이다.

만기 간 스프레딩(Inter-delivery spreading)

상품과 거래소가 같고 만기일이 서로 다른 선물상품을 동시에 매도 및 매입하는 스프레드거래이다.

만기수익률(Yield To Maturity: YTM)

채권의 만기수익률은 채권을 현재가격으로 매입하여 만기까지 보유한다고 가정할 경우 기대되는 약속수익률을 일컫는다. 주식시장에서는 주식가격으로 거래가 성사되지만 채권시장에서는 채권가격이 아닌 만기수익률(YTM)로 거래가 되고 있다. 즉, 특정 채권의 가격이 아닌 수익률이 고시되어 매매가 성사된다.

만기일(Expiration date)

옵션매입자가 권리를 행사할 수 있는 마지막 날로서 만기일까지 권리를 행사하지 않으면 옵션은 소멸된다. 선물의 경우 계약이 종료되는 시점으로 거래최종일이라고도 한다.

매도스프레딩(Bear spread)

선물가격이 하락할 것으로 예상되는 경우 만기가 가까운 선물을 매도하고 만기가 먼 선물을 매입하는 선물거래이다.

매도콜스프레딩(Bear call spread)

기초자산의 가격하락이 예상되는 약세시장에서 이익을 얻기 위해 행사가격이 낮은 콜옵션을 매도하고 행사가격이 높은 콜옵션을 매입하는 옵션스프레드거래이다.

매도풋스프레드(Bear put spread)

기초자산의 가격상승이 예상되는 시장에서 이익을 얻기 위해 행사가격이 낮은 풋옵션을 매도하고 행사가격이 높은 풋옵션을 매입하는 옵션스프레드거래이다.

매도헤지(Short hedge)

가격하락으로 인한 손실을 피하기 위하여 선물을 매도하는 것을 가리킨다.

매입스프레드(Bull spread)

선물가격이 상승할 것으로 예상되는 경우 만기가 가까운 선물을 매입하고 만기가 먼 선물을 매도하는 선물거래이다.

매입헤지(Long hedge)

가격상승으로 인한 위험을 피하기 위하여 선물을 매입하는 것을 가리킨다.

미결약정 수량(Open interest)

일정시점에 남아 있는 선물계약의 잔고수로 반대매매가 되지 않았거나, 만기가 도래하지 않은 계약의 총수를 말한다. 선물 또는 옵션의 신규매매가 늘어나면 미결약정 수량은 늘어나고, 반대매매나 권리행사를 통해 선물 · 옵션이 청산되면 미결약정 수량은 줄어든다.

반대매매(Offset)

계약마감(close out)과 동일한 의미로 쓰이며 보유하고 있는 선물매입이나 매도 포지션을 반대방향으로 청산하는 것을 말한다.

버터플라이 스프레드(Butterfly spread)

버터플라이 스프레드는 등가격(At The Money: ATM)의 콜옵션을 1계약 매입하고 외가격(Out of The Money: OTM)의 콜옵션을 2계약 매도하는 동시에 외가격의 콜옵션을 1계약 매입하는 버터플라이 콜옵션스프레드와 등가격의 풋옵션을 1계약 매입하고 외가격의 풋옵션을 2계약 매도하는 동시에 외가격의 풋옵션을 1계약 매입하는 버터플라이 풋옵션스프레드가 있다. 버터플라이 스프레드는 만기가 같고 행사가격이 서로 다른 옵션을 동시에 사고파는 스프레드이므로 수직스프레드와 비슷하나 행사가격이 서로 다른 옵션을 2계약 이상 동시에 사고판다는 점에서 수직스프레드와 차이가 있다. 하지만 버터플라이 스프레드는 수직스프레드와 같이 가격의 급격한 변화를 이용하여 이익을 얻기 위해 사용하는 옵션전략이다.

베가(Vega)

옵션가치는 기초자산의 변동성에 의해서도 영향을 받는다. 즉, 기초자산의 가격변동성이 클수록 옵션가치는 상승한다. 왜냐하면 기초자산의 가격변동성이 크다는 것은 옵션을 행사할 가능성이 크다는 것을 의미하기 때문이다. 그러나 옵션에 따라서 가격이 상승하는 정도가 다른데, 옵션의 베가는 기초자산의 가격변동성이 변화할 때 옵션가치가 변화하는 수준을 측정하는 지표이다. 베가가 크다는 의미는 기초자산의 가격변동성의 작은 변화에도 옵션가치가 크게 상승한다는 뜻이다.

베리어옵션(Barrier option)

베리어옵션이란 시장가격이 미리 정해진 가격에 도달하게 되면 일정한 조건의 옵션이 행사되거나(knock-in), 옵션이 사라지게 되는(knock-out) 옵션이다. 이러한 베리어옵션은 전통적인 옵션과 같이 손실을 회피하거나 이익을 얻기 위해 사용되나 주로 칼라옵션과 코리도옵션과 같이 전통적인 옵션에 따르는 프리미엄비용을 줄이기 위해서 사용된다.

베이시스(Basis)

현물가격과 선물가격의 차이(현물가격-선물가격)를 베이시스라고 말한다. 정상적인 시장(normal market)에서는 현물가격이 선물가격보다 낮게 형성되므로 베이시스는 음(-)의 값을 갖는다.

변동성(Volatility)

기초자산의 장래 가격변동정도를 말한다. 가격변동성이 클수록 만기 동안 가격이 행사가격보다 크거나 작아질 확률이 커지고 옵션으로 이익을 실현할 수 있는 가능성이 커지므로 옵션프리미엄도 높게 형성된다.

VLA 주가지수

VLA(Value Line Average)는 시장에서 거래되고 있는 1,700개의 주식을 가중평균한 값으로 1포인트당 가격이 $500이다. 이들 주가지수를 계산하는 방법은 S&P 500지수와 MMI지수를 계산하는 방법과 동일하다.

블랙-숄즈 옵션가격모형(Black & Scholes option pricing model)

1973년 시카고 옵션거래소(Chicago Board Option Exchange)가 개설됨에 따라 Fischer Black과 Myron Scholes가 옵션이론가격을 계산하기 위하여 개발한 옵션가격모형이다. 이 모형은 일부 수정되어 현재 널리 이용되고 있으며 선물가격, 행사가격, 가격변동성, 잔존기간 및 금리 등이 변수로 적용된다.

사다리옵션(Ladder option)

사다리옵션은 가격이 변화할 때 매입한 옵션이 외가격(Out of The Money: OTM)이 될 때 옵션행사가격을 다시 새롭게 정하는 옵션이다. 즉, 시간이 지나감에 따라 가격이 변동될 때 옵션행사가격을 다시 조정하는 옵션이다. 이 사다리옵션은 항상 옵션매입자에게 유리하게 행사가격이 변화하므로 풋옵션의 경우 행사가격이 상승하는 방향으로 조정되며 콜옵션의 경우 행사가격이 하락하는 방향으로 조정되는 것이 일반적이다. 사다리옵션에서 행사가격조정에 따르는 프리미엄비용이 다른 일반적인 옵션보다 비싸다는 단점이 있지만 가격이 어느 방향으로 변하더라도 이익을 얻을 수 있는 이점이 있다. 사다리옵션은 조정할 수 있는 행사가격의 수준에 따라 프리미엄의 크기가 달라진다.

상품선물(Commodity futures)

농축산물, 산업광물, 에너지, 귀금속 등 실물상품을 매매대상으로 하는 선물계약이다.

샤우트옵션(Shout option)

샤우트옵션은 가격이 유리하게 변화되다가 만기일에 가격이 불리하게 변화되는 경우 최소한의 행사이익을 보장해 주는 옵션이다. 샤우트옵션은 시장에서 최소한의 행사이익을 보장받고 있다는 점에서 록-인옵션(lock-in option)과 상당히 유사하나 록-인가격(lock-in rate)이 미리 정해진 것이 아니라는 점에서 록-인옵션과 다르다. 샤우트옵션은 또한 옵션만기 이내에 투자자들이 록-인가격을 정하고 있지 않다가 만기 이전에 어느 때이고 록-인가격을 불러서(shout) 록-인가격을 정할 수 있는 옵션이다.

선도계약(Forward contract)

미래에 인도되는 현물상품을 사거나 파는 계약으로 인도일, 계약금액 등 구체적인 계약조건을 흥정하여 결정한다. 선물계약과 다른 점은 표준화되어 있지 않고 거래소를 통해서 거래되지 않는다는 점이다.

선물거래(Futures)

선물거래소를 통하여 현재시점에서 가격을 정하고 미래에 일정한 상품을 인수도할 것을 약정했다가 만기일 전에 반대거래를 하거나, 또는 만기일에 실물을 인수도함으로써 계약을 종결하는 거래방식이다.

선물매도포지션(Short futures position)

가격하락이 예상될 때 가격하락으로 인한 손실을 피하거나 투기이익을 얻고자 선물을 매도하면 선물매도포지션이 된다.

선물옵션합성거래(Synthetic trading)

콜옵션과 풋옵션을 결합하여 특정한 선물포지션과 같은 효과를 가져오는 합성거래이다.

선물프리미엄과 할인율(Forward premium and discount)

선물프리미엄(또는 할인율)은 선물 환율과 현물 환율의 차이이며 베이시스의 차이와 같다. 선물프리미엄은 동일한 만기를 가진 선물 환율의 금융비용이며 두 나라 사이의 금리차이와 같다.

선택자옵션(Chooser option)

선택자옵션은 옵션의 종류를 미리 콜옵션인지 풋옵션인지를 정하지 않고 일정한 시점에서 옵션매입자가 결정할 수 있는 옵션이다. 예를 들어, 옵션매입자는 일정시점에서 가격이 상승할 것으로 예상되면 콜옵션을, 가격이 하락할 것으로 예상되면 풋옵션을 선택할 수 있다. 이러한 전략은 스트래들전략과 유사하며 스트래들전략보다 프리미엄비용이 저렴한 이점이 있다. 하지만 유동성이 낮은 장외상품으로 옵션만기 전에 유리한 상황이 되어도 반대매매가 쉽지 않다.

세타(Theta)

델타와 감마는 기초자산의 가격이 변동함에 따라 옵션의 가격이 어떻게 변동하는가를 살펴보는 지표이다. 그러나 옵션은 기초자산의 가격이 변화하지 않고 잔존만기만 줄더라도 가격이 하락하거나 상승할 수 있다. 즉, 세타는 만기일이 다가옴으로써 옵션가격이 어떻게 변화하는가를 알아보는 지표이다.

손절매주문(Stop order)

이미 보유하고 있는 포지션의 손실최소화(stop loss)가 주요 목적이다. 이 주문은 고객이 주문가격을 지정하는데, 매입주문을 낼 때에는 지정가격을 시장가격보다 높게 표시하며 반대로 매도주문을 낼 때에는 지정가격을 시장가격보다 낮게 표시한다.

수직스프레드(Vertical spread)

옵션거래의 일종으로 기초자산, 옵션유형, 만기는 같으나 행사가격이 서로 다른 옵션을 하나는 매입하고 동시에 다른 하나는 매도하는 것으로 가격스프레드라고도 한다. 수직스프레드라고 부르는 이유는 신문의 옵션시세표에 행사가격이 수직으로 배열되어 있는 데서 유래되었다.

수평스프레드(Horizontal spread)

기초자산, 옵션유형, 행사가격은 같으나 만기가 서로 다른 옵션을 하나는 매입하고 동시에 다른 하나는 매도하는 스프레드거래로서, 캘린더스프레드(calendar spread) 또는 시간스프레드(time spread)라고 한다. 일반적으로 시간가치가 가장 큰 등가격(At The Money: ATM)옵션을 이용하여 스프레드를 구성한다.

스왑(Swap)

스왑거래는 미래의 정해진 기일 또는 기간 동안 거래의 두 당사자가 소유한 서로 다른 현금흐름을 교환하기로 약정을 맺는 것으로, 환율 또는 금리의 변동위험을 헤지하기 위해 보편적으로 사용되는 파생상품이다. 즉, 사전에 정해진 가격 및 기간에 거래당사자가 보다 유리하게 자금을 조달하고, 위험을 헤지하기 위해 상호 부채를 교환함으로써 위험을 회피하려는 금융기법이다.

스트래들(Straddle)

기초자산, 행사가격, 만기가 같은 콜옵션과 풋옵션을 모두 매입 또는 매도하는 거래이다. 장래 가격상승이 예상될 때에는 모두 매입하고, 가격하락이 예상될 때에는 모두 매도한다.

스트랭글(Strangle)

기초자산, 만기는 같으나 행사가격이 다른 외가격(Out of The Money: OTM)상태의 콜옵션과 풋옵션을 모두 매입 또는 매도하는 거래이다. 장래 가격상승이 예상될 때에는 모두 매입하고, 가격하락이 예상될 때에는 모두 매도한다.

스프레드거래(Spread trading)

선물(옵션)시장에서 유사한 두 선물(옵션)을 매입함과 동시에 매도하는 선물(옵션)거래이다.

시간적 가치(Time value)

옵션프리미엄이 옵션의 내재적 가치(intrinsic value)를 초과하는 부분으로서 이는 옵션이 만료되기 전에 언젠가 기초자산가격이 유리하게 움직여 옵션가격이 상승할 것으로 예상하는 옵션매입자의 기대가 반영된다. 시간적 가치는 외재적 가치(extrinsic value)라고도 한다.

CAPM(자본자산가격결정이론)

CAPM은 자본자산가격결정이론이며 위험자산의 체계적 위험수준에 따라 시장평형수익률을 산정하여 주는 모형이다. 여기서 시장평형수익률은 기대수익률과 같다.

시장가주문(Market order)

시장에서 가장 유리한 가격으로 특정 상품의 매매계약을 체결해 달라는 주문으로 매매가격이 명시되어 있지 않다. 이 거래는 현재시장에서 거래되는 가격을 크게 개의치 않고 신속하게 계약을 체결하고자 하는 경우에 사용된다.

시장효율성(Market efficiency)

시장이 효율적인가 하는 기준은 시장가격이 그날의 모든 정보를 반영하고 있는가에 달려 있다. 효율적 시장에서 가격이 오를 것이라는 정보가 있다면 이는 이미 가격에 다 반영되어 있다는 것이다. 효율적 시장이 가지는 중요한 의미는 특정한 정보를 가지고 작전이나 가격차이를 이용하여 초과이익을 얻을 수 없다는 점이다. 왜냐하면 효율적인 시장에서는 모든 사람들이 모든 정보를 공유하고 있기 때문에 작전이나 가격변화에 대한 정보도 이미 시장가격에 포함되어 있기 때문이다.

안정적 외환시장(Stable FX market)

외환시장이 안정적일 때 원/달러 환율이 상승하게 되면 수출이 늘어나고 수입이 줄어들어서 달러의 초과공급이 발생하고 다시 원/달러 환율은 균형으로 되돌아오는 성질이 있다. 하지만 이에 반해 시장이 불안정적일 때 환율의 상승은 달러의 초과수요를 더욱 부채질해서 오히려 원/달러 환율이 더욱 급격히 상승하는 경우가 있다. 이 경우 외환시장을 '불안정적' 이라고 하며 주로 외환위기나 물가가 급격히 상승하고 경제가 불안할 때 형성되는 외환시장이다.

S&P 500 주가지수선물

S&P 500 주가지수선물은 대표적인 미국 주가지수선물로서 1941~1943년을 기준연도로 하여 뉴욕 주식시장에서 거래되고 있는 대표적인 주식 500개의 가격을 지수화한 값이다. 지수에 포함되는 500개의 주식가격을 하나의 수치로 나타내기 위해 주식의 시장가치 가중평균방법을 사용하였으며 주가지수 1포인트당 $500이다.

NCO(Net Change Oscillator)

NCO는 단기적인 추세의 반전을 나타내는 지표이며 현재시장가격과 과거 일정한 시점의 가격을 서로 비교하는 것이다.

NYSEC(New York Stock Exchange Composite)

NYSEC는 뉴욕 증권시장에서 일반적으로 거래되고 있는 1,520개의 주식을 시장가치로 가중평균한 주가지수로서 1포인트당 가격이 S&P 500 주가지수와 같은

$500이다.

엘리어트(Elliott)의 파동이론

엘리어트의 파동이론이란 자연의 법칙처럼 주식의 변화도 일정한 규칙성이 있다는 것이다. 이러한 규칙성은 크게 5번의 상승파동과 3번의 하락파동으로 구성되어 있다. 즉, 한 번의 가격변화에는 모두 상하 8번의 상하파동이 존재한다는 것이며 상승국면의 5개 파동에서 1번, 3번, 5번은 상승파동이며 이를 충격파동(impulse wave)이라고 한다. 한편 상승국면에서의 5개 파동에서 2번, 4번은 하락파동이며 이를 조정파동(corrective wave)이라고 한다. 마찬가지로 전체 시장가격이 하락국면일 때는 하락파동이 충격파동이 되고 상승파동이 조정파동이 된다. 전체 시장가격이 상승하는 국면에서 1번에서 5번까지 상승국면이 끝나면 하락국면이 시작되는데 이 파동들은 3개의 파동으로 구성되며 각각 a, b, c파동으로 구분된다.

MMI(Major Market Index)

MMI는 20개의 대형 우량주의 가격을 가중평균한 주가지수로서 이 중 16개의 주식은 다우존스(Dow Jones) 주가지수에 포함되는 것들이다. 가격 가중평균방법은 개별 주식의 시장가격을 모두 더한 다음 일정한 상수로 나누어 준 값으로 계산하였으며 주가지수 1포인트당 $250이다.

오버슈팅모형(Overshooting model)

통화량이 증가할 때 물가의 조정속도가 느리면 통화량증가의 압력으로 시장금리가 급격히 하락한다. 시장금리하락은 자본을 급격히 해외로 유출시키고 원/달러 환율은 급격히 상승하는 결과를 가져온다. 나중에 통화량증가로 인해 물가가 서서히 증가하기 시작하면 미래 환율은 다시 물가상승률만큼 하락하게 되어 균형을 이루게 된다. 오늘 환율이 급격히 상승하여 내일 환율상승률이 물가상승률을 초과하는 경우 이를 환율이 오버슈팅되었다고 한다. 이러한 오버슈팅현상은 이자율평가에 의해 오늘 통화량증가는 국내시장이자율을 떨어뜨리고 미래의 환율을 증가시키므로 오늘 국내수익률이 급속히 감소한다. 따라서 이자율평가가 다시 성립되려면 국내수익률이 상승해야 하는데 이를 위해 오늘 환율이 급격히 증가해야 하기 때문에 발생한다.

오실레이터(Oscillator)

오실레이터는 단순히 현재가격에서 과거의 가격을 뺀 준 값으로 양(+)의 값은 현재가격이 과거보다 높다는 것이고 음(−)의 값은 현재가격이 과거보다 낮다는 것이다. 이렇게 오실레이터를 매일매일 작성하면 제로(0)의 값을 기준으로 양(+)과 음(−)의 값을 반복적으로 나타내게 된다. 오실레이터의 기본원리는 시장은 가끔 과열되거나 지나치게 침체되는 경향이 있다는 것이다. 즉, 시장가격이 균형점이라고 생각되는 것보다 더 높다면 다시 가격이 하락할 것이고 반대로 균형점보다 낮다면 가격은 상승할 것이다.

옵션매도자(Option writer)

옵션의 매도인(seller)을 가리키며 'grantor' 또는 'writer' 라고도 한다. 옵션을 매도하여 매입자에게 권리를 부여하고 그 대가로 옵션프리미엄을 받는다. 옵션매도자는 옵션매입자로부터 프리미엄을 받는 대신에 매입자의 권리행사에 따른 기초자산거래를 이행할 의무를 진다.

옵션매입자(Option buyer)

보유자(holder)라고도 하며 프리미엄을 지불하고 옵션을 행사할 수 있는 권리를 갖는다.

옵션프리미엄(Option premium)

옵션을 매입할 때 옵션매도자에게 지불하는 권리에 대한 대가이다.

옵션합성거래(Option combination)

옵션과 선물포지션을 결합하여 만들어지는 것으로, 합성콜옵션과 합성풋옵션이 있다. 합성콜옵션은 풋옵션과 선물을 동시에 매입하면 콜옵션의 성격을 띄게 되는데 이를 합성콜옵션매입(synthetic long call option)이라고 하며, 합성풋옵션은 콜옵션을 매입하고 동시에 선물을 매도하면 풋옵션의 성격을 가지게 되며 이를 합성풋옵션매입(synthetic long put option)이라고 한다.

완전헤지(Perfect hedge)

선물가격변화가 기초자산의 가격변화와 정확히 일치되어 손실위험이 없는 헤지를 말한다.

외가격(Out of The Money: OTM)

옵션과 기초자산의 관계를 나타내는 용어로, 행사가격과 현재가격의 차이(내재적 가치)가 0보다 작은 경우를 말한다. 콜옵션은 행사가격이 기초자산의 시장가격보다 높은 경우이며 풋옵션은 행사가격이 기초자산의 시장가격보다 낮은 경우를 말한다.

외재적 가치(Extrinsic value)

옵션프리미엄에서 옵션의 내재적 가치에 대한 반대의미이며 시간적 가치를 말한다. 잔여만기가 길수록 외재적 가치는 증가한다.

위험프리미엄(Risk premium)

위험프리미엄이란 불확실성 때문에 나타나는 불확실성의 값이다. 미래에 예측된 가격은 불확실성을 가지고 있으며 예측은 항상 불확실하기 때문에 불확실성의 값이 미래의 예측가격에 포함되어야 한다. 하지만 내일 실제 환율은 확실성의 환율이므로 위험프리미엄이 필요 없게 된다. 따라서 내일 예측 환율과 내일 실제 환율은 시장이 효율적이라도 위험프리미엄만큼 차이가 발생할 수 있다.

유동성효과(Liquidity effect)

오늘 통화량이 늘어나면 시중에 자금이 풍부해지므로 시장금리가 단기적으로 먼저 하락한다. 이를 유동성효과라고 한다. 시장금리가 하락하면 투자비용이 낮아져서 투자가 늘어나고 가계의 소비심리를 부추기고 따라서 자본재와 소비재의 소비를 증가시킨다.

유로달러(Euro-dollar) 예금증서

유로달러 예금증서는 미국달러 예금을 예치하고 있는 유럽계 상업은행에서 발행하는 3개월 만기 단기채권상품이며 액면가격이 1,000,000미국달러($)이며 1포인트당 가격은 $25.00이다.

유지증거금(Maintenance margin)

선물계약 후에 고객이 증거금을 예치하고 선물만기일까지 증거금계좌에 유지해야 하는 최소한의 증거금을 말한다. 일반적으로 유지증거금의 수준은 개시증거금의 수준의 75% 정도이나 거래소별로 약간씩 차이가 있다.

이동평균분석(Moving average methods)

이동평균을 이용한 이동평균분석방법은 단기변동에서 나타나는 불규칙한 변화분을 제외하고 장기적인 변화추세를 분석하기 위한 기법이다. 이동평균분석은 사용되는 기간의 길이에 따라 다르게 나타나나, 단기분석일수록 단기에 걸친 가격추세를 분석하기에 알맞고 장기분석일수록 장기에 걸친 가격추세분석에 적당하다. 여기서 정해진 기간의 일수는 가격변화에 대한 평균적 가중치이며 가격의 민감도를 나타낸다. 즉, 평균에 사용되는 기간의 일수가 많을수록 매일의 가격변동민감도가 떨어지나 평균에 사용되는 기간이 짧을수록 매일의 가격변화민감도는 증가한다.

이동평균 오실레이터(Moving average oscillator)

이동평균 오실레이터는 단기이동평균에서 장기이동평균값을 빼 준 오실레이터이며 시차와 관계없이 현재의 시장가격이 어떻게 움직이고 있는지를 쉽게 알 수 있다. 즉, 가격상승추세에서는 단기이동평균이 장기이동평균보다 위쪽에 있어서 단기와 장기이동평균의 차이가 양(+)의 값을 나타낼 것이다. 반대로 가격하락추세에서 단기이동평균은 장기이동평균보다 아래쪽에 있어서 단기와 장기이동평균을 빼 준 이동평균 오실레이터가 음(−)의 값을 보이게 된다. 단기와 장기이동평균이 교차하는 지점은 단기이동평균에서 장기이동평균을 빼 준 값이 제로(0)가 된다. 따라서 이동평균 오실레이터가 양(+)의 값이면 현재시장가격이 상승추세이며 음(−)의 값이면 가격이 하락추세이다.

ELS(Equity Linked Securities)

ELS는 개별 주식의 가격이나 주가지수에 연동하여 수익률이 결정되는 상품으로 투자원금 중 일부는 우량채권 등 안전자산에 투자하여 만기에 투자원금상환에 충당하고, 일부는 옵션복제재원으로 사용하여 수익을 추구하는 구조로 되어 있다. 기초자산이 개별 주식인 경우만을 ELS라고 하고 주가지수인 경우를 EILS(Equity Index Linked Securities)라고 구분해서 부르기도 한다.

이원옵션(Binary option)

이원옵션은 일정한 만기에 시장가격에 따라 일정한 금액을 보상해 주는 조건을 가진 디지털옵션과 유사하나 디지털옵션과 달리 만기일이 아니라 만기일 이전 아무때나 이러한 조건이 적용된다는 점에서 차이가 있다.

이자율의 기간구조(Term structures)

이자율의 기간구조는 만기에 따른 정기예금의 이자율 혹은 채권의 만기수익률을 의미한다. 은행의 만기별 정기예금 이자율이 매일 변화하듯이, 이자율의 기간구조도 금융시장의 상황에 따라 매일 변화한다.

이자율평가(Interest rate parity)

국제 간의 자본이동이 수익률이 낮은 나라에서 높은 나라로 계속해서 일어나면 수익률이 높은 나라는 자본의 유입으로 자본의 가격인 이자율 또는 수익률이 감소하게 되고 반면 수익률이 낮은 나라는 자본의 유출로 이자율이 높아지게 된다. 국제간의 자본이동은 금리차익거래를 통해 두 나라 간의 수익률차이가 같아질 때까지 지속적으로 일어난다. 국제 간 자본이동의 결과 두 나라 사이에 실질수익률이 같아지게 되는 경우 이자율평가가 성립한다.

이항옵션가격결정모형

이항옵션가격결정모형은 블랙-숄즈 옵션가격결정모형이 개발된 6년 후인 1979년 John Cox, Stephen Ross, Mark Rubinstein, 이들 3인의 교수들에 의하여 개발되었다. 블랙-숄즈모형이 복잡한 미분방정식을 도출하여 이 방정식의 해답을 찾음으로써 개발된 해석모형인 반면에, 이항옵션가격결정모형은 수치모형으로서 옵션가격을 구하기 위하여 수치제어(numerical control) 접근방법을 사용하고 있다. 수치모형은 최적근사치를 얻을 때까지 계산을 반복한다.

일일정산(Daily marking to market)

증거금이 선물가격변화에 따른 손실을 언제든지 보전할 수 있는 수준으로 유지될 수 있도록 하는 제도적 장치로서 고객의 미결약정 수량을 매일 정산가격으로 재평가하여 선물거래 손익을 당일 고객증거금에 반영하는 것을 말한다.

1세대 모형(First generation model)

1세대 모형이란 외환위기를 설명하는 모형으로 현재 자국이 시행하고 있는 재정금융정책의 방향과 실제 환율수준이 맞지 않게 되면서 발생하는 외환위기이다. 즉, 투기자들이 현재 정부의 정책방향에 기초해서 환율의 변동방향을 예측하는데, 이러한 환율예측과 현재의 환율수준이 괴리가 벌어지면 환율이 변화될 방향으로 달러를 매매하기 때문에 환율이 급격히 상승하고 외환위기가 발생한다.

2세대 모형(Second generation model)

2세대 모형은 외환위기를 자기실현적 외환위기(self fulfilling crisis)로 설명하는 모형이다. 자기실현적 외환위기란 경상수지의 적자 또는 경제성장률 둔화 등으로 자국의 경제사정이 악화되면서 사람들이 자국통화가 약세(환율상승)가 될 것으로 예상한다는 가정에서 출발한다. 단순히 이러한 예상은 실제 사람들로 하여금 자국통화를 매도하고 달러를 매입하게 함으로써 실제 환율을 사람들이 예측하는 방향으로 변화시키게 된다. 모든 투기자들이 같은 방향으로 예측하게 된다면 환율은 급격히 상승하고 외환위기가 발생하게 된다. 2세대 모형이 1세대 모형과 차이를 보이는 점은 단순히 예측에서 시작된 환율변화방향이 실제로 그렇게 되어 버린다는 점에 있다.

정보의 형태(Form of information)

정보는 통상 세 가지 형태의 정보로 구분된다. 정보의 첫 번째 형태는 과거의 정보이다. 이를 약형 정보(weak form information)라고 하며 환율이나 주가를 예측할 때 과거의 물가, 금리, 자본이동을 고려해서 예측하는 것이다. 정보의 두 번째 형태는 반강형 정보(semi-strong form information)라 하며 과거정보에 오늘 알려진 공공정보를 포함한 정보이며 약형 정보보다 그 범위가 넓다. 환율이나 주가예측은 주로 오늘의 공공부문정보를 이용해서 예측한다. 마지막 정보의 형태는 강형 정보(strong form information)이며 과거정보와 공공정보에 개인적인 정보를 합한 정보이며 가장 정보력이 크다.

정산가격(Settlement price)

매일매일 거래종료시점에서 거래소가 정하는 공식 시장가격이며 다음 날의 가격변동폭과 일일정산 기준가격이다. 정산가격은 일반적으로 종료가격대에 속하는 값으로서 반드시 마지막 거래가격일 필요는 없다.

조건부옵션(Contingent option)

조건부옵션은 시장가격이 만기일에 미리 정한 행사가격수준에 도달할 때에만 옵션프리미엄을 지불하는 옵션이다. 이 조건부프리미엄은 일반적인 옵션(vanilla option)보다 가격이 비싸다. 이 옵션전략은 시장가격이 일정한 조건을 충족시키지 못하면 프리미엄이 제로이기 때문에 가격이 반대로 움직이면 프리미엄비용이 전혀 들지 않는 이점이 있으며 가격이 일정한 조건을 충족시키면 옵션을 행사하게 되어 헤징과 행사이익을 얻을 수 있다.

증거금(Margin)

고객이 선물회사에 납부하는 증거금으로 개시증거금, 유지증거금 및 추가증거금이 있다. 개시증거금은 고객이 신규로 선물 · 옵션계약을 매도하거나 매수할 때 납부하는 증거금이며, 유지증거금은 고객이 자신의 미결약정 수량을 유지하는 데 필요한 최소한의 증거금이고, 추가증거금은 증거금이 유지증거금 이하로 떨어지면 개시증거금의 수준까지 충당하도록 요구하는데 이를 추가증거금 요구라고 한다.

증거금 요구(Margin call)

보유선물에 대해 일일정산(daily marking to market)하여 증거금이 유지증거금 이하로 떨어지면 선물회사가 고객에게 추가증거금을 적립하도록 요구(call)하는 것을 가리킨다.

지렛대(Leverage)효과

파생금융상품거래에서는 매매계약원금에 상당하는 자금이 필요하지 않고 그 일부만으로 전체 계약금액의 거래가 가능하기 때문에 지렛대의 원리를 이용한다는 의미에서 사용한다. 선물 또는 옵션은 일반적으로 계약금액보다 적은 증거금 또는 옵션프리미엄만으로 거래를 할 수 있기 때문에 지렛대효과가 매우 크나 손실위험도 크다.

GNMA

GNMA는 부동산저당채권이며 만기가 30년인 최장기금리상품이다. GNMA채권의 액면가격은 100,000미국달러($)이며 1포인트의 가격은 $31.25이다. 다른 장기금리선물인 T-Notes나 T-Bonds와 같이 32진법을 사용하며 32진법을 이용하면 1 − 00 = 0 − 32이며 100 − 00 = 99 − 32이다.

지정가주문(Limit order)

고객이 매매가격을 지정하는 주문방법으로 고객이 지정한 가격 또는 지정가격보다 유리한 가격에서만 매매가 체결되도록 하는 주문이다.

차익거래(Arbitrage)

동일한 상품의 가격이 서로 다른 시장 간에 차이가 발생할 때 가격이 싼 시장에서 매입하고 비싼 시장에서 매도하여 거래차익을 얻으려는 거래를 말한다.

청산(Liquidation)

이미 존재하는 선물매입(매도)포지션을 만기 전에 반대매매(offset)를 통해 계약에서 벗어나거나, 만기에 현물을 인수 · 인도하여 거래를 마감(close out)하는 것을 말한다.

청산소(Clearing house)

선물거래자의 상대방이 되어 거래이행을 보증하고 거래종료 때까지 선물계약을 관리하는 기능을 하는 거래소의 한 기관이다.

최적헤지비율

헤지거래에서 헤지하는 현물자산과 선물의 기초자산이 상이하거나, 헤지하는 현물자산의 가격변동과 선물기초자산의 가격변동이 다르거나, 또는 헤지기간 동안 베이시스변동의 위험이 있다면 완전헤지효과는 반감된다. 헤지효과를 완전하게 하기 위해서는 헤지비율을 조정해 주어야 하는데, 이때 주어진 상태에서 헤지효과를 극대화시키는 헤지비율을 최적헤지비율이라고 한다.

최종거래일(Last trading day)

선물계약이 종료되는 날로 거래소가 정한다. 미결제 선물포지션은 이날이 지난 후에는 반대매매를 통해 청산할 수 없으며 반대매매가 되지 않은 선물계약은 최종거래일이 지난 후에 실물자산의 인도에 의해서만 청산될 수 있다.

칼라옵션(Collar option)

칼라옵션은 전통적인 콜옵션과 풋옵션에 비해 저렴한 비용으로 가격변화에 대한 위험을 회피할 수 있으나 이러한 위험을 무제한으로 회피할 수 있는 것이 아니라 일정한 범위 이내의 가격변화에 대해서만 위험을 회피할 수 있는 옵션이다. 옵션의 저렴한 비용은 옵션으로부터 발생하는 기대이익의 일부를 포기함으로써 이익이 제한되어서 발생하는 것이다.

커버된 콜옵션(Covered call)

콜옵션매도와 선물매입포지션을 동시에 취하는 합성풋옵션매도를 말한다. 콜옵션을 매도하면 콜옵션매입자가 권리를 행사할 경우 손실이 발생하는데, 매입한 선물을 매도함으로써 옵션매도로 인한 손실을 없앨 수 있다.

코리도옵션(Corridor option)

코리도옵션은 칼라옵션과 유사하게 손실위험을 회피하기 위해 어떤 옵션을 매입하고 이 옵션매입으로 발생하는 프리미엄비용을 줄이기 위해 다른 종류의 옵션을 매도함으로써 이익의 기회를 제한하는 옵션이다.

콜옵션(Call option)

매입자가 매도자로부터 지정된 날짜(만기) 또는 그 이전에 미리 정한 행사가격으로 기초자산을 매수할 수 있는 권리를 말한다.

통화스왑(Currency swap)

통화스왑이란 두 거래당사자가 일정한 계약기간 동안 서로 다른 통화에 대해 만기까지 원금과 이자지급을 서로 교환하기로 하는 계약을 말하는데, 만기에는 항상 통화원금의 교환이 행해진다. 통화스왑은 거래자가 현재의 현금흐름을 변환하고자 하거나, 특정 통화를 차입하고 싶은데 현실적으로 어려울 때 다른 통화를 차입해서 그 통화로 교환하거나 특정 통화의 환율변동위험을 헤지하기 위해 사용된다.

투기자(Speculator)

선물거래목적이 위험회피가 아니고, 장래 가격변동을 적극적으로 이용하여 이익을 얻을 목적으로 거래하는 자를 말한다.

Treasury-Notes와 Treasury-Bonds

미국 재무성(Treasury of the U.S.)에서 발행하는 만기가 1년 이상인 장기채권이며, 만기별로 Treasury-Notes는 만기가 10년, Treasury-Bonds는 만기가 15년이다. 두 채권 모두 액면가격이 100,000미국달러($)이며 1포인트당 가격은 $31.25이다.

Treasury-Bills

Treasury-Bills는 미국 재무성(Treasury of the U.S.)에서 발행하는 3개월 만기 단기증권(채권)이며 액면가격이 1,000,000미국달러($)이며 1포인트당 가격은 $25.00이다.

특이옵션(Exotic option)

특이옵션은 금융기관들이 전통적인 콜옵션과 풋옵션(vanilla options)보다 저렴한 비용으로 전통적인 옵션보다 다양한 조건을 가지고 거래하도록 고안되어 있다.

예를 들어, 아시안달러옵션은 한순간의 현물 환율이 아닌 일정기간 동안의 평균 환율을 대상으로 하는 옵션이다. 이 경우 평균 환율은 매 순간의 개별 환율보다 변동성이 적어서 옵션에 대한 프리미엄이 저렴하나 환율추세변화에 대해 위험을 헤징할 수 있는 이점이 있다.

틱(Tick)

거래소에서 규정한 최소한의 가격변동폭을 말한다.

파생금융상품(Derivatives)

예금, 채권, 주식 등과 같은 전통적인 현물(cash)금융상품에서 발전한 상품을 말하며 선물, 옵션, 스왑(swap) 등이 여기에 해당한다.

펀더멘털(Fundamental) 분석

가격예측방법의 하나로 국제수지, 물가, 경제성장과 같은 경제적 요인이 상품가격에 미치는 효과를 분석하는 기법이다. 특히 환율, 금리, 주가를 장기적으로 예측할 때 많이 사용한다.

포지션(Position)

선물옵션거래에서 매입 또는 매도한 선물계약수를 말한다. 신규투자자가 선물 2계약을 매입하면 매입포지션(long position)이 되며, 3계약을 매도하면 매도포지션(short position)이 된다.

포지션 균형(Position square)

매입 혹은 매도포지션을 청산하여 미청산계약이 없는 상태를 말한다.

포지션 보유한도(Position limit)

특정 선물상품에 대해 한 개인이나 회사가 미청산상태(open position)로 보유할 수 있는 선물계약수의 한도를 말한다.

포트폴리오

일반적으로 투자자는 어떤 하나의 증권에 자신이 가진 모든 재산을 투자하지는 않는다. 여유가 되는 대로 자신의 재산을 여러 종류의 증권에 나누어 투자를 한다. 이때 두 가지 이상의 증권에 투자한 자산의 집합을 포트폴리오라고 한다.

풋옵션(Put option)

옵션매입자가 옵션만기일 이전에 약정된 가격으로 특정 상품을 매도할 수 있는 권리를 갖는 옵션계약이다.

풋-콜 등가식(Put-Call parity)

풋-콜 등가식은 콜옵션가격과 풋옵션가격의 연관성을 설명하고 있다. 즉, 기초자산과 행사가격, 그리고 만기가 동일한 콜옵션과 풋옵션은 일정한 관계가 있으며, 풋-콜 등가식은 풋옵션과 콜옵션의 프리미엄의 평형관계를 이론적으로 설명하는 수식이다.

프로그램거래(Program trading)

사전에 결정된 매매규칙 프로그램을 컴퓨터에 입력하여 시장가격이 일정조건에 이르면 즉시 매매주문을 내는 기계적 거래기법이다.

피셔(Fisher) 방정식

명목시장이자율은 자본의 생산성을 나타내는 실질이자율과 물가상승률(인플레이션율)을 합한 것과 같다는 것을 표현한 수식이다.

행사가격(Exercise price, Strike price)

옵션매입자가 권리를 행사하여 대상자산을 매입하거나 매도할 수 있는 가격을 말한다. 콜옵션의 경우는 옵션매입자가 대상자산을 매수할 수 있는 가격을, 풋옵션의 경우는 옵션매입자가 대상자산을 매도할 수 있는 가격을 말한다.

헤징(Hedging)

가격등락으로 발생할 수 있는 손해를 최소화하기 위해 현물상품과 반대로 선물포지션을 설정하는 것을 말한다. 이 경우 가격이 어느 방향으로 변동되어도 어느 한쪽 손실이 다른 쪽 이익과 서로 상쇄되어 가격변동에 대한 위험을 최소화한다.

현물보유비용모형(Carrying cost model)

현물보유비용모형은 선물가격이 최소한 현물가격과 보유비용을 합한 금액과 같다는 이론이다. 선물거래는 특정 기초상품을 일정한 선물가격으로 만기에 인수 · 인도하는 계약이다. 선물매입자에게 있어서 선물계약은 미래에 필요한 (기초)상품을 사전에 매입해 놓은 결과이다. 만약 선물계약을 체결하지 않는다면, 현물을 현물가격으로 매입하여 필요한 날(만기)까지 보관하여야 할 것이다. 따라서 선물매입자는 선물계약을 체결할 때 선물가격으로 현물가격에다 보유비용을 합한 금액을 기꺼이 지불하려고 할 것이다. 현물을 구입하여 만기까지 보관하는 데 소요되는 비용을 보유비용(cost of carry)이라 하며, 금융비용, 창고비용, 운송비용, 그리고 보험료 등 제비용을 포함하고 있다.

현물인도(Delivery)

선물계약을 한 후 반대매매를 통하여 청산을 하지 않을 경우 선물매도자는 계약만기일에 해당 현물을 인도해야 하고 선물매입자는 그 현물을 인수하게 되는 것을 지칭한다. 대부분 선물거래에서 매도자가 청산소에 실물인도통지(delivery notice)를 하면 청산소는 선물매입자 중에서 매입일자순으로 가장 오래된 선물매입포지션 보유자에게 실물인수를 명령한다.

ㅣ참고문헌ㅣ

김석진 외, 파생상품의 이해, 도서출판 청람, 2008.

김희호 · 이용환, 선물옵션의 이해, 문영사, 2003.

Bookstaber, R. M., *Option Pricing and Strategies in Investing*, Probus Publishing, 1991.

Chicago Board of Trade, *Commodity Trading Manual*, 2015.

Cox, J. C. and M. Rubinstein, *Option Markets*, Prentice-Hall, 1985.

Daigler, R. T., *Financial Futures and Option Markets*, Harper Collins College Publishers, 1994.

Edwards, F. R., and C. W. Ma, *Futures and Options*, McGraw-Hill, 1992.

Fink, R. E. and R. B. Feduniak, *Futures Trading*, New York Institute of Finance, 1988.

Hull, J., *Fundamental of Futures and Option Markets*, Prentice-Hall, 2005.

_____, *Options*, *Futures and Other Derivative Securities*, Prentice-Hall, 2005.

Kolb, R. W., *Understanding Futures Market*, Kolb Publishing, 1991.

Macauley, F., *Some Theoretical Problems Suggested by Movements of Interest Rates, Bond Yield, and Stock Prices in the United States Since 1856*, Columbia University Press, 1938.

Malkiel, B., "Expectations, Bond Prices, and the Term Structure of Interest Rates," *Quarterly Journal of Economics*, 76, 197-218, 1962.

Marshall, J. F., *Futures and Option Contracting*, South Western, 1989.

McMillan, L. G., *Options as a Strategic Investment*, Prentice-Hall, 2001.

Nix, W. and S. Nix, *Stock Index Futures and Options*, Dow Jones-Irwin, 1984.

Powers, M. J., *Inside The Financial Futures Markets*, Wiley, 1991.

Ritchken, P., *Options*, Addison-Wesley, 1987.

Siegel, D. R. and D. F. Siegel, *Futures Markets*, Harcourt Brace College, 1990.

| 찾아보기 |

[저자약력]

김희호

- 경북대학교 경제통상학부 교수
- 영국 London School of Economics and Political Science 경제학 석사
- 미국 North Carolina 주립대학교 경제학 박사
- 미국 Harvard University, WCIA 연구위원
- (주)쌍용, STX 외환팀장, 외환딜러, 미국선물거래사(AP)
- 한국연구재단 전문위원(PM), G. Lehman Brothers 해외투자 컨설턴트
- LSE 최우수논문상(Hunt Prize) 수상, 대한민국 학술원 최우수 학술도서 선정
- “Time Varying Integration of European Stock Markets and Monetary Drivers”, *Journal of Empirical Finance*(2020), “Institutional Quality and FDI location: A threshold model”, *Economic Modeling*(2023) 외

이현철

- 조선대학교 경영학부 교수
- 영국 Essex대학교 재무학 박사
- 경북대학교 경영학부 초빙교수
- 한국연구재단 신진, 중견 연구자 선정
- 한국전력 리스크 평가위원, LH 기술 평가위원
- “Time-varying comovement of stock and treasury bond markets in Europe: A quantile regression approach”, *International Review of Economics and Finance*(2021). “Time varying integration of European stock markets and monetary drivers”, *Journal of Empirical Finance*(2020).

기초 파생상품론(제2판)

2017년 7월 25일 1판 1쇄 발행
2023년 2월 25일 2판 1쇄 발행

저　자 | 김희호 · 이현철
발행인 | 이수영
발행처 | 도서출판 청람
서울시 마포구 독막로 288(대흥동, 세양상가 109호)
전　화 | 02)3272-2601~2
팩　스 | 02)3272-2603
이메일 | crbooks@daum.net
홈페이지 | www.crbooks.co.kr
등　록 | 2000년 8월 26일 제6-0509호

ISBN 978-89-5972-927-2 93320 [정가 29,000원]